SMOKING BEHIND THE SUPERMARKET

Jinushi

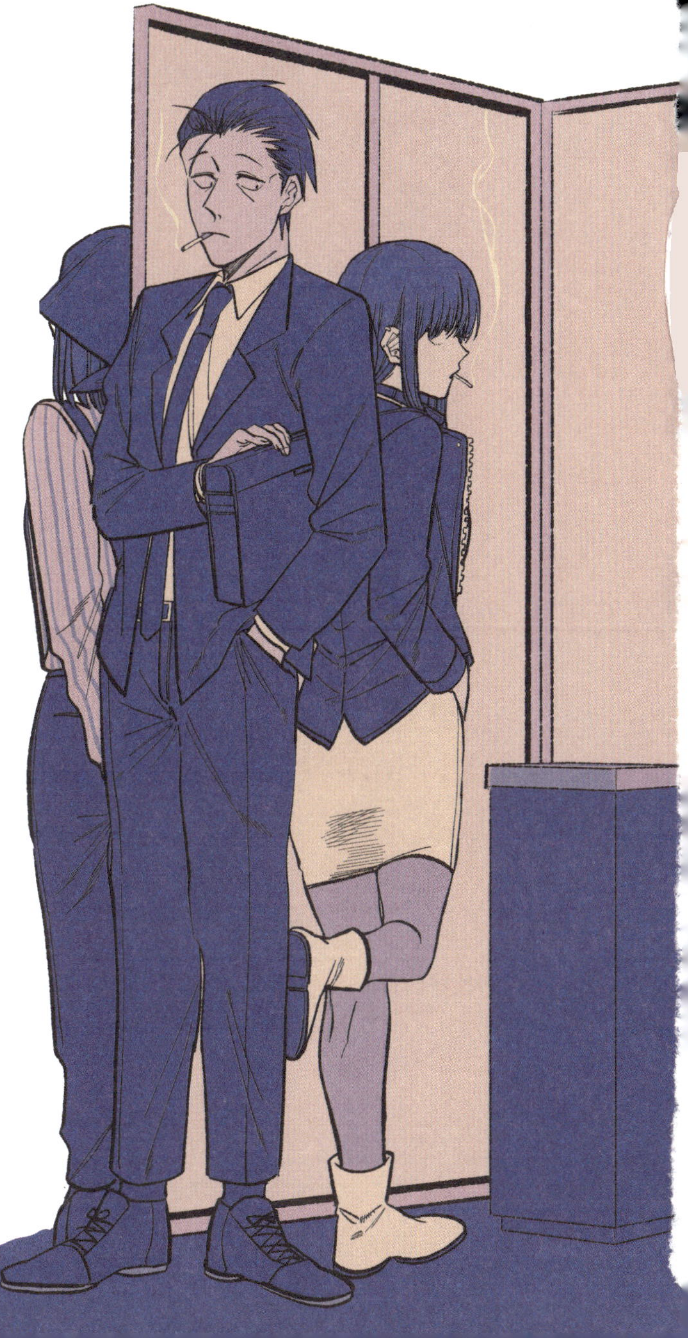

Aus dem Japanischen
von Martin Bachernegg

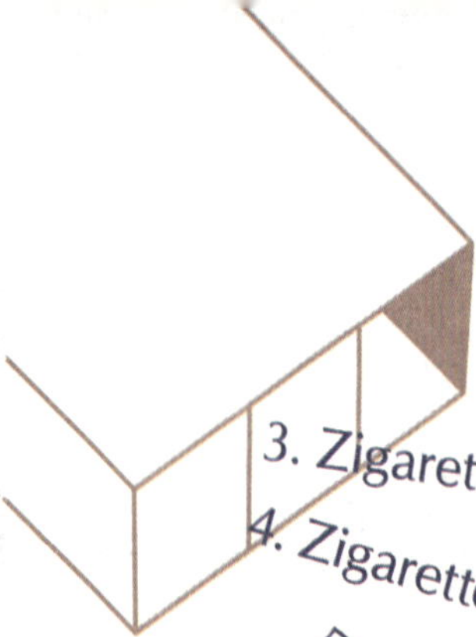

Inhalt

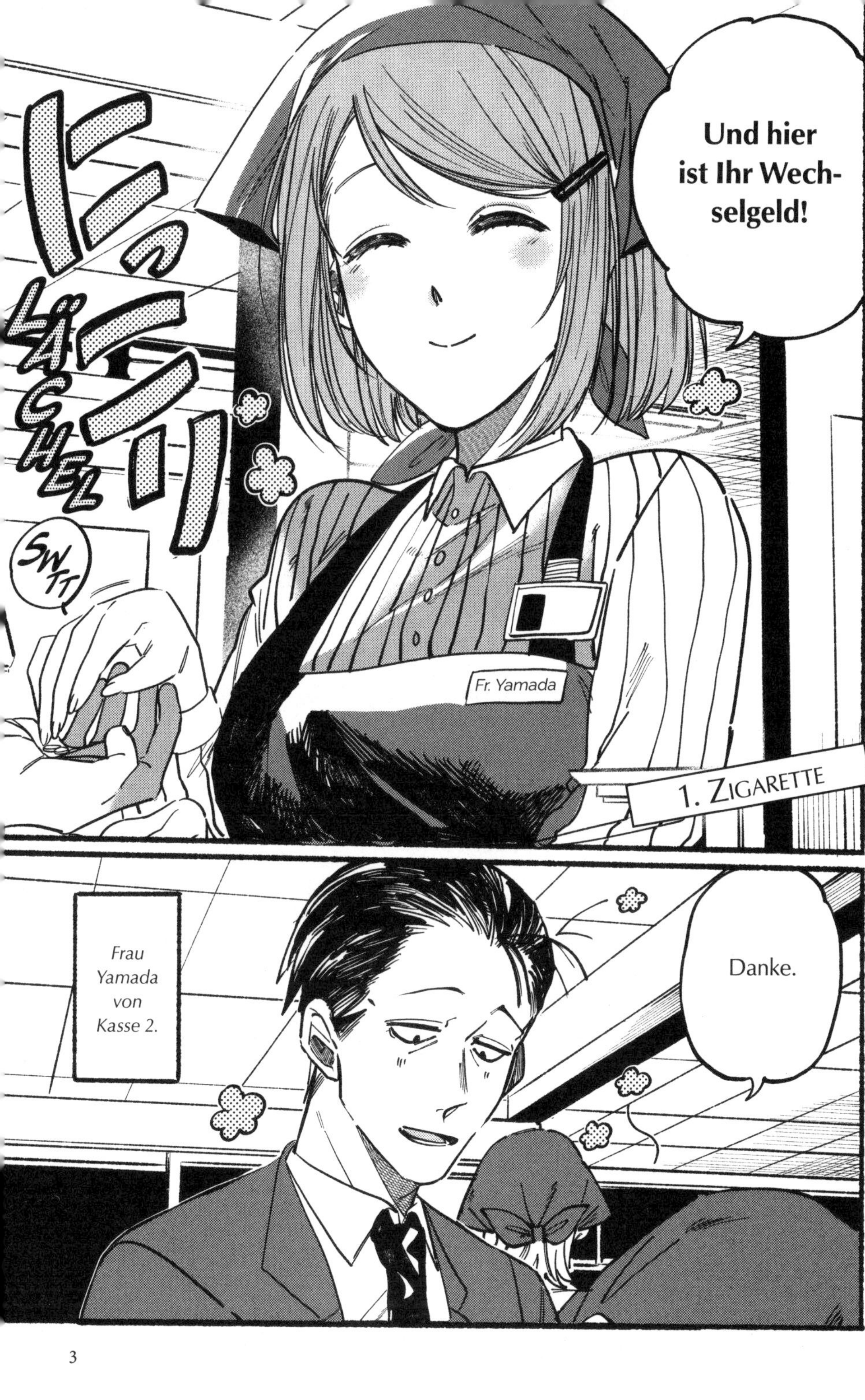

Und hier ist Ihr Wech-selgeld!
LÄCHEL
SWTT
Fr. Yamada
1. ZIGARETTE
Danke.
Frau Yamada von Kasse 2.

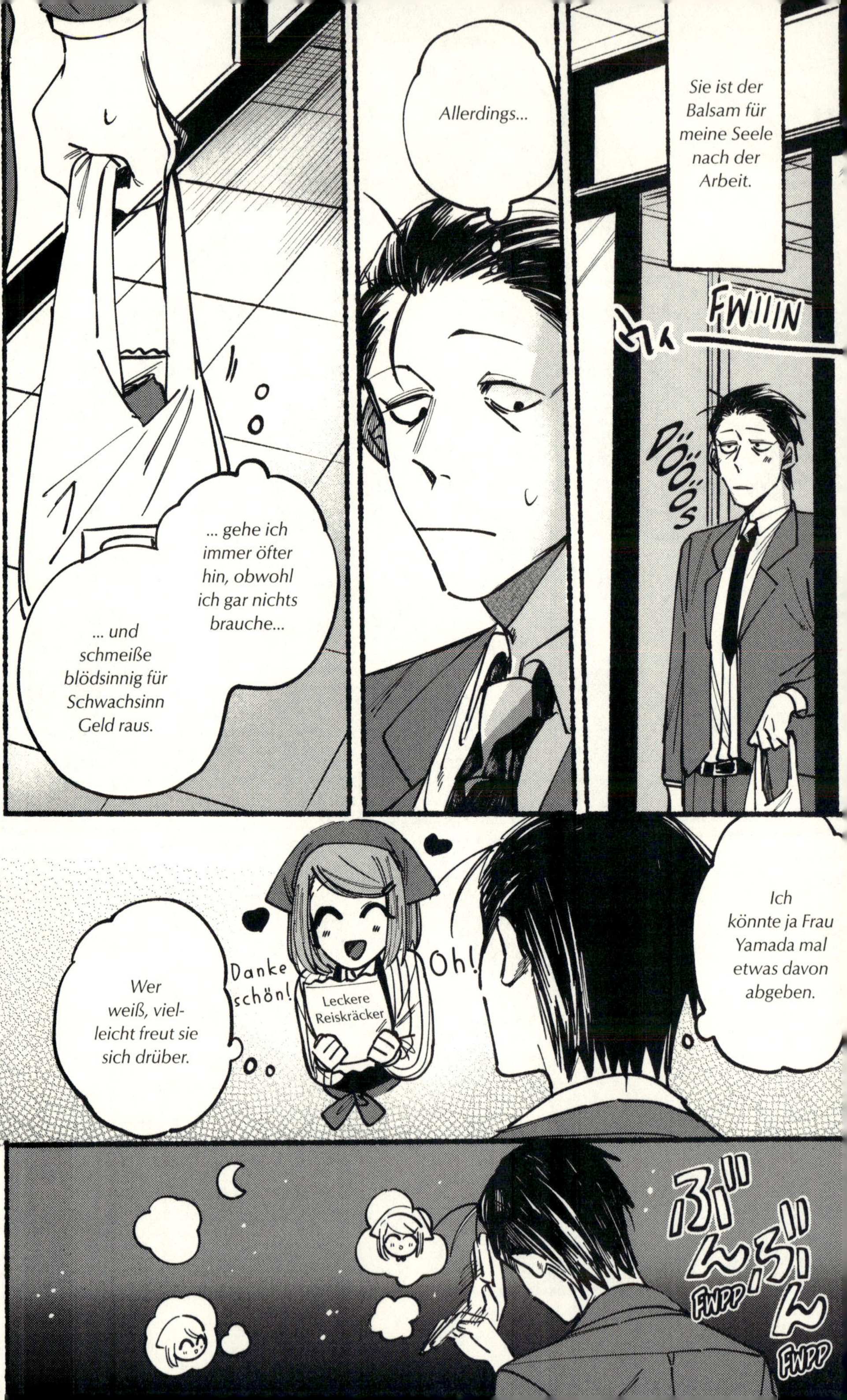
Sie ist der Balsam für meine Seele nach der Arbeit.
FWIIIN
DÖÖÖS
Allerdings...
... gehe ich immer öfter hin, obwohl ich gar nichts brauche...
... und schmeiße blödsinnig für Schwachsinn Geld raus.
Ich könnte ja Frau Yamada mal etwas davon abgeben.
Oh!
Danke schön!
Leckere Reiskräcker
Wer weiß, viel-leicht freut sie sich drüber.
ぶんぶん
FWPP
FWPP

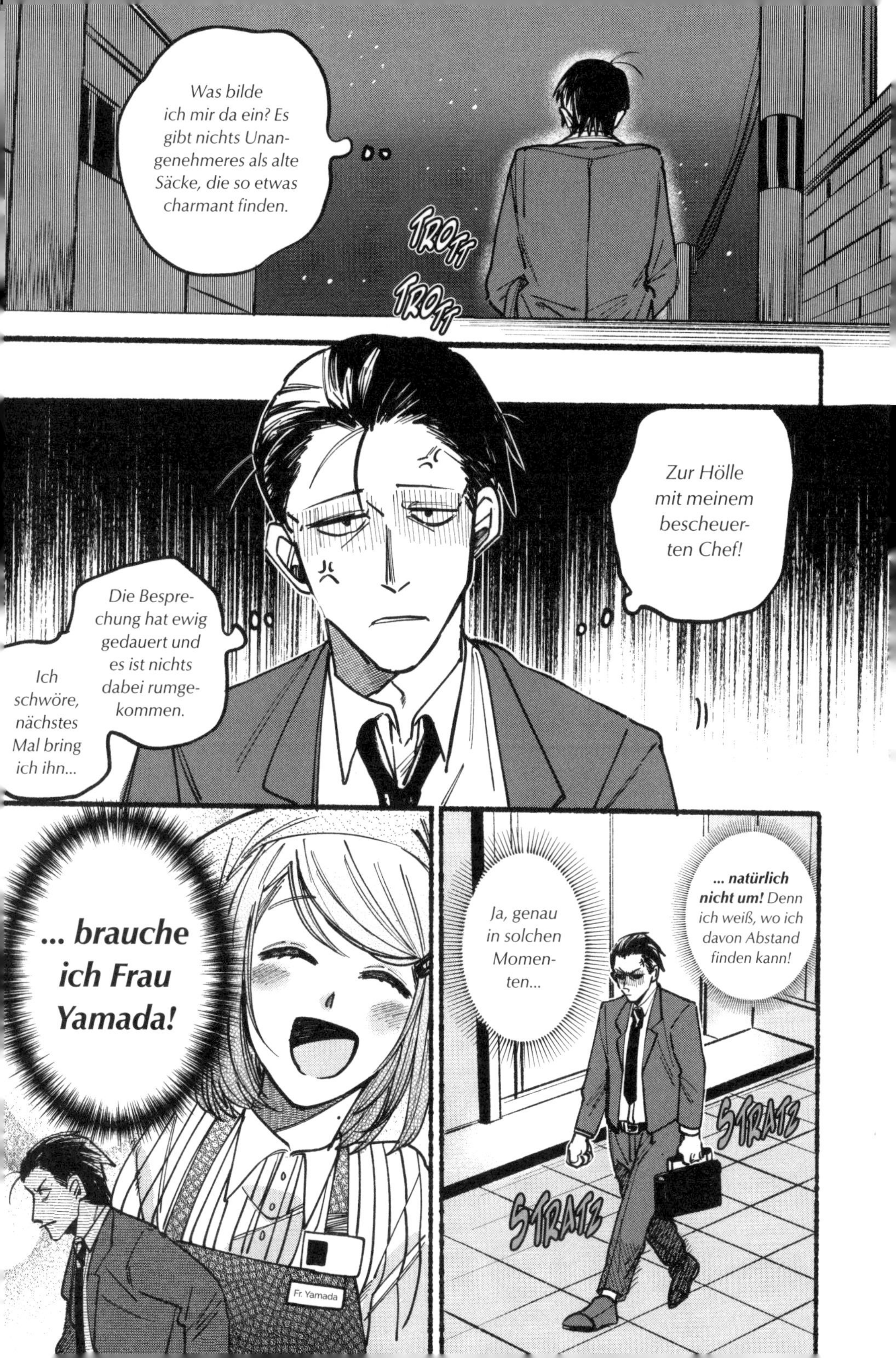
Was bilde ich mir da ein? Es gibt nichts Unangenehmeres als alte Säcke, die so etwas charmant finden.
TROFF
TROFF
Zur Hölle mit meinem bescheuerten Chef!
Die Besprechung hat ewig gedauert und es ist nichts dabei rumgekommen.
Ich schwöre, nächstes Mal bring ich ihn...
... natürlich nicht um! Denn ich weiß, wo ich davon Abstand finden kann!
Ja, genau in solchen Momenten...
STRATZ
STRATZ
... brauche ich Frau Yamada!
Fr. Yamada

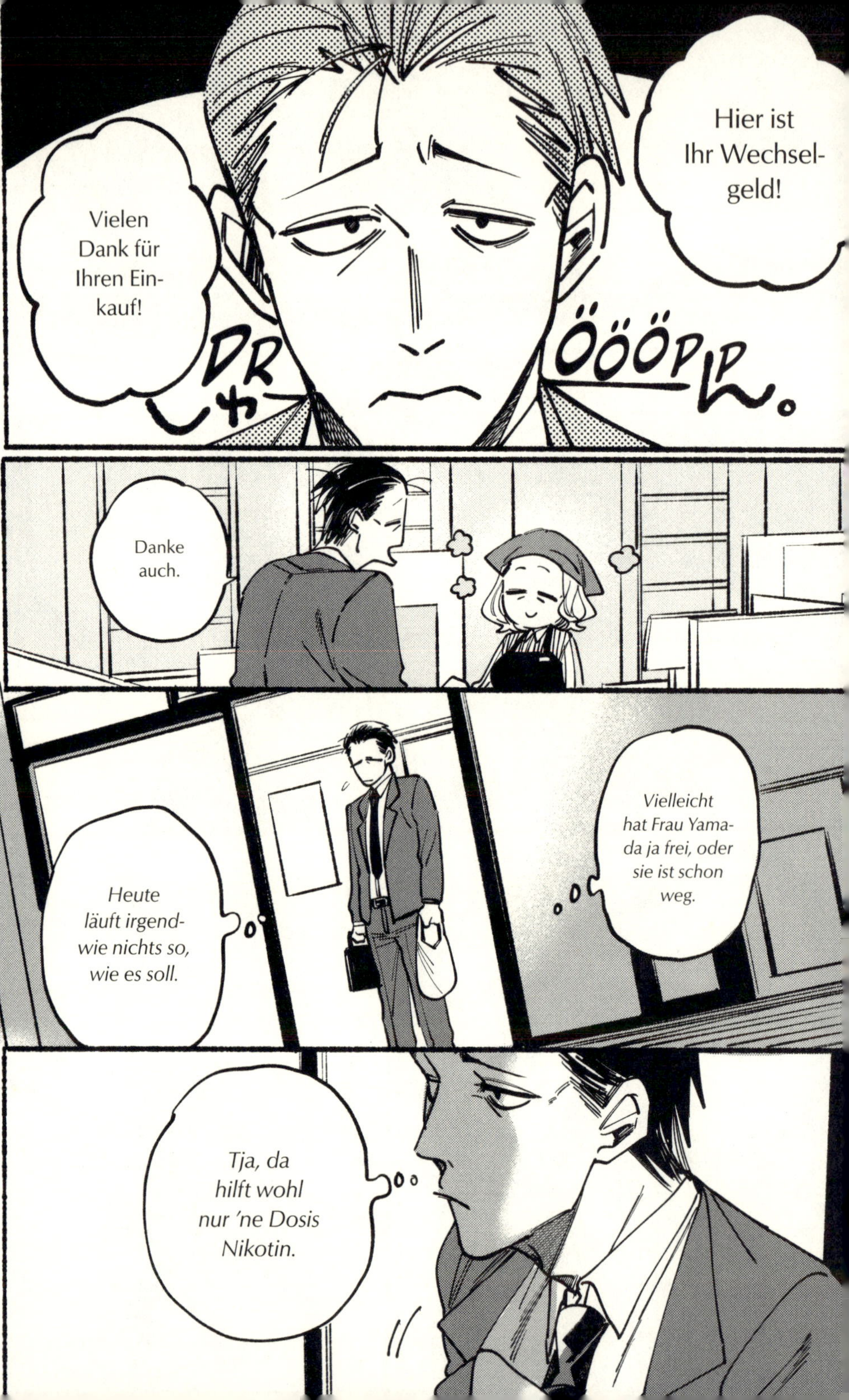
Hier ist Ihr Wechselgeld!
Vielen Dank für Ihren Einkauf!
Danke auch.
Vielleicht hat Frau Yamada ja frei, oder sie ist schon weg.
Heute läuft irgendwie nichts so, wie es soll.
Tja, da hilft wohl nur 'ne Dosis Nikotin.

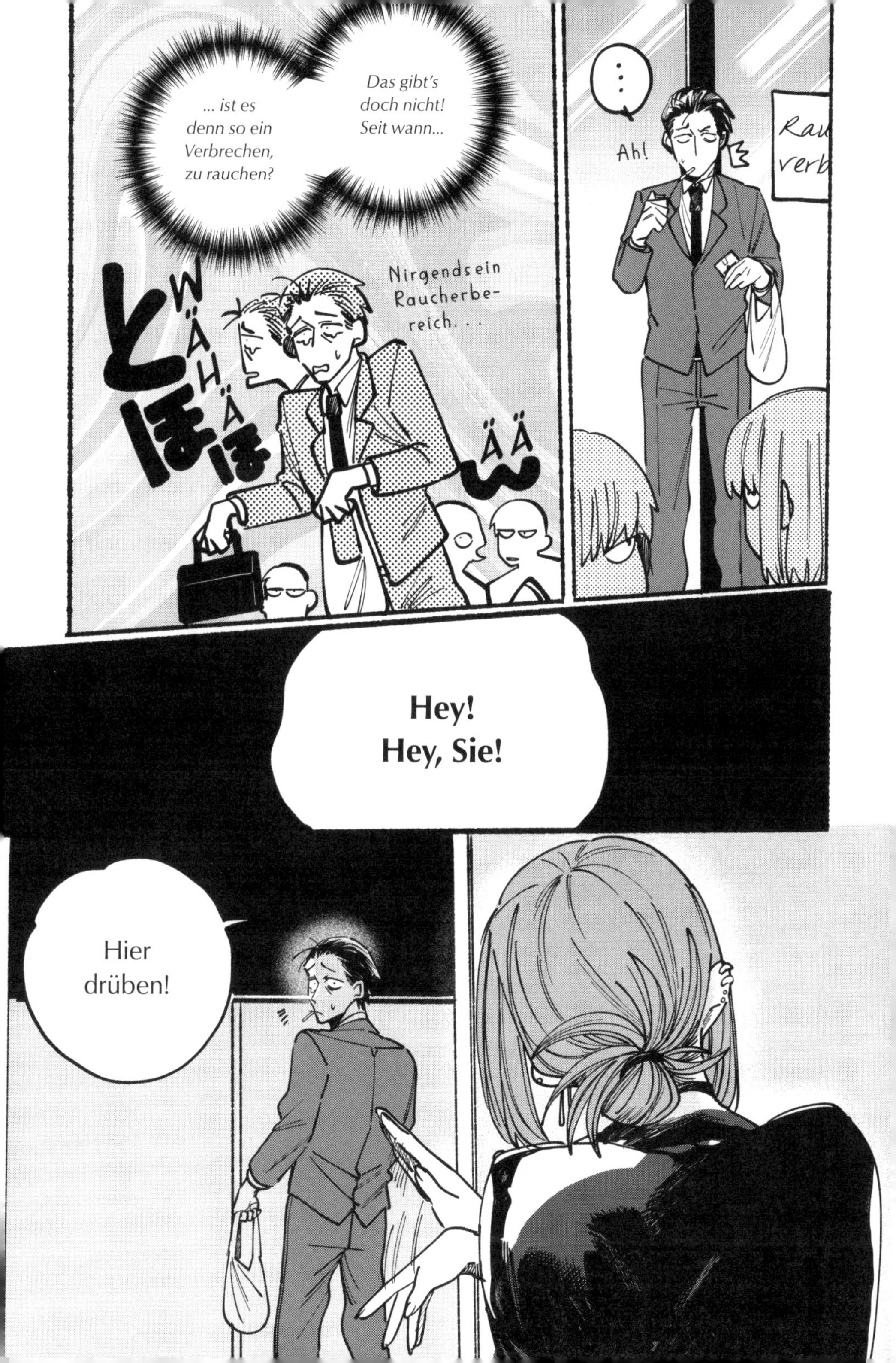

...
Ah!
Das gibt's doch nicht! Seit wann...
... ist es denn so ein Verbrechen, zu rauchen?
Nirgends ein Raucherbereich...
WÄHÄHÄ
とほほ
ÄÄ
Hey! Hey, Sie!
Hier drüben!

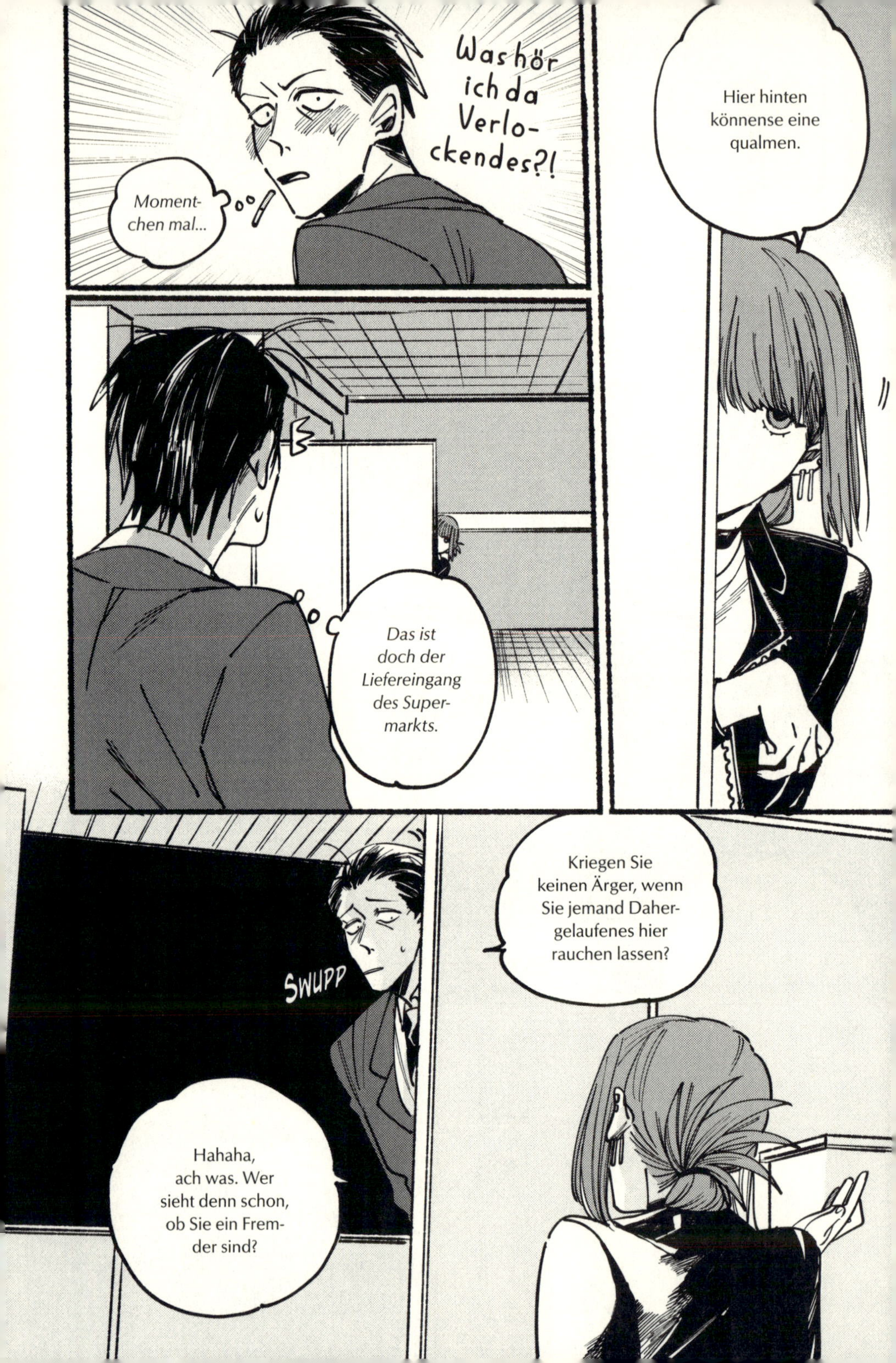
Hier hinten könnense eine qualmen.
Momentchen mal...
Was hör ich da Verlockendes?!
Das ist doch der Liefereingang des Supermarkts.
Kriegen Sie keinen Ärger, wenn Sie jemand Dahergelaufenes hier rauchen lassen?
SWUPP
Hahaha, ach was. Wer sieht denn schon, ob Sie ein Fremder sind?

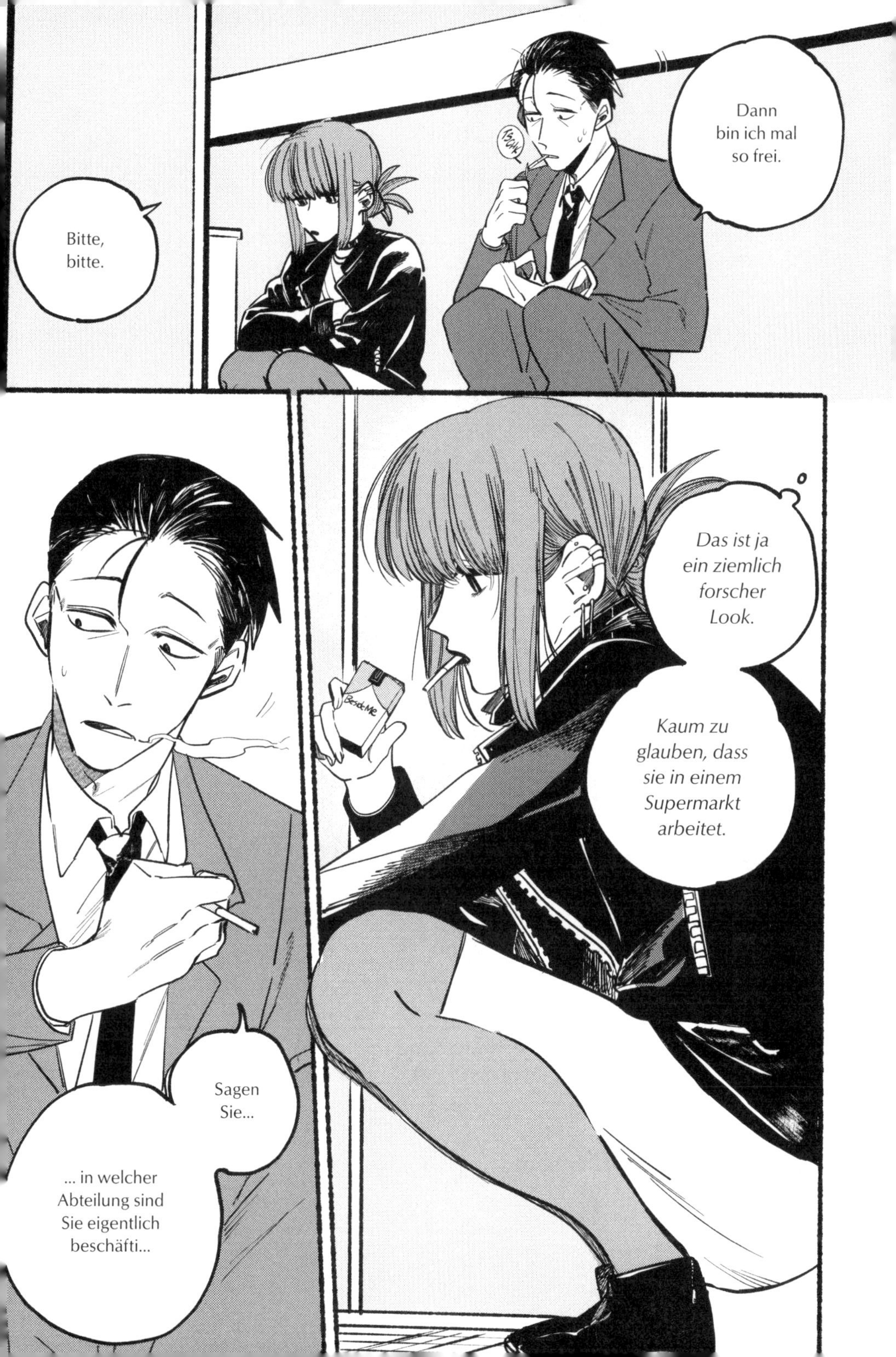
Dann bin ich mal so frei.
Bitte, bitte.
Das ist ja ein ziemlich forscher Look.
Kaum zu glauben, dass sie in einem Supermarkt arbeitet.
Sagen Sie...
... in welcher Abteilung sind Sie eigentlich beschäfti...

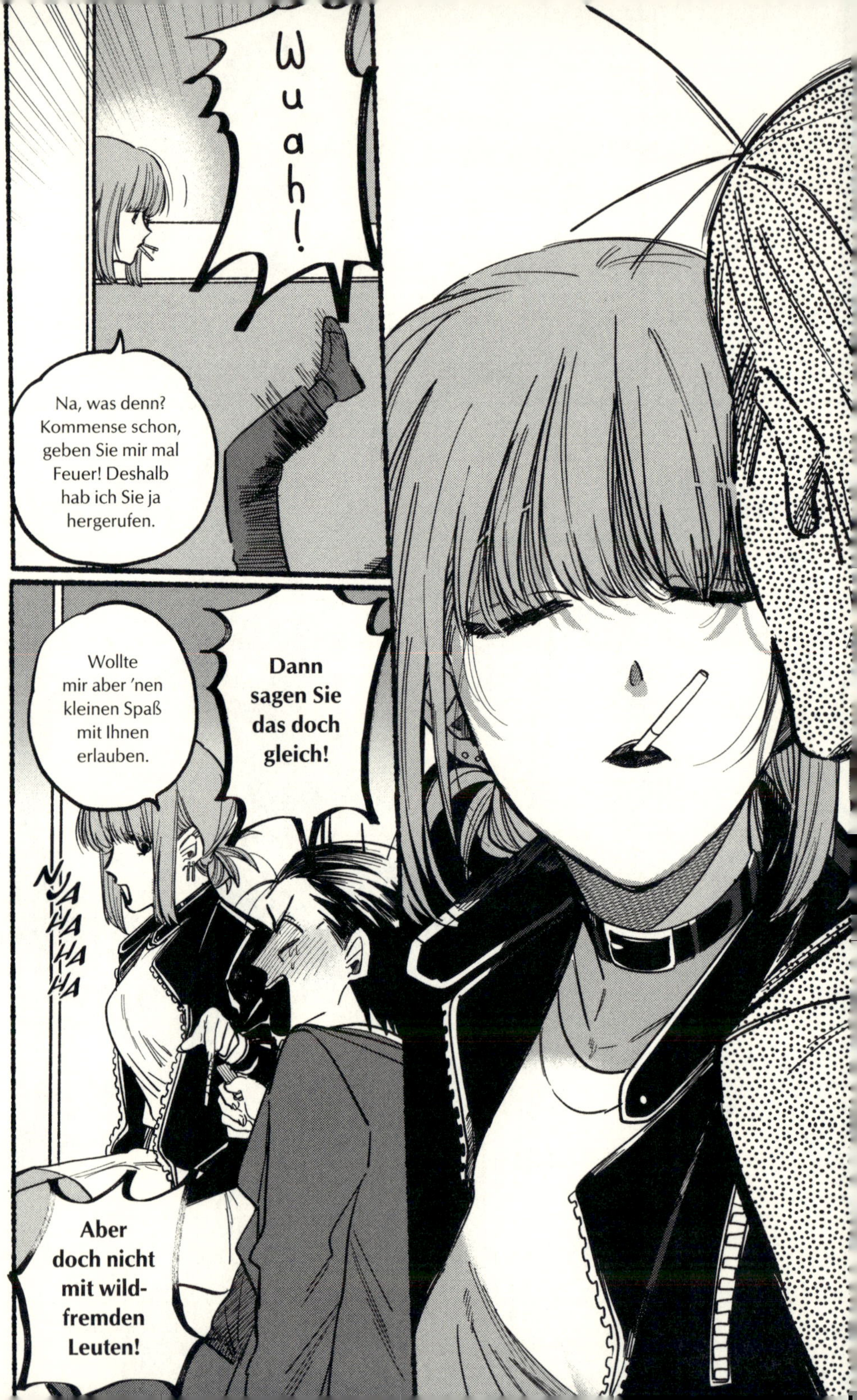
Wuah!
Na, was denn? Kommense schon, geben Sie mir mal Feuer! Deshalb hab ich Sie ja hergerufen.
Dann sagen Sie das doch gleich!
Wollte mir aber 'nen kleinen Spaß mit Ihnen erlauben.
NJAHAHAHAHA
Aber doch nicht mit wildfremden Leuten!

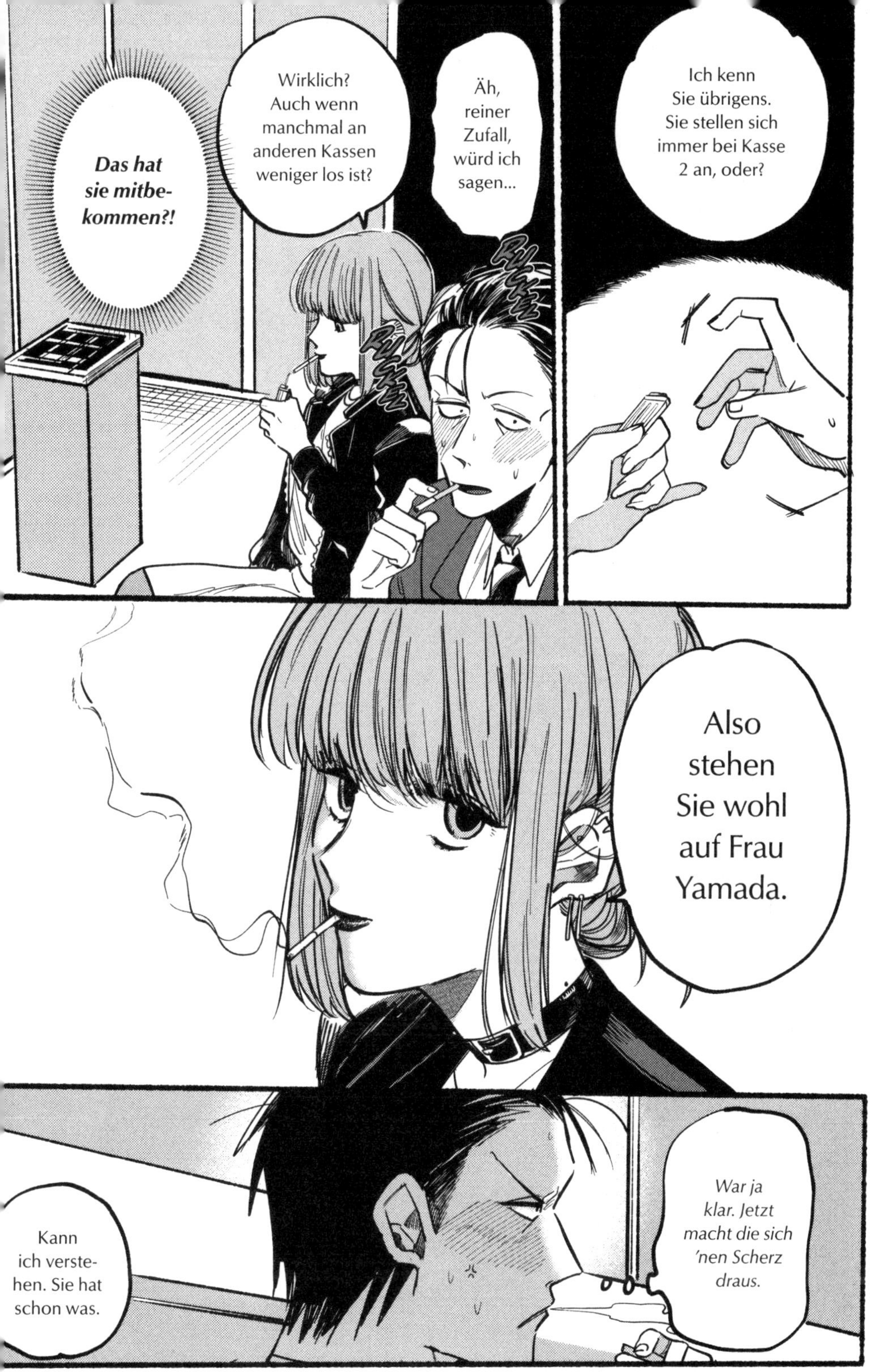
Ich kenn Sie übrigens. Sie stellen sich immer bei Kasse 2 an, oder?
Äh, reiner Zufall, würd ich sagen...
Wirklich? Auch wenn manchmal an anderen Kassen weniger los ist?
Das hat sie mitbekommen?!
Also stehen Sie wohl auf Frau Yamada.
War ja klar. Jetzt macht die sich 'nen Scherz draus.
Kann ich verstehen. Sie hat schon was.

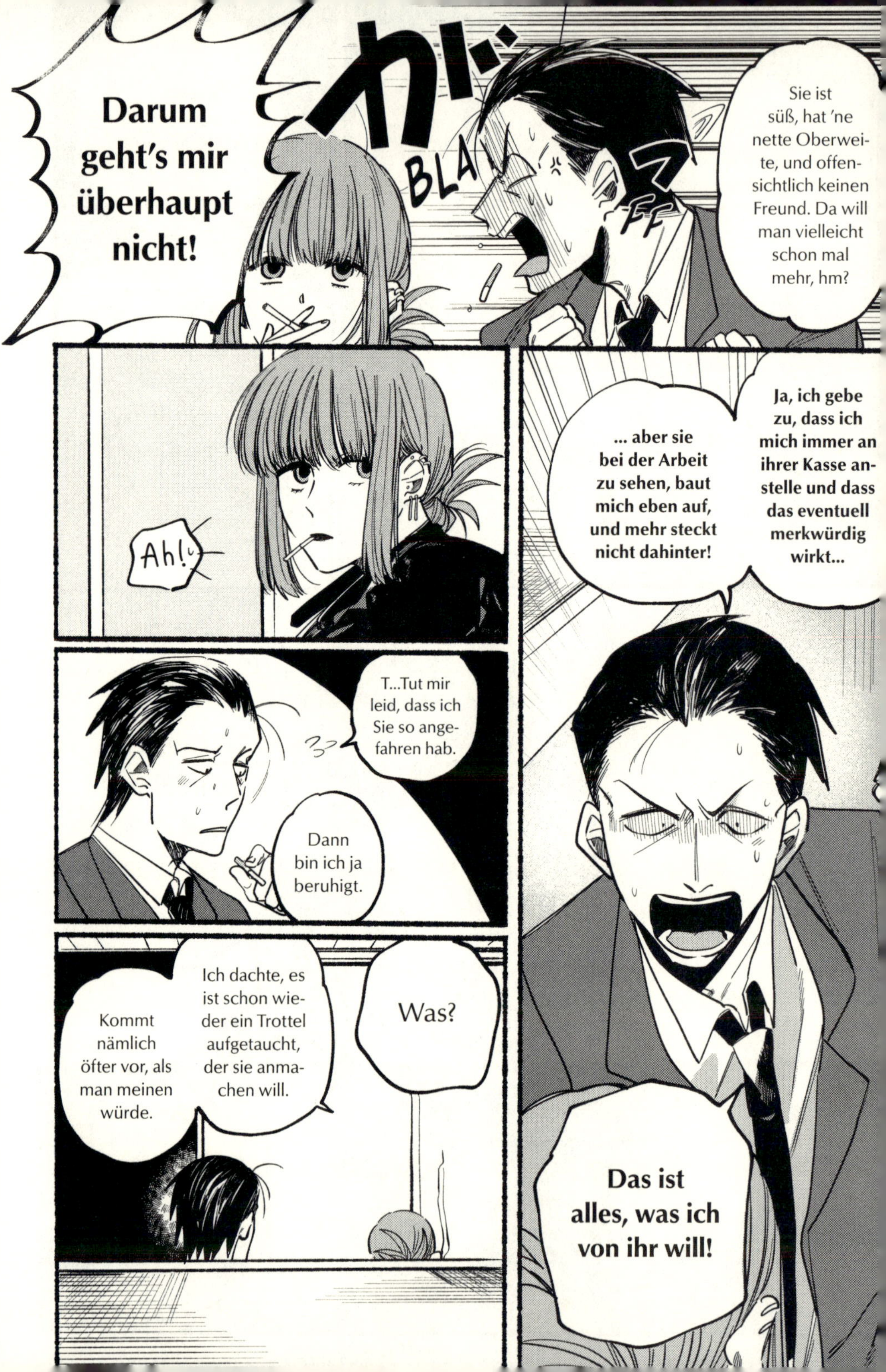
Sie ist süß, hat 'ne nette Oberweite, und offensichtlich keinen Freund. Da will man vielleicht schon mal mehr, hm?
BLAFF
Darum geht's mir überhaupt nicht!
Ja, ich gebe zu, dass ich mich immer an ihrer Kasse anstelle und dass das eventuell merkwürdig wirkt...
... aber sie bei der Arbeit zu sehen, baut mich eben auf, und mehr steckt nicht dahinter!
Das ist alles, was ich von ihr will!
Ah!
T...Tut mir leid, dass ich Sie so angefahren hab.
Dann bin ich ja beruhigt.
Was?
Ich dachte, es ist schon wieder ein Trottel aufgetaucht, der sie anmachen will.
Kommt nämlich öfter vor, als man meinen würde.

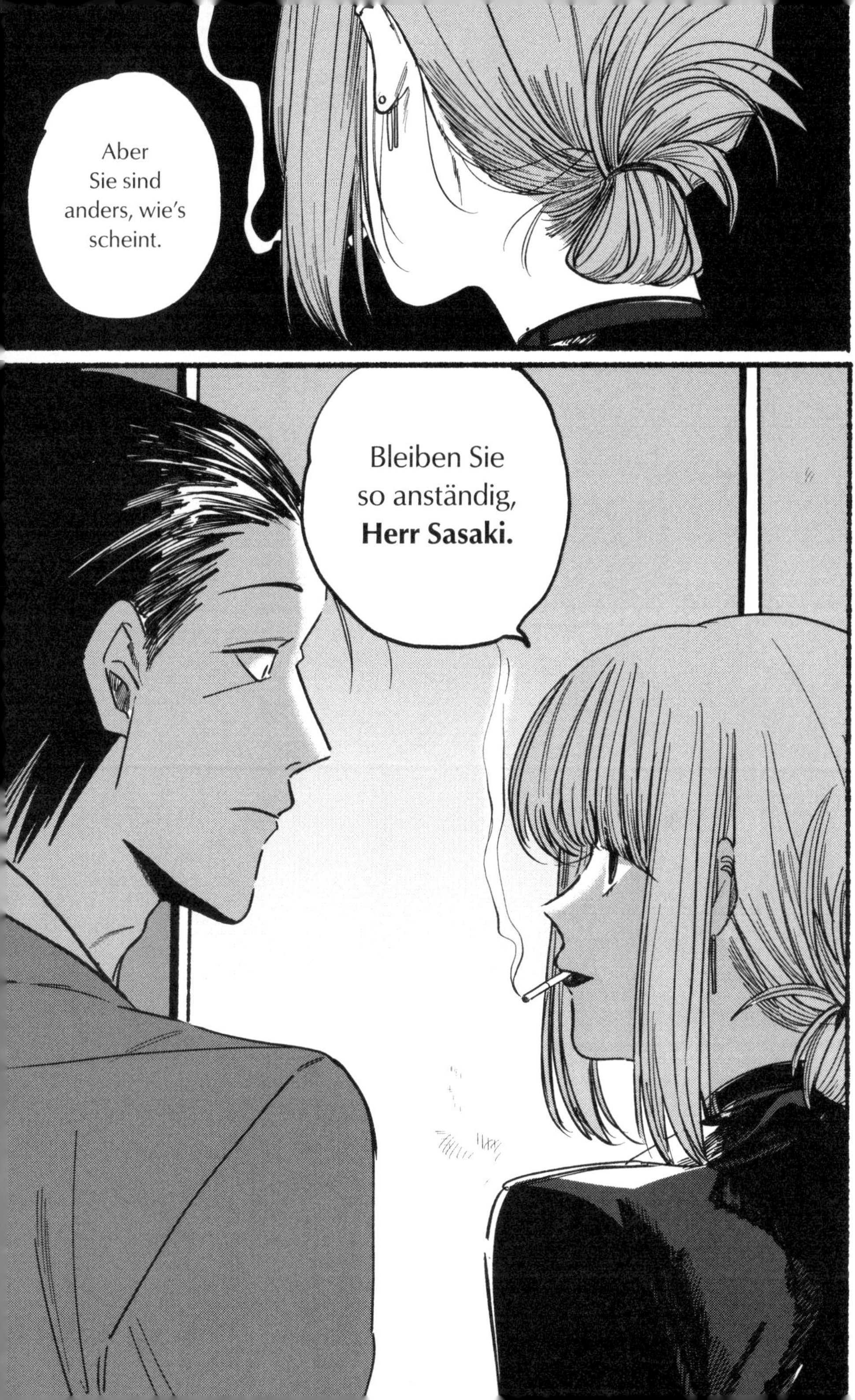
Aber Sie sind anders, wie's scheint.
Bleiben Sie so anständig, **Herr Sasaki.**

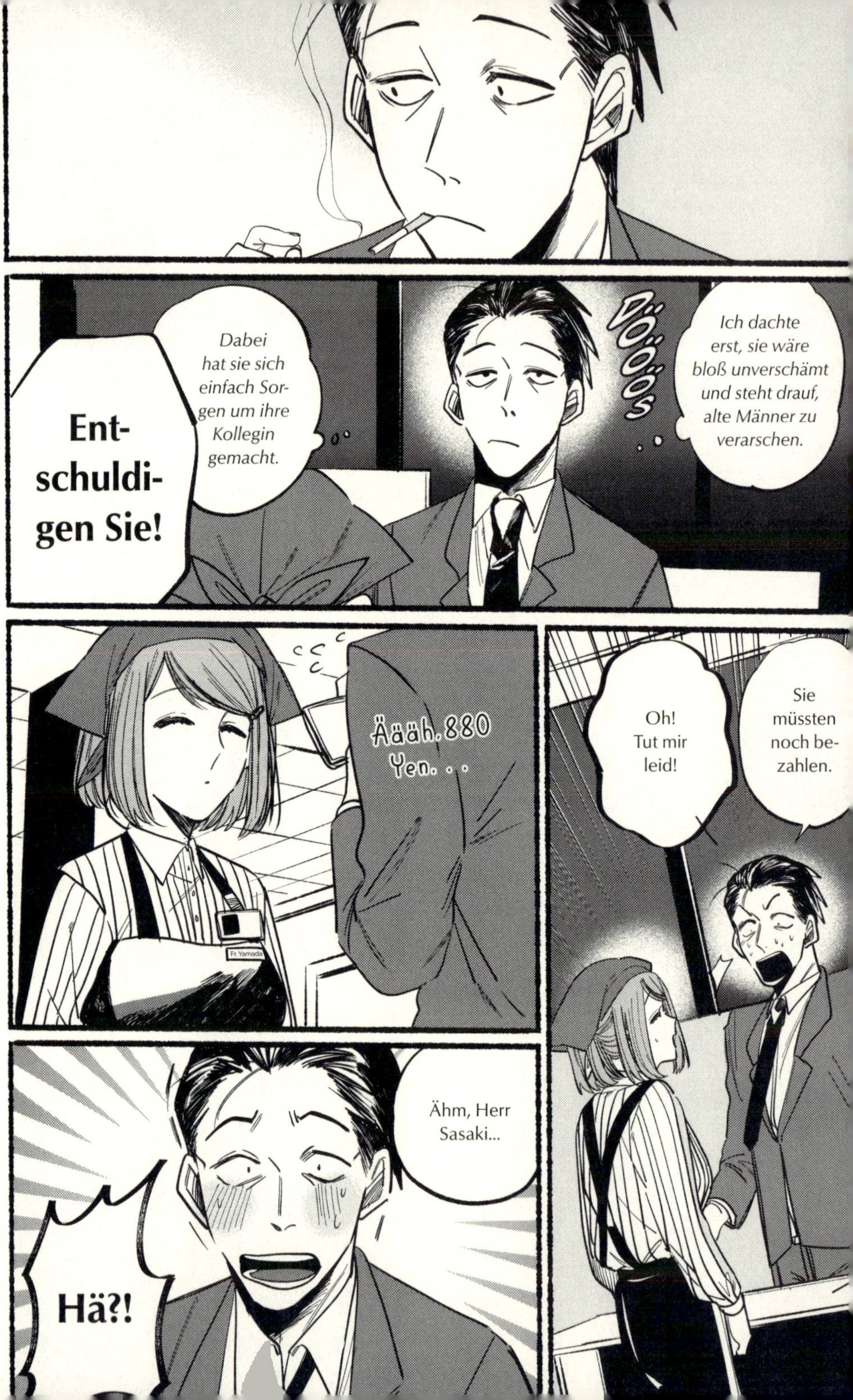
Ich dachte erst, sie wäre bloß unverschämt und steht drauf, alte Männer zu verarschen.
DÖÖÖS
Dabei hat sie sich einfach Sorgen um ihre Kollegin gemacht.
Entschuldigen Sie!
Sie müssten noch bezahlen.
Oh! Tut mir leid!
Äääh, 880 Yen...
Fr. Yamada
Ähm, Herr Sasaki...
Hä?!

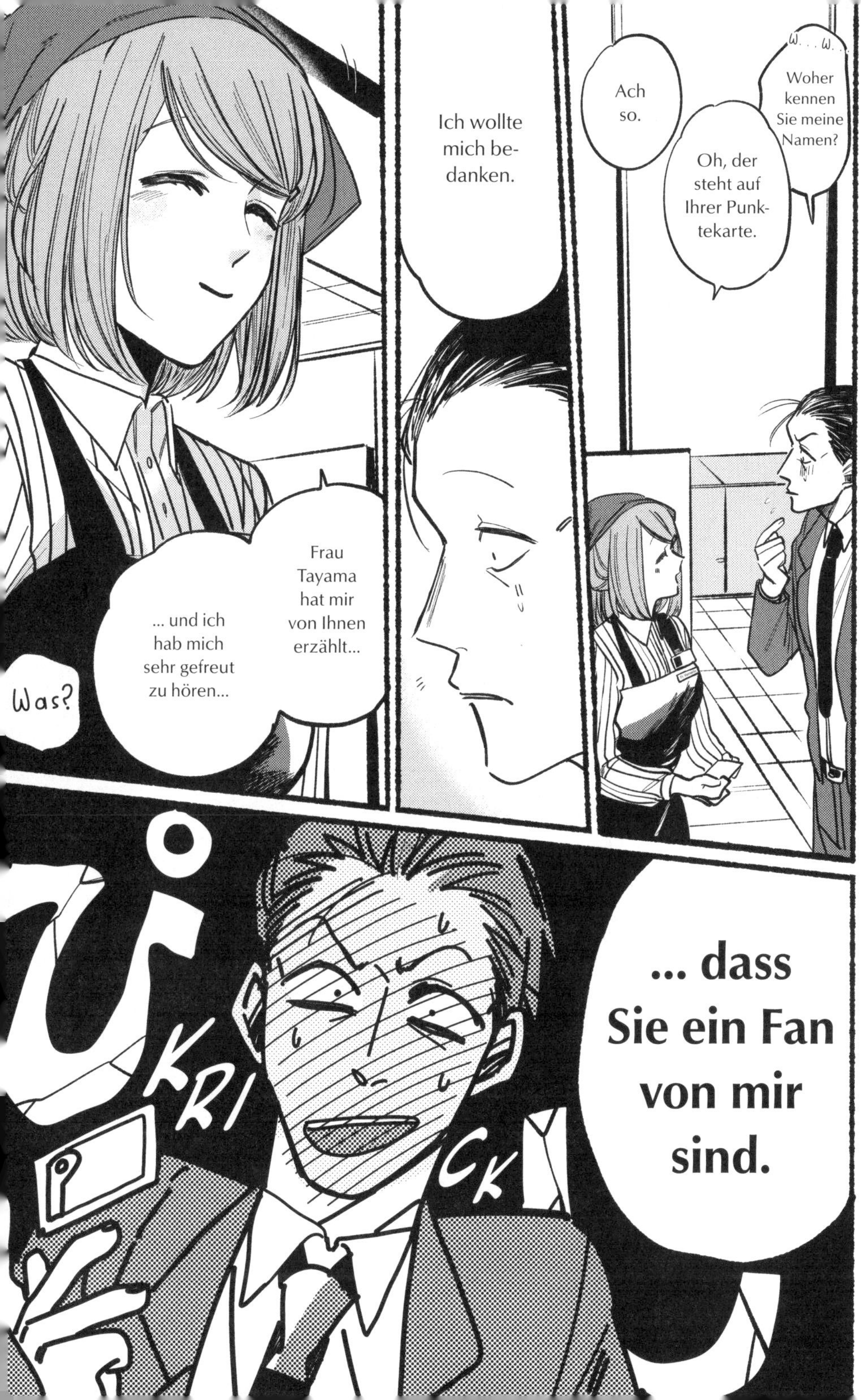
W... W...
Woher kennen Sie meine Namen?
Oh, der steht auf Ihrer Punktekarte.
Ach so.
Ich wollte mich bedanken.
Frau Tayama hat mir von Ihnen erzählt...
... und ich hab mich sehr gefreut zu hören...
Was?
... dass Sie ein Fan von mir sind.
KRICK

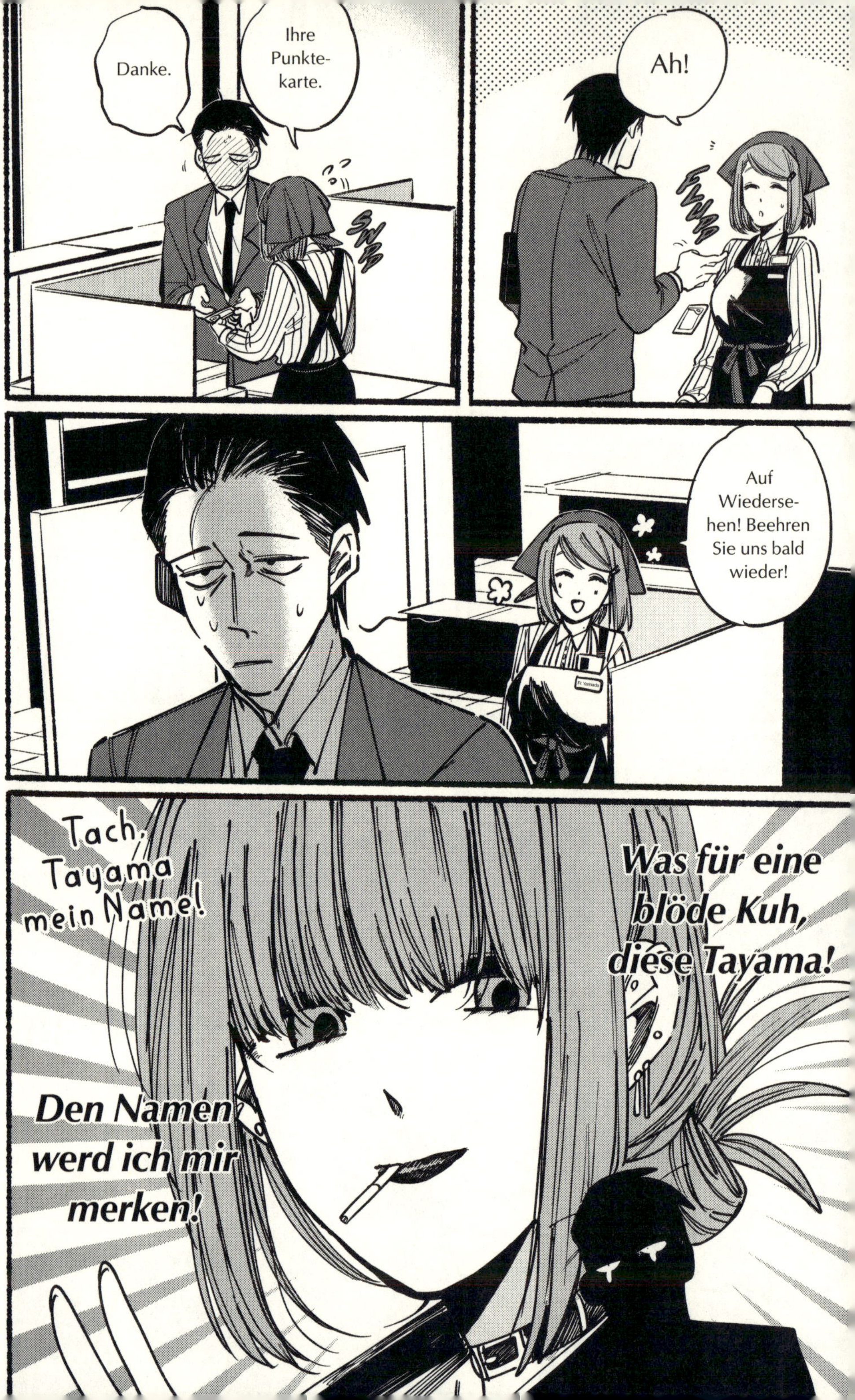
Ah!
Ihre Punkte-
karte.
Danke.
Auf Wiederse-
hen! Beehren
Sie uns bald
wieder!
Was für eine blöde Kuh, diese Tayama!
Tach, Tayama mein Name!
Den Namen werd ich mir merken!

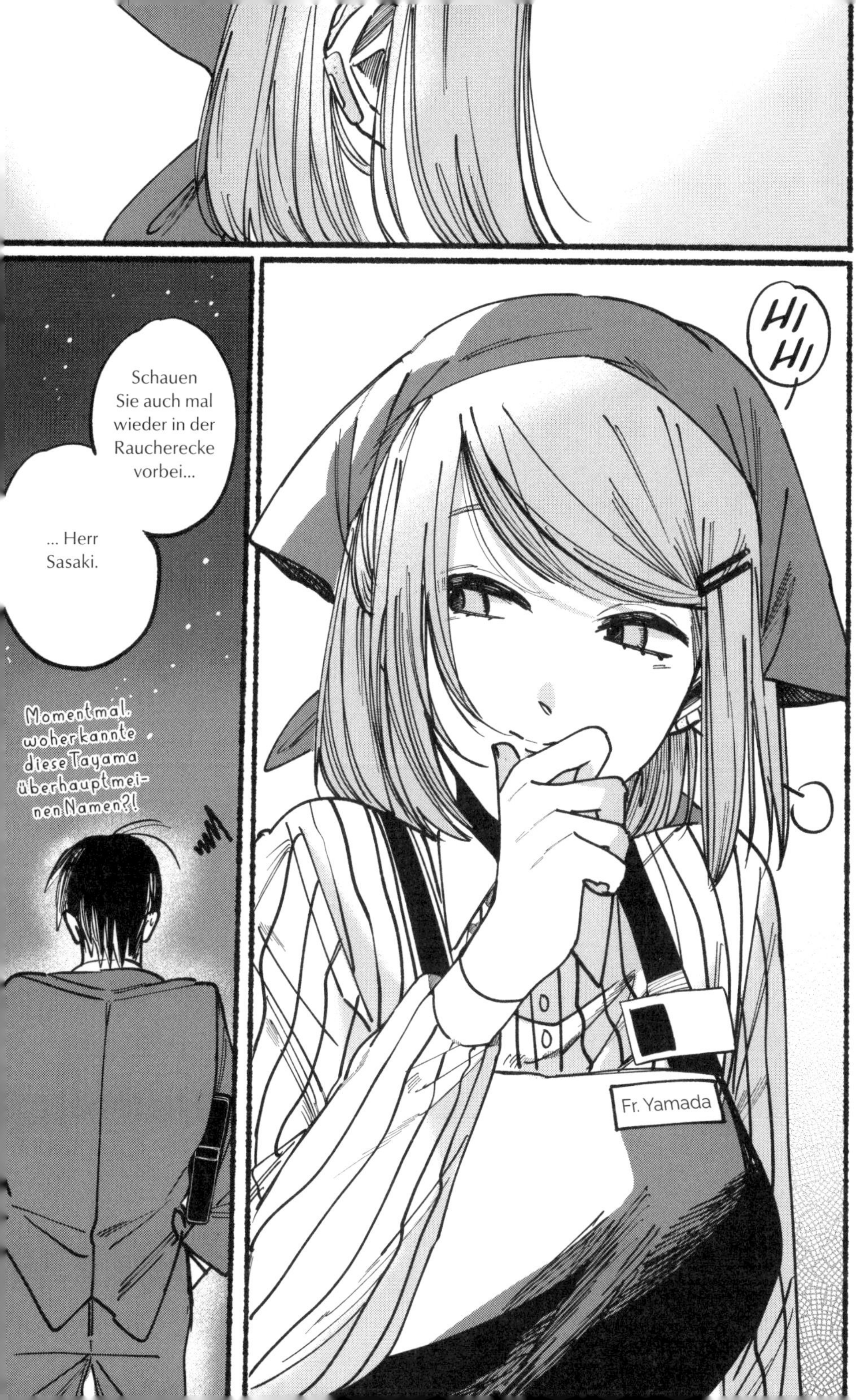
HI HI
Fr. Yamada
Schauen Sie auch mal wieder in der Raucherecke vorbei...
... Herr Sasaki.
Moment mal, woher kannte diese Tayama überhaupt meinen Namen?!

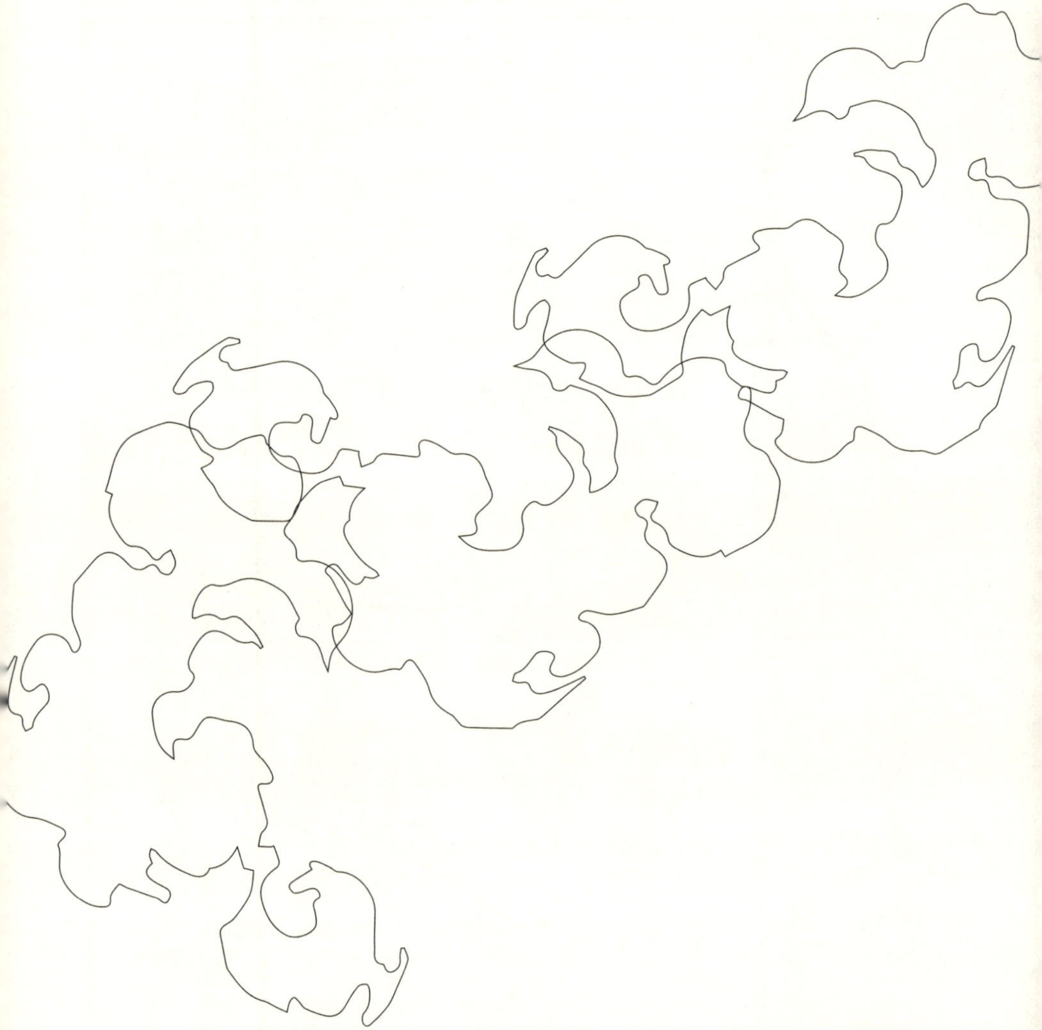

SMOKING BEHIND THE SUPERMARKET

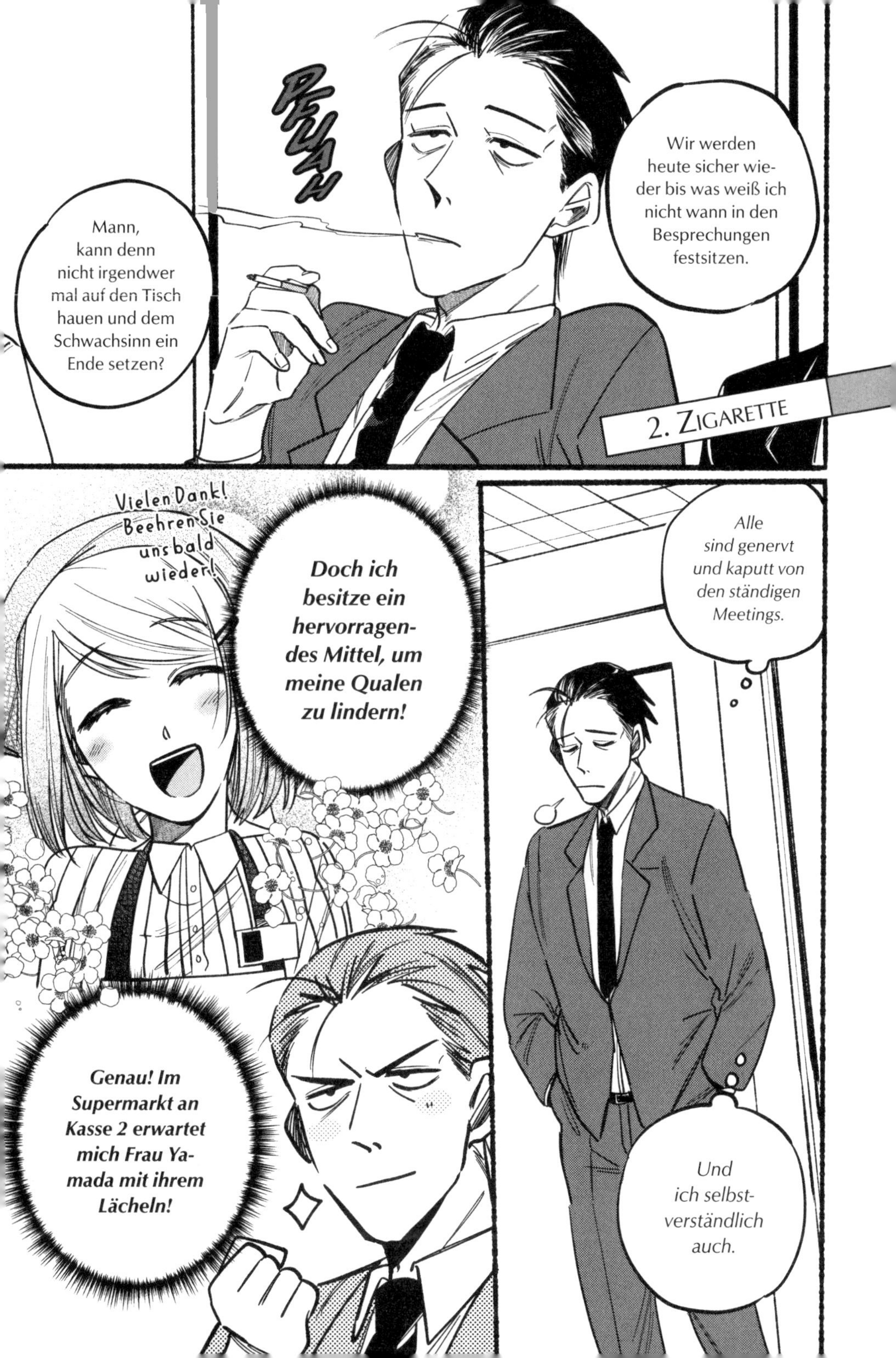
2. Zigarette
Wir werden heute sicher wieder bis was weiß ich nicht wann in den Besprechungen festsitzen.
PFUAH
Mann, kann denn nicht irgendwer mal auf den Tisch hauen und dem Schwachsinn ein Ende setzen?
Alle sind genervt und kaputt von den ständigen Meetings.
Und ich selbstverständlich auch.
Doch ich besitze ein hervorragendes Mittel, um meine Qualen zu lindern!
Vielen Dank! Beehren Sie uns bald wieder!
Genau! Im Supermarkt an Kasse 2 erwartet mich Frau Yamada mit ihrem Lächeln!

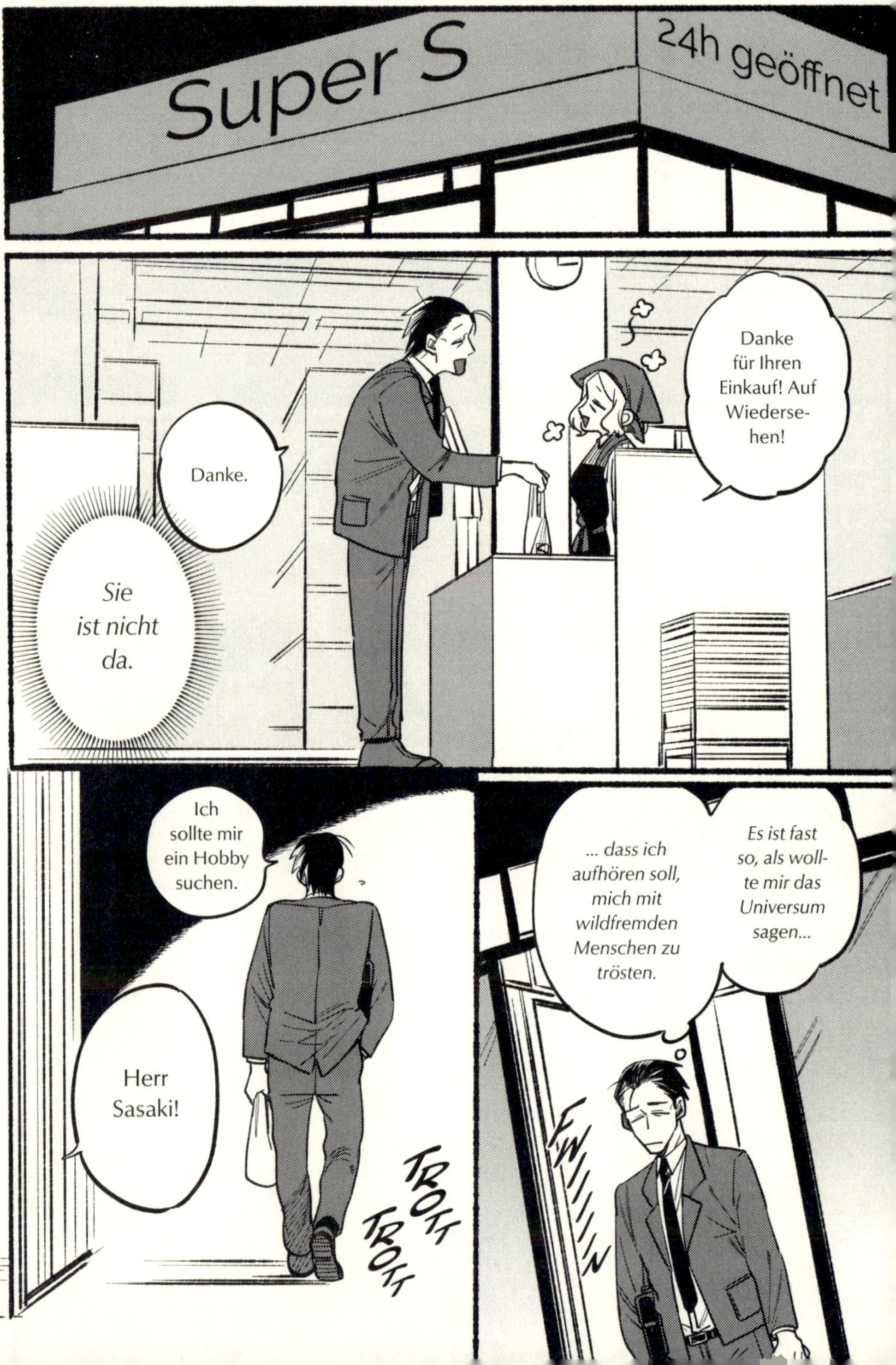
Super S
24h geöffnet
Danke für Ihren Einkauf! Auf Wiederse-hen!
Danke.
Sie ist nicht da.
Es ist fast so, als woll-te mir das Universum sagen...
... dass ich aufhören soll, mich mit wildfremden Menschen zu trösten.
FWIIIIN
Ich sollte mir ein Hobby suchen.
TROKK TROKK
Herr Sasaki!

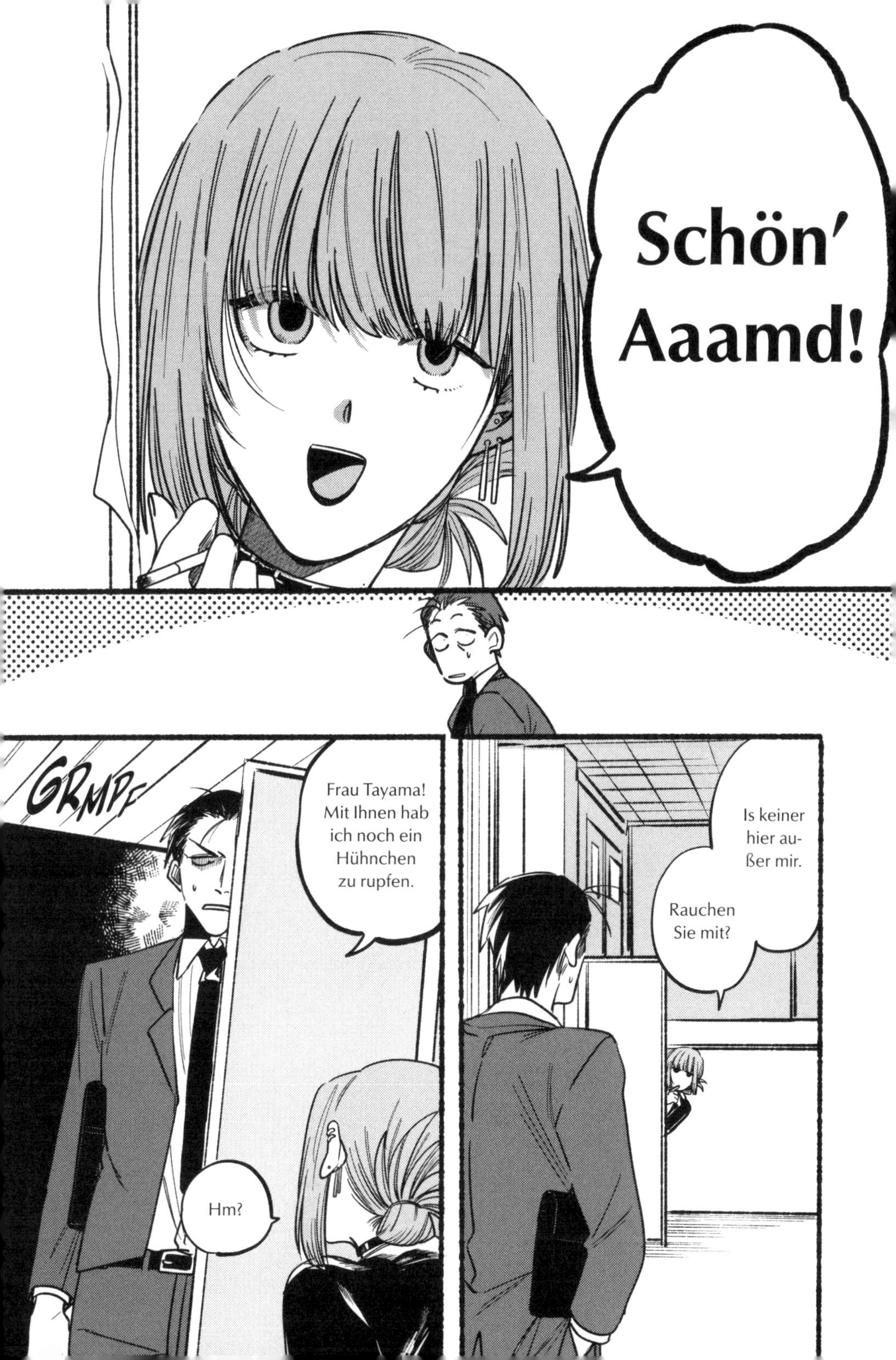
Schön' Aaamd!
Is keiner hier außer mir.
Rauchen Sie mit?
GRMPF
Frau Tayama! Mit Ihnen hab ich noch ein Hühnchen zu rupfen.
Hm?

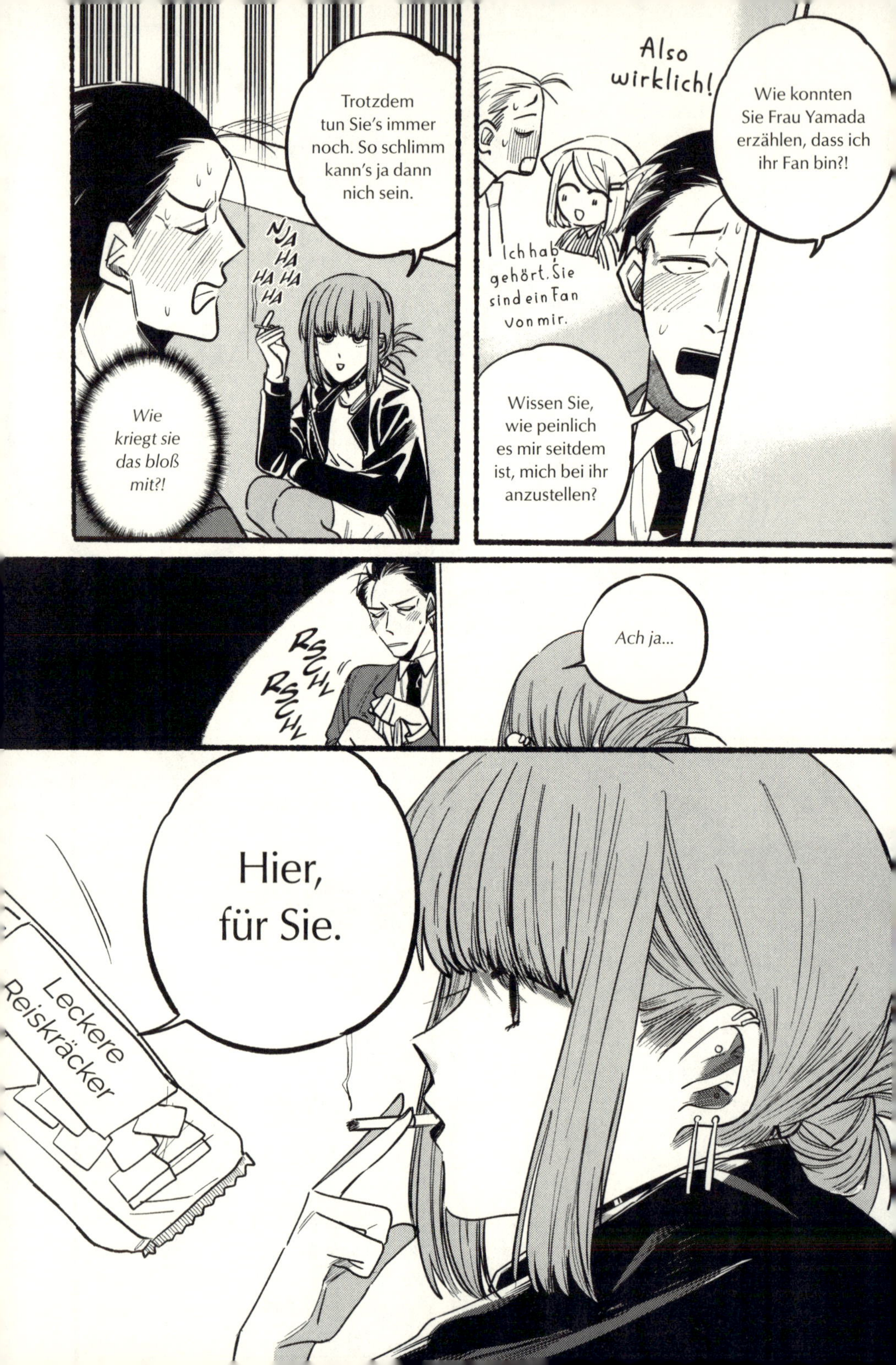
Wie konnten Sie Frau Yamada erzählen, dass ich ihr Fan bin?!
Also wirklich!
Ich hab gehört, Sie sind ein Fan von mir.
Wissen Sie, wie peinlich es mir seitdem ist, mich bei ihr anzustellen?
Trotzdem tun Sie's immer noch. So schlimm kann's ja dann nich sein.
NJAHAHAHAHAHAHA
Wie kriegt sie das bloß mit?!
Ach ja...
RSCHL RSCHL
Hier, für Sie.
Leckere Reiskräcker

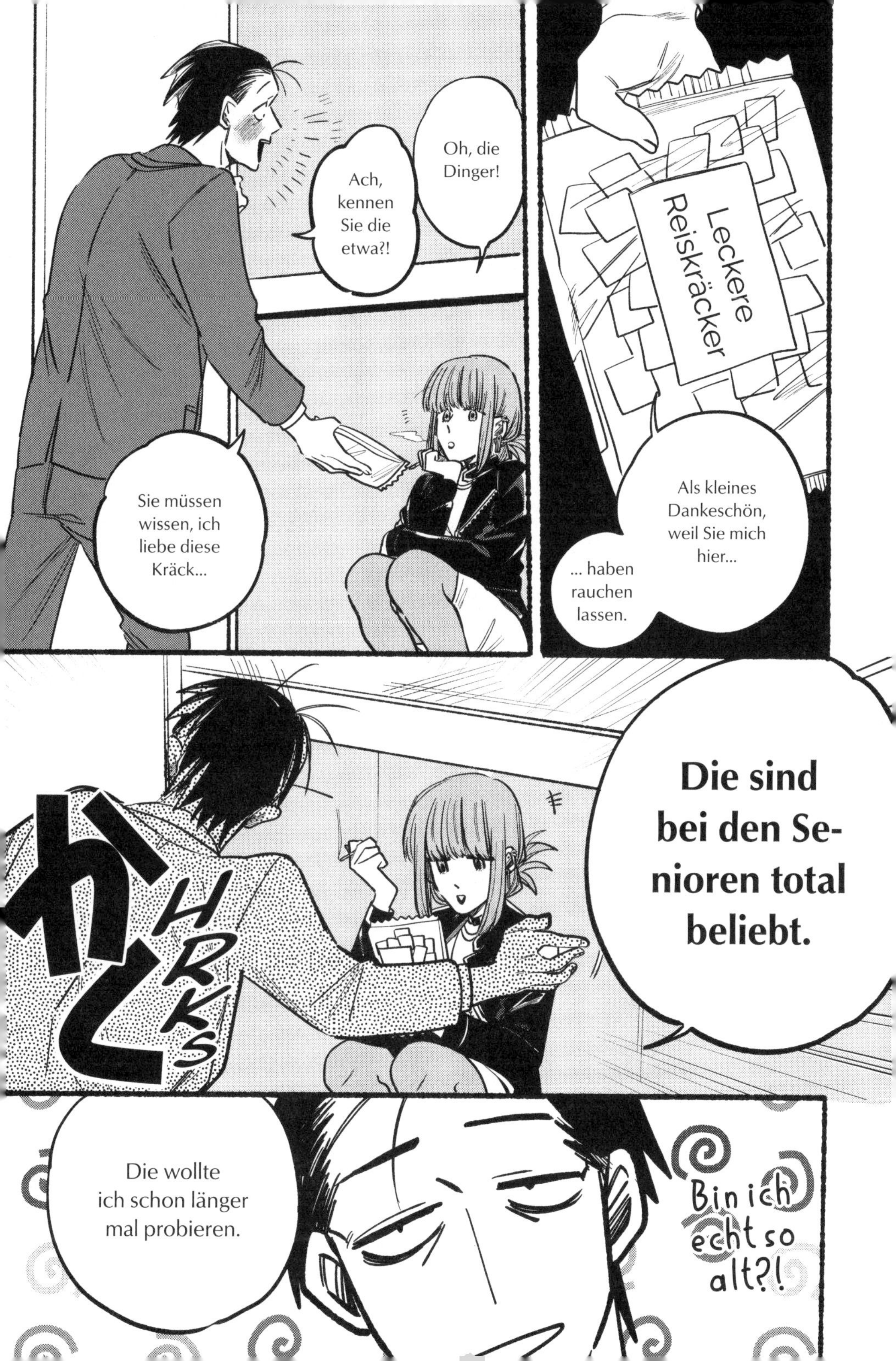
Oh, die Dinger!
Ach, kennen Sie die etwa?!
Leckere Reiskräcker
Als kleines Dankeschön, weil Sie mich hier...
... haben rauchen lassen.
Sie müssen wissen, ich liebe diese Kräck...
Die sind bei den Senioren total beliebt.
HRKS
Bin ich echt so alt?!
Die wollte ich schon länger mal probieren.

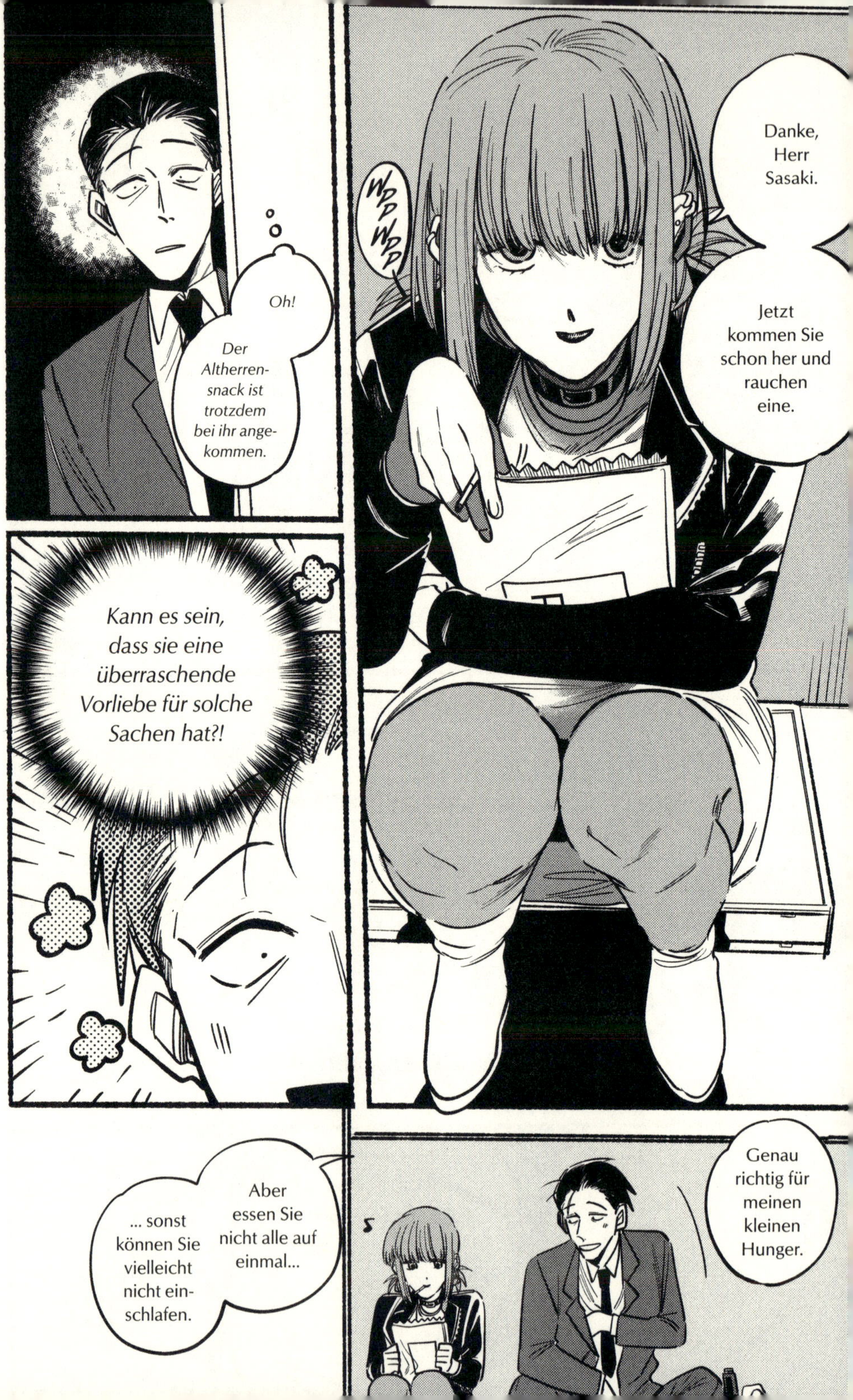
Danke, Herr Sasaki.
Jetzt kommen Sie schon her und rauchen eine.
Oh!
Der Altherren-snack ist trotzdem bei ihr ange-kommen.
Kann es sein, dass sie eine überraschende Vorliebe für solche Sachen hat?!
Genau richtig für meinen kleinen Hunger.
Aber essen Sie nicht alle auf einmal...
... sonst können Sie vielleicht nicht ein-schlafen.

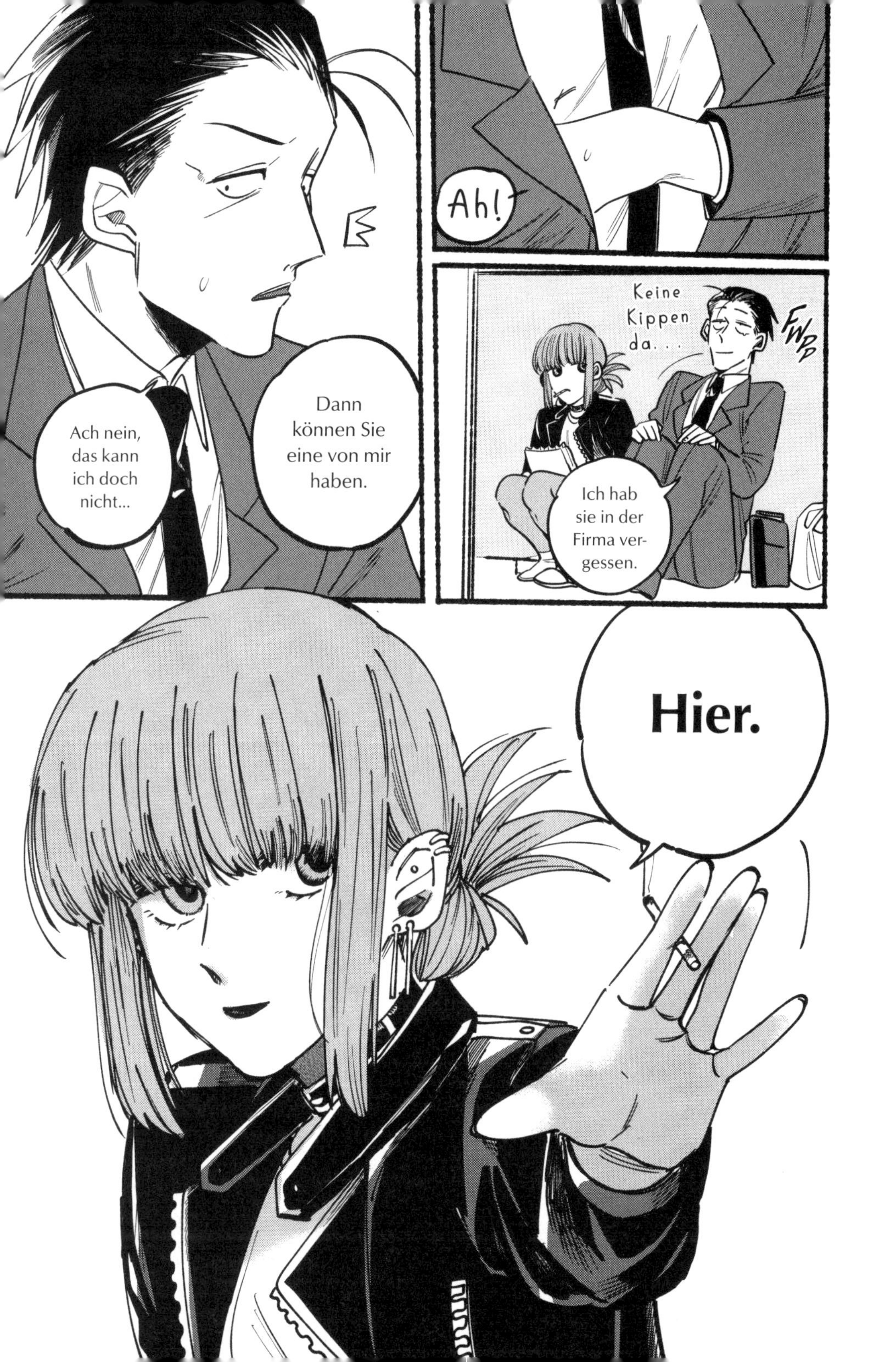
Ah!
Keine Kippen da...
FWP
Ich hab sie in der Firma vergessen.
Dann können Sie eine von mir haben.
Ach nein, das kann ich doch nicht...
Hier.

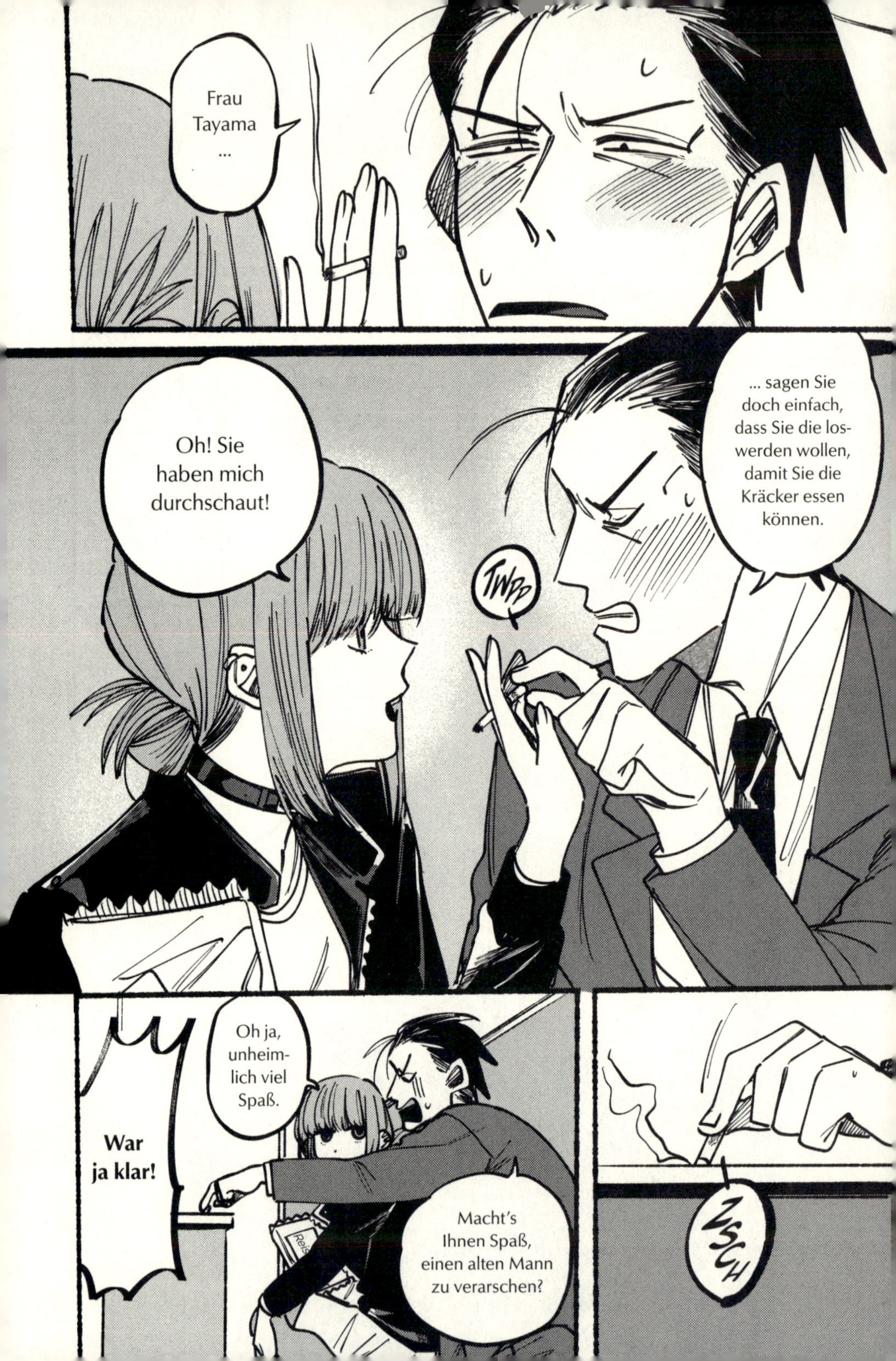
Frau Tayama ...
... sagen Sie doch einfach, dass Sie die los-werden wollen, damit Sie die Kräcker essen können.
TWPP
Oh! Sie haben mich durchschaut!
ZSCH
Macht's Ihnen Spaß, einen alten Mann zu verarschen?
Oh ja, unheimlich viel Spaß.
War ja klar!

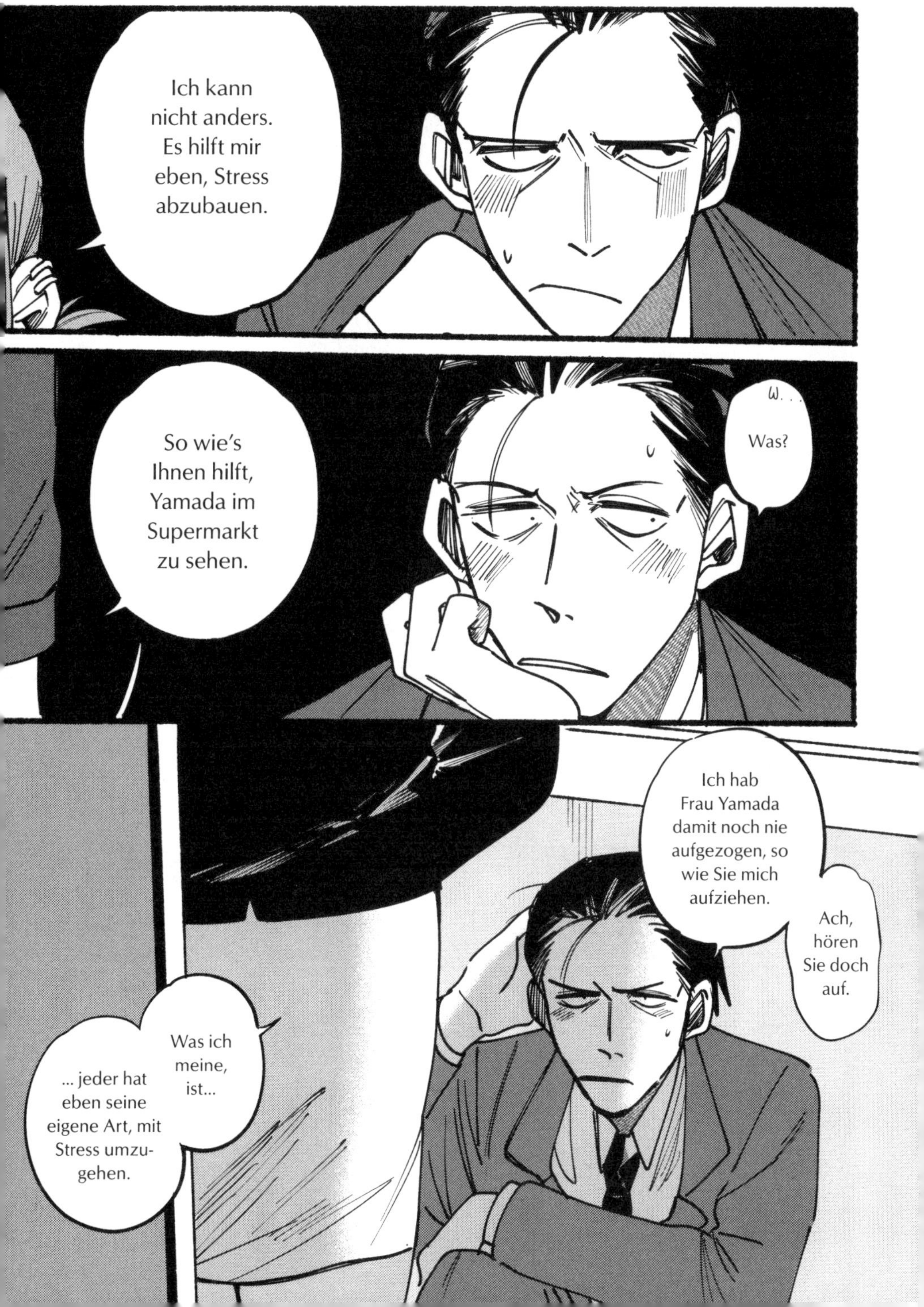
Ich kann nicht anders. Es hilft mir eben, Stress abzubauen.
W...
Was?
So wie's Ihnen hilft, Yamada im Supermarkt zu sehen.
Ich hab Frau Yamada damit noch nie aufgezogen, so wie Sie mich aufziehen.
Ach, hören Sie doch auf.
Was ich meine, ist...
... jeder hat eben seine eigene Art, mit Stress umzugehen.

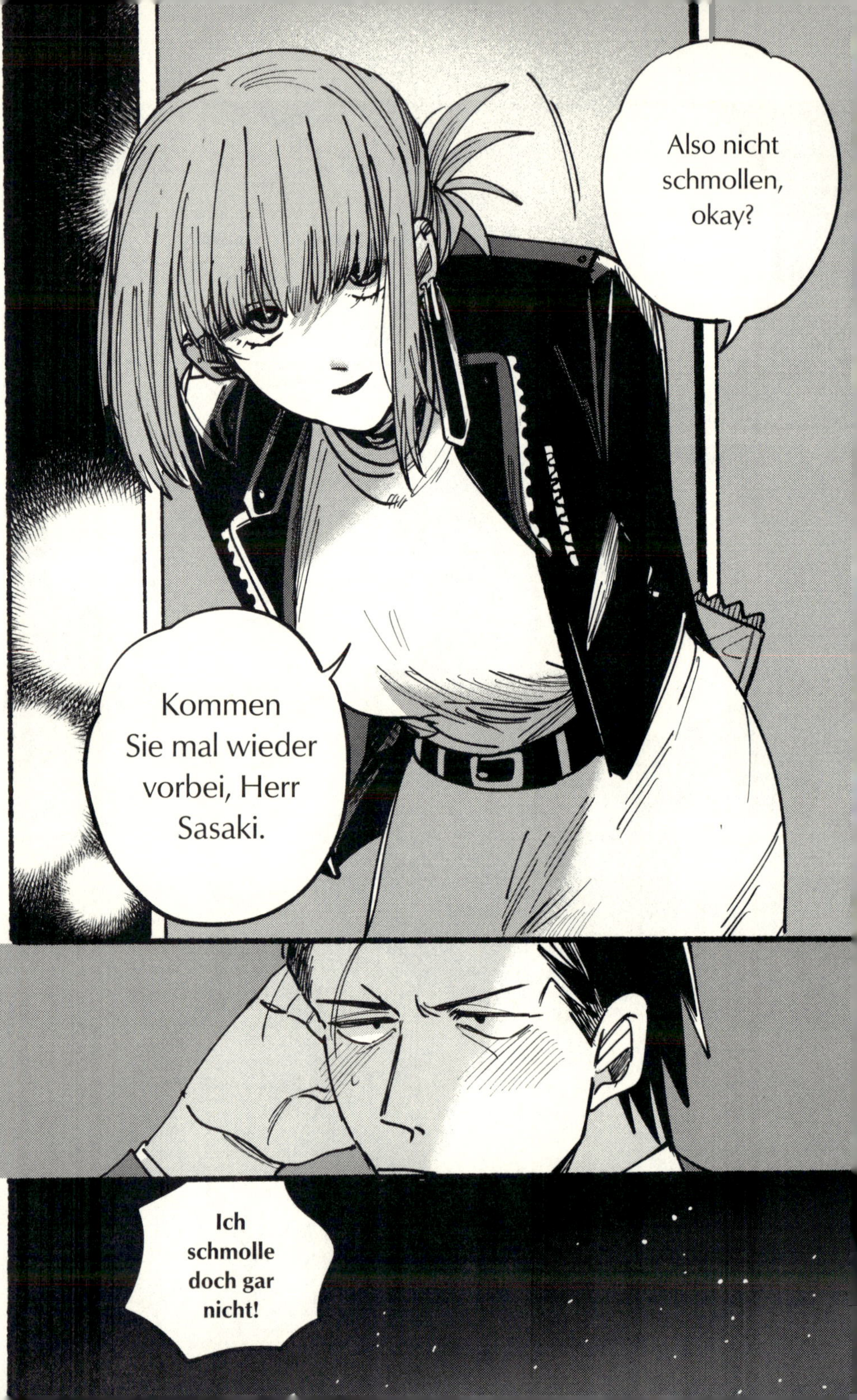
Also nicht schmollen, okay?
Kommen Sie mal wieder vorbei, Herr Sasaki.
Ich schmolle doch gar nicht!

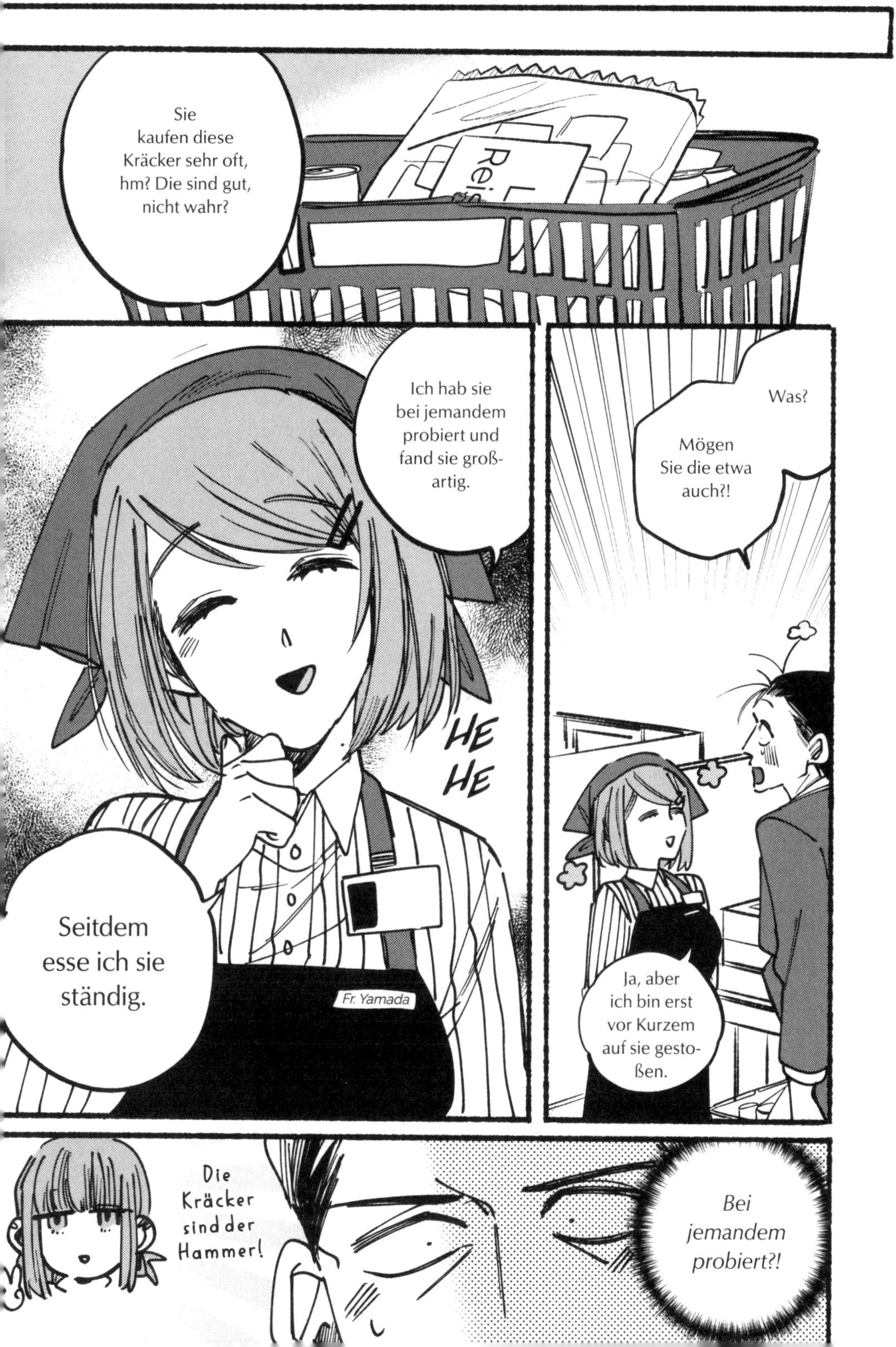
Sie kaufen diese Kräcker sehr oft, hm? Die sind gut, nicht wahr?
Was?
Mögen Sie die etwa auch?!
Ich hab sie bei jemandem probiert und fand sie groß-artig.
HE HE
Seitdem esse ich sie ständig.
Fr. Yamada
Ja, aber ich bin erst vor Kurzem auf sie gesto-ßen.
Bei jemandem probiert?!
Die Kräcker sind der Hammer!

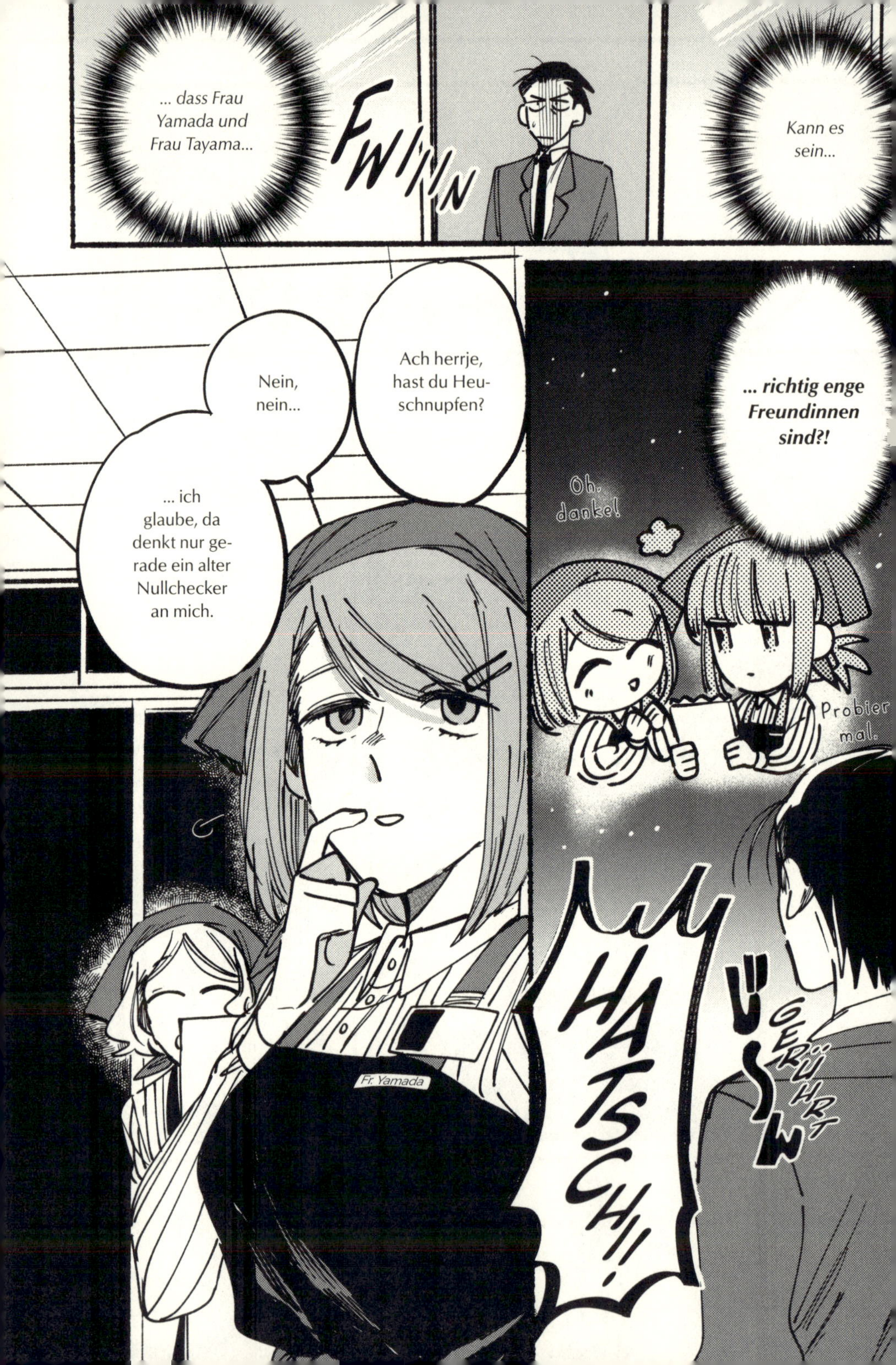

Kann es sein...
FWINN
... dass Frau Yamada und Frau Tayama...
... richtig enge Freundinnen sind?!
Oh, danke!
Probier mal.
GERÜHRT
HATSCHI!!
Ach herrje, hast du Heuschnupfen?
Nein, nein...
... ich glaube, da denkt nur gerade ein alter Nullchecker an mich.
Fr. Yamada

Super S

Bonus **Nach der 1. Zigarette**

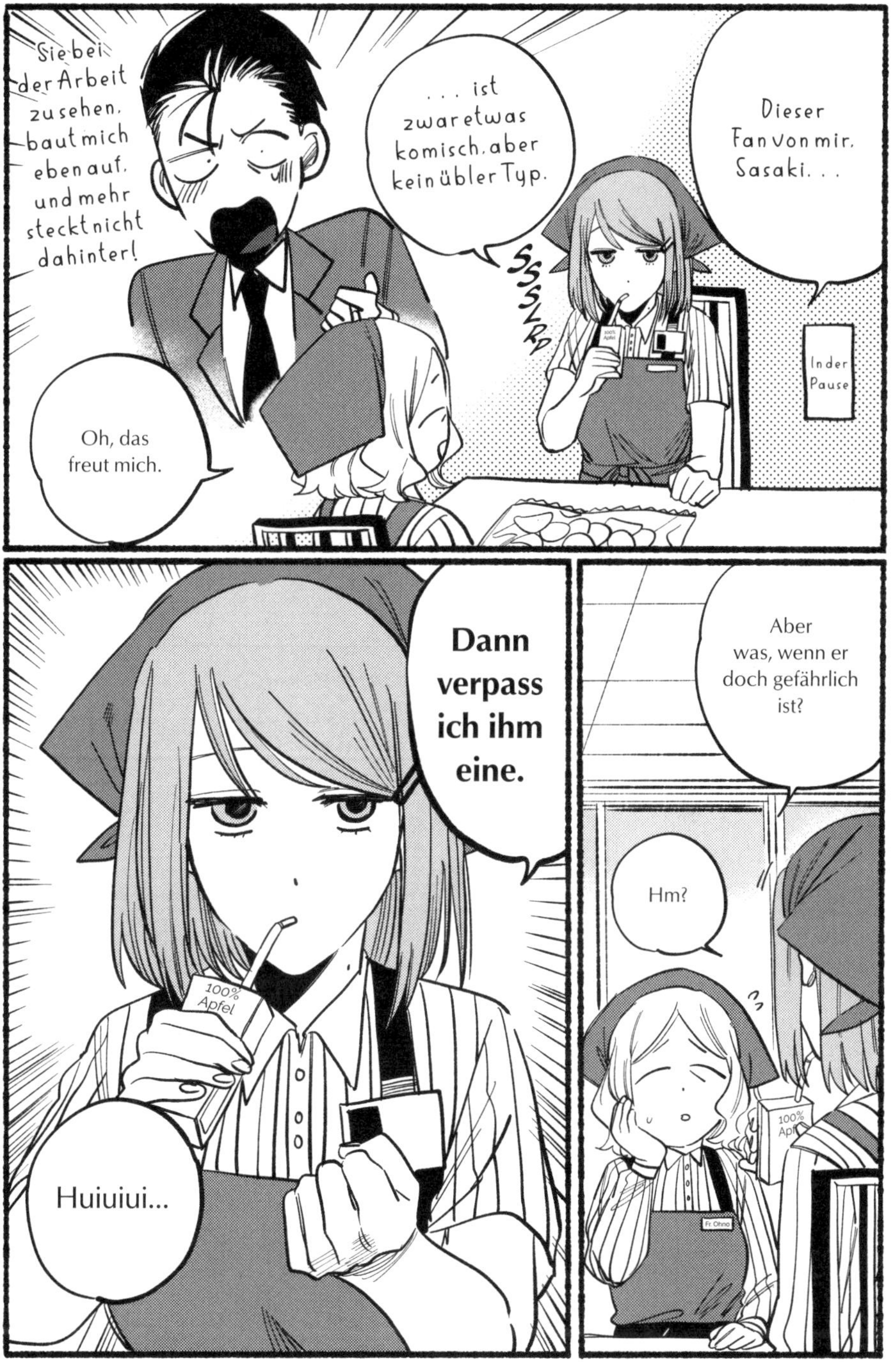

Super S

Bonus Nach der 2. Zigarette

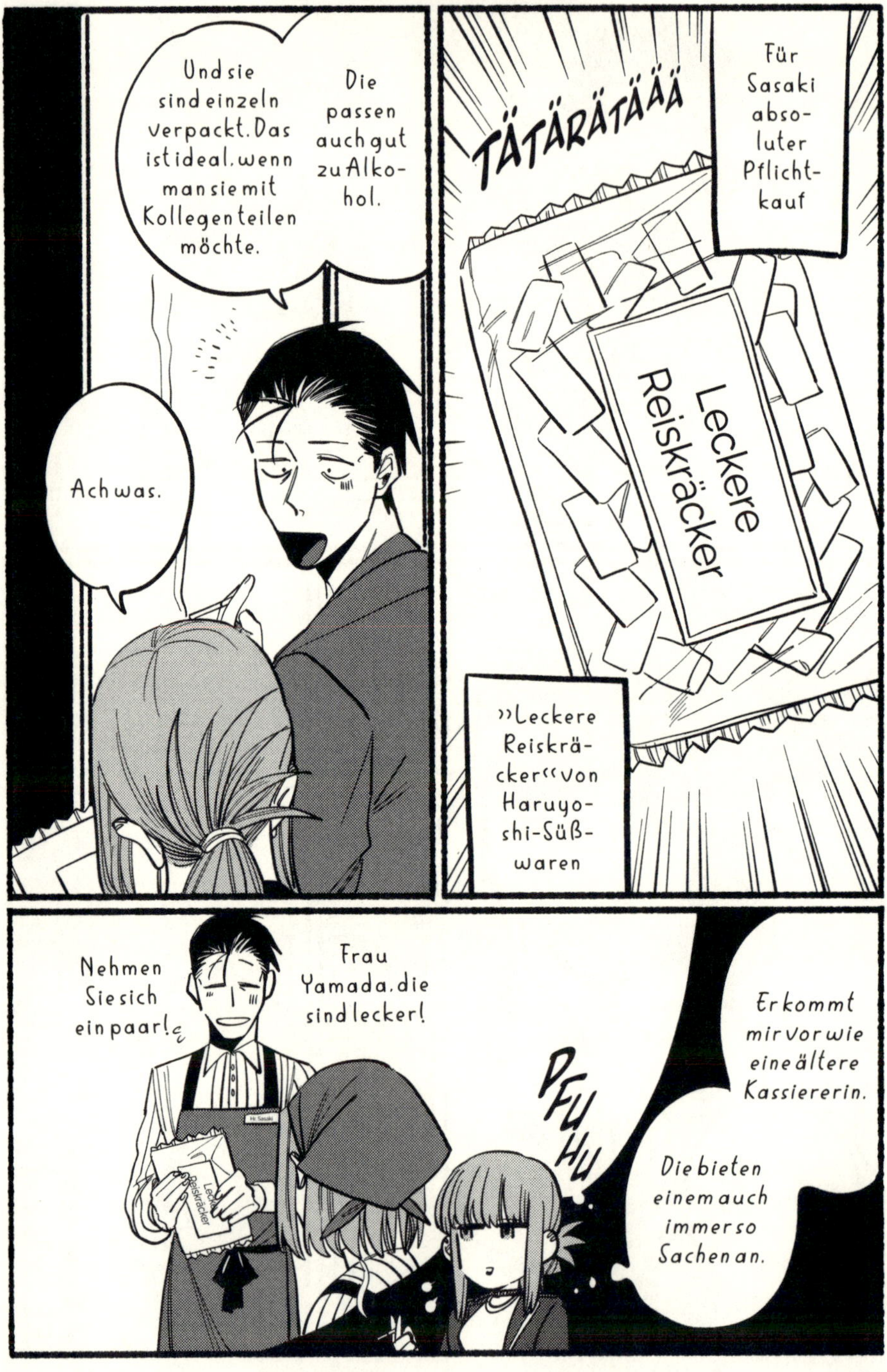

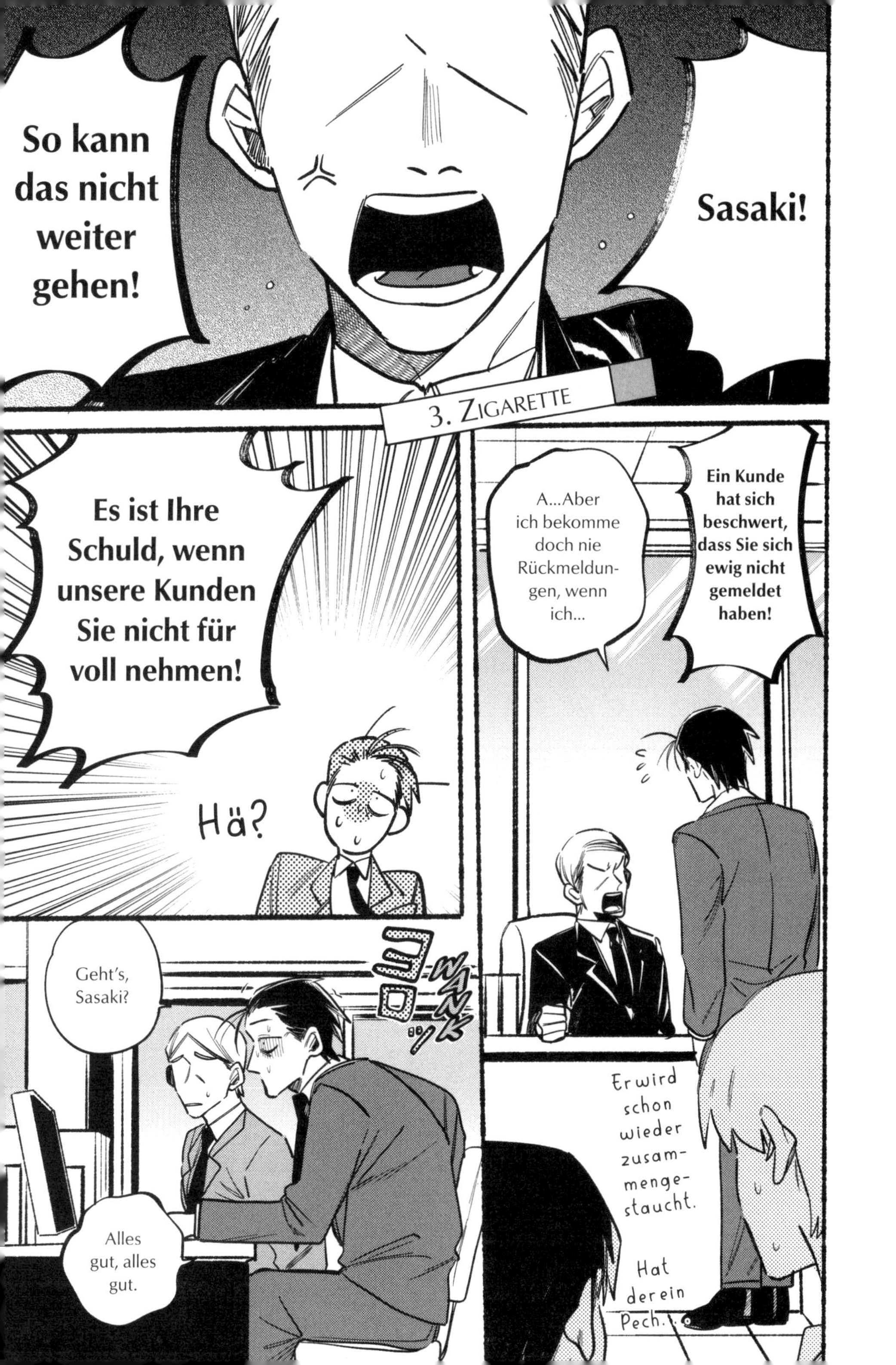
Sasaki!
So kann das nicht weiter gehen!
3. Zigarette
Ein Kunde hat sich beschwert, dass Sie sich ewig nicht gemeldet haben!
A...Aber ich bekomme doch nie Rückmeldungen, wenn ich...
Es ist Ihre Schuld, wenn unsere Kunden Sie nicht für voll nehmen!
Hä?
Er wird schon wieder zusammengestaucht.
Hat der ein Pech...
Geht's, Sasaki?
Alles gut, alles gut.

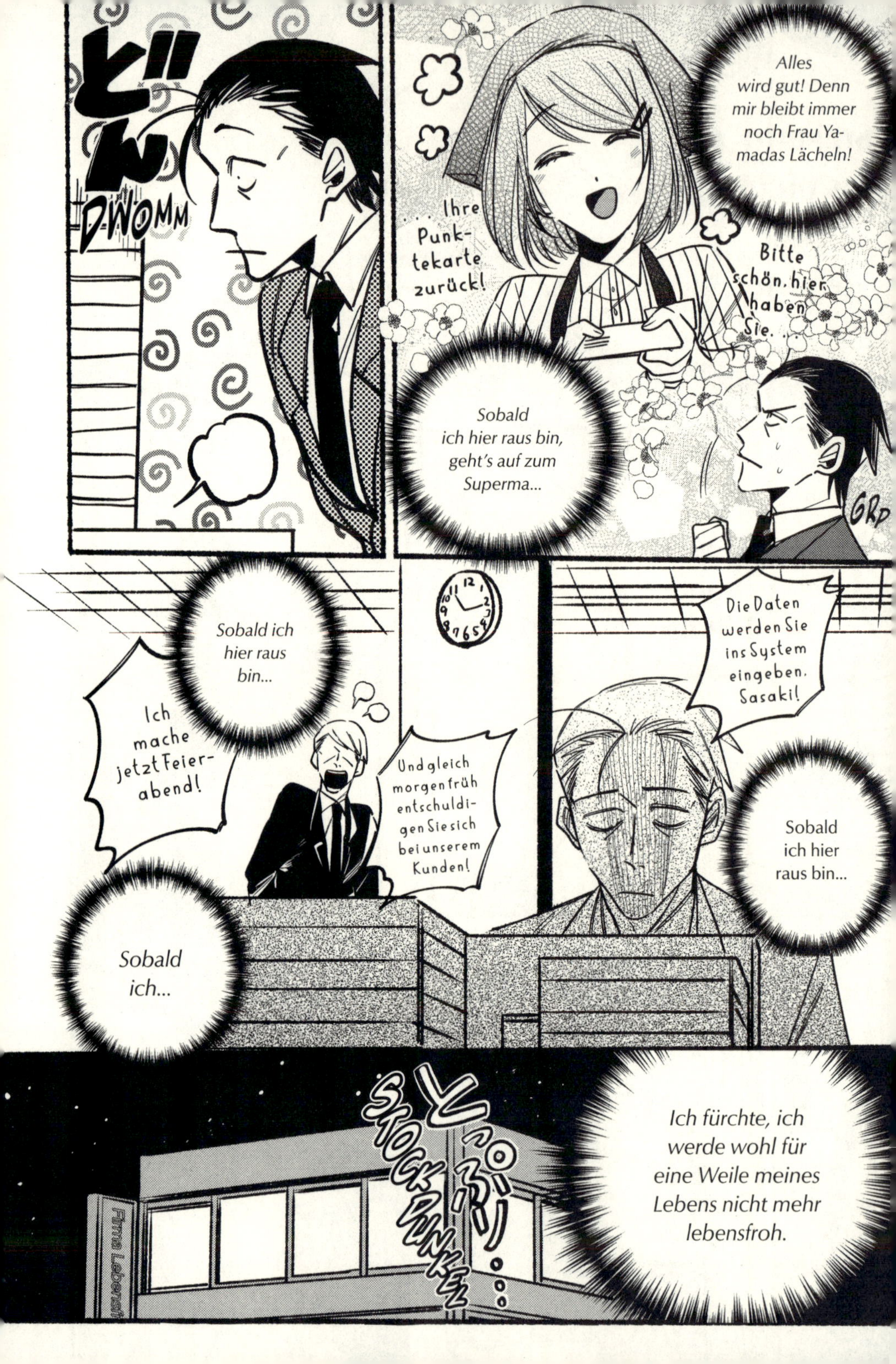

Alles wird gut! Denn mir bleibt immer noch Frau Yamadas Lächeln!
... Ihre Punktekarte zurück!
Bitte schön, hier haben Sie...
Sobald ich hier raus bin, geht's auf zum Superma...
GRD
DWOMM
Die Daten werden Sie ins System eingeben, Sasaki!
Sobald ich hier raus bin...
Und gleich morgen früh entschuldigen Sie sich bei unserem Kunden!
Sobald ich hier raus bin...
Ich mache jetzt Feierabend!
Sobald ich...
Ich fürchte, ich werde wohl für eine Weile meines Lebens nicht mehr lebensfroh.
STOCKDUNKEL
Firma Lebensf

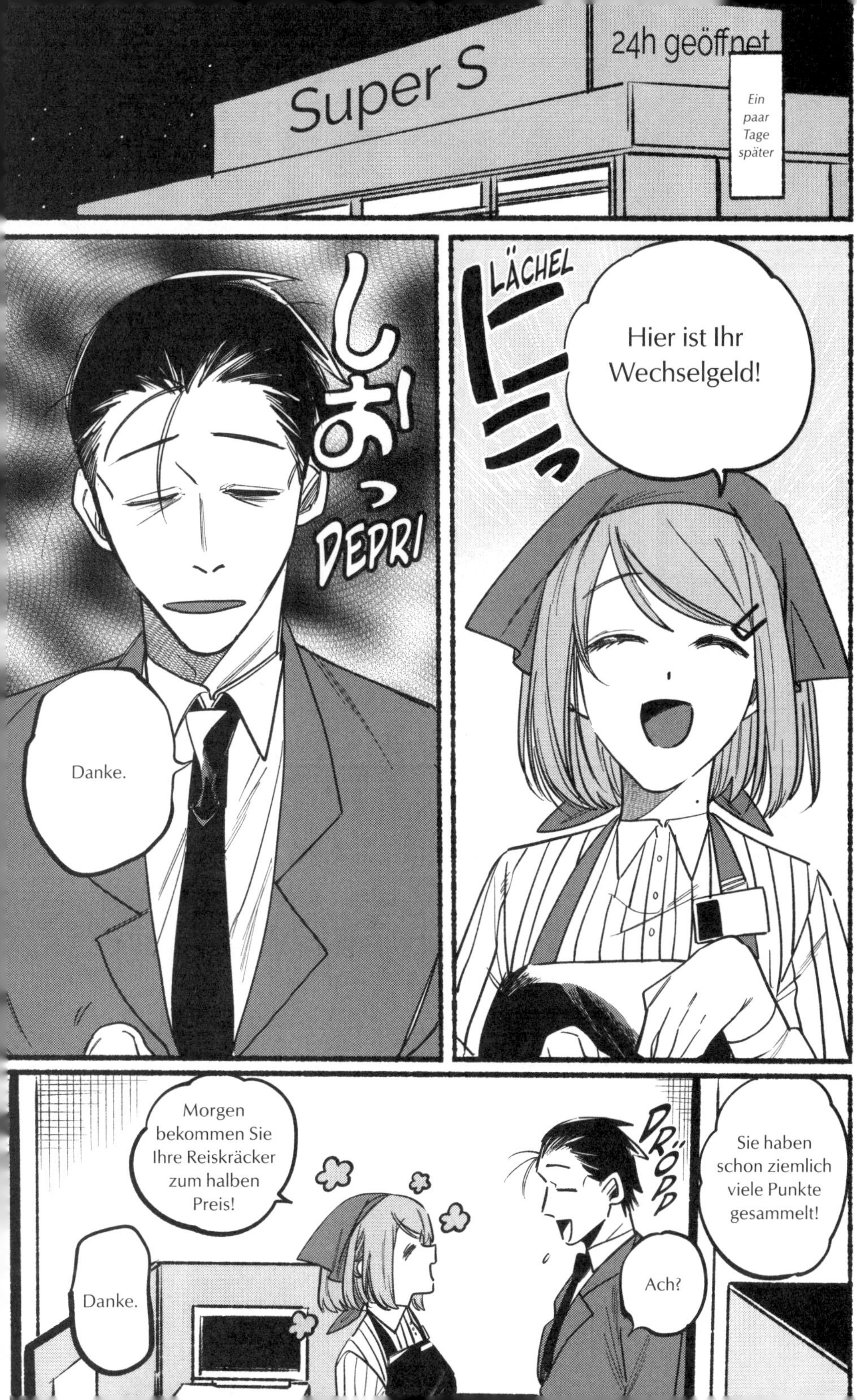
24h geöffnet
Super S
Ein paar Tage später
LÄCHEL
Hier ist Ihr Wechselgeld!
DEPRI
Danke.
Sie haben schon ziemlich viele Punkte gesammelt!
DRÖPP
Ach?
Morgen bekommen Sie Ihre Reiskräcker zum halben Preis!
Danke.

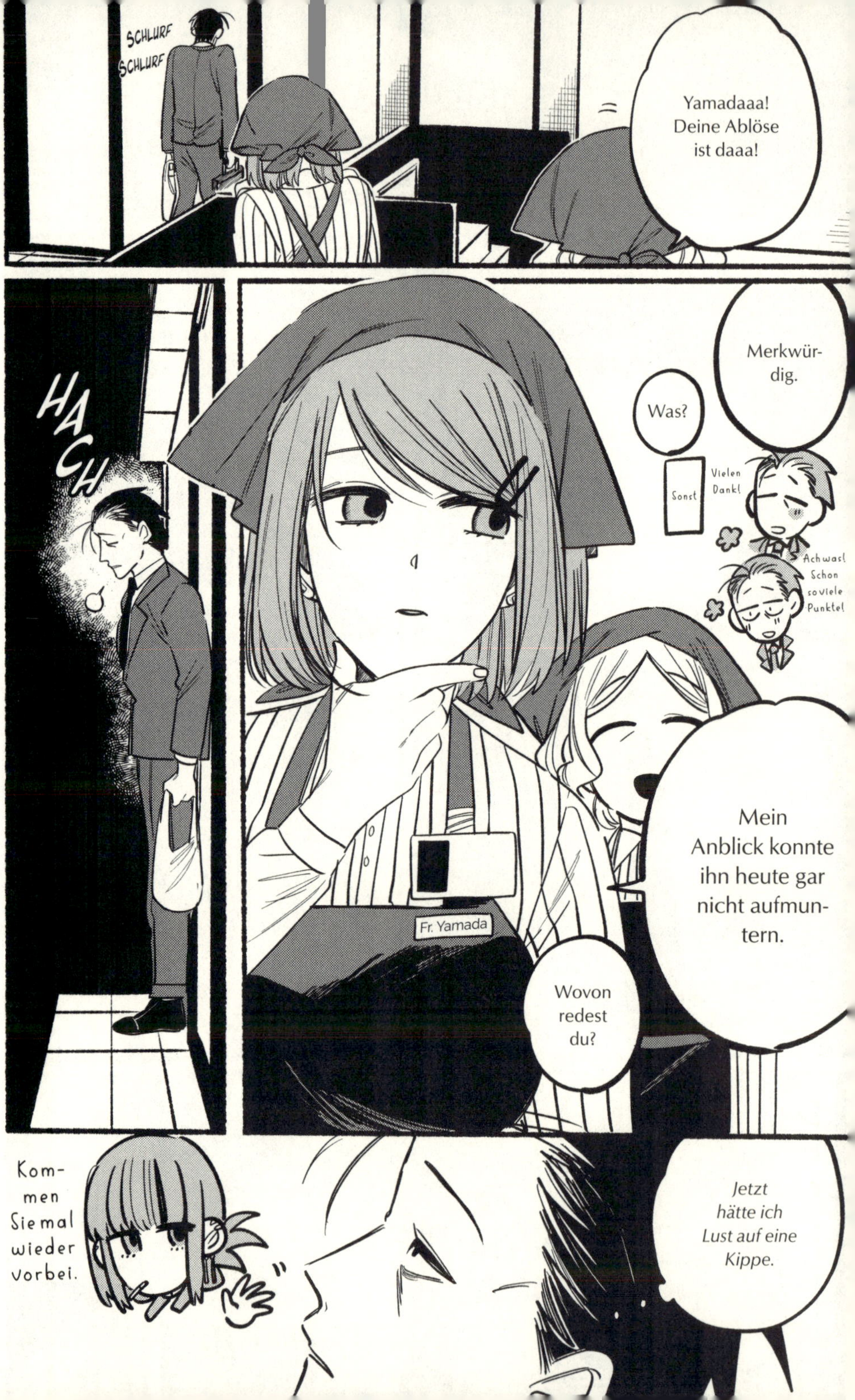
Yamadaaa! Deine Ablöse ist daaa!
SCHLURF
SCHLURF
Merkwürdig.
Was?
Sonst
Vielen Dank!
Ach was! Schon soviele Punkte!
Mein Anblick konnte ihn heute gar nicht aufmuntern.
Wovon redest du?
Fr. Yamada
HACH
Jetzt hätte ich Lust auf eine Kippe.
Kommen Sie mal wieder vorbei.

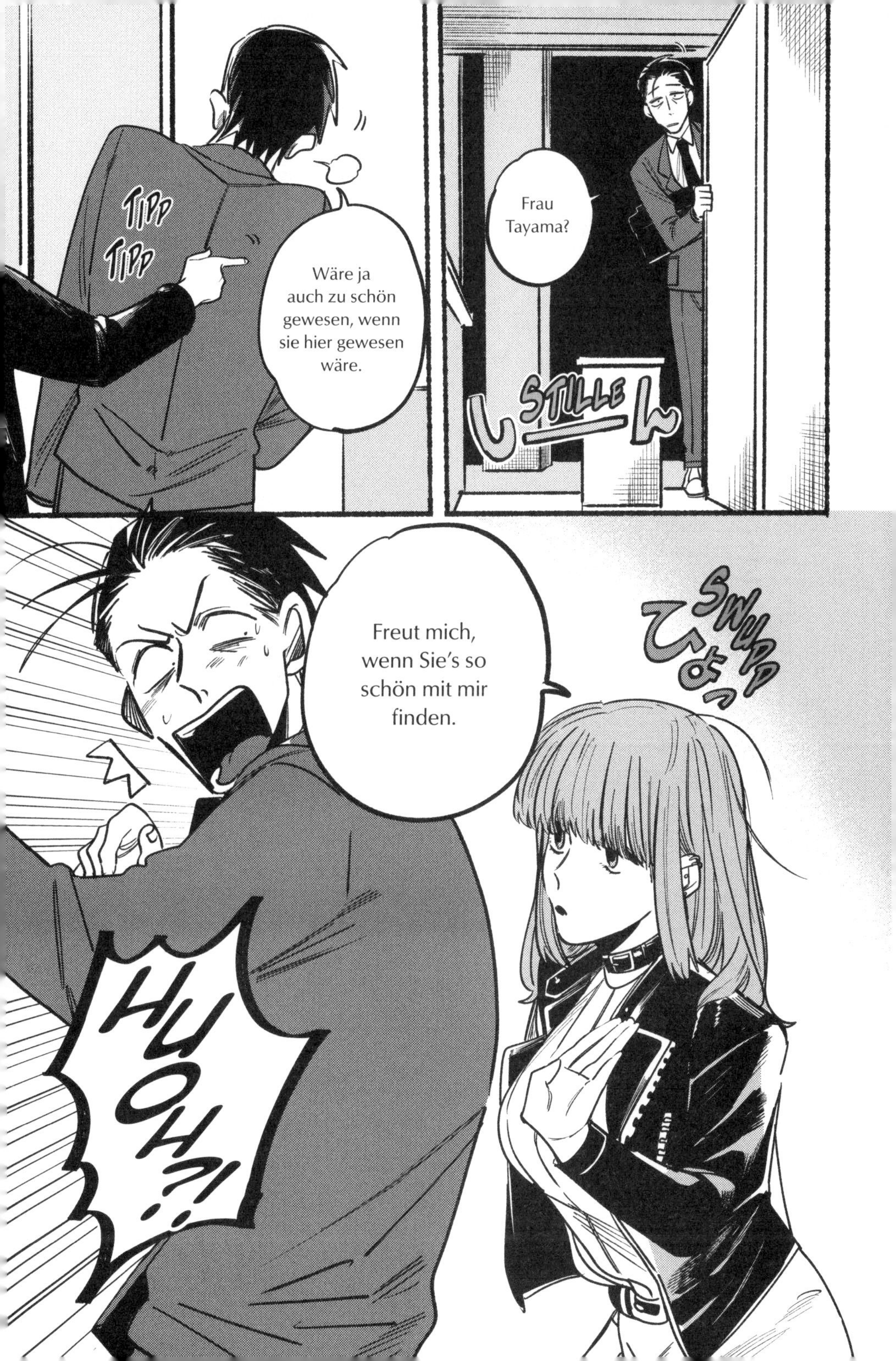

Frau Tayama?
STILLE
TIPP TIPP
Wäre ja auch zu schön gewesen, wenn sie hier gewesen wäre.
SWUPP
ひょっ
Freut mich, wenn Sie's so schön mit mir finden.
HUOHA?!

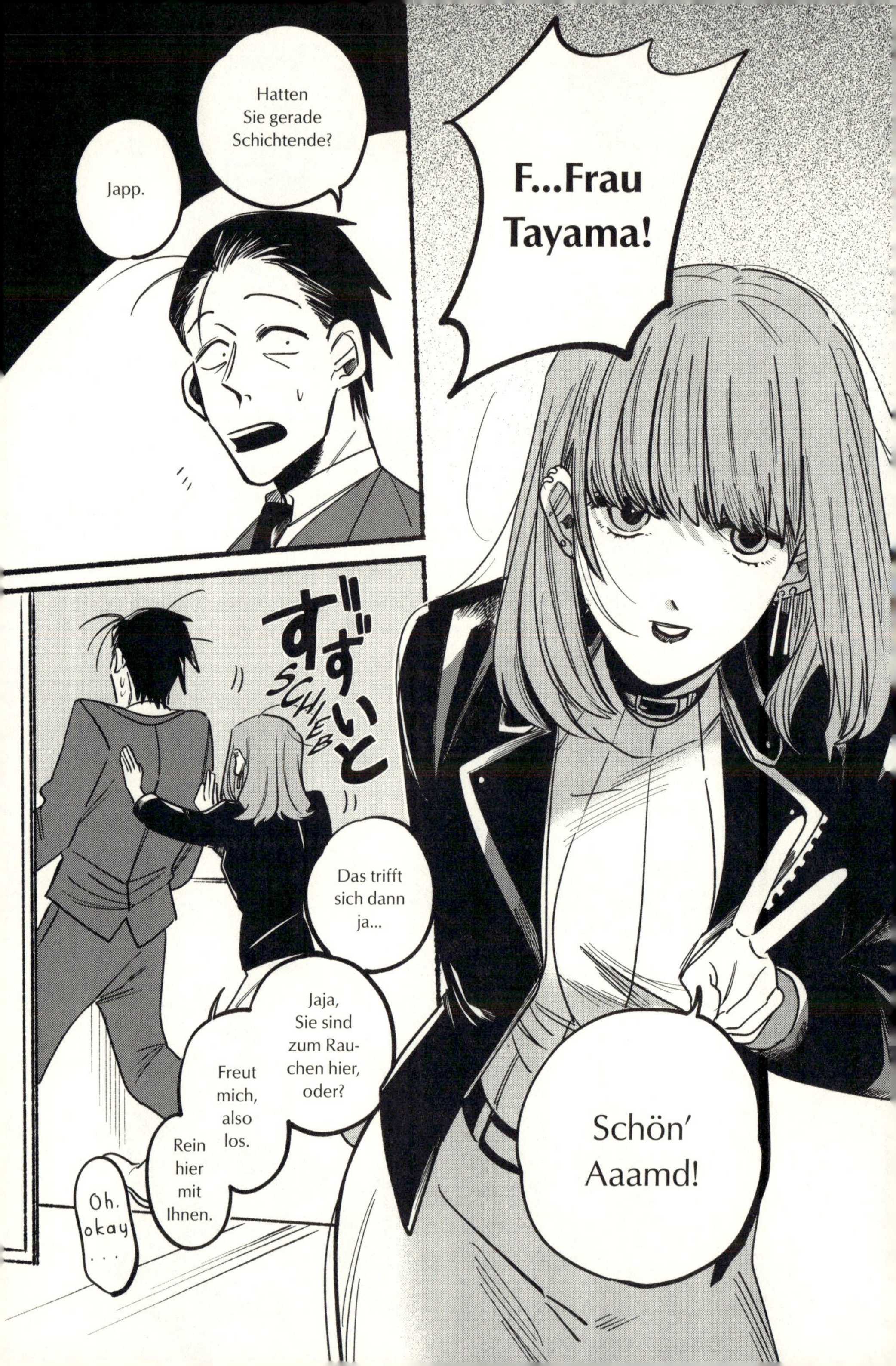

F...Frau Tayama!
Schön' Aaamd!
Hatten Sie gerade Schichtende?
Japp.
SCHIEB
Das trifft sich dann ja...
Jaja, Sie sind zum Rauchen hier, oder?
Freut mich, also los.
Rein hier mit Ihnen.
Oh, okay ...

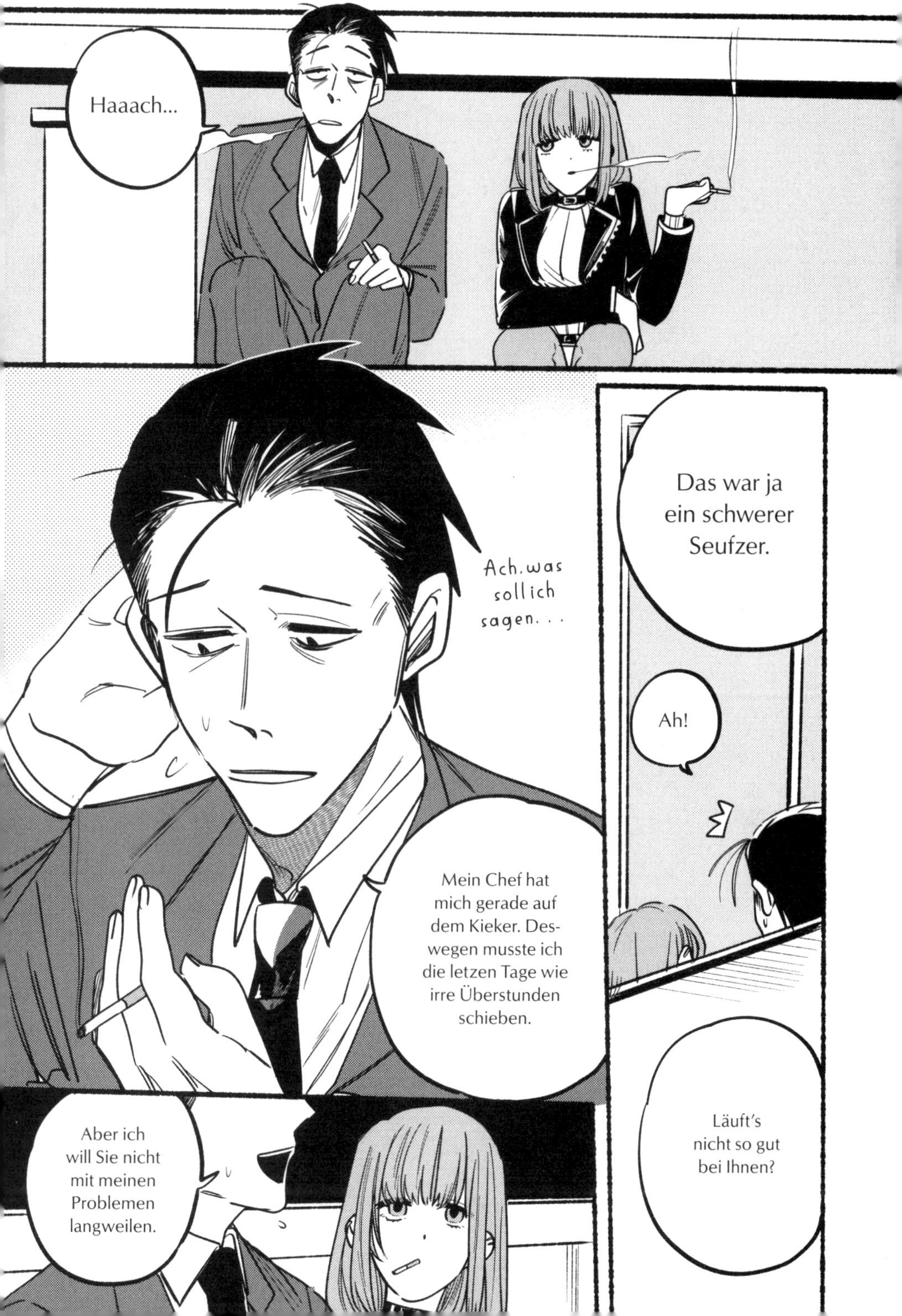
Haaach...
Das war ja ein schwerer Seufzer.
Ah!
Ach, was soll ich sagen...
Läuft's nicht so gut bei Ihnen?
Mein Chef hat mich gerade auf dem Kieker. Deswegen musste ich die letzten Tage wie irre Überstunden schieben.
Aber ich will Sie nicht mit meinen Problemen langweilen.

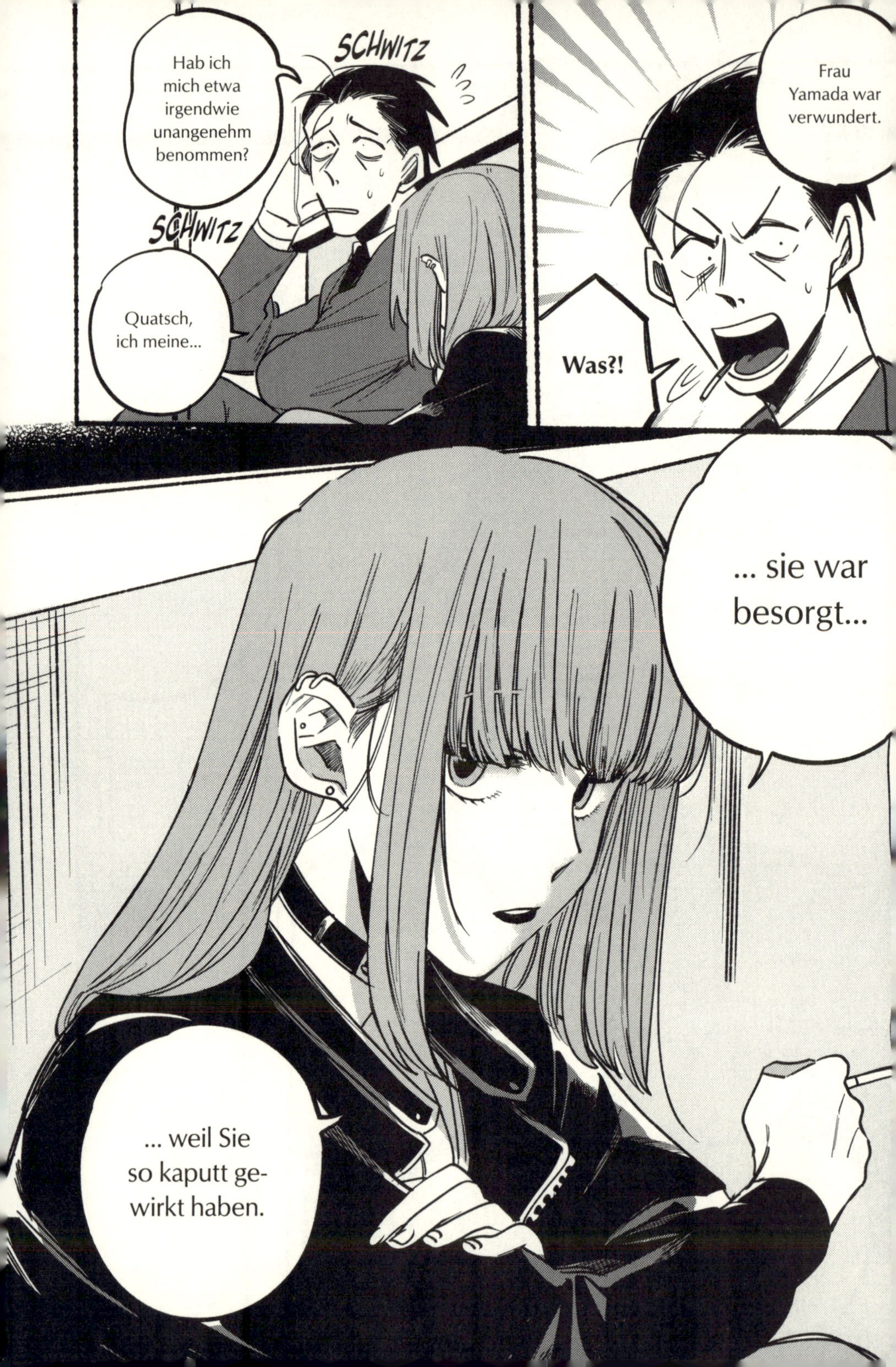
Frau Yamada war verwundert.
Was?!
SCHWITZ
Hab ich mich etwa irgendwie unangenehm benommen?
SCHWITZ
Quatsch, ich meine...
... sie war besorgt...
... weil Sie so kaputt gewirkt haben.

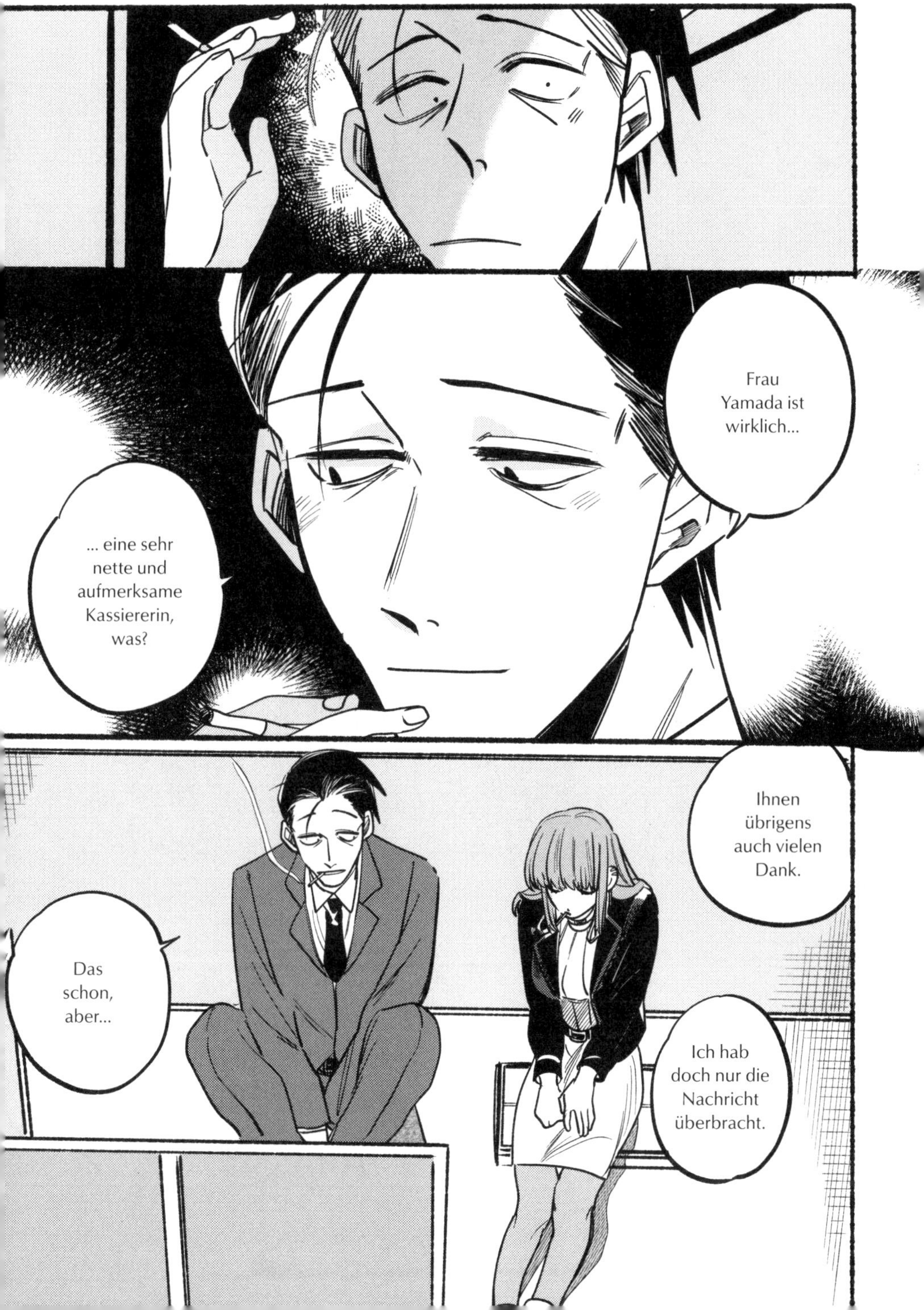

Frau Yamada ist wirklich...
... eine sehr nette und aufmerksame Kassiererin, was?
Ihnen übrigens auch vielen Dank.
Ich hab doch nur die Nachricht überbracht.
Das schon, aber...

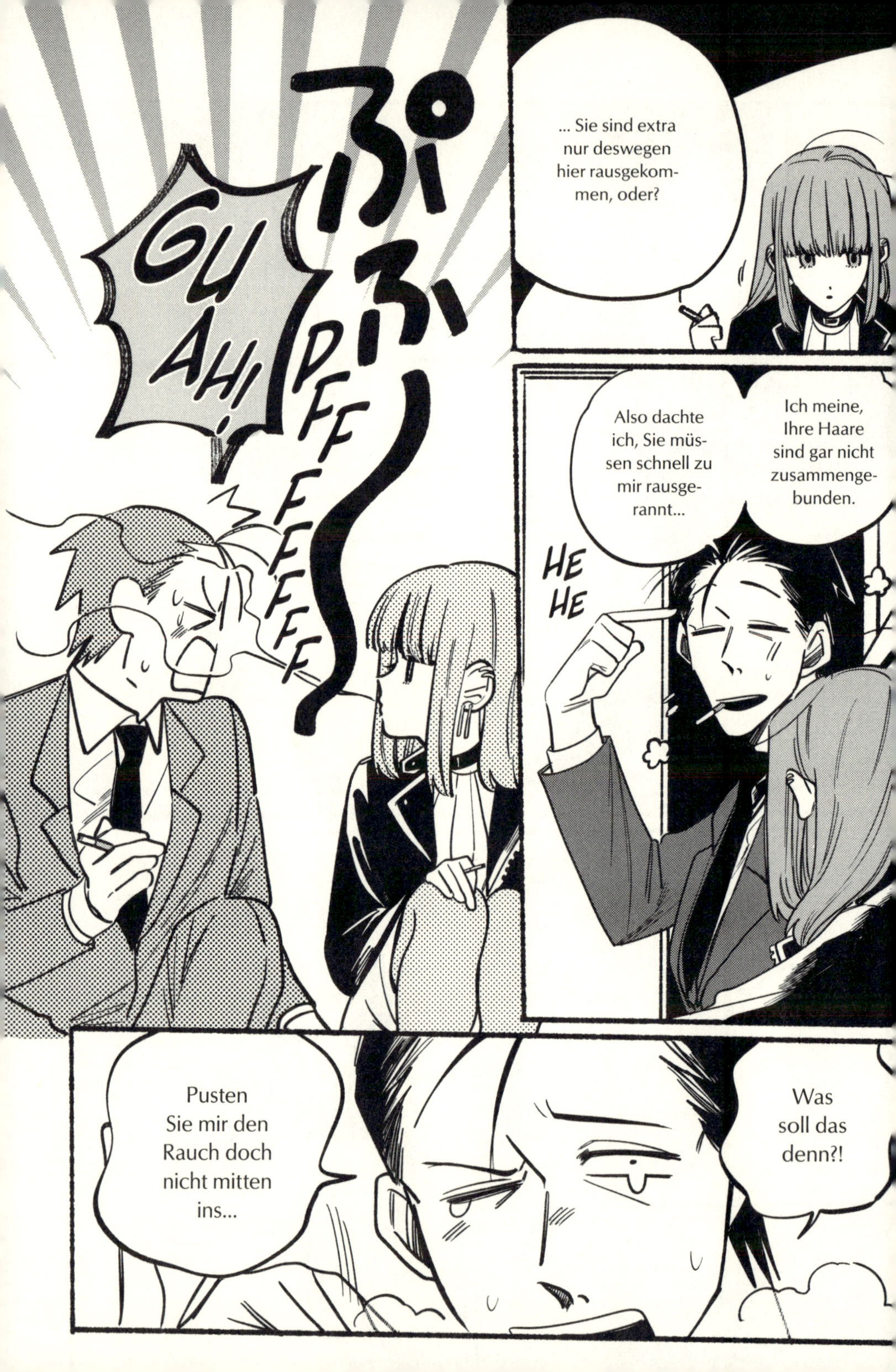
... Sie sind extra nur deswegen hier rausgekommen, oder?
Ich meine, Ihre Haare sind gar nicht zusammengebunden.
Also dachte ich, Sie müssen schnell zu mir rausgerannt...
HE HE
ぷふ〜
PFFFFFFFF
GUAH!
Was soll das denn?!
Pusten Sie mir den Rauch doch nicht mitten ins...

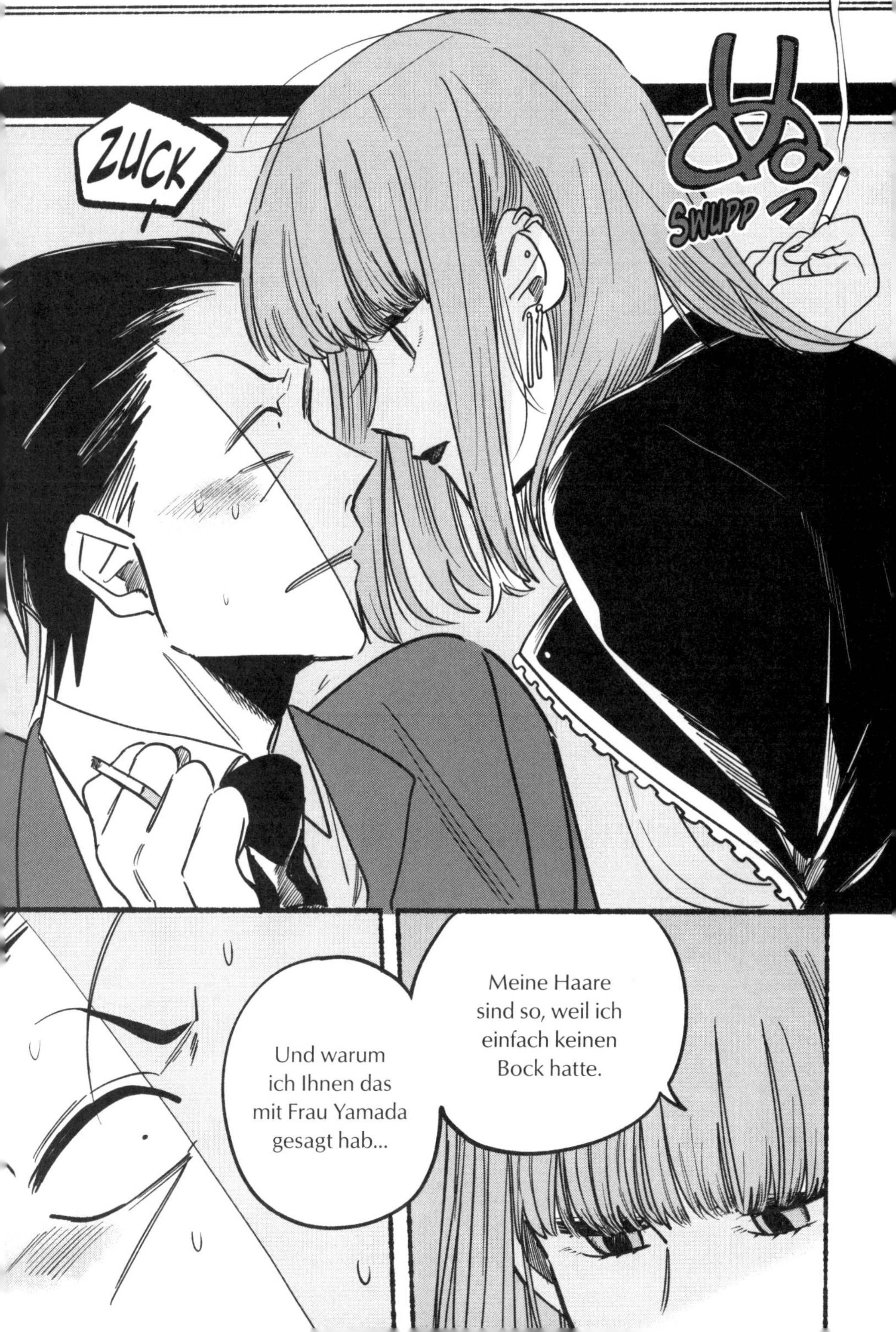
ぬっ
SWUPP
ZUCK
Meine Haare sind so, weil ich einfach keinen Bock hatte.
Und warum ich Ihnen das mit Frau Yamada gesagt hab...

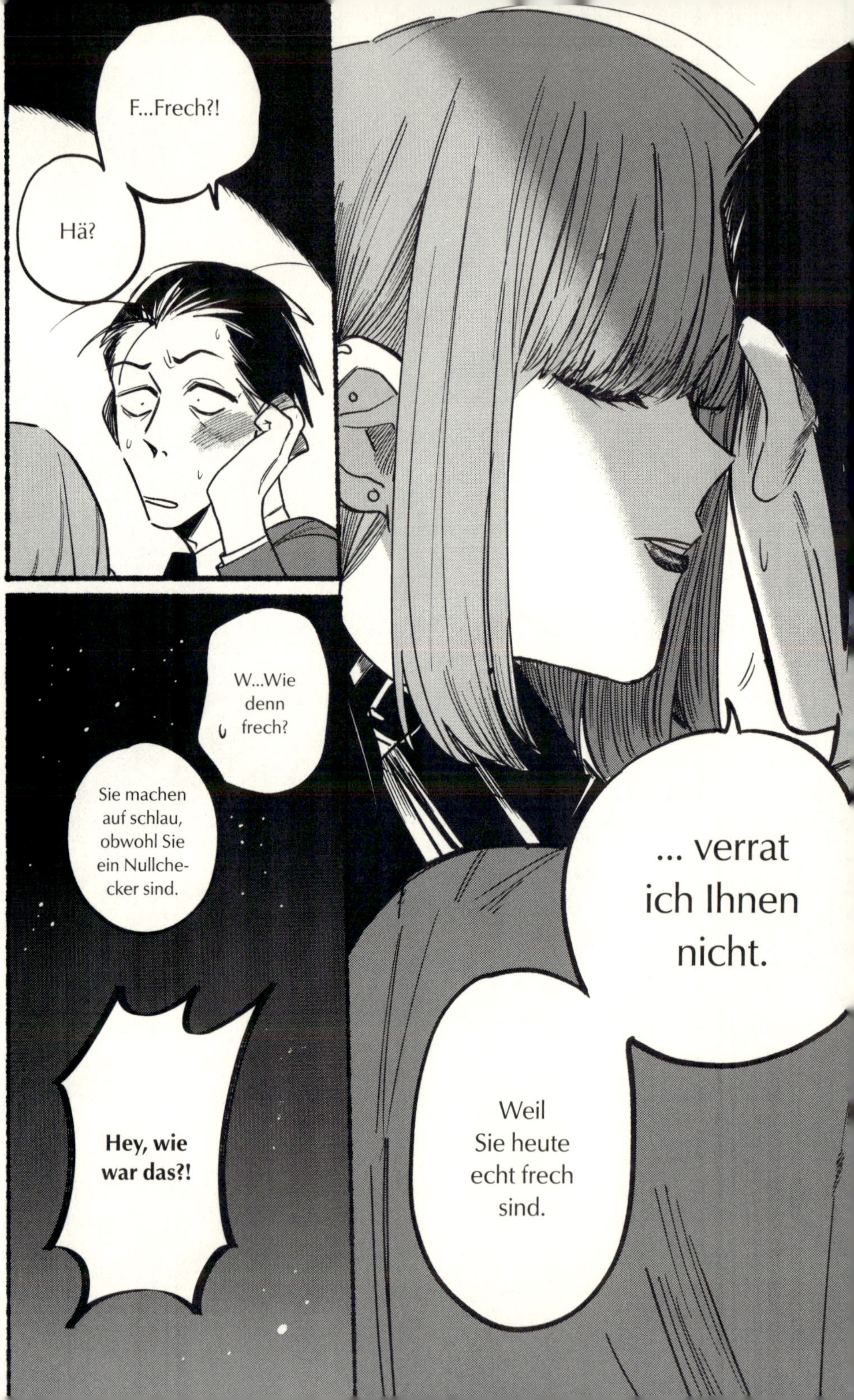
... verrat ich Ihnen nicht.
Weil Sie heute echt frech sind.
F...Frech?!
Hä?
W...Wie denn frech?
Sie machen auf schlau, obwohl Sie ein Nullchecker sind.
Hey, wie war das?!

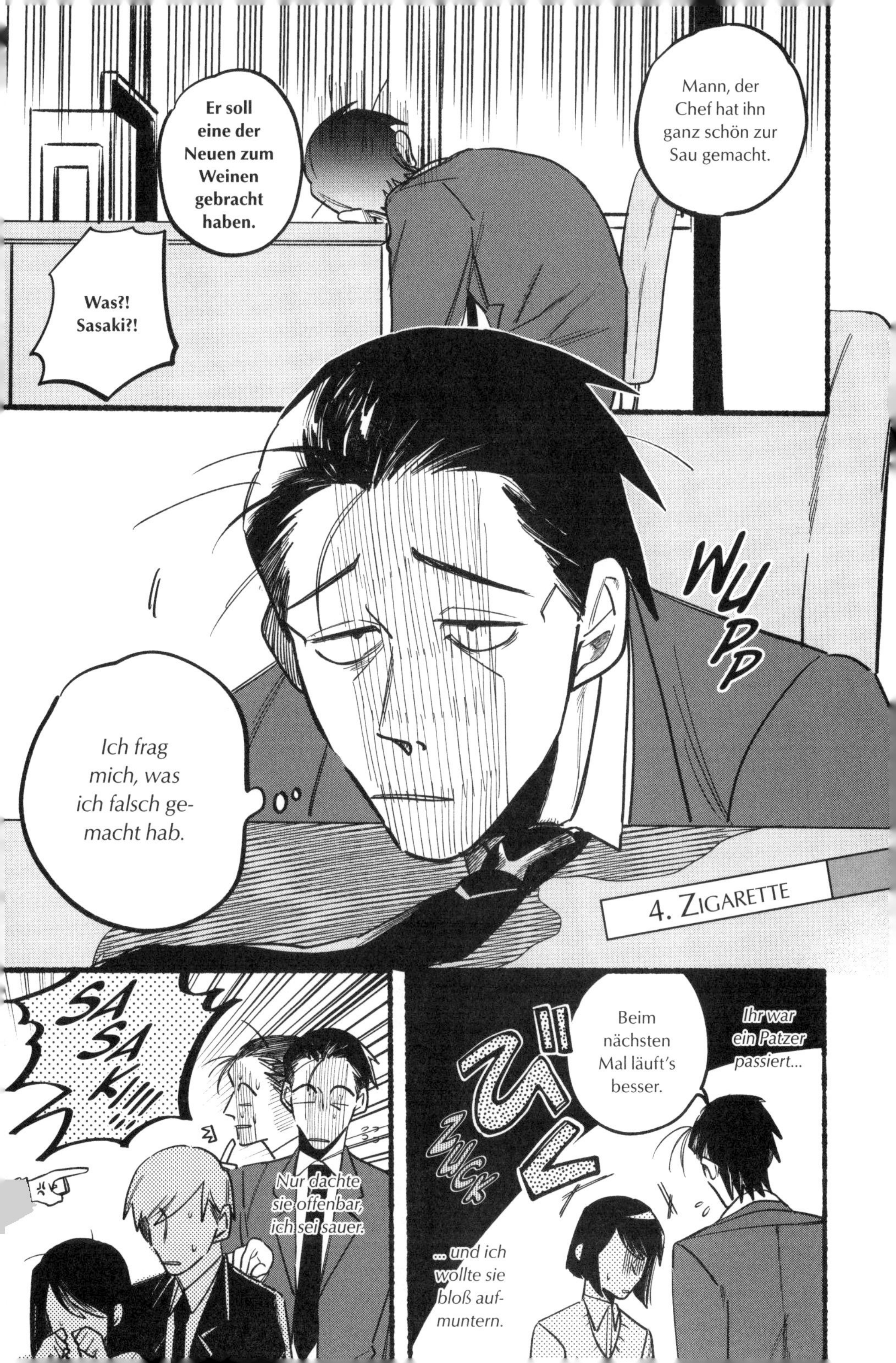

Mann, der Chef hat ihn ganz schön zur Sau gemacht.
Er soll eine der Neuen zum Weinen gebracht haben.
Was?! Sasaki?!
WUPP
Ich frag mich, was ich falsch gemacht hab.
4. Zigarette
Ihr war ein Patzer passiert...
Beim nächsten Mal läuft's besser.
ZUCK
... und ich wollte sie bloß aufmuntern.
SASAKI!!!
Nur dachte sie offenbar, ich sei sauer.

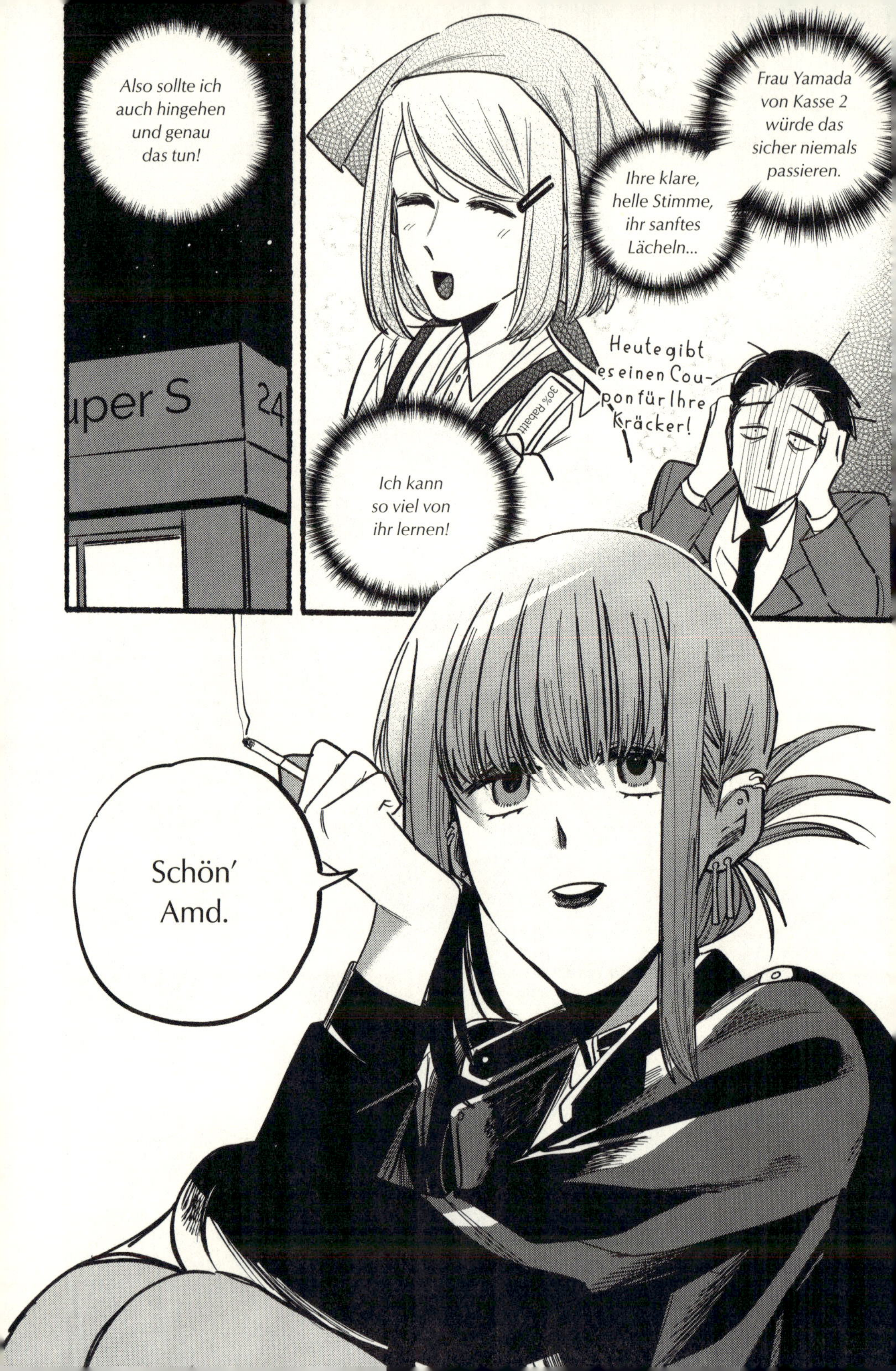

Frau Yamada von Kasse 2 würde das sicher niemals passieren.
Ihre klare, helle Stimme, ihr sanftes Lächeln...
Heute gibt es einen Coupon für Ihre Kräcker!
30% Rabatt
Ich kann so viel von ihr lernen!
Also sollte ich auch hingehen und genau das tun!
uper S
24
Schön' Amd.

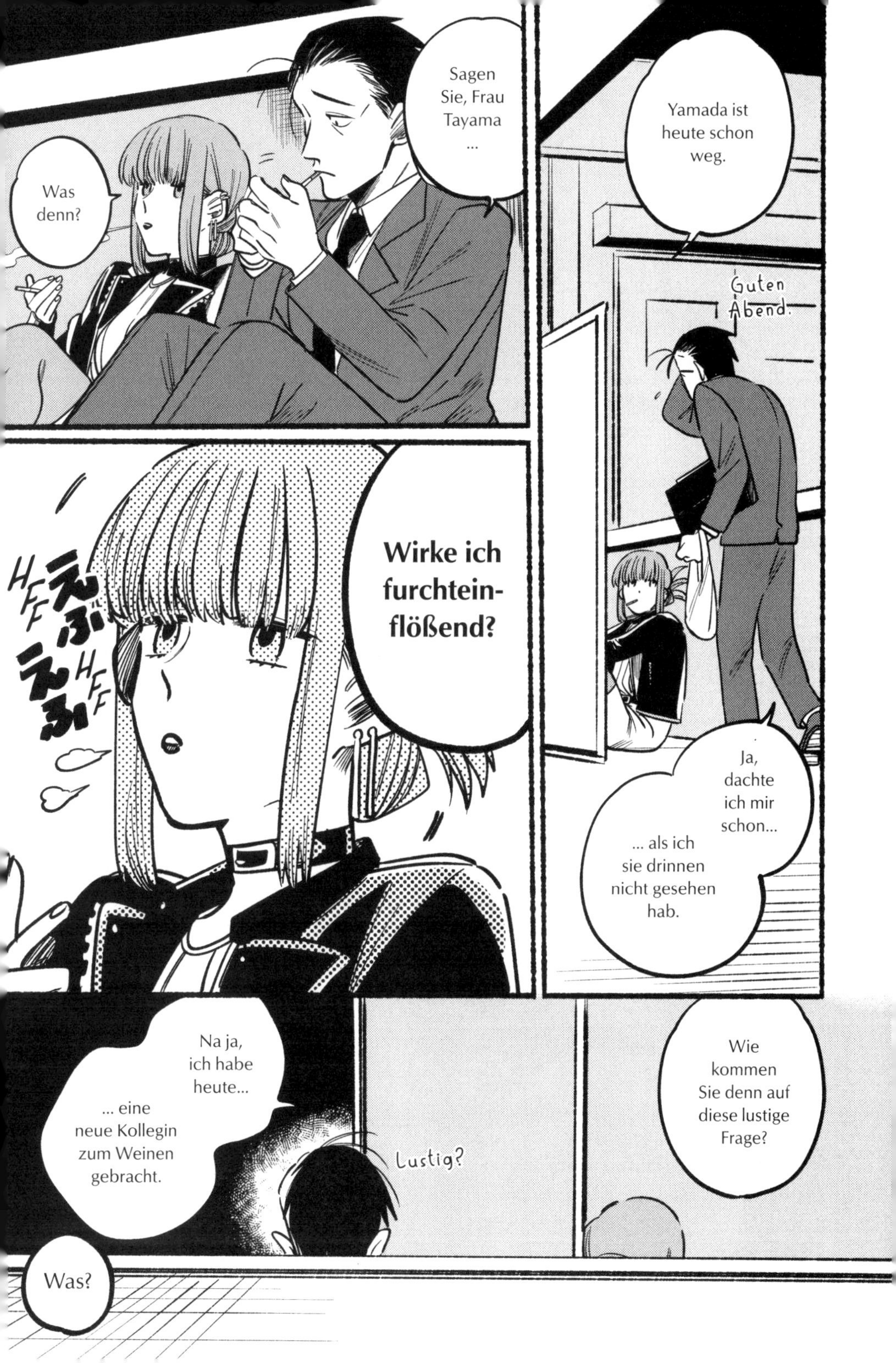
Guten Abend.
Yamada ist heute schon weg.
Ja, dachte ich mir schon...
... als ich sie drinnen nicht gesehen hab.
Sagen Sie, Frau Tayama ...
Was denn?
Wirke ich furchteinflößend?
HFF
えふ
えふ
HFF
Wie kommen Sie denn auf diese lustige Frage?
Lustig?
Na ja, ich habe heute...
... eine neue Kollegin zum Weinen gebracht.
Was?

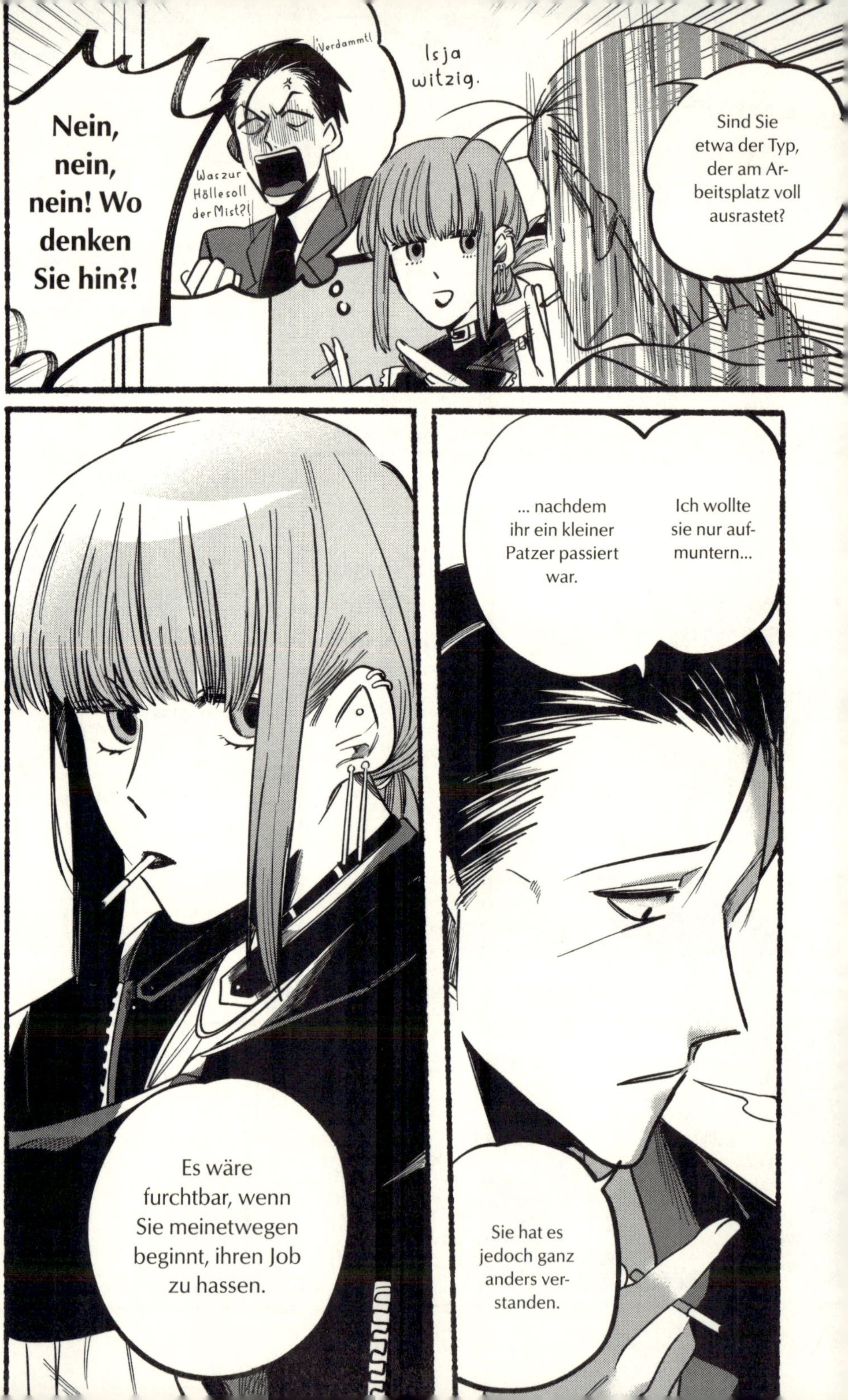
Sind Sie etwa der Typ, der am Arbeitsplatz voll ausrastet?
Is ja witzig.
Verdammt!
Was zur Hölle soll der Mist?!
Nein, nein, nein! Wo denken Sie hin?!
Ich wollte sie nur aufmuntern...
... nachdem ihr ein kleiner Patzer passiert war.
Sie hat es jedoch ganz anders verstanden.
Es wäre furchtbar, wenn Sie meinetwegen beginnt, ihren Job zu hassen.

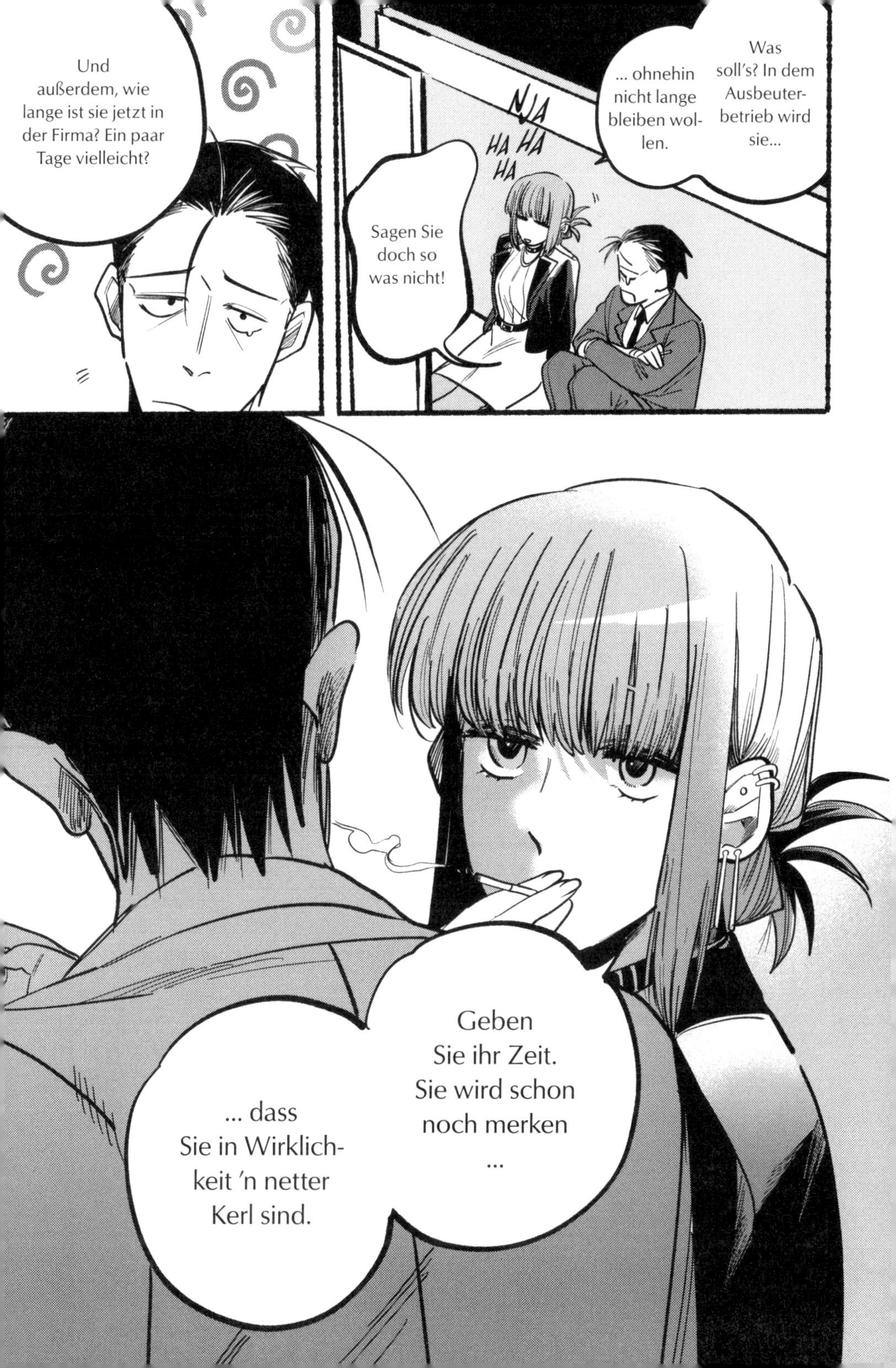
Was soll's? In dem Ausbeuterbetrieb wird sie...
... ohnehin nicht lange bleiben wollen.
NJA HA HA HA HA
Sagen Sie doch so was nicht!
Und außerdem, wie lange ist sie jetzt in der Firma? Ein paar Tage vielleicht?
Geben Sie ihr Zeit. Sie wird schon noch merken ...
... dass Sie in Wirklichkeit 'n netter Kerl sind.

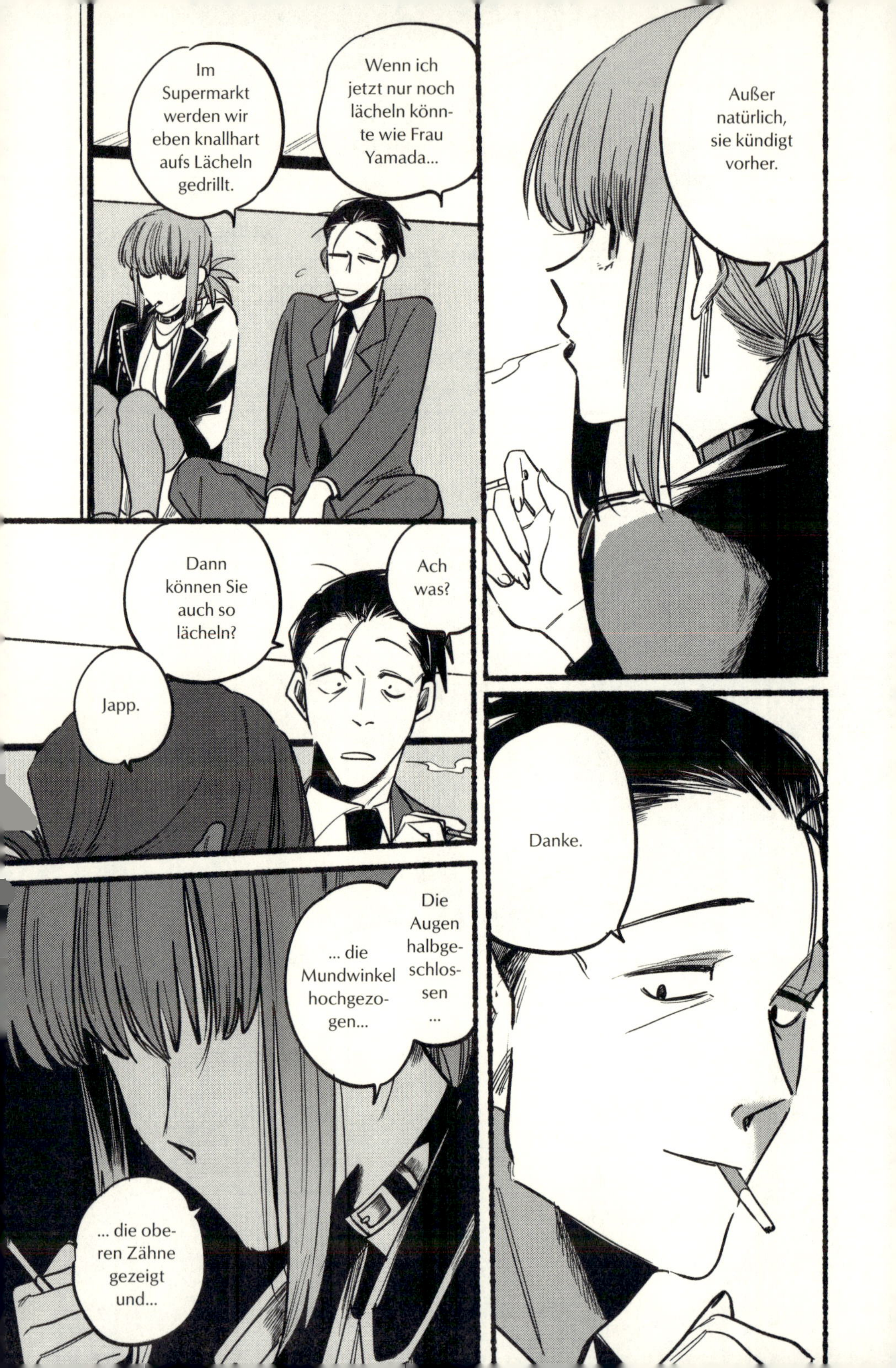
Außer natürlich, sie kündigt vorher.
Wenn ich jetzt nur noch lächeln könnte wie Frau Yamada...
Im Supermarkt werden wir eben knallhart aufs Lächeln gedrillt.
Ach was?
Dann können Sie auch so lächeln?
Japp.
Die Augen halbgeschlossen ...
... die Mundwinkel hochgezogen...
... die oberen Zähne gezeigt und...
Danke.

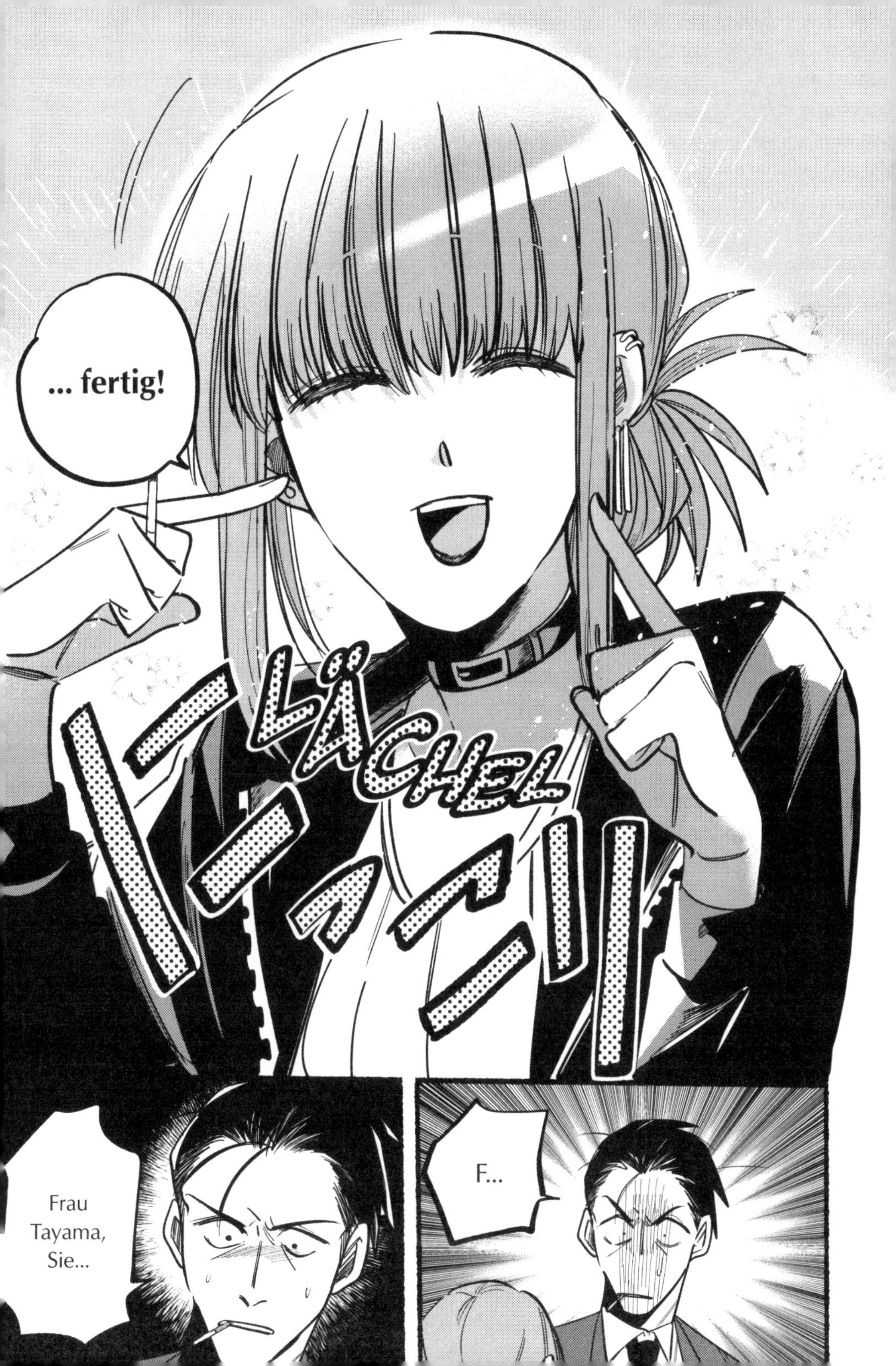
... fertig!
LÄCHEL
Frau Tayama, Sie...
F...

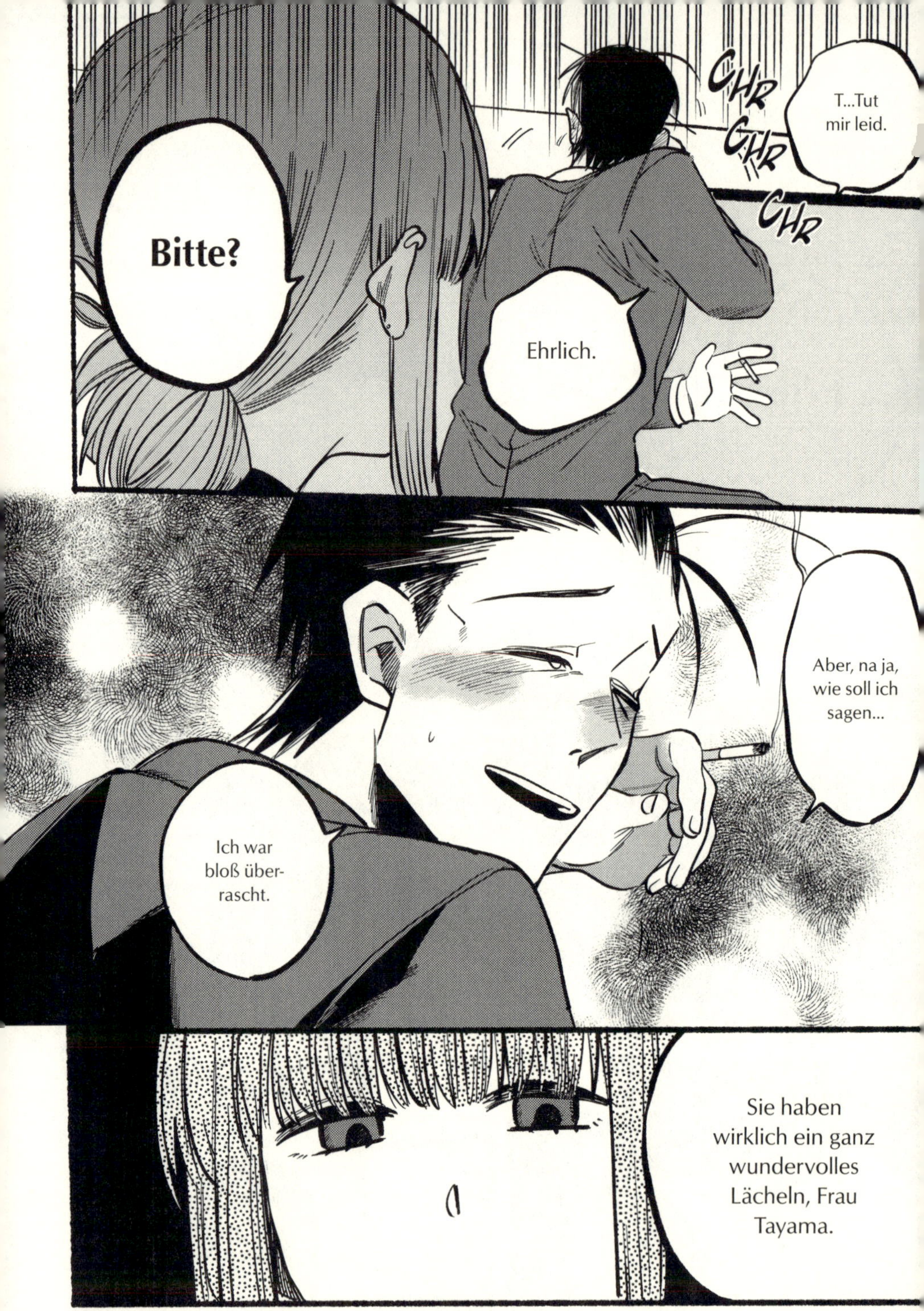
T...Tut
mir leid.
CHR CHR CHR
Bitte?
Ehrlich.
Aber, na ja,
wie soll ich
sagen...
Ich war
bloß über-
rascht.
Sie haben
wirklich ein ganz
wundervolles
Lächeln, Frau
Tayama.

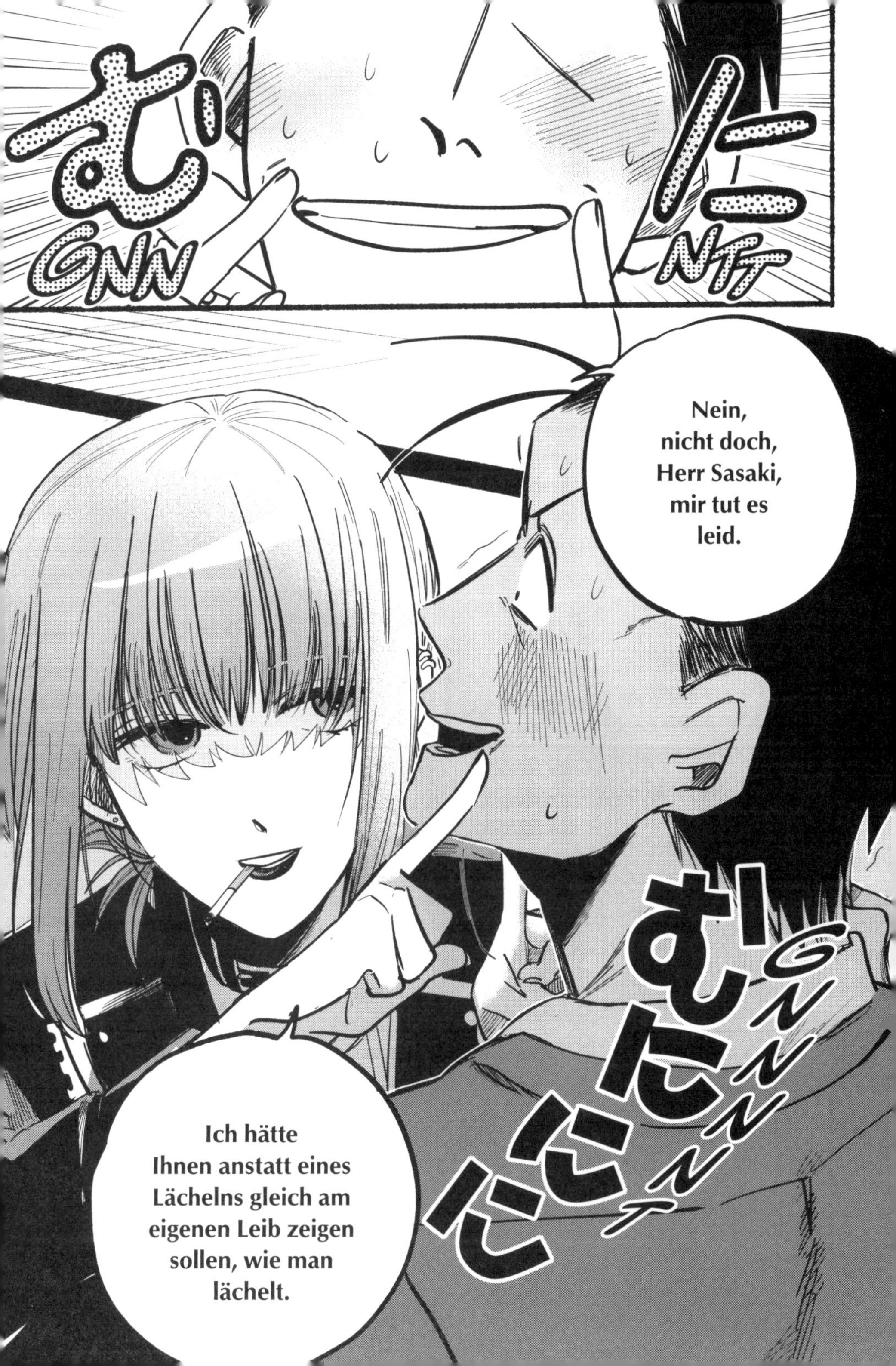

NTT
GNN
Nein, nicht doch, Herr Sasaki, mir tut es leid.
GNNNNT
Ich hätte Ihnen anstatt eines Lächelns gleich am eigenen Leib zeigen sollen, wie man lächelt.

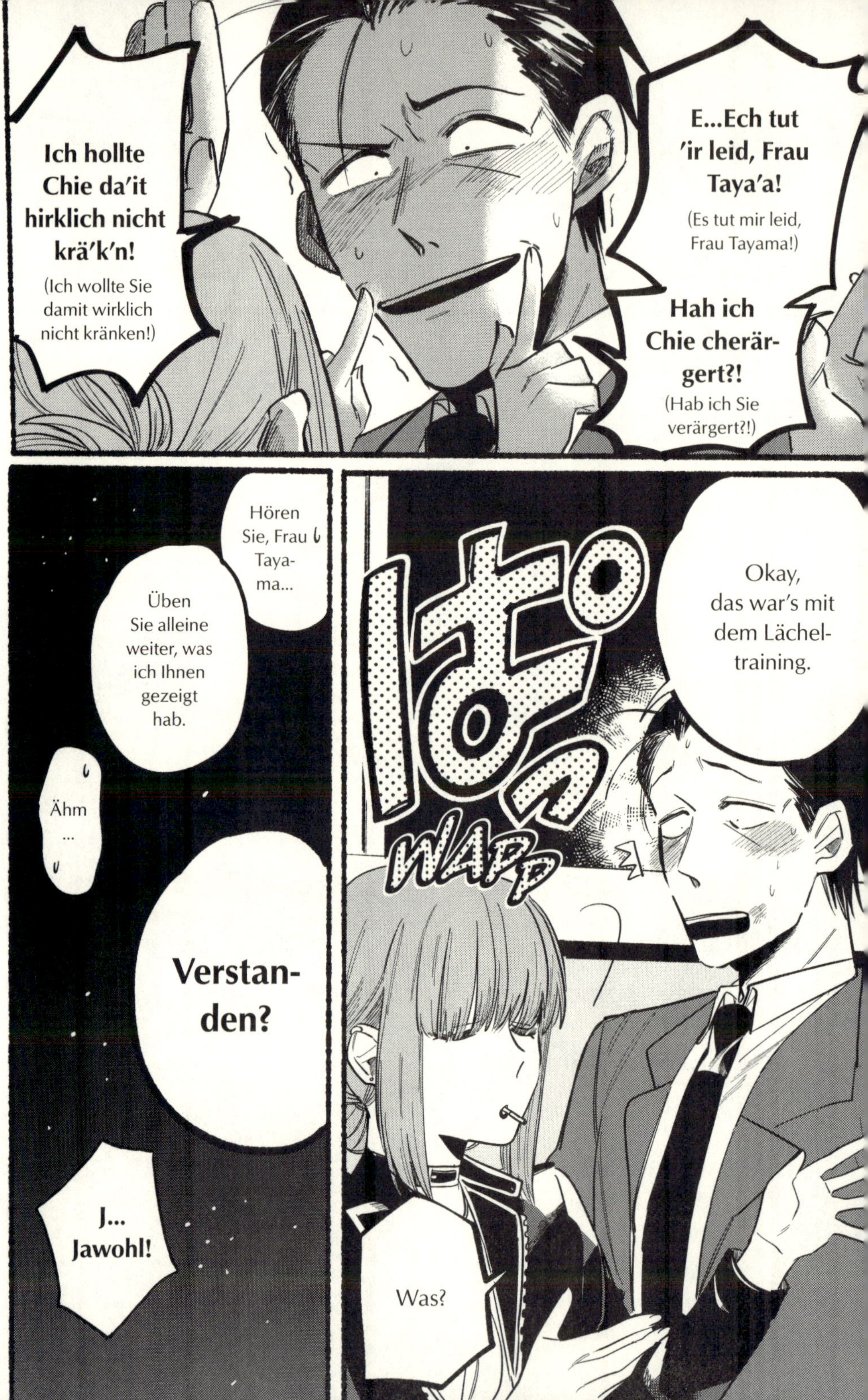

E...Ech tut 'ir leid, Frau Taya'a!
(Es tut mir leid, Frau Tayama!)
Hah ich Chie cherärgert?!
(Hab ich Sie verärgert?!)
Ich hollte Chie da'it hirklich nicht krä'k'n!
(Ich wollte Sie damit wirklich nicht kränken!)
Okay, das war's mit dem Lächeltraining.
ぱっ
WAPP
Was?
Hören Sie, Frau Tayama...
Üben Sie alleine weiter, was ich Ihnen gezeigt hab.
Ähm ...
Verstanden?
J... Jawohl!

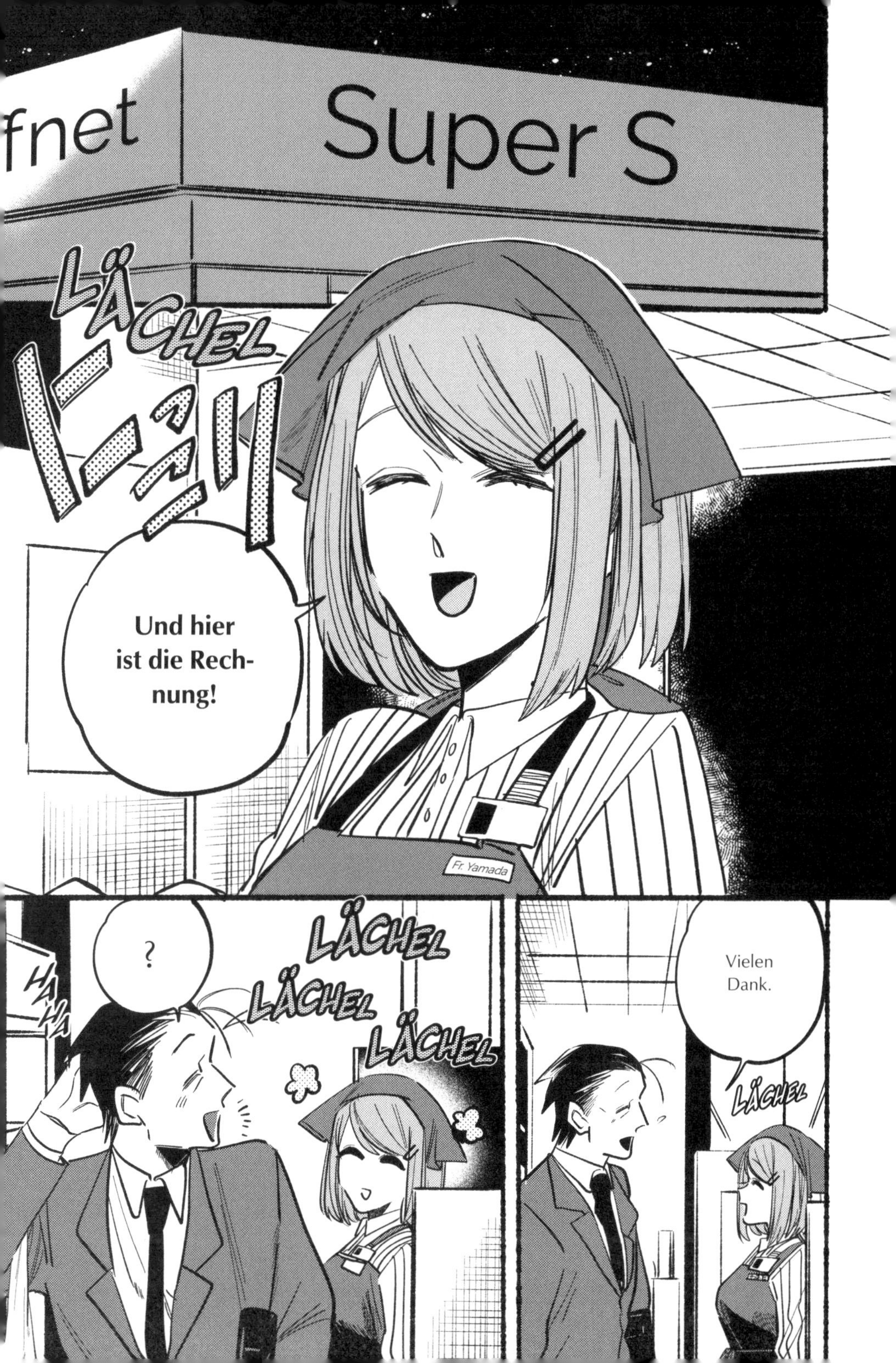
fnet
Super S
LÄCHEL
Und hier ist die Rechnung!
Fr. Yamada
LÄCHEL
LÄCHEL
LÄCHEL
?
HAHA
Vielen Dank.
LÄCHEL

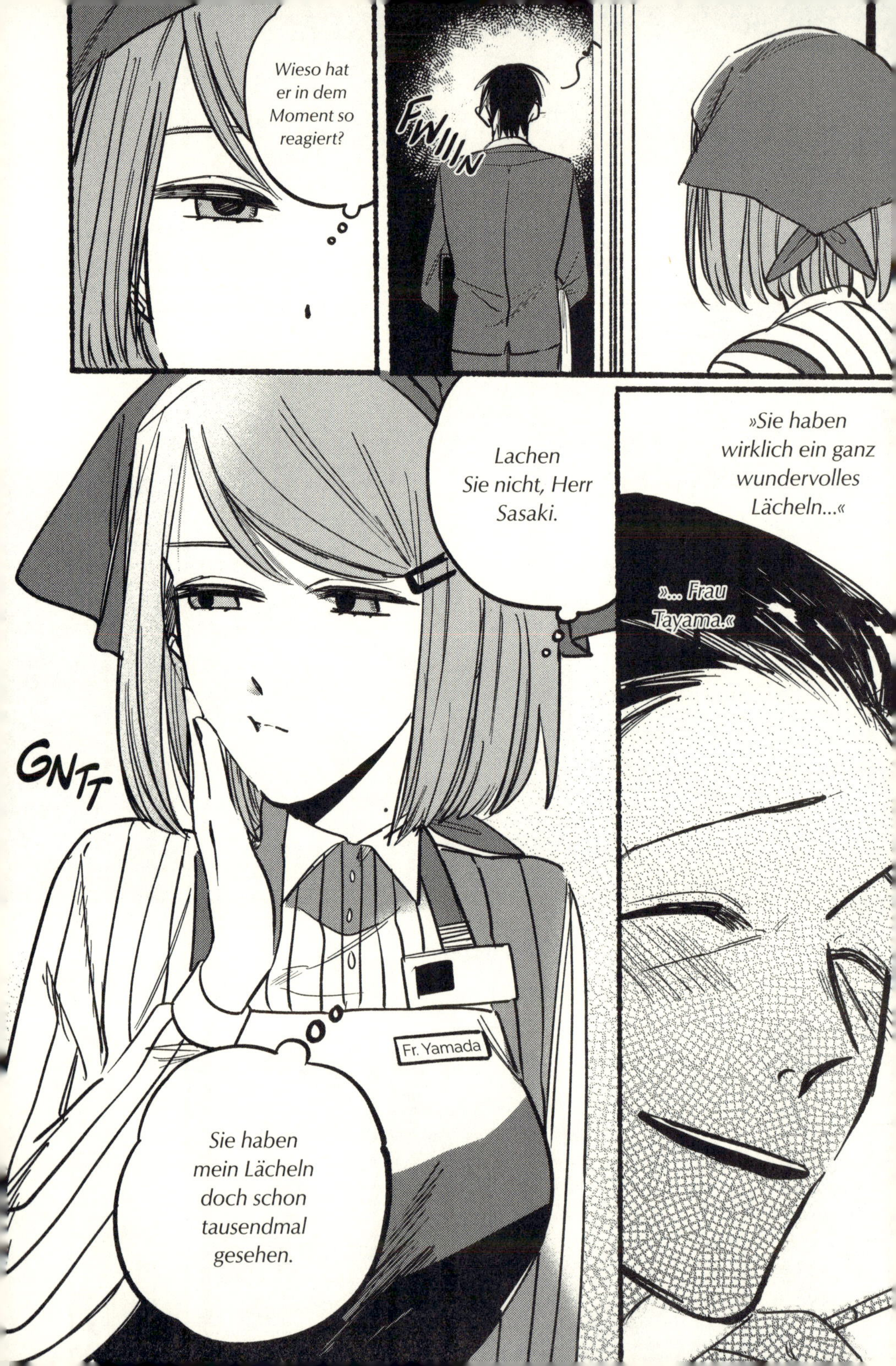
FWIIIN
Wieso hat er in dem Moment so reagiert?
»Sie haben wirklich ein ganz wundervolles Lächeln...«
»... Frau Tayama.«
Lachen Sie nicht, Herr Sasaki.
GNTT
Fr. Yamada
Sie haben mein Lächeln doch schon tausendmal gesehen.

Super S

Bonus Nach der 3. Zigarette

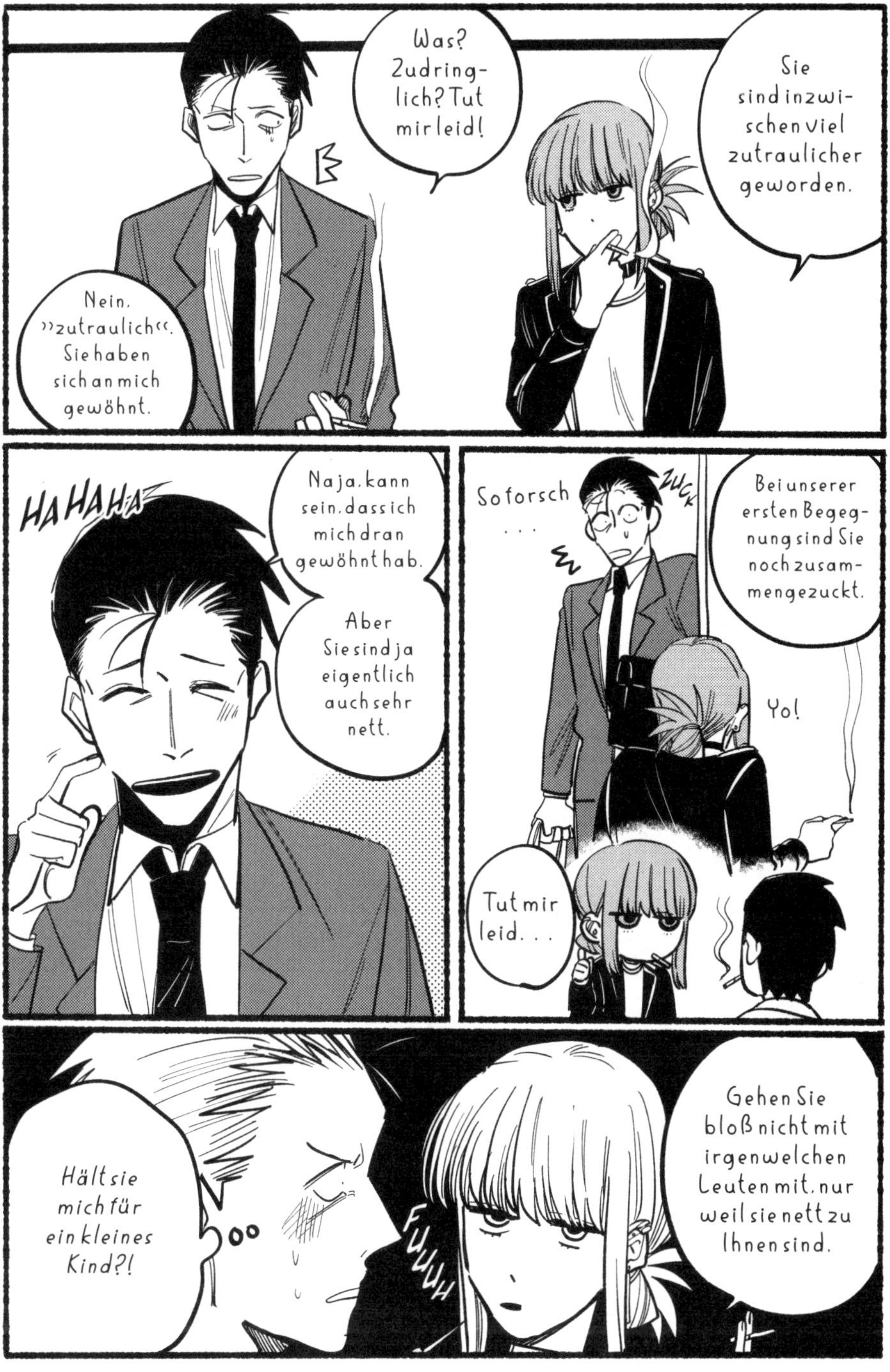

Super S

Bonus **Nach der 4. Zigarette**

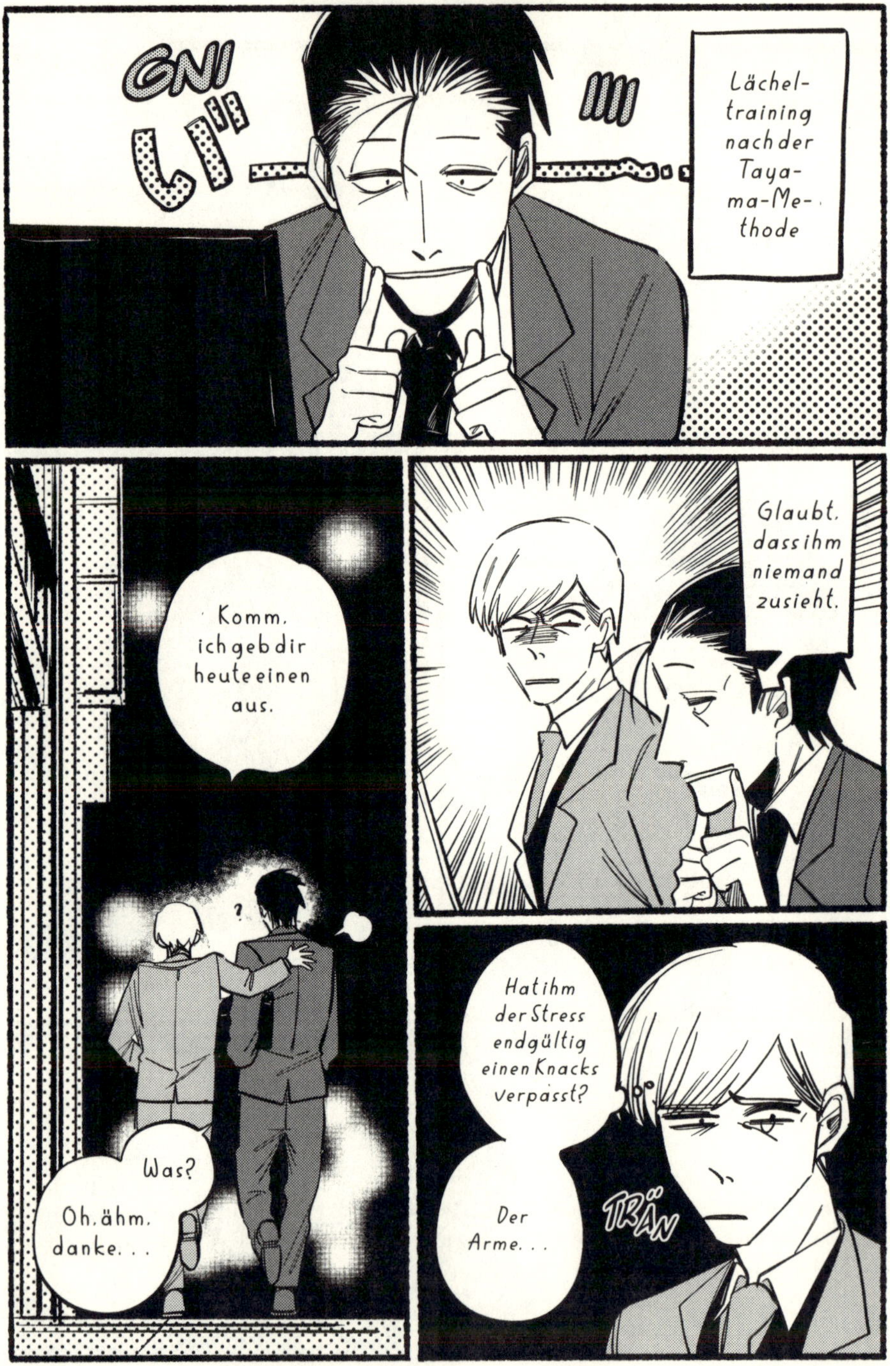

5. Zigarette

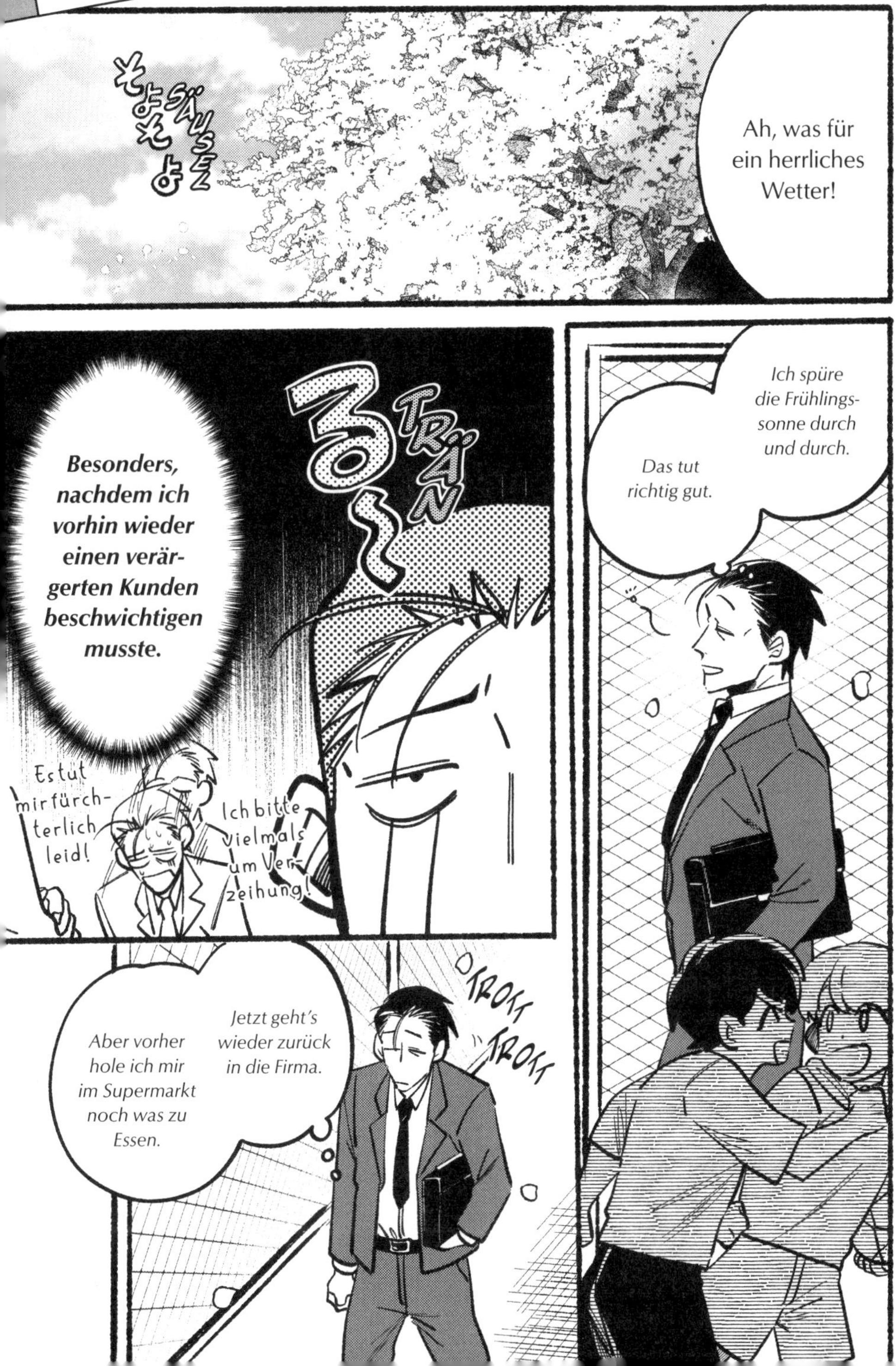

そよそよ
SÄUSEL
Ah, was für ein herrliches Wetter!
Ich spüre die Frühlingssonne durch und durch.
Das tut richtig gut.
TRÄN
Besonders, nachdem ich vorhin wieder einen verärgerten Kunden beschwichtigen musste.
Ich bitte vielmals um Verzeihung!
Es tut mir fürchterlich leid!
TROTT TROTT
Jetzt geht's wieder zurück in die Firma.
Aber vorher hole ich mir im Supermarkt noch was zu Essen.

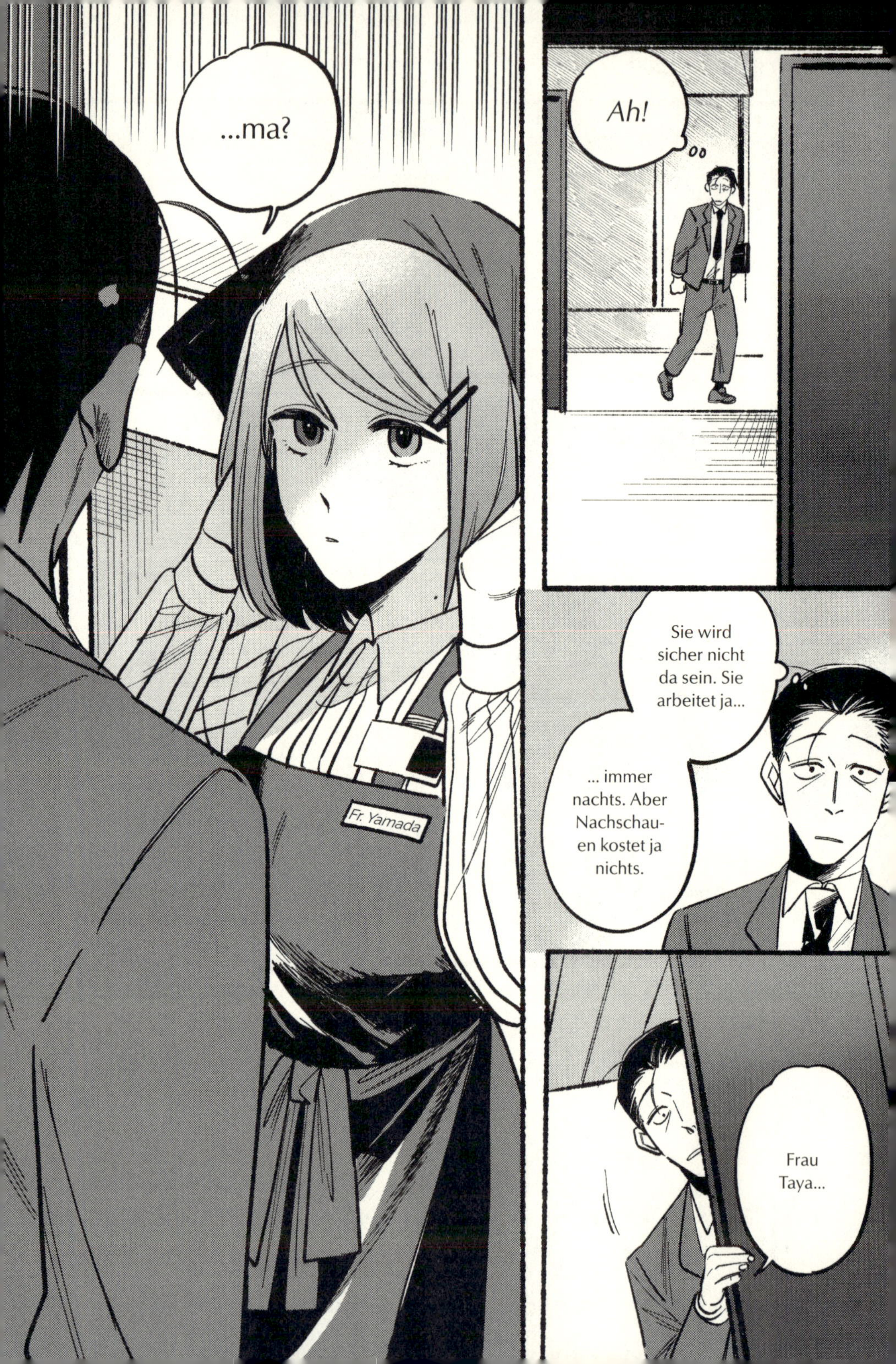
Ah!
Sie wird sicher nicht da sein. Sie arbeitet ja...
... immer nachts. Aber Nachschauen kostet ja nichts.
Frau Taya...
...ma?
Fr. Yamada

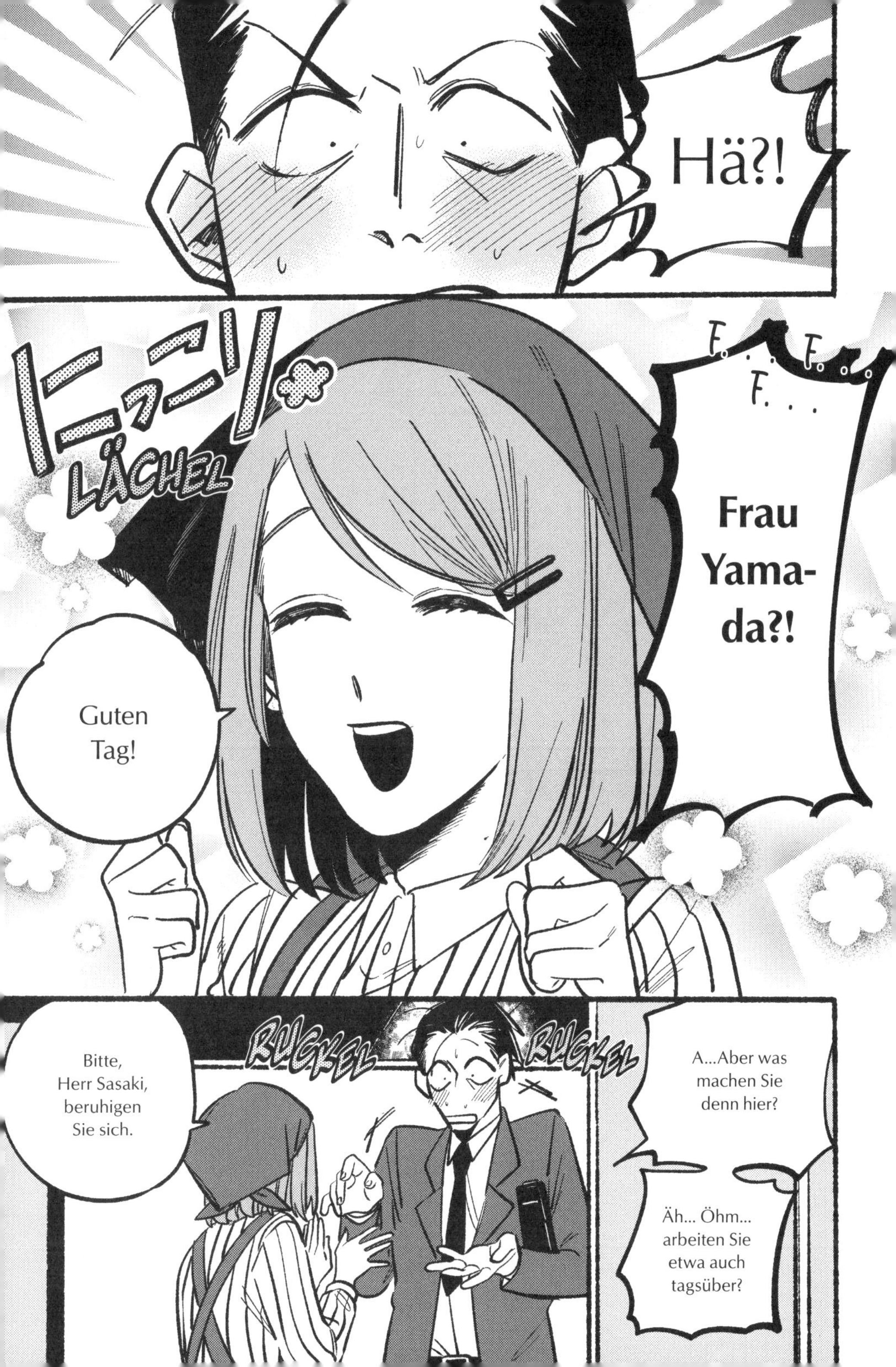

Hä?!
F... F... F...
Frau Yamada?!
ニッコリ
LÄCHEL
Guten Tag!
RUCKEL RUCKEL
A...Aber was machen Sie denn hier?
Äh... Öhm... arbeiten Sie etwa auch tagsüber?
Bitte, Herr Sasaki, beruhigen Sie sich.

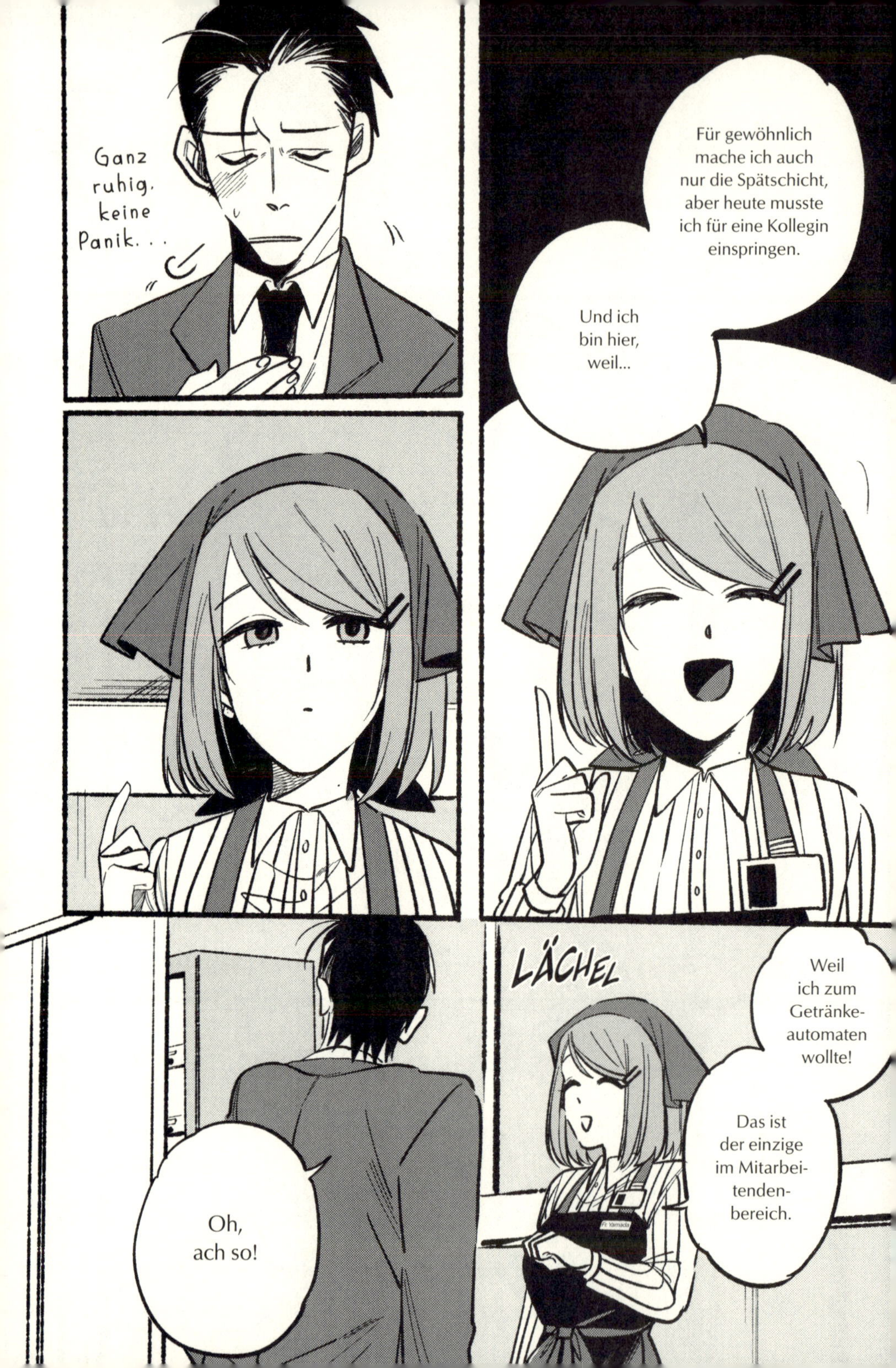
Für gewöhnlich mache ich auch nur die Spätschicht, aber heute musste ich für eine Kollegin einspringen.
Und ich bin hier, weil...
Ganz ruhig, keine Panik...
LÄCHEL
Weil ich zum Getränkeautomaten wollte!
Das ist der einzige im Mitarbeitendenbereich.
Fr. Yamada
Oh, ach so!

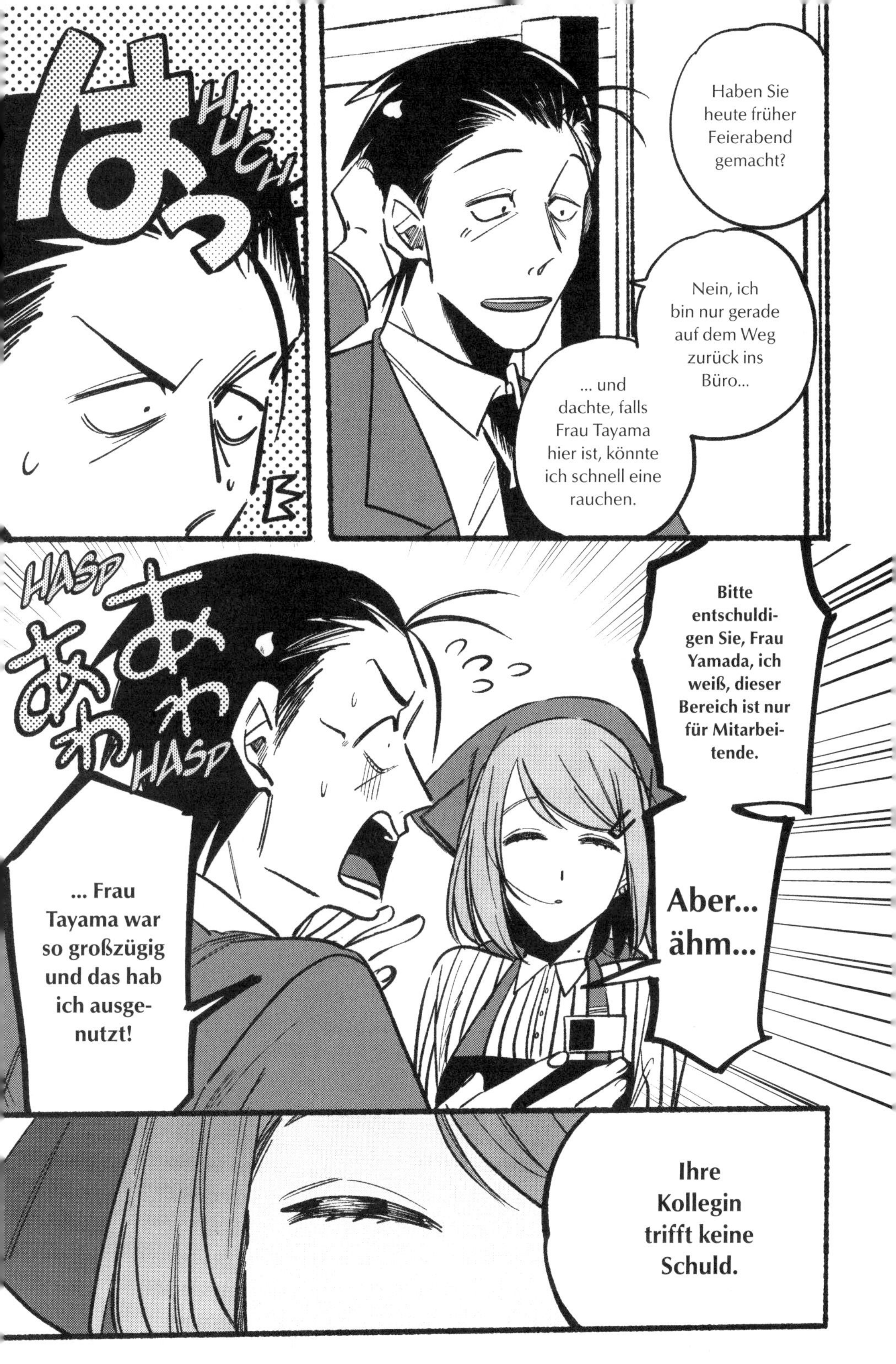
Haben Sie heute früher Feierabend gemacht?
Nein, ich bin nur gerade auf dem Weg zurück ins Büro...
... und dachte, falls Frau Tayama hier ist, könnte ich schnell eine rauchen.
はっ
HUCH
Bitte entschuldigen Sie, Frau Yamada, ich weiß, dieser Bereich ist nur für Mitarbeitende.
Aber... ähm...
... Frau Tayama war so großzügig und das hab ich ausgenutzt!
あわあわ
HASP
HASP
Ihre Kollegin trifft keine Schuld.

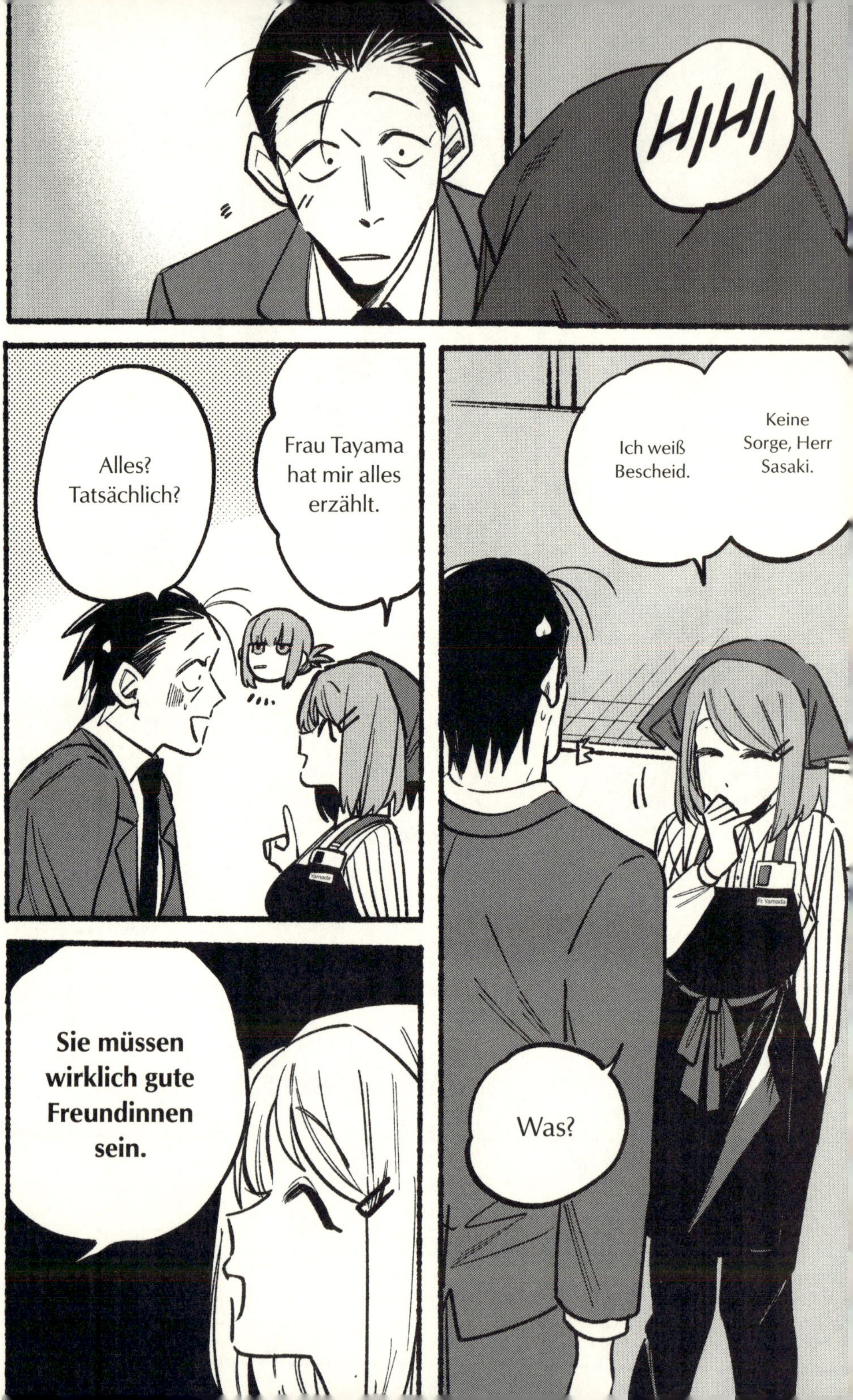
HIHI
Keine Sorge, Herr Sasaki.
Ich weiß Bescheid.
Frau Tayama hat mir alles erzählt.
Alles? Tatsächlich?
Was?
Sie müssen wirklich gute Freundinnen sein.

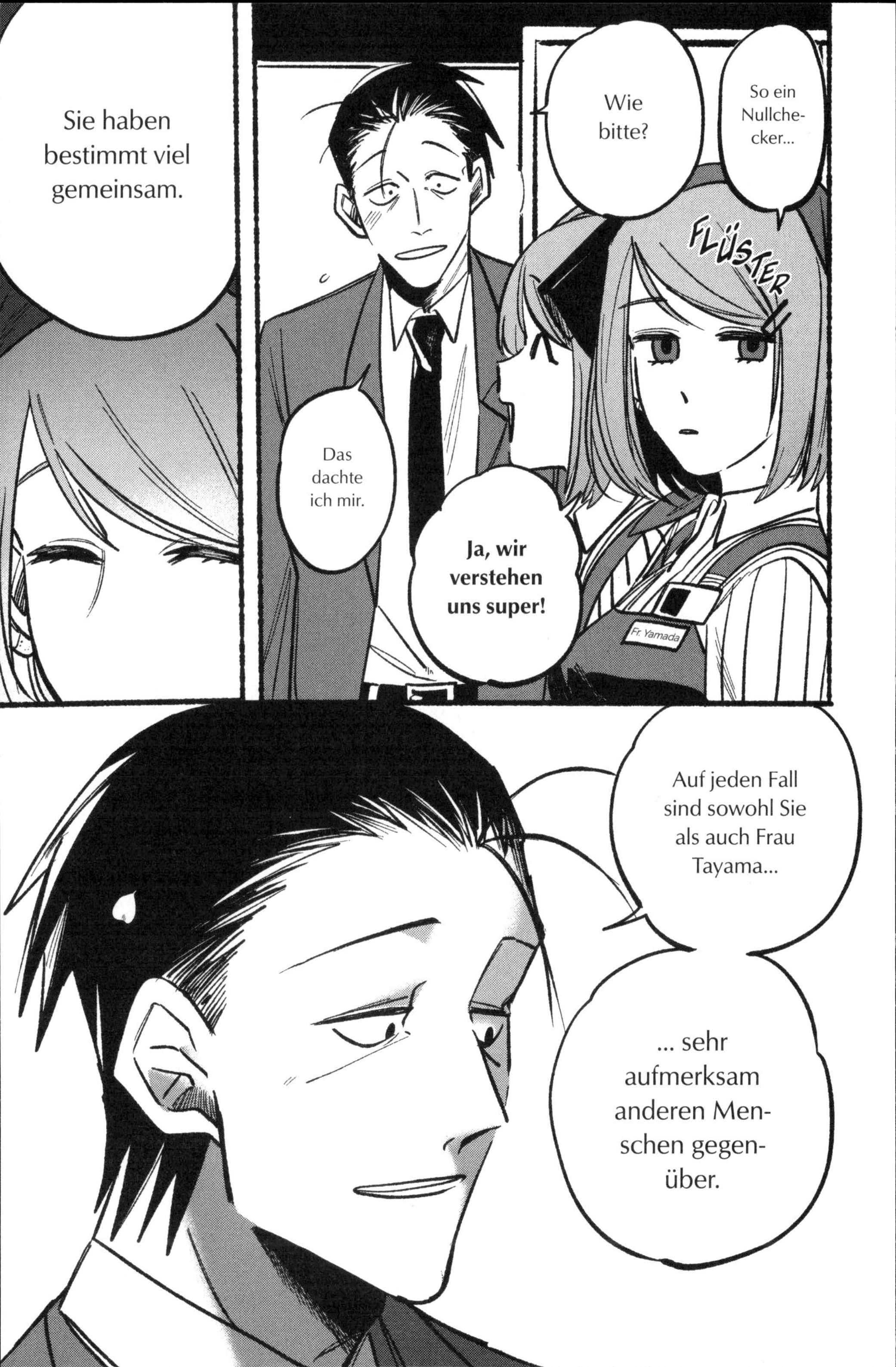
So ein Nullchecker...
FLÜSTER
Wie bitte?
Sie haben bestimmt viel gemeinsam.
Ja, wir verstehen uns super!
Das dachte ich mir.
Fr. Yamada
Auf jeden Fall sind sowohl Sie als auch Frau Tayama...
... sehr aufmerksam anderen Menschen gegenüber.

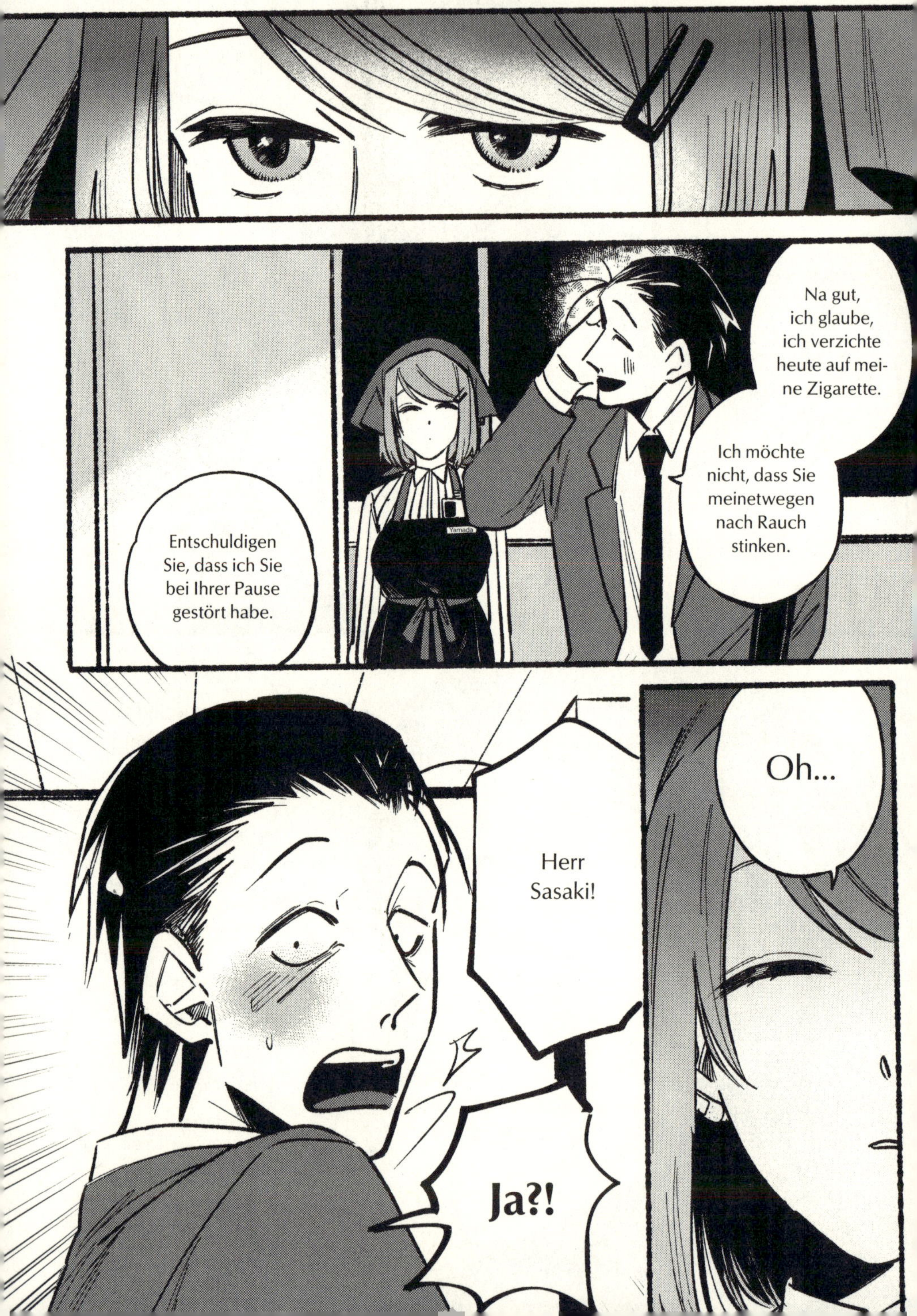
Na gut, ich glaube, ich verzichte heute auf meine Zigarette.
Ich möchte nicht, dass Sie meinetwegen nach Rauch stinken.
Entschuldigen Sie, dass ich Sie bei Ihrer Pause gestört habe.
Oh…
Herr Sasaki!
Ja?!

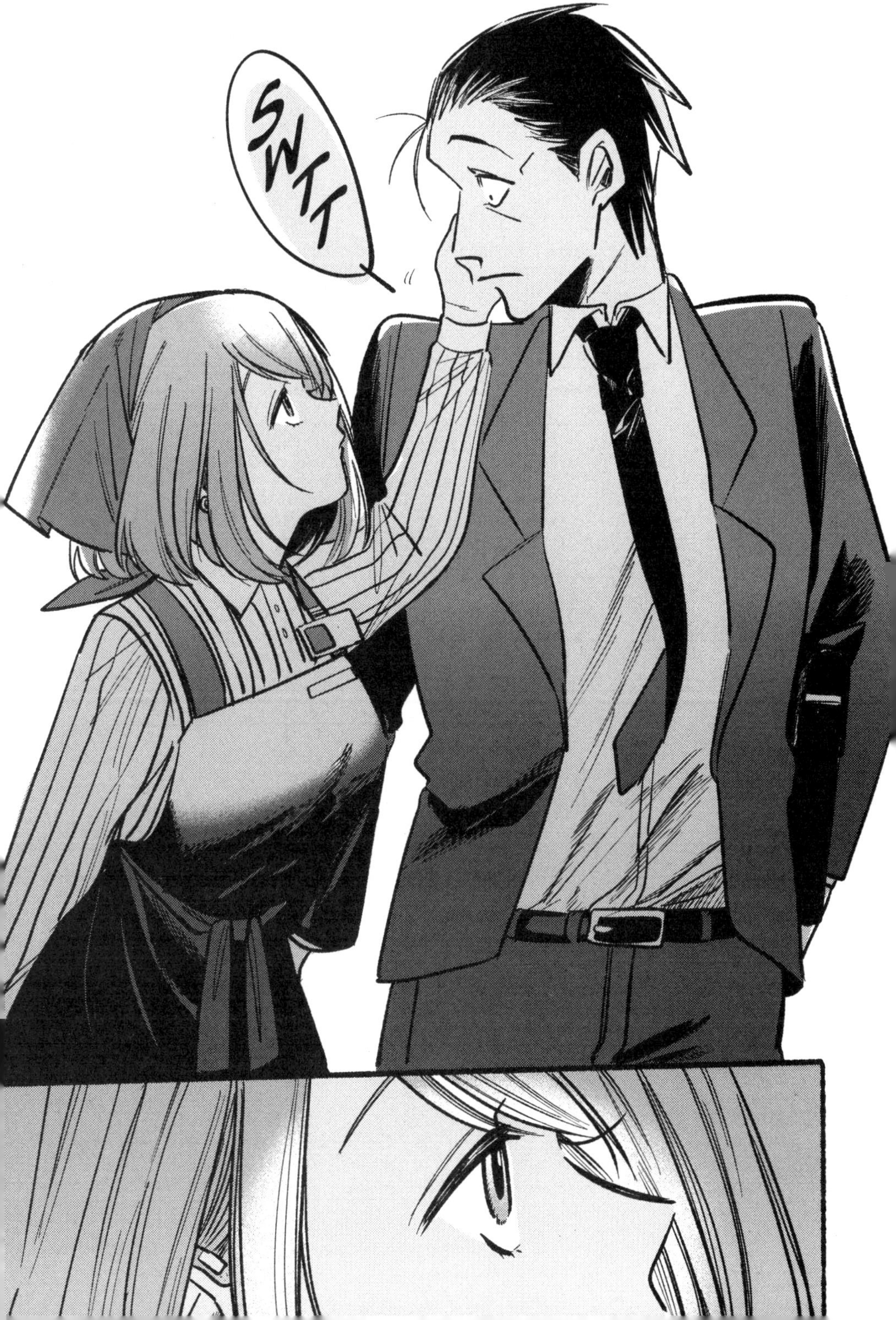
SWKK

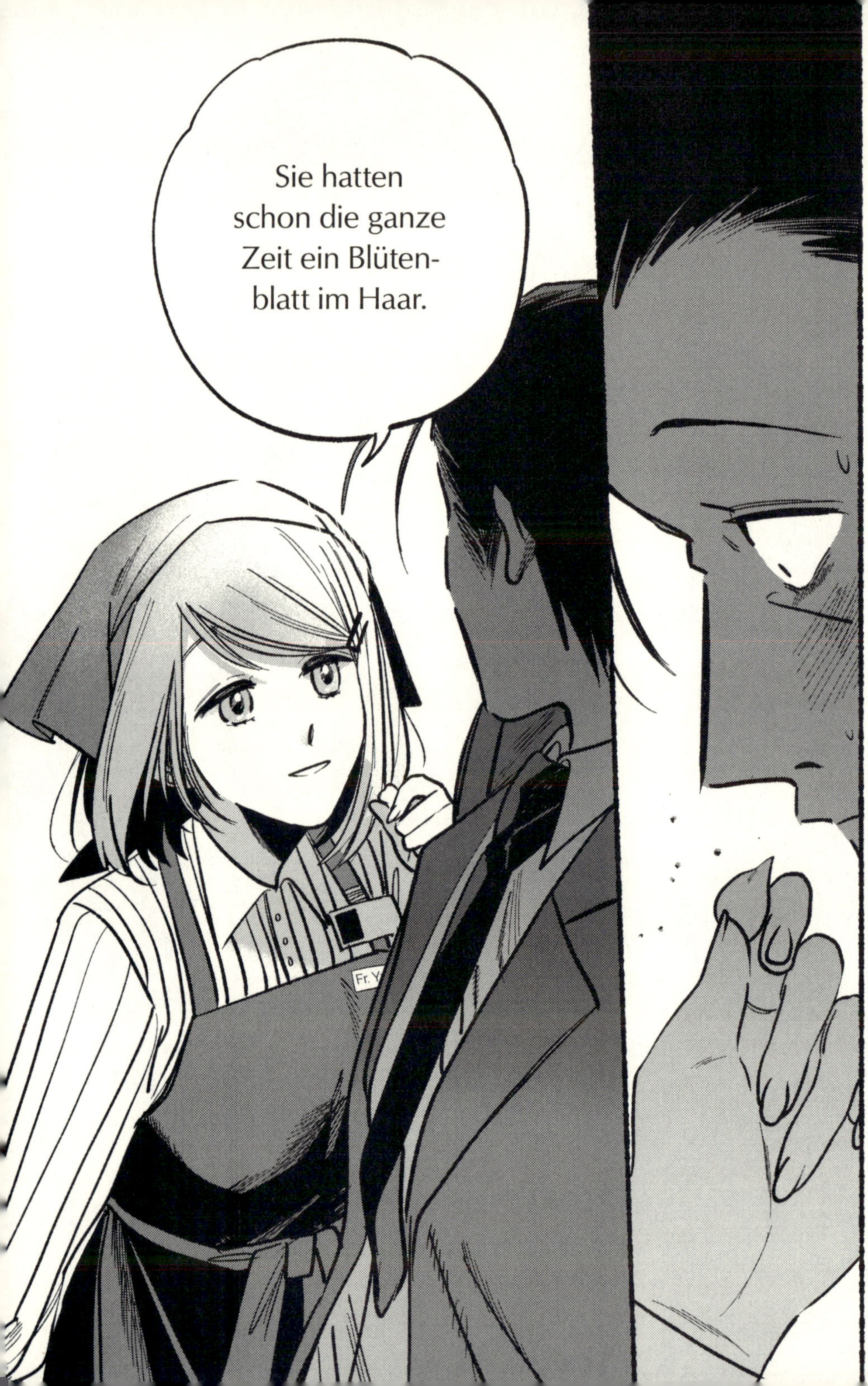
Sie hatten schon die ganze Zeit ein Blütenblatt im Haar.
Fr. Y

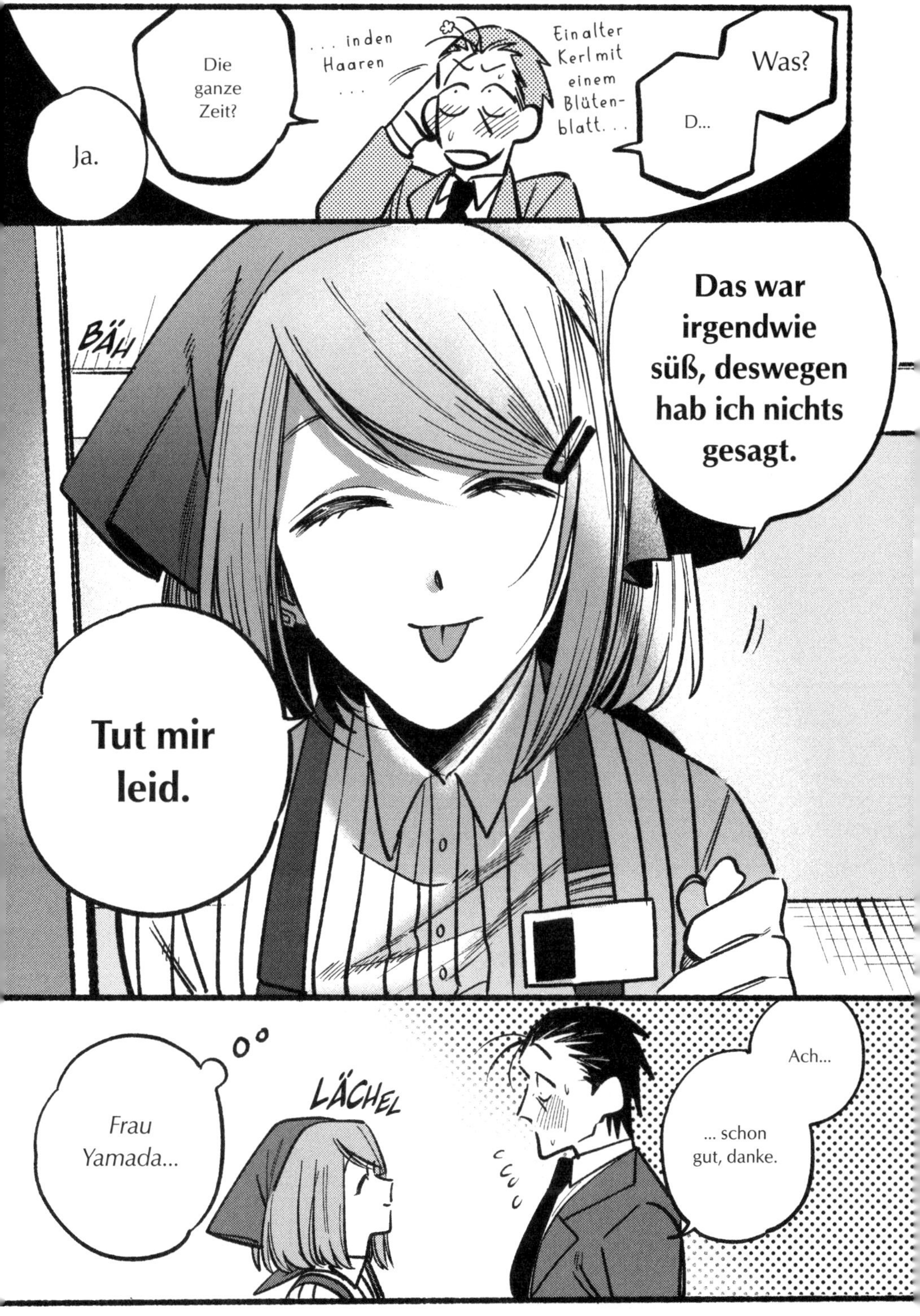
Was?
D...
Ein alter Kerl mit einem Blütenblatt . . .
. . . in den Haaren . . .
Die ganze Zeit?
Ja.
Das war irgendwie süß, deswegen hab ich nichts gesagt.
BÄH
Tut mir leid.
Ach...
... schon gut, danke.
LÄCHEL
Frau Yamada...

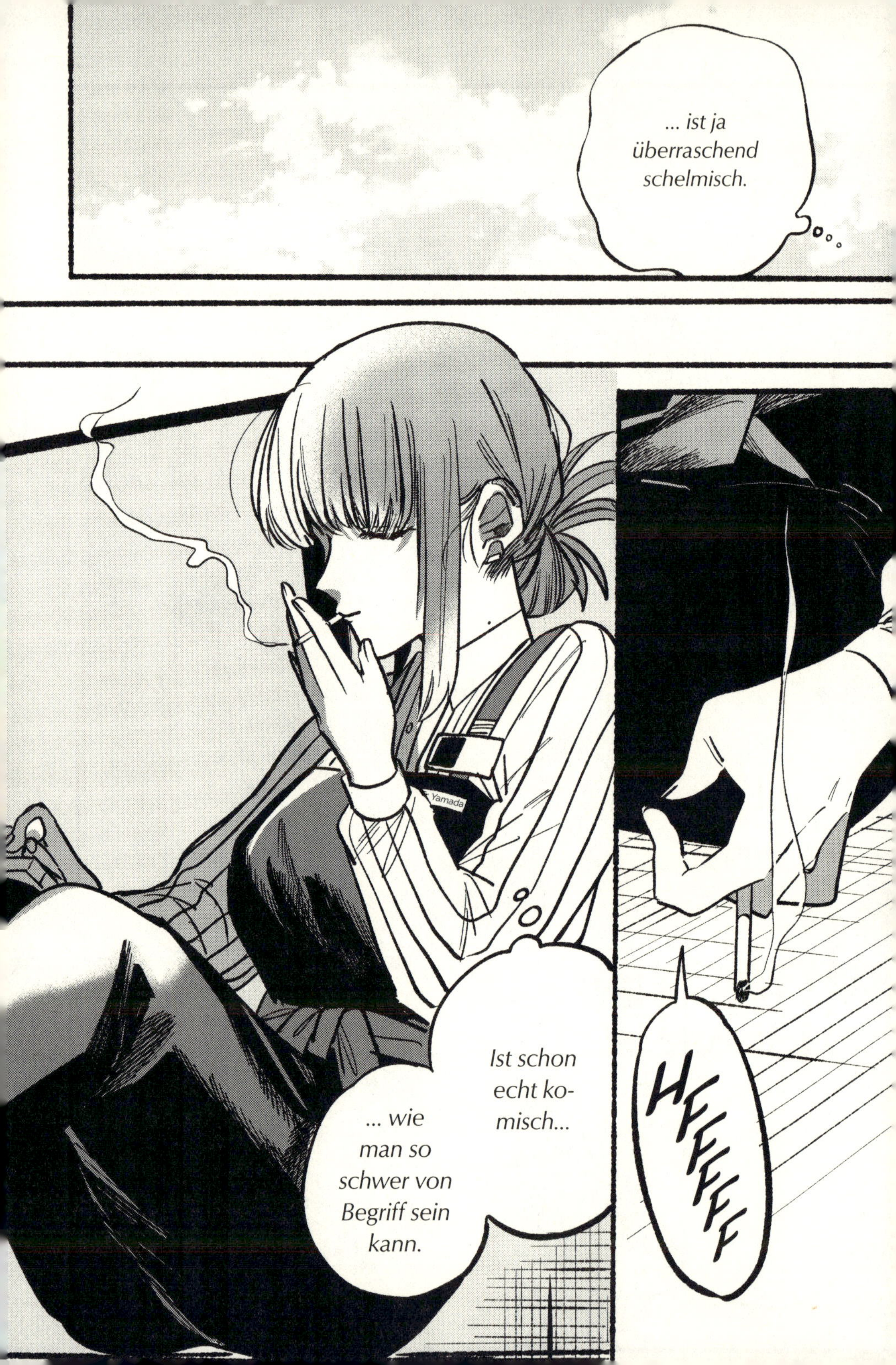
... ist ja überraschend schelmisch.
HFFFFF
Yamada
Ist schon echt ko-misch...
... wie man so schwer von Begriff sein kann.

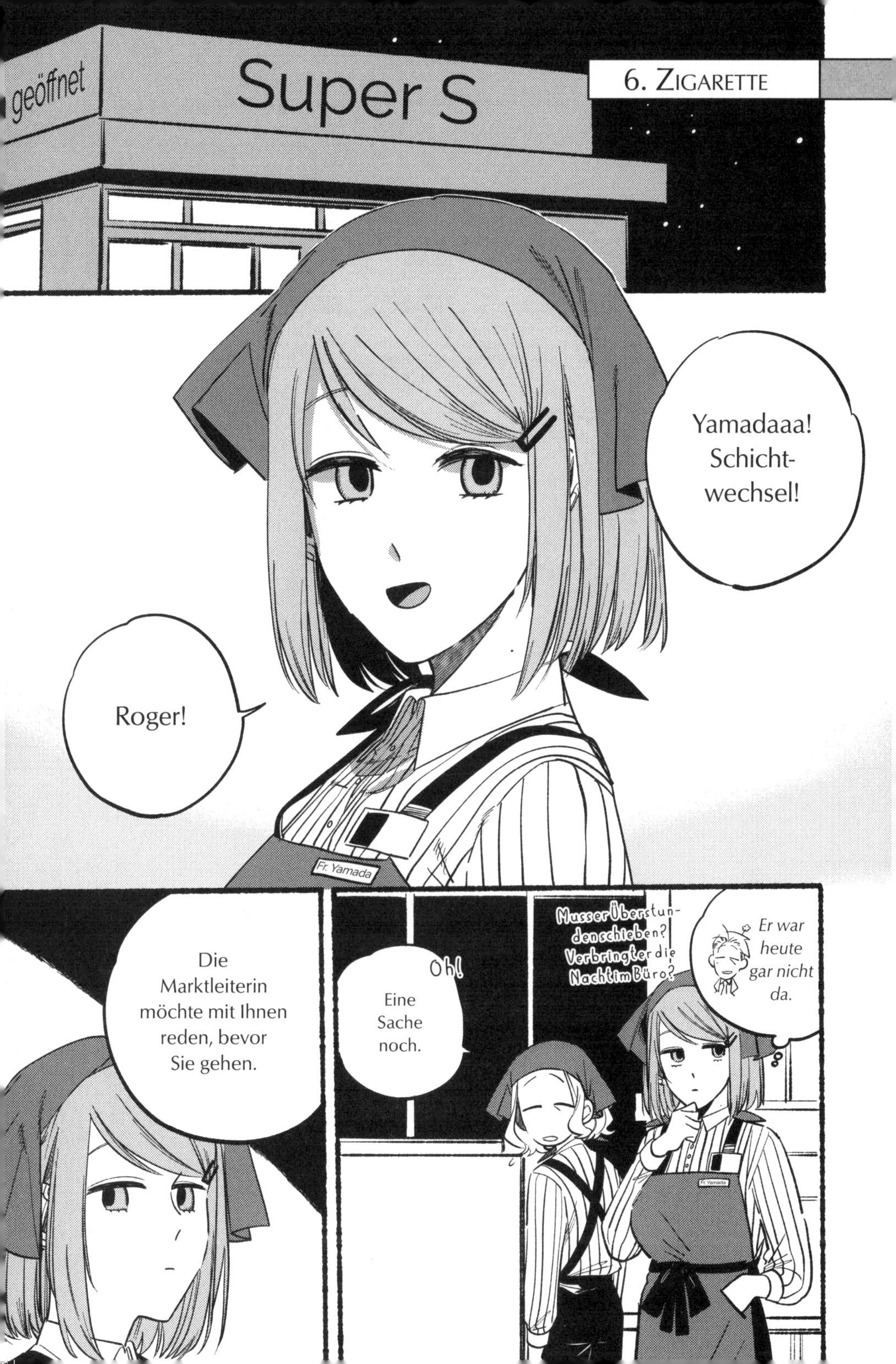
Super S
geöffnet
6. Zigarette
Yamadaaa! Schicht-wechsel!
Roger!
Fr. Yamada
Er war heute gar nicht da.
Muss er Überstunden schieben? Verbringt er die Nacht im Büro?
Oh!
Eine Sache noch.
Die Marktleiterin möchte mit Ihnen reden, bevor Sie gehen.

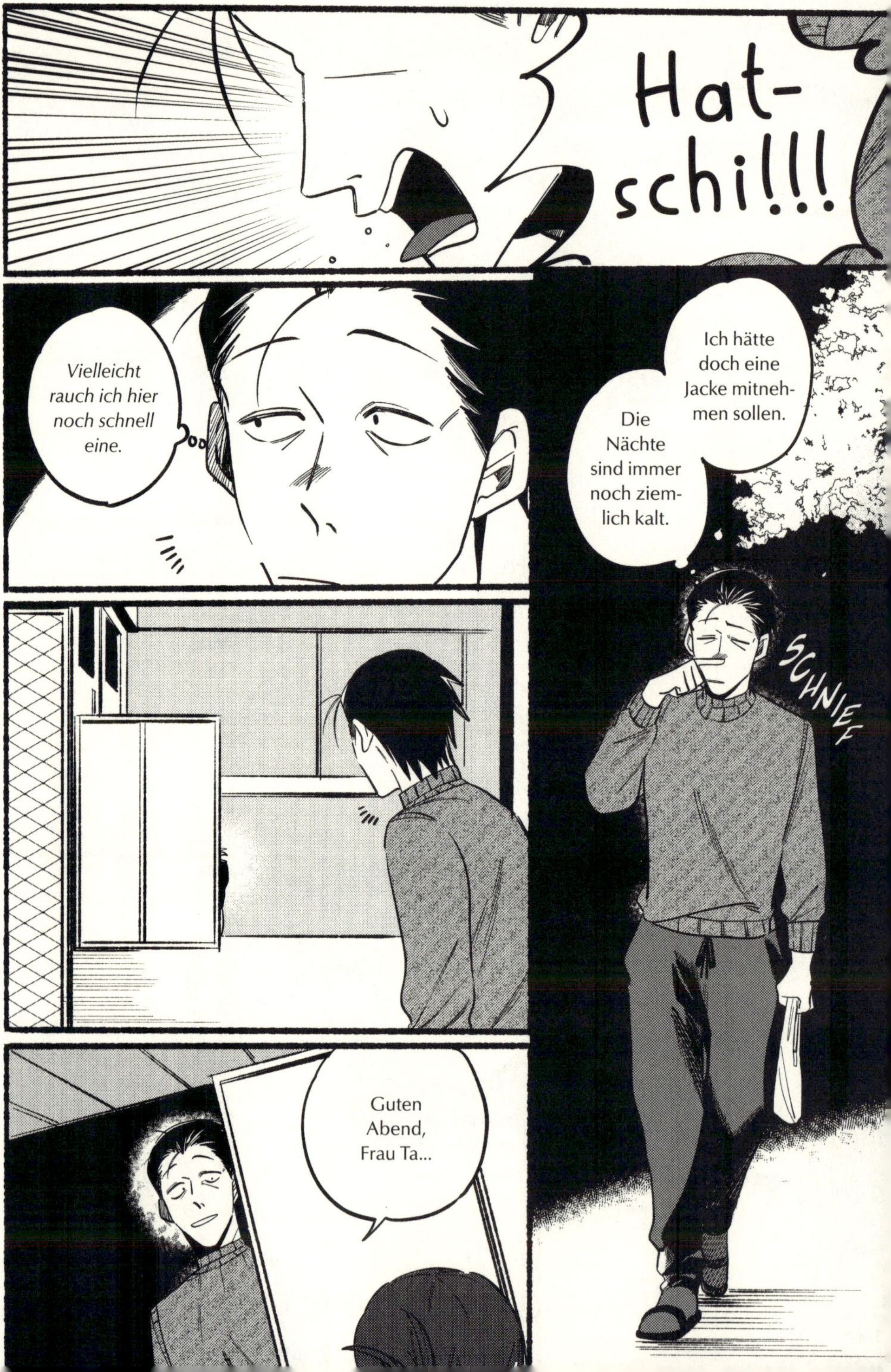
Hat-schi!!!
Ich hätte doch eine Jacke mitnehmen sollen.
Die Nächte sind immer noch ziemlich kalt.
SCHNIEF
Vielleicht rauch ich hier noch schnell eine.
Guten Abend, Frau Ta...

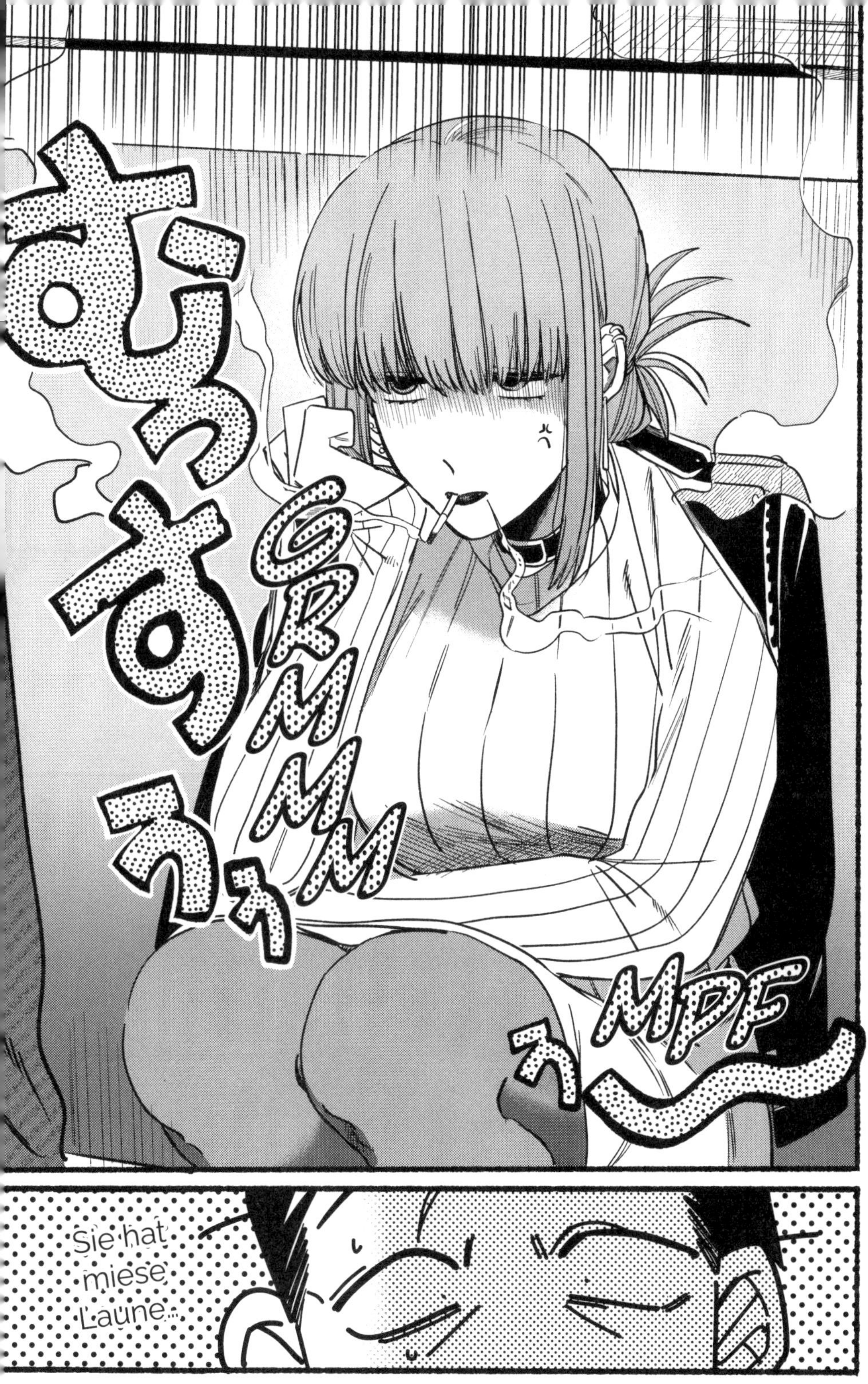
むっすぅ
GRMMM
MPF
Sie hat miese Laune...

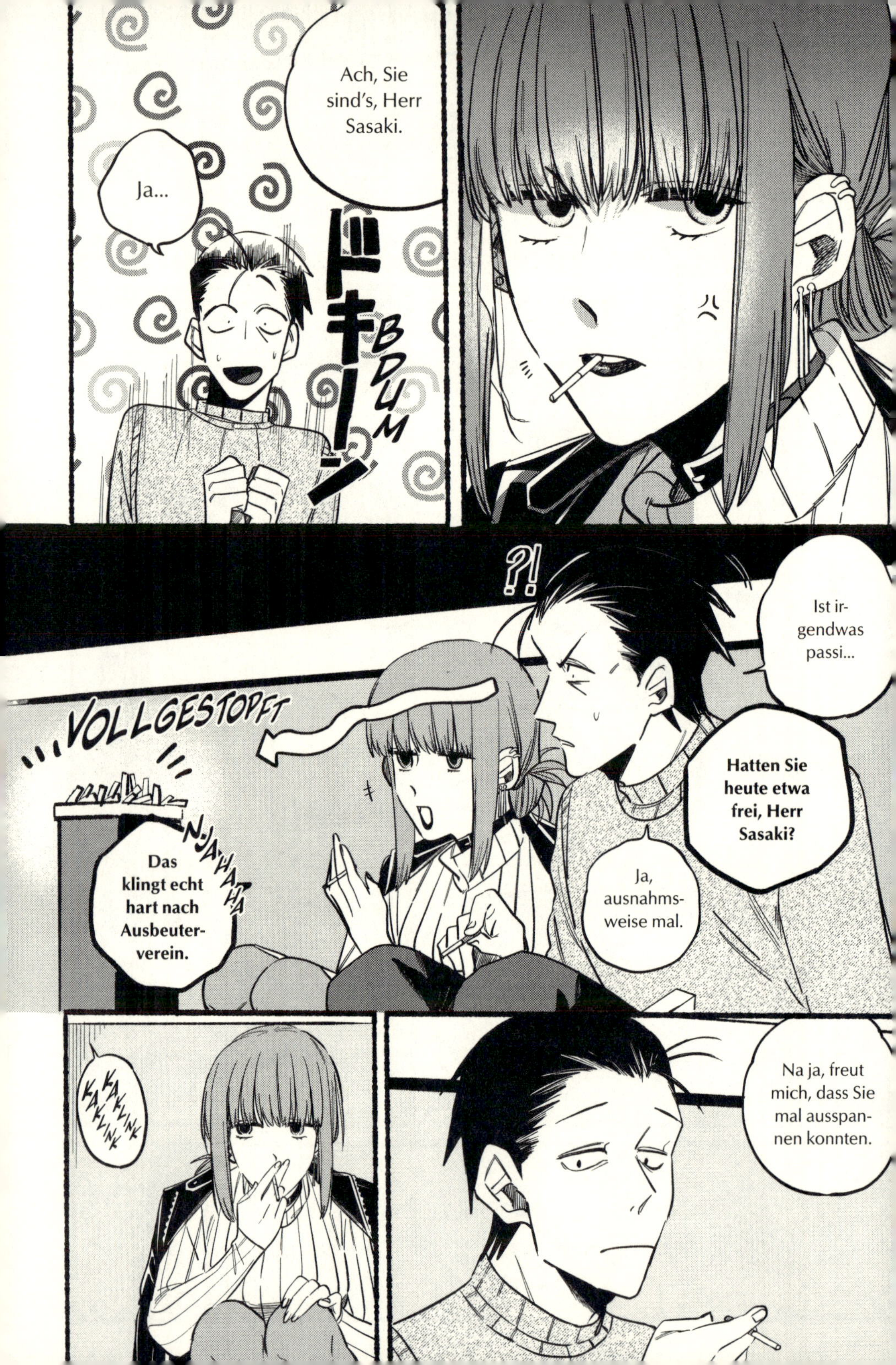
Ach, Sie sind's, Herr Sasaki.
Ja...
ドキー
BDUM
?!
Ist irgendwas passi...
Hatten Sie heute etwa frei, Herr Sasaki?
Ja, ausnahmsweise mal.
VOLLGESTOPFT
NJAHAHA
Das klingt echt hart nach Ausbeuterverein.
Na ja, freut mich, dass Sie mal ausspannen konnten.
KAKVINK KAKVINK

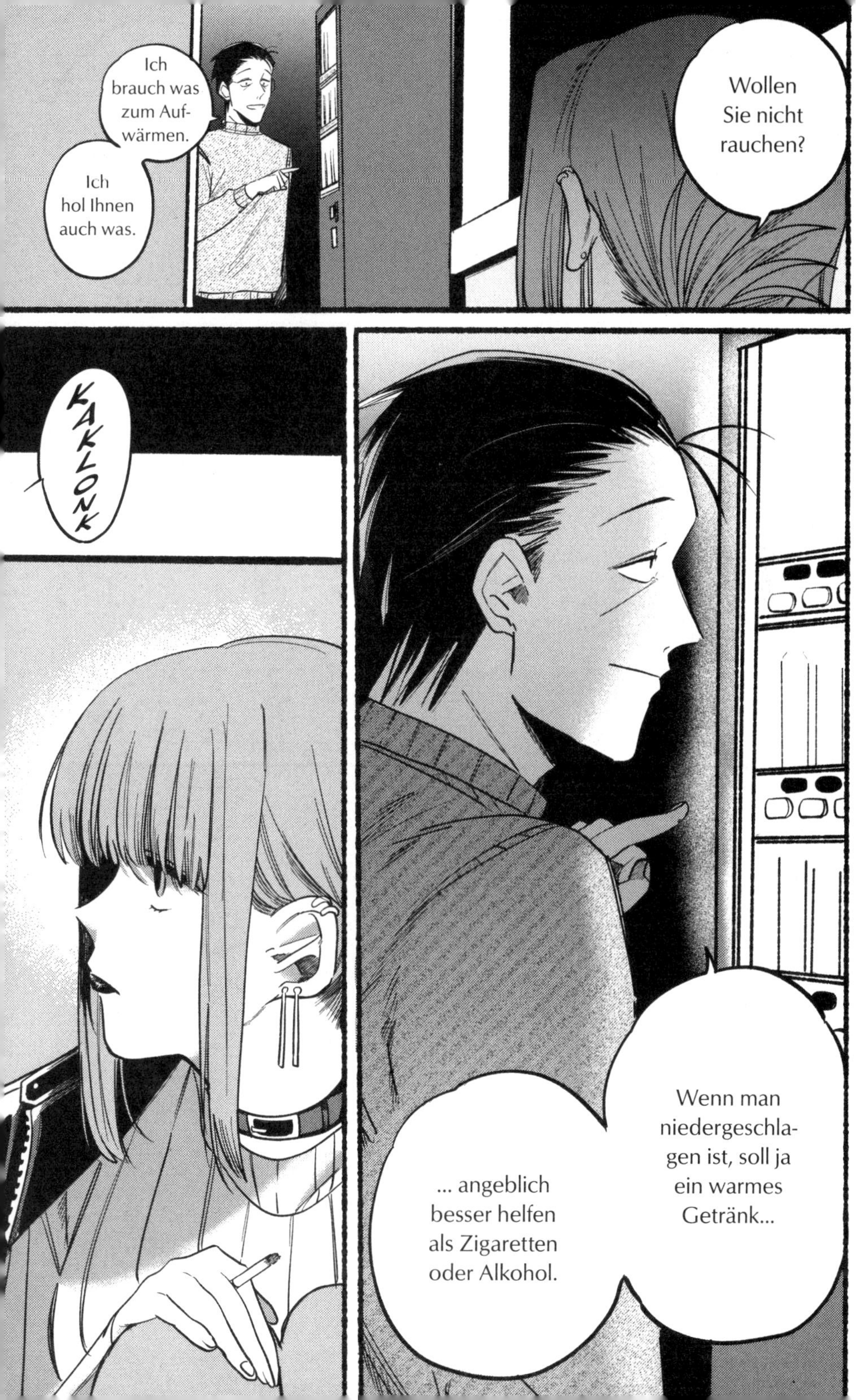

Wollen Sie nicht rauchen?
Ich brauch was zum Aufwärmen.
Ich hol Ihnen auch was.
Wenn man niedergeschlagen ist, soll ja ein warmes Getränk...
... angeblich besser helfen als Zigaretten oder Alkohol.
KAKLONK

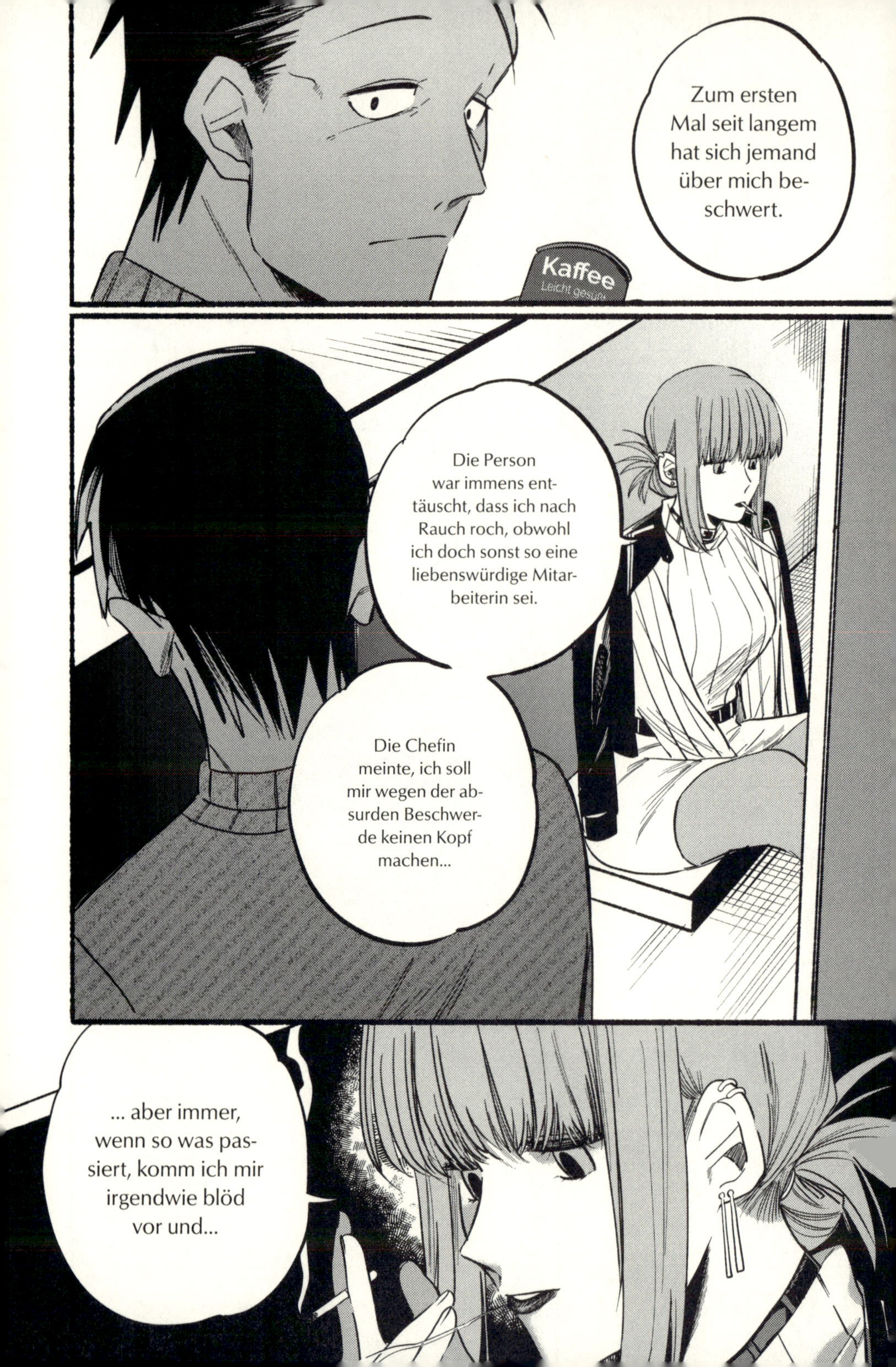
Zum ersten Mal seit langem hat sich jemand über mich beschwert.
Kaffee
Leicht gesüßt
Die Person war immens enttäuscht, dass ich nach Rauch roch, obwohl ich doch sonst so eine liebenswürdige Mitarbeiterin sei.
Die Chefin meinte, ich soll mir wegen der absurden Beschwerde keinen Kopf machen...
... aber immer, wenn so was passiert, komm ich mir irgendwie blöd vor und...

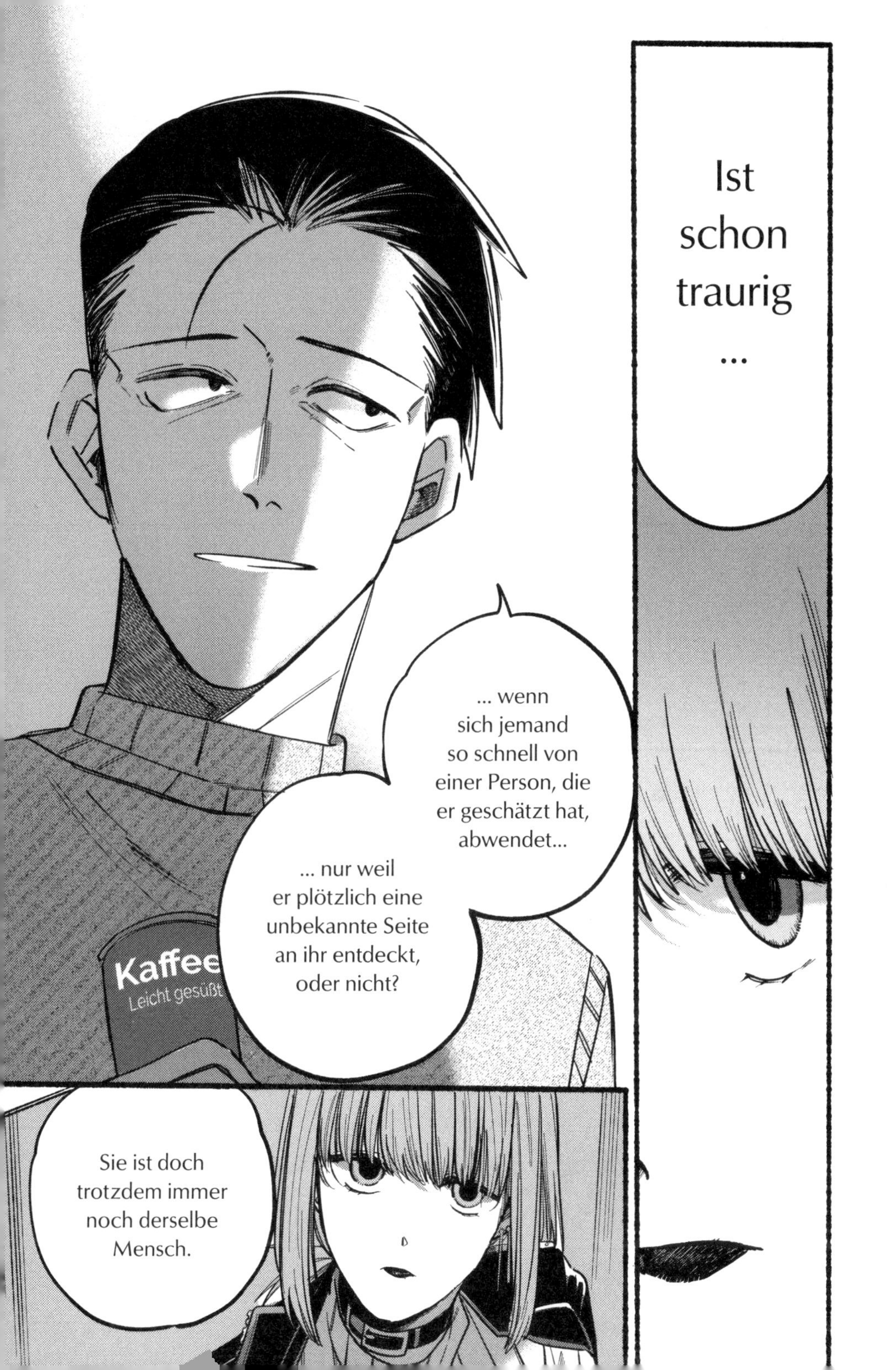
Ist schon traurig ...
... wenn sich jemand so schnell von einer Person, die er geschätzt hat, abwendet...
... nur weil er plötzlich eine unbekannte Seite an ihr entdeckt, oder nicht?
Kaffee
Leicht gesüßt
Sie ist doch trotzdem immer noch derselbe Mensch.

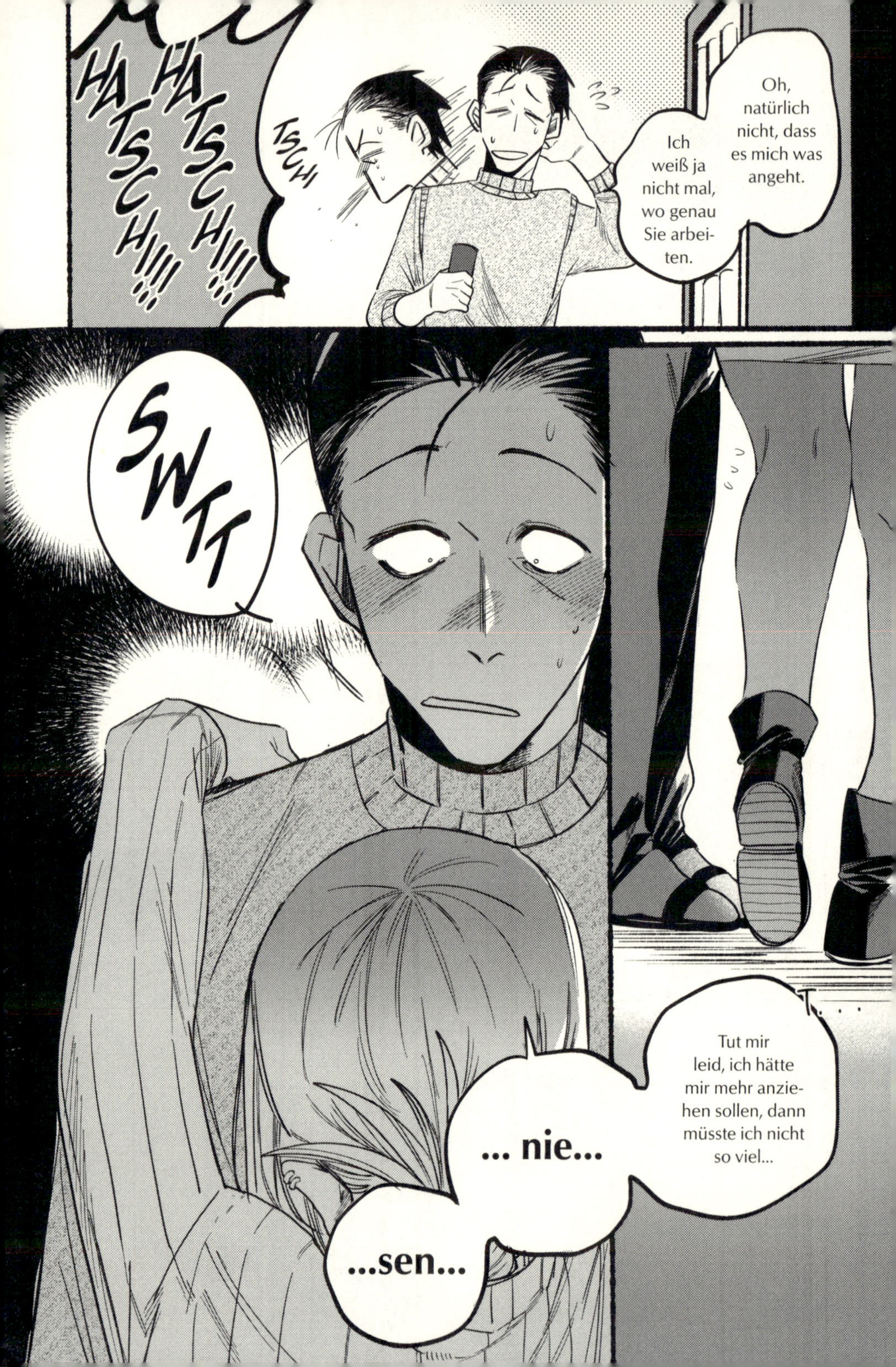

Oh, natürlich nicht, dass es mich was angeht.
Ich weiß ja nicht mal, wo genau Sie arbeiten.
TSCHI
HATSCHI!!!
HATSCHI!!!
SWTT
Tut mir leid, ich hätte mir mehr anziehen sollen, dann müsste ich nicht so viel...
... nie...
...sen...

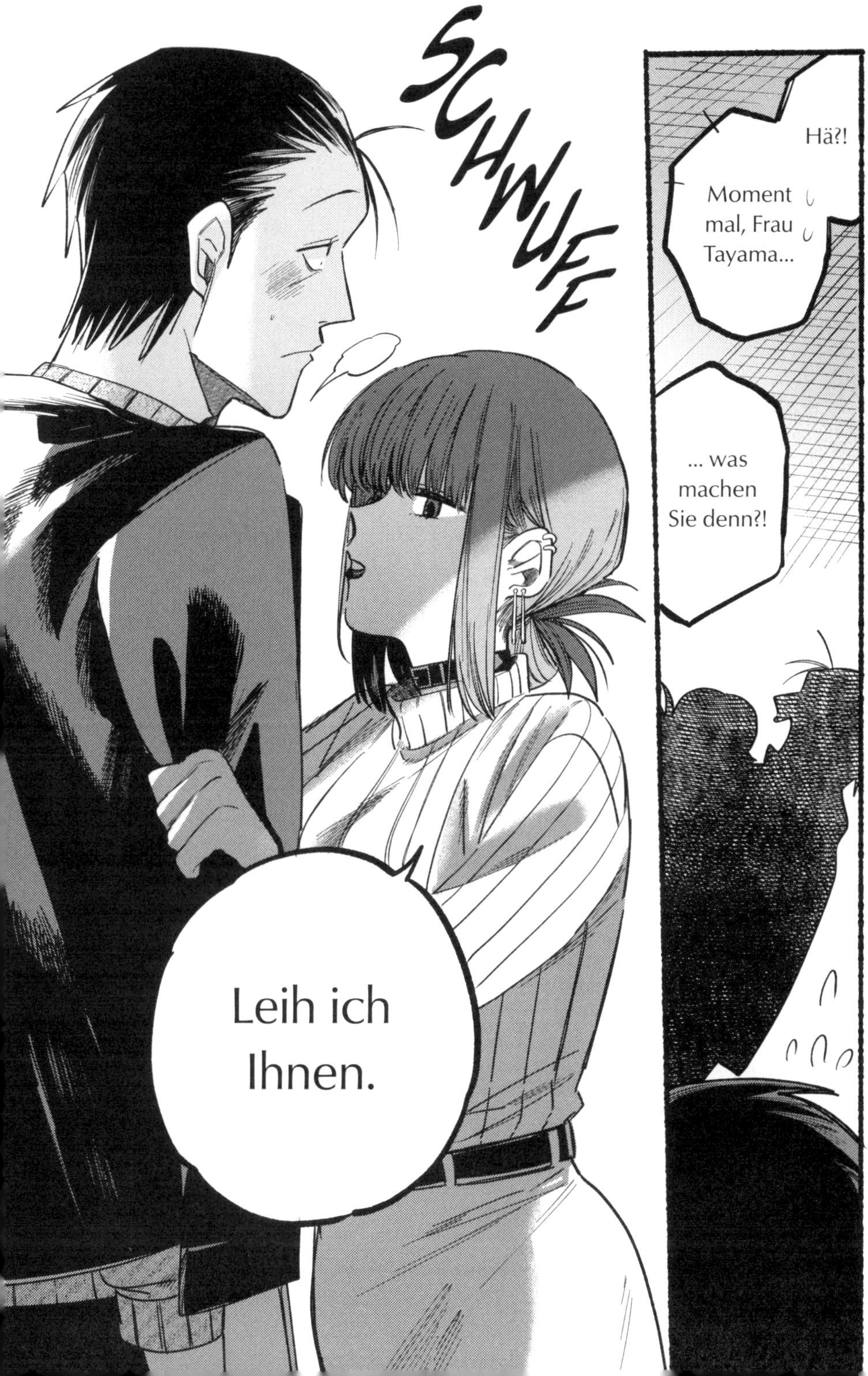
Hä?!
Moment mal, Frau Tayama...
... was machen Sie denn?!
SCHWUFF
Leih ich Ihnen.

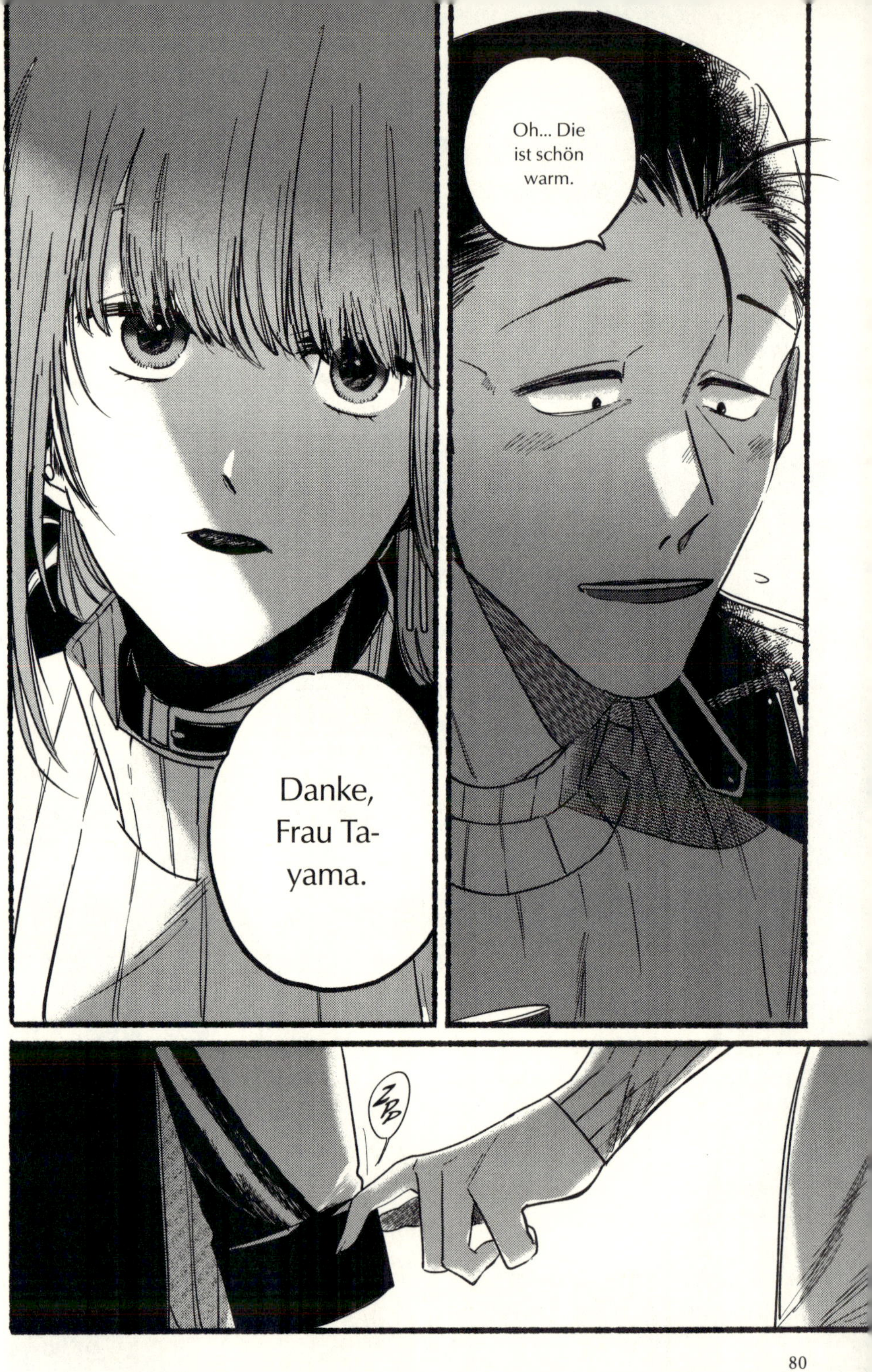
Oh... Die ist schön warm.
Danke, Frau Tayama.

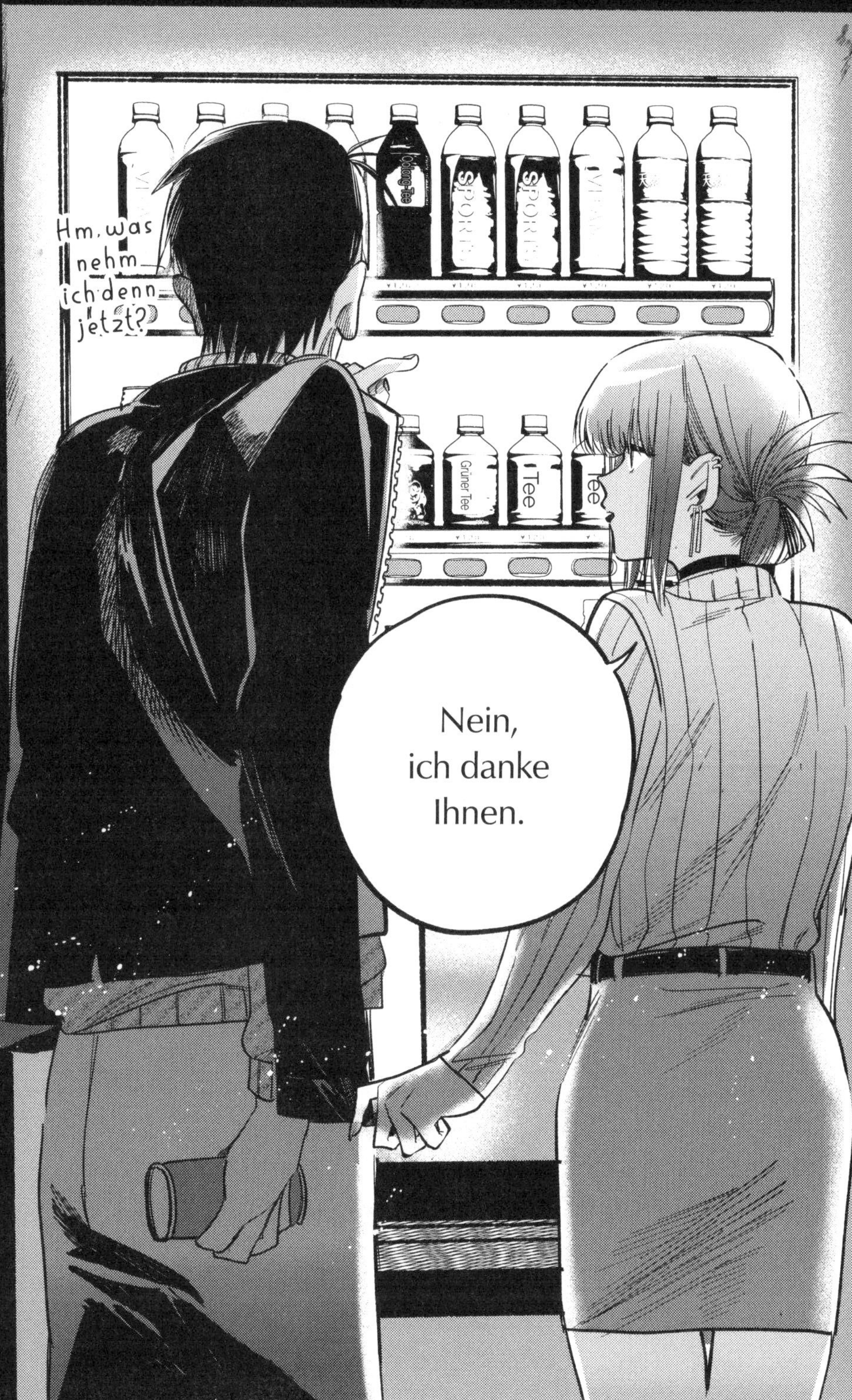
Nein, ich danke Ihnen.
Hm, was nehm ich denn jetzt?
Oolong-Tee
Grüner Tee
Tee
Tee

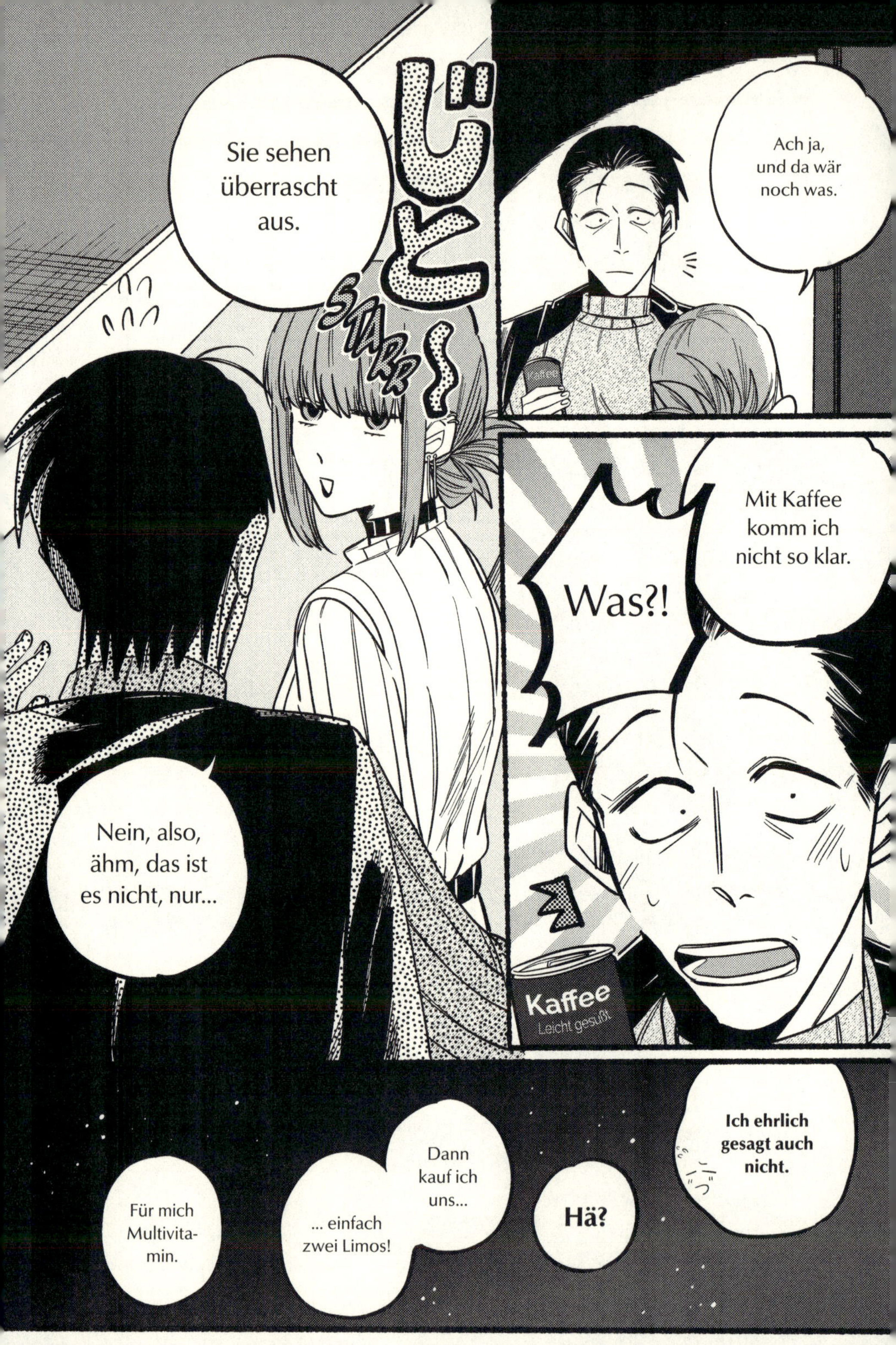
Sie sehen überrascht aus.
Nein, also, ähm, das ist es nicht, nur...
Ach ja, und da wär noch was.
Mit Kaffee komm ich nicht so klar.
Was?!
Kaffee
Leicht gesüßt
Ich ehrlich gesagt auch nicht.
Hä?
Dann kauf ich uns...
... einfach zwei Limos!
Für mich Multivitamin.

Super S

Bonus **Nach der 5. Zigarette**

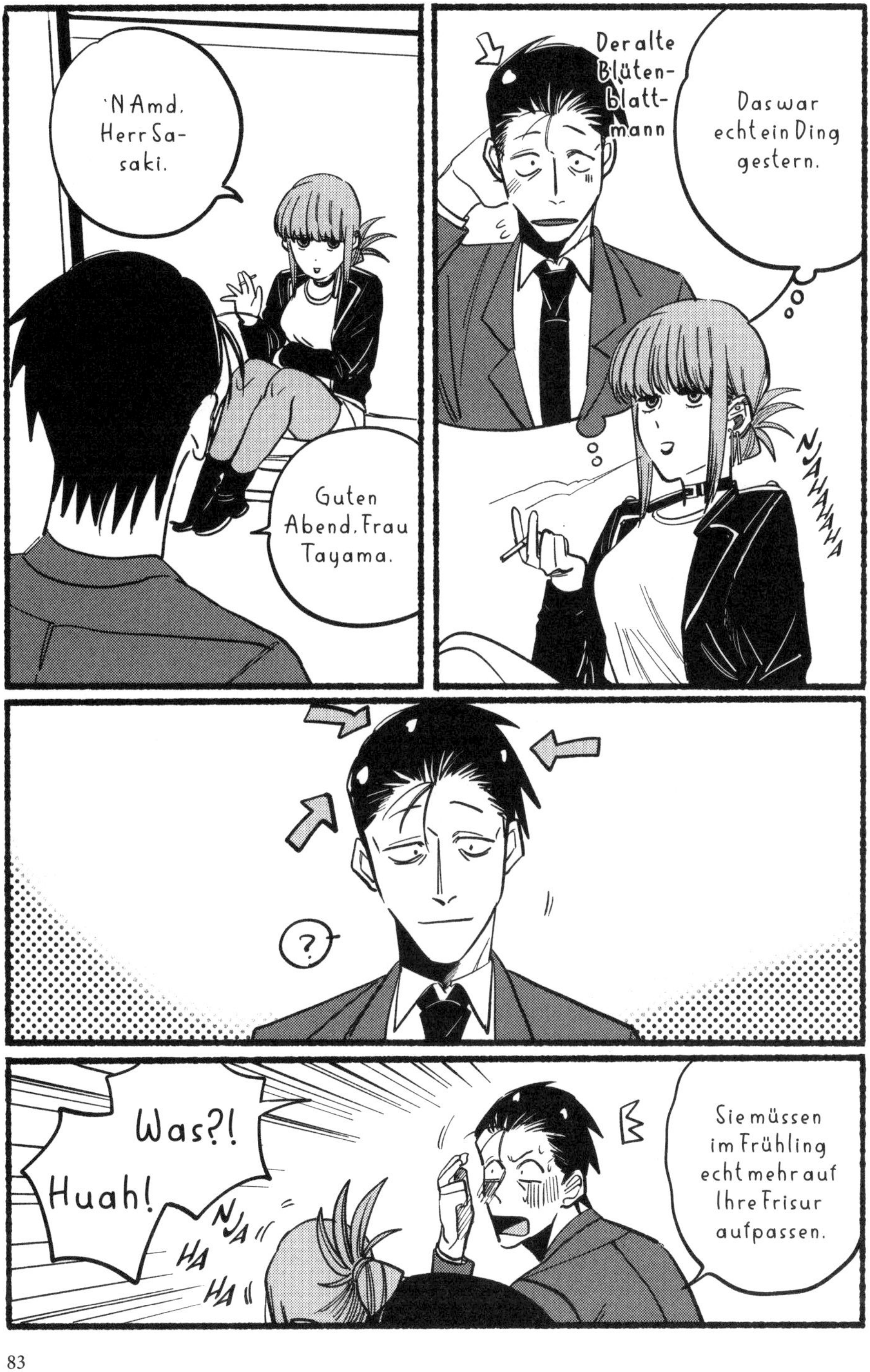

Super S

Bonus **Nach der 6. Zigarette**

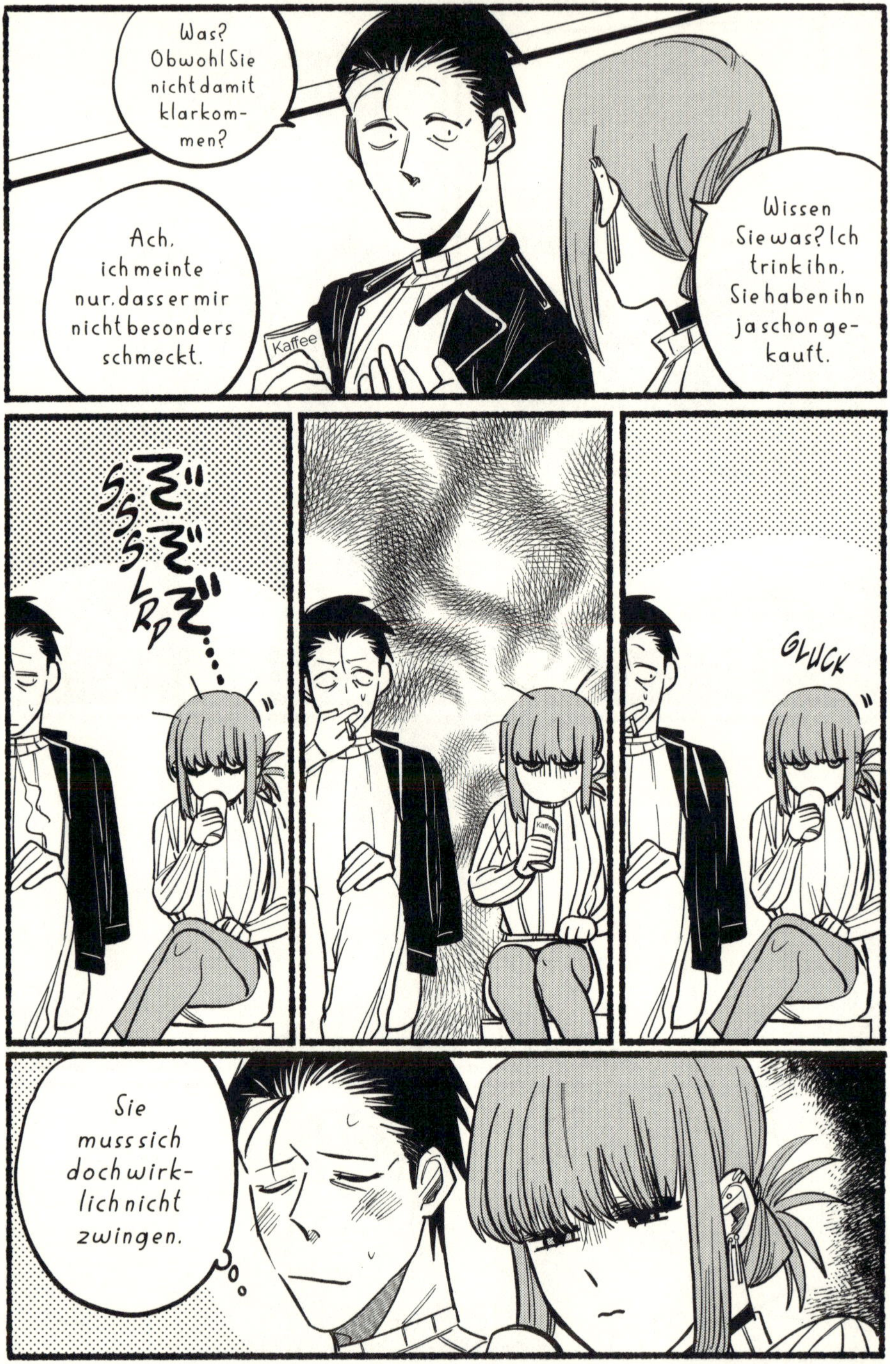

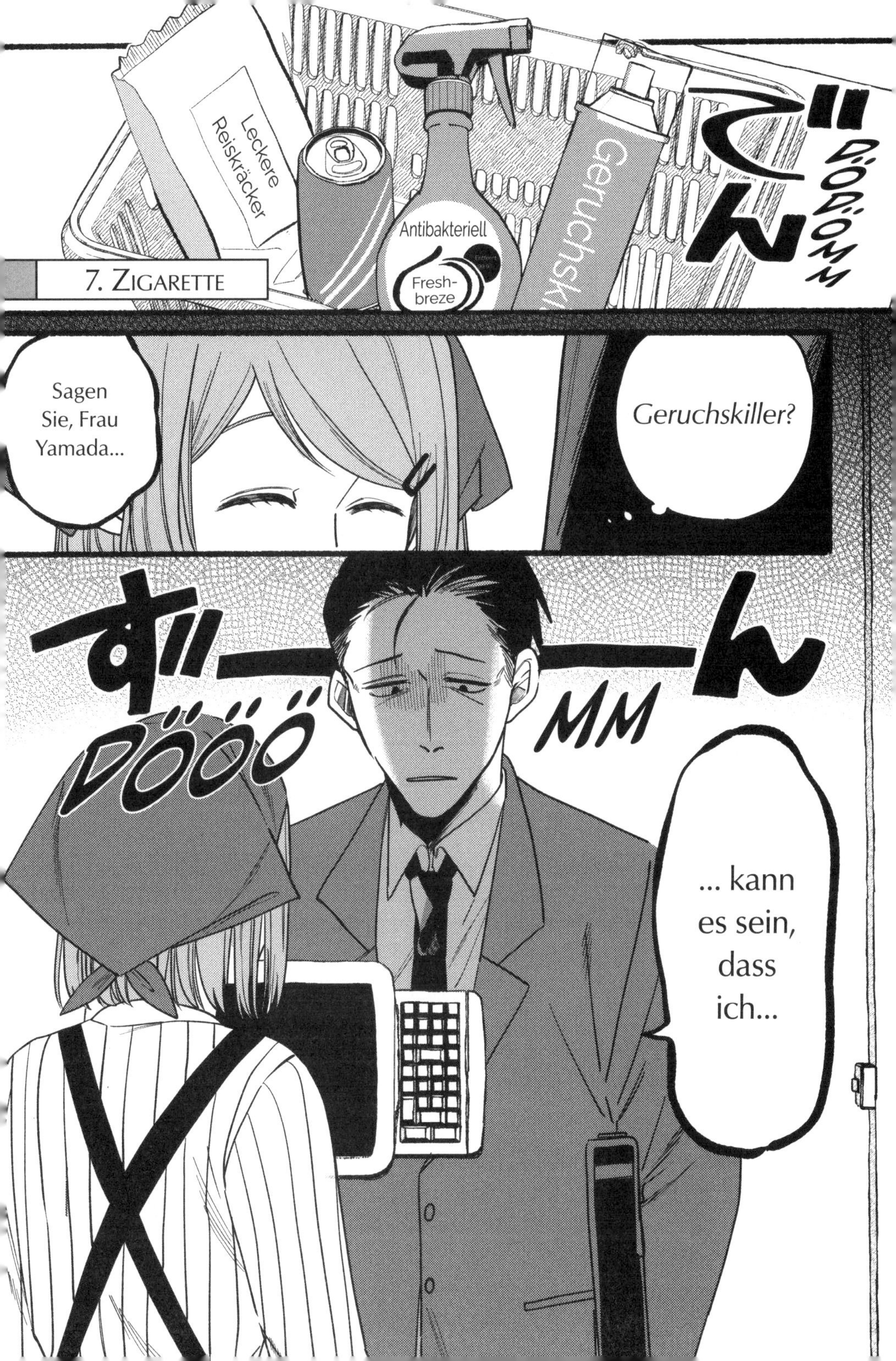
DÖDÖMM
Leckere Reiskräcker
Antibakteriell
Fresh-breze
Geruchsk
7. Zigarette
Geruchskiller?
Sagen Sie, Frau Yamada...
DÖÖÖMM
... kann es sein, dass ich...

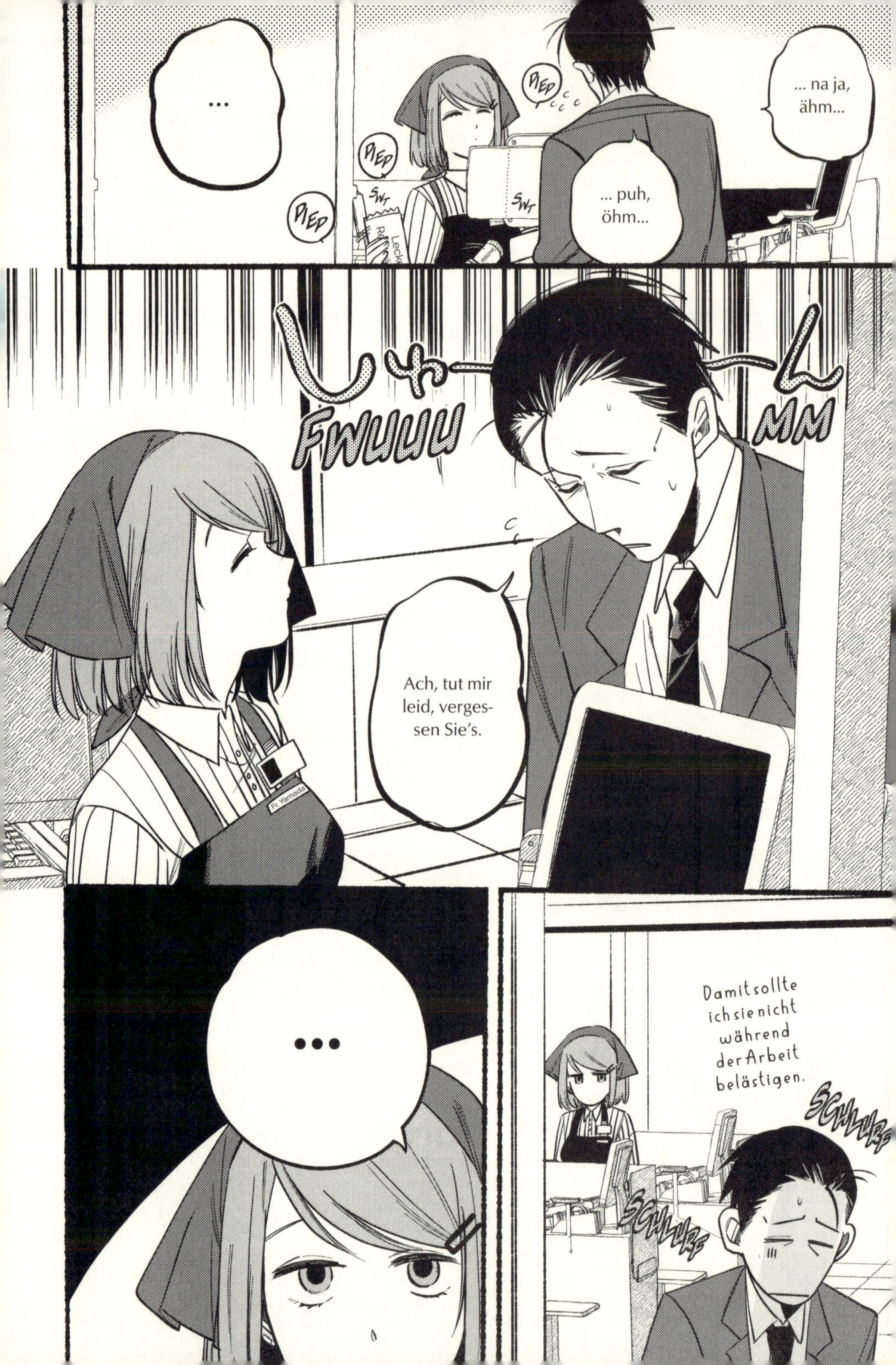

... na ja, ähm...
... puh, öhm...
PIEP
PIEP
PIEP
PIEP
...
FWUUUMM
Ach, tut mir leid, verges-sen Sie's.
Fr. Yamada
Damitsollte ichsienicht während derArbeit belästigen.
...

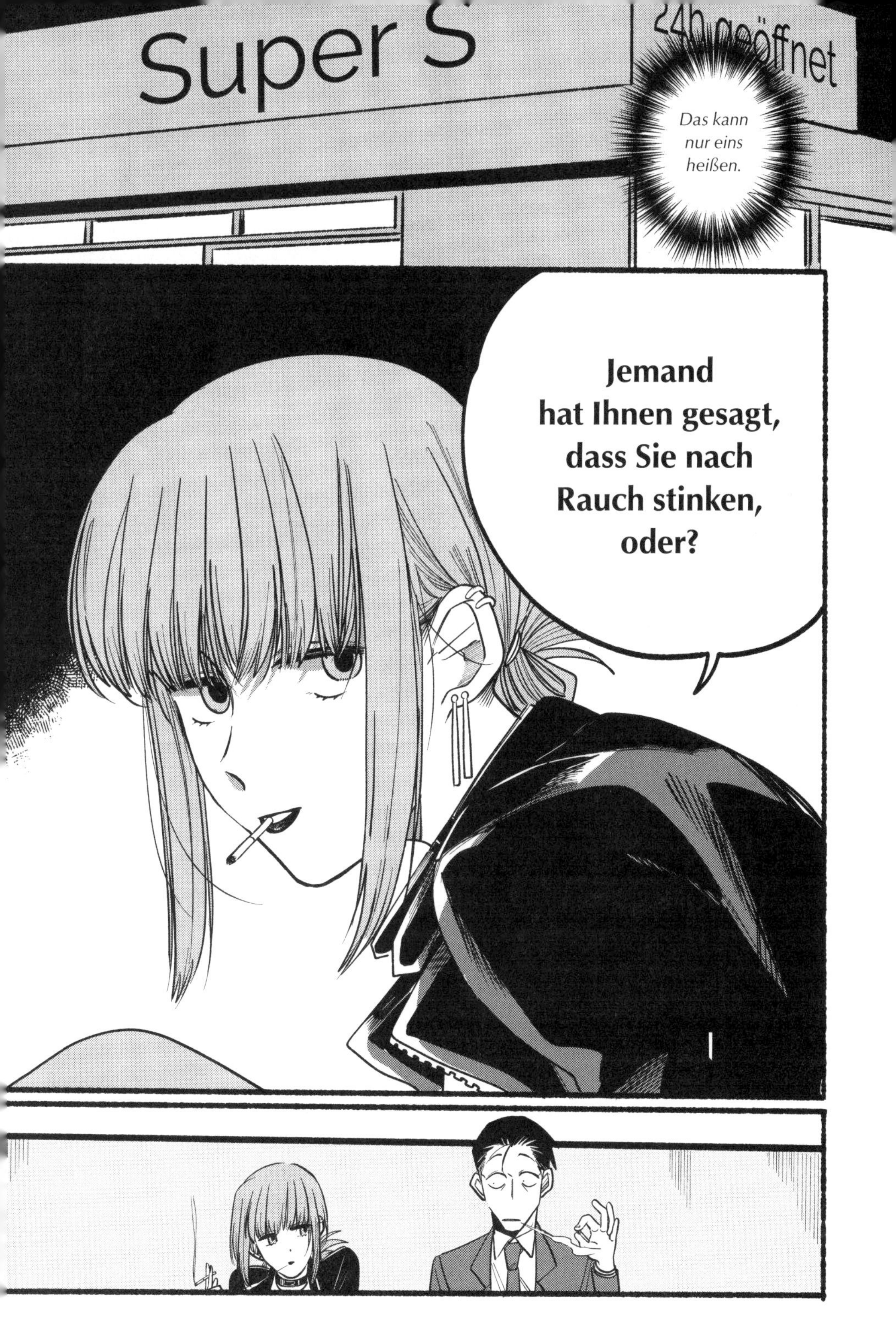
Super S
24h geöffnet
Das kann nur eins heißen.
Jemand hat Ihnen gesagt, dass Sie nach Rauch stinken, oder?

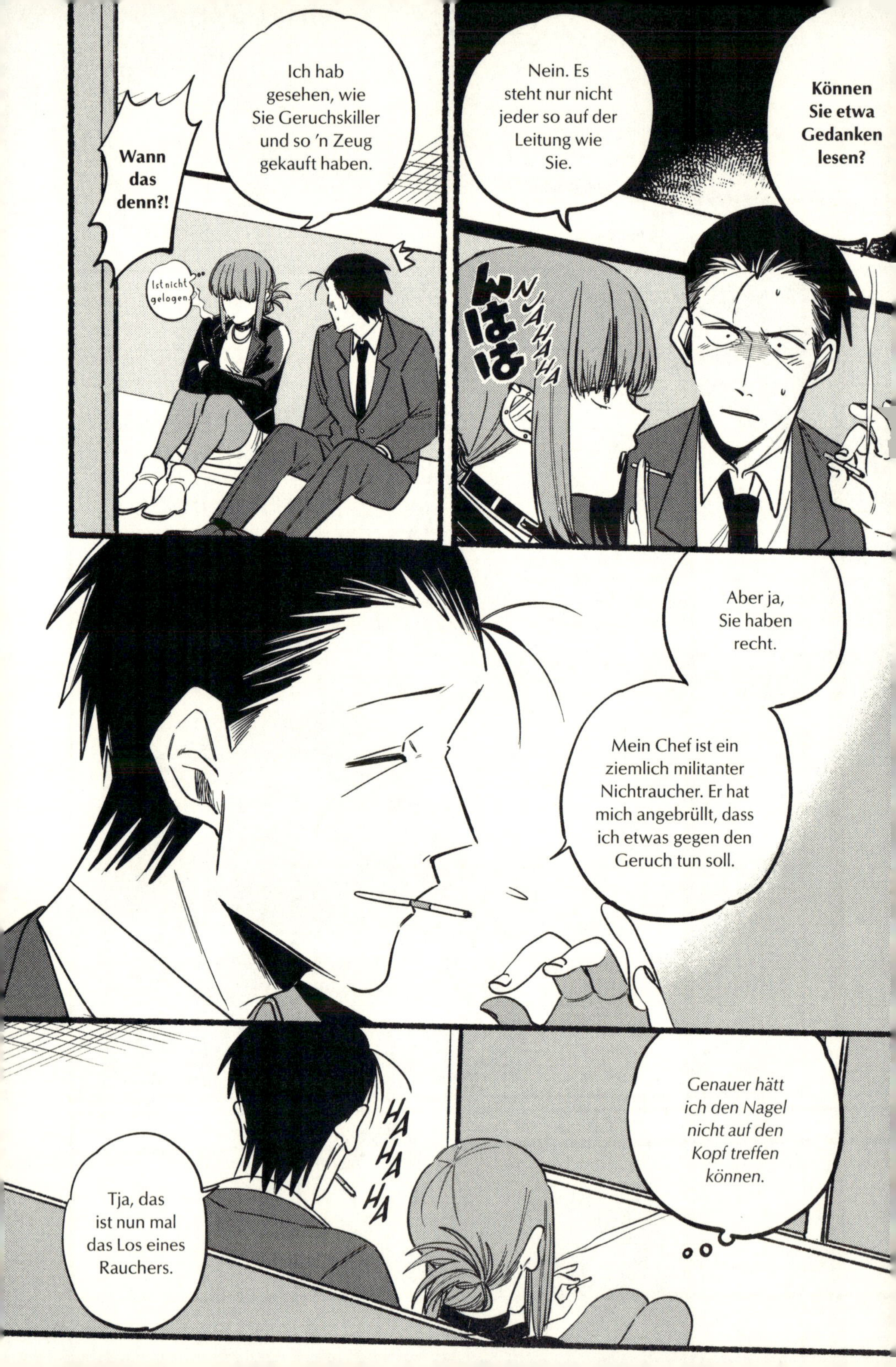

Können Sie etwa Gedanken lesen?
Nein. Es steht nur nicht jeder so auf der Leitung wie Sie.
んはは
NJAHAHAHA
Ich hab gesehen, wie Sie Geruchskiller und so ’n Zeug gekauft haben.
Wann das denn?!
Ist nicht gelogen.
Aber ja, Sie haben recht.
Mein Chef ist ein ziemlich militanter Nichtraucher. Er hat mich angebrüllt, dass ich etwas gegen den Geruch tun soll.
Genauer hätt ich den Nagel nicht auf den Kopf treffen können.
HAHAHAHA
Tja, das ist nun mal das Los eines Rauchers.

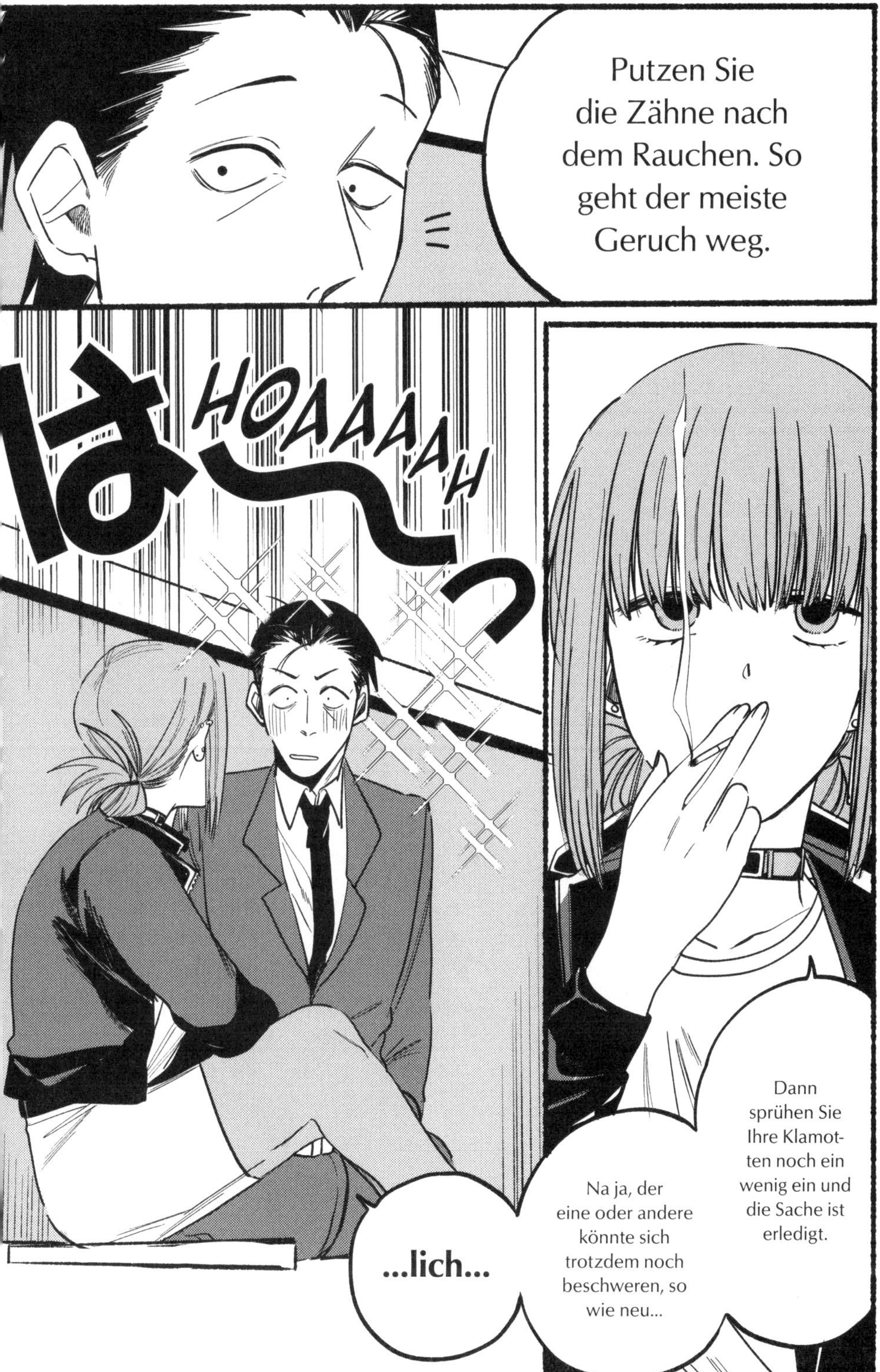
Putzen Sie die Zähne nach dem Rauchen. So geht der meiste Geruch weg.
Dann sprühen Sie Ihre Klamotten noch ein wenig ein und die Sache ist erledigt.
Na ja, der eine oder andere könnte sich trotzdem noch beschweren, so wie neu...
...lich...
は〜っ
HOAAAAAH

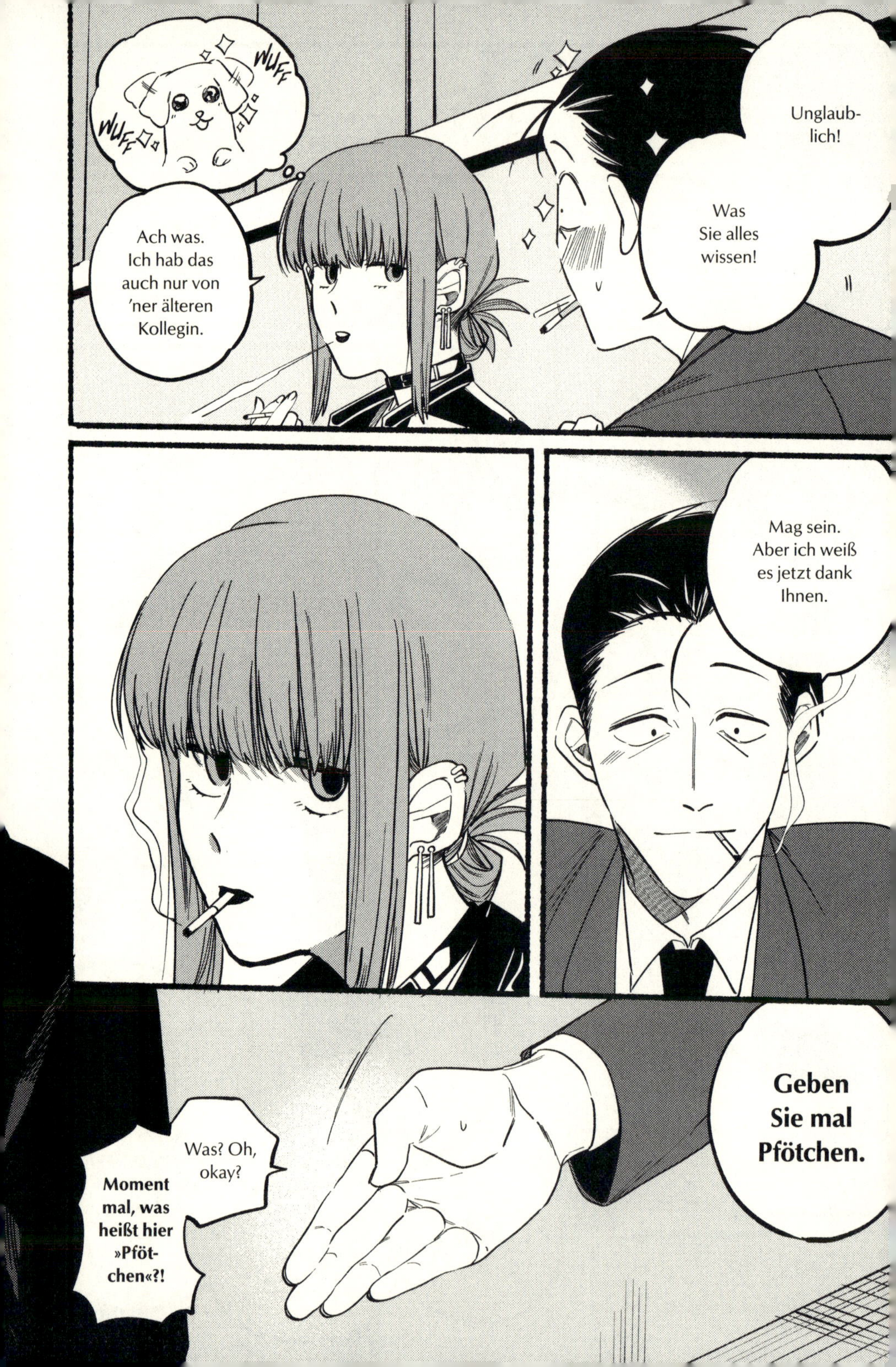
Unglaub-lich!
Was Sie alles wissen!
WUFF WUFF
Ach was. Ich hab das auch nur von 'ner älteren Kollegin.
Mag sein. Aber ich weiß es jetzt dank Ihnen.
Geben Sie mal Pfötchen.
Was? Oh, okay?
Moment mal, was heißt hier »Pfötchen«?!

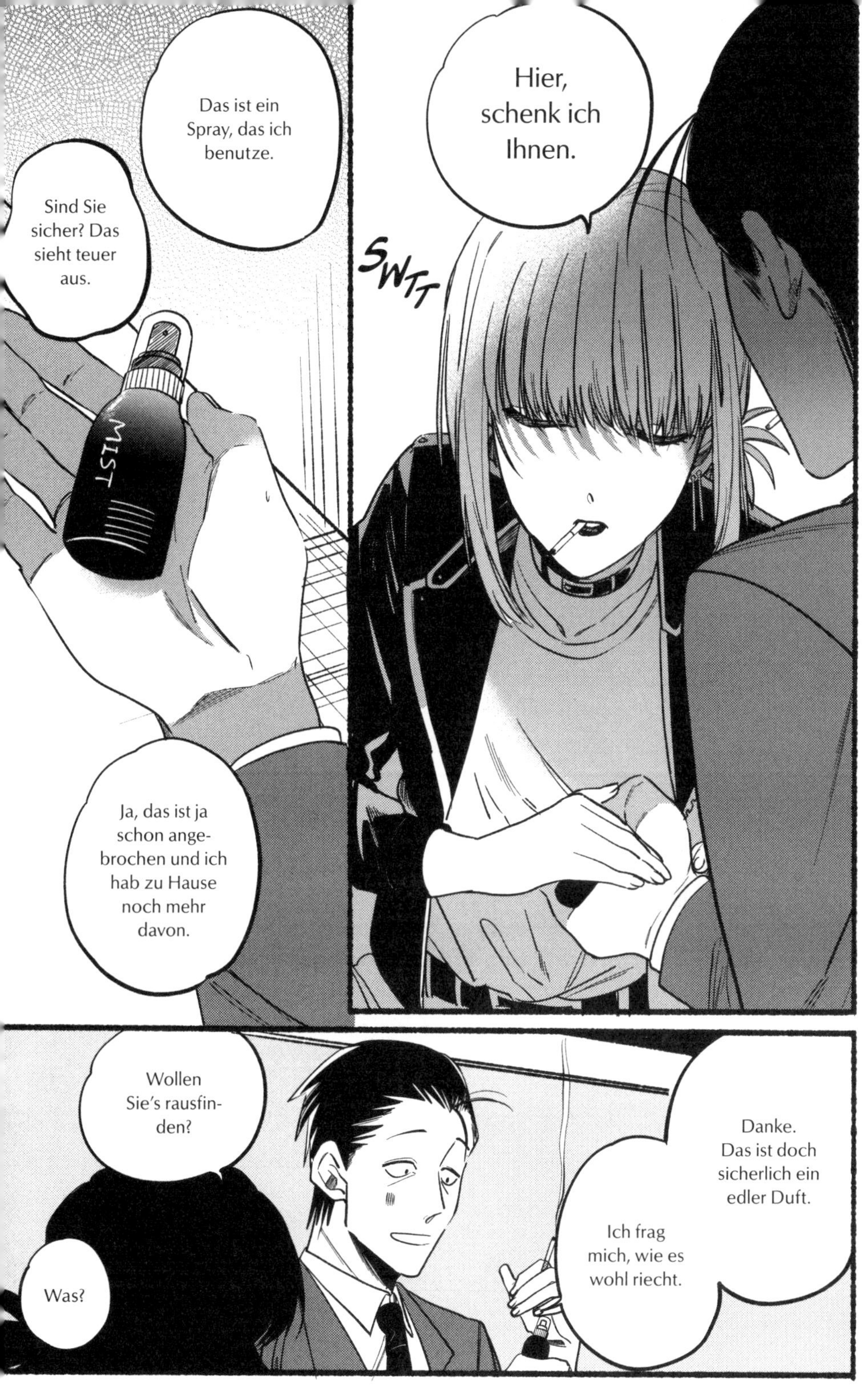
Hier, schenk ich Ihnen.
SWTT
Das ist ein Spray, das ich benutze.
MIST
Sind Sie sicher? Das sieht teuer aus.
Ja, das ist ja schon ange-brochen und ich hab zu Hause noch mehr davon.
Danke. Das ist doch sicherlich ein edler Duft.
Ich frag mich, wie es wohl riecht.
Wollen Sie's rausfin-den?
Was?

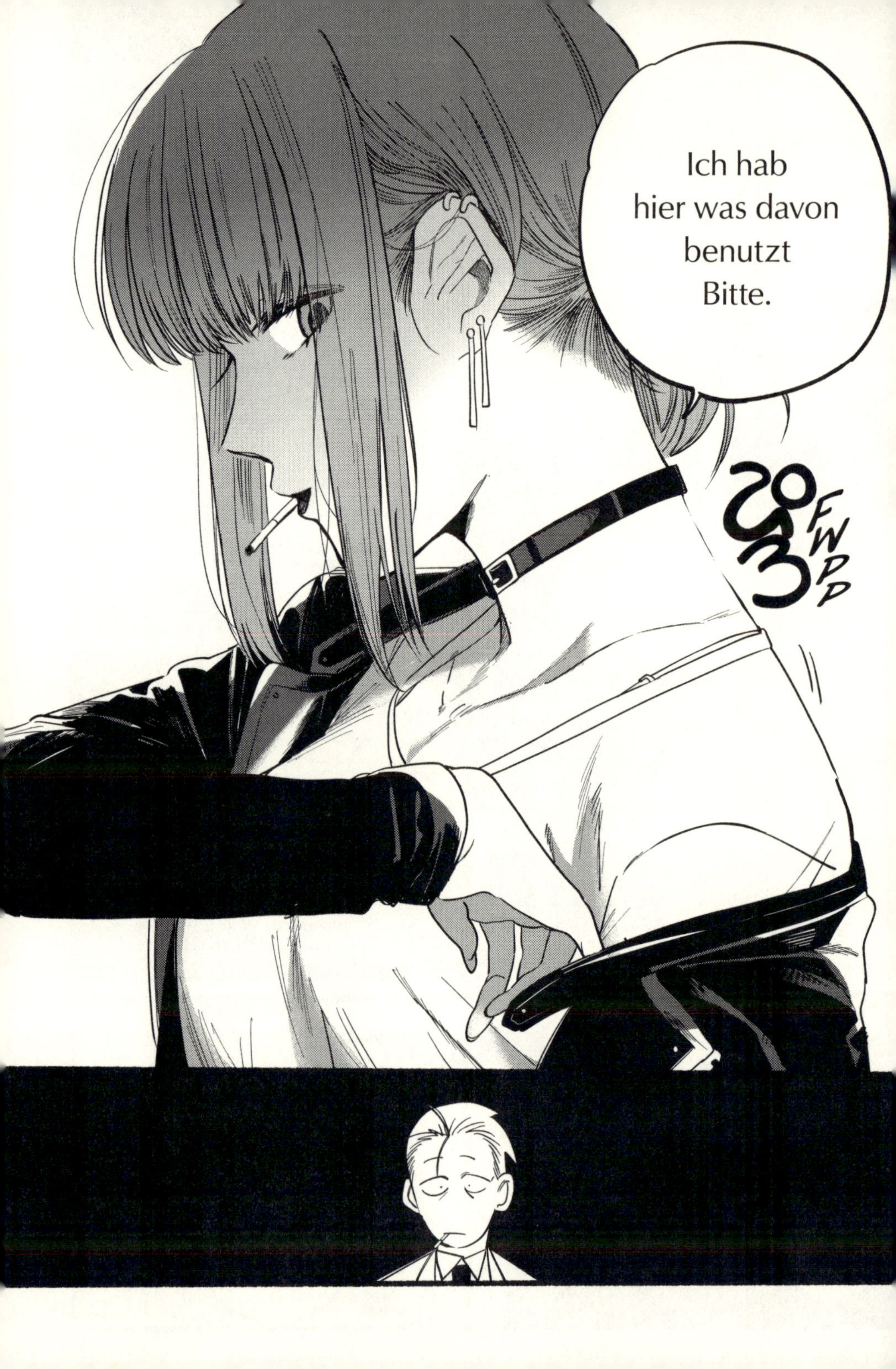
Ich hab
hier was davon
benutzt
Bitte.
FWPP

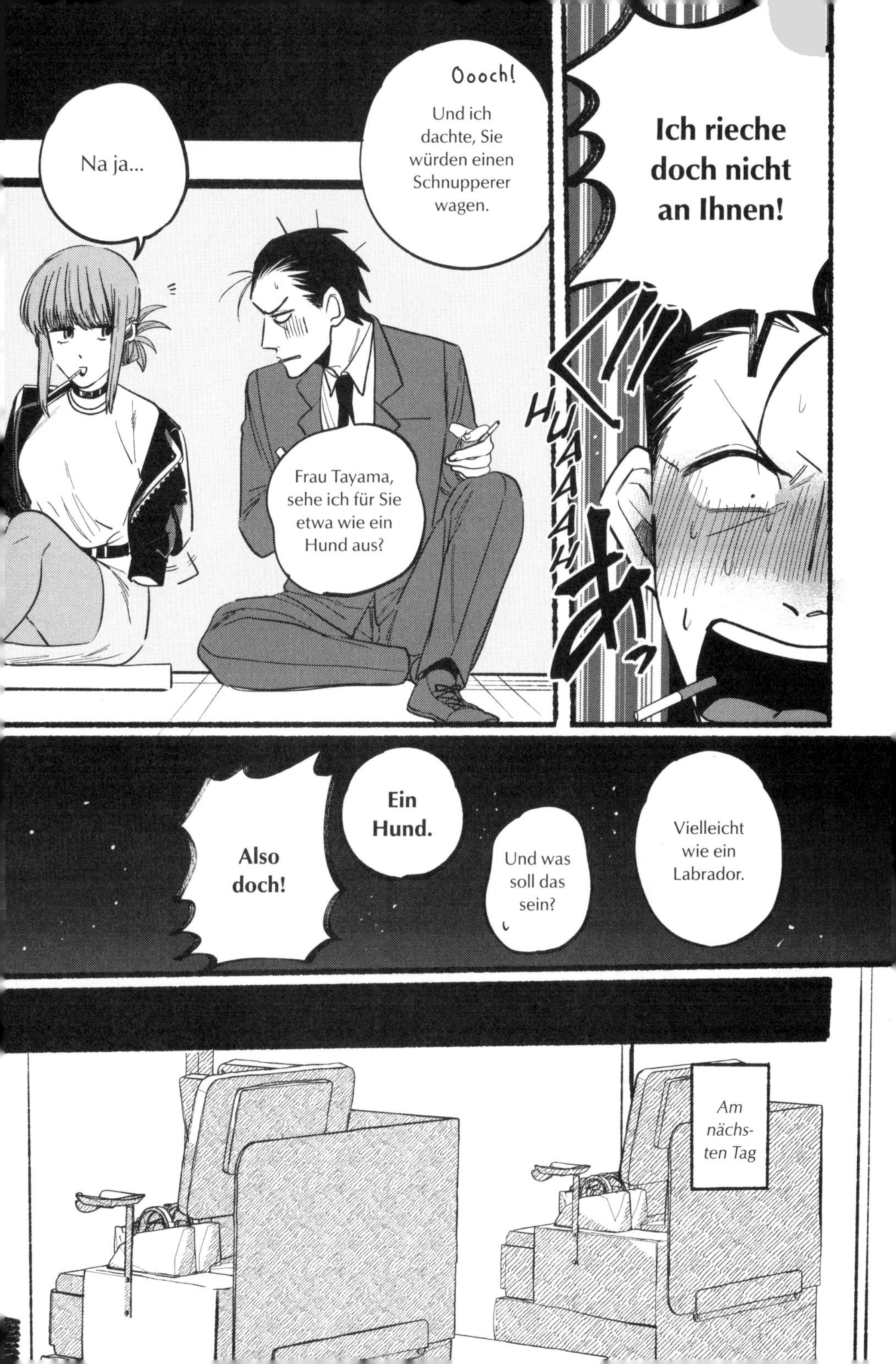

Ich rieche doch nicht an Ihnen!
HUAAAAAH
Oooch! Und ich dachte, Sie würden einen Schnupperer wagen.
Frau Tayama, sehe ich für Sie etwa wie ein Hund aus?
Na ja...
Vielleicht wie ein Labrador.
Und was soll das sein?
Ein Hund.
Also doch!
Am nächsten Tag

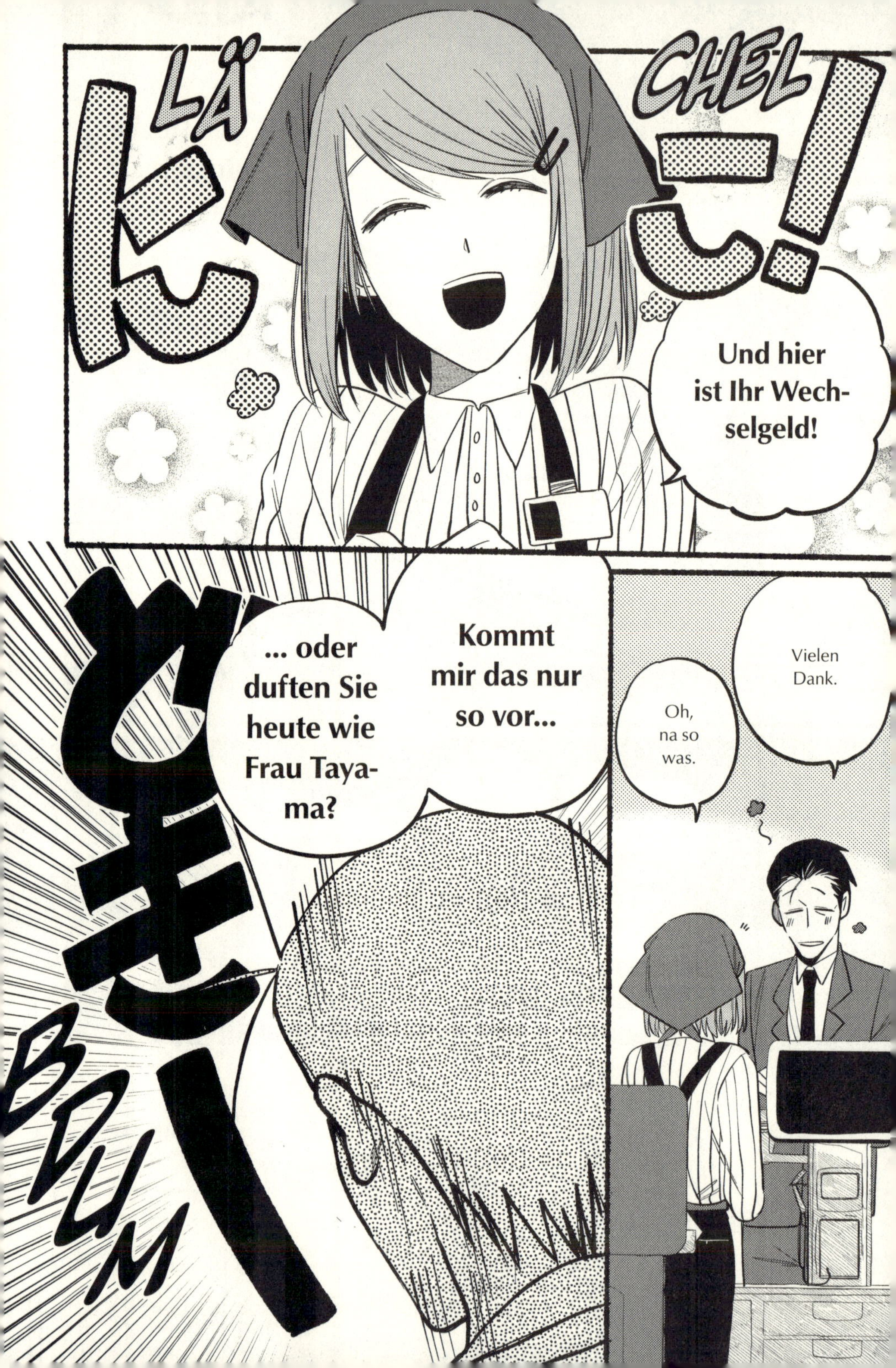
LÄ
CHEL
Und hier ist Ihr Wechselgeld!
Vielen Dank.
Oh, na so was.
Kommt mir das nur so vor...
... oder duften Sie heute wie Frau Tayama?
BDUM

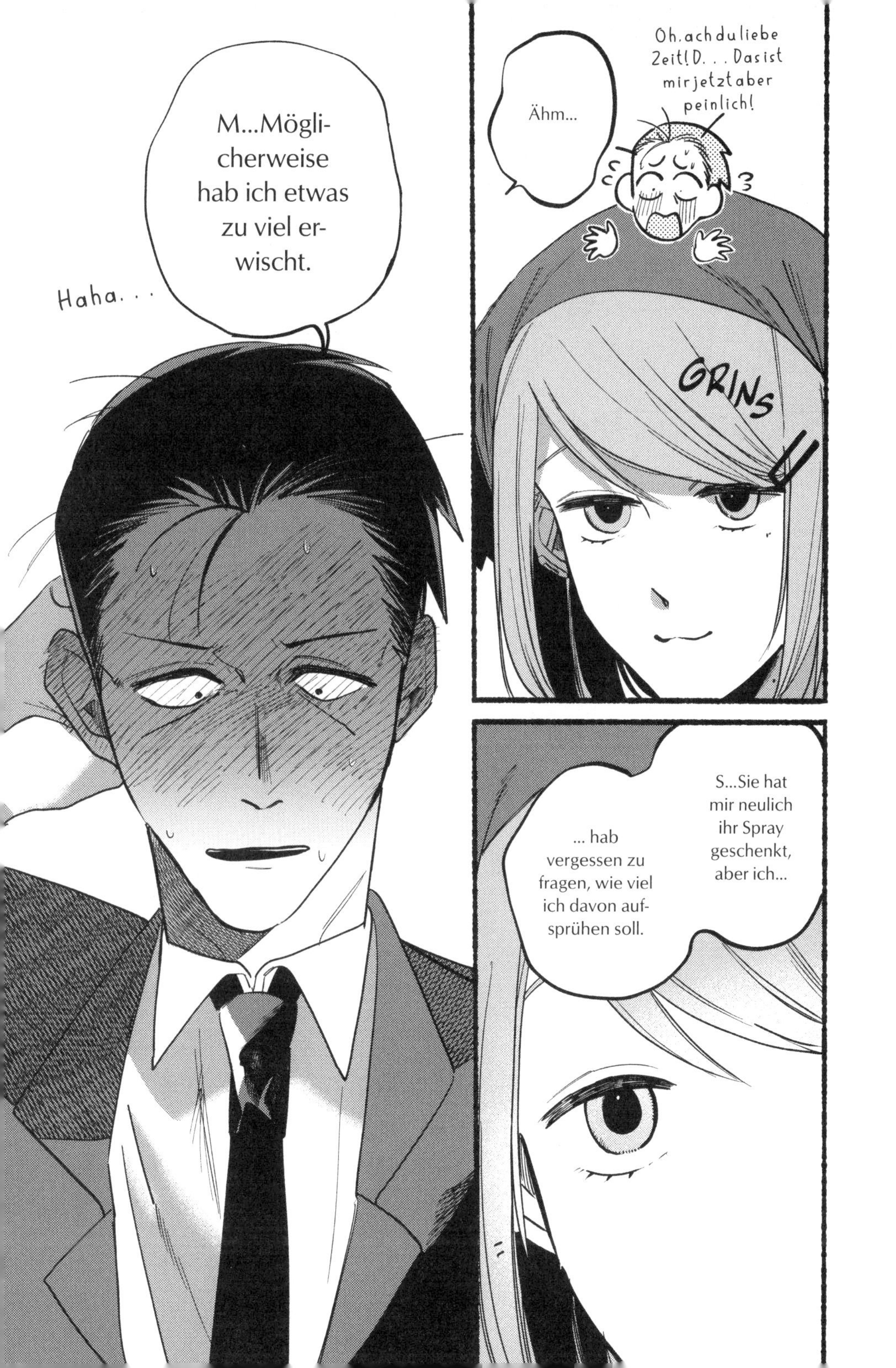
Ähm...
Oh, ach du liebe Zeit! D... Das ist mir jetzt aber peinlich!
GRINS
S...Sie hat mir neulich ihr Spray geschenkt, aber ich...
... hab vergessen zu fragen, wie viel ich davon aufsprühen soll.
M...Möglicherweise hab ich etwas zu viel erwischt.
Haha...

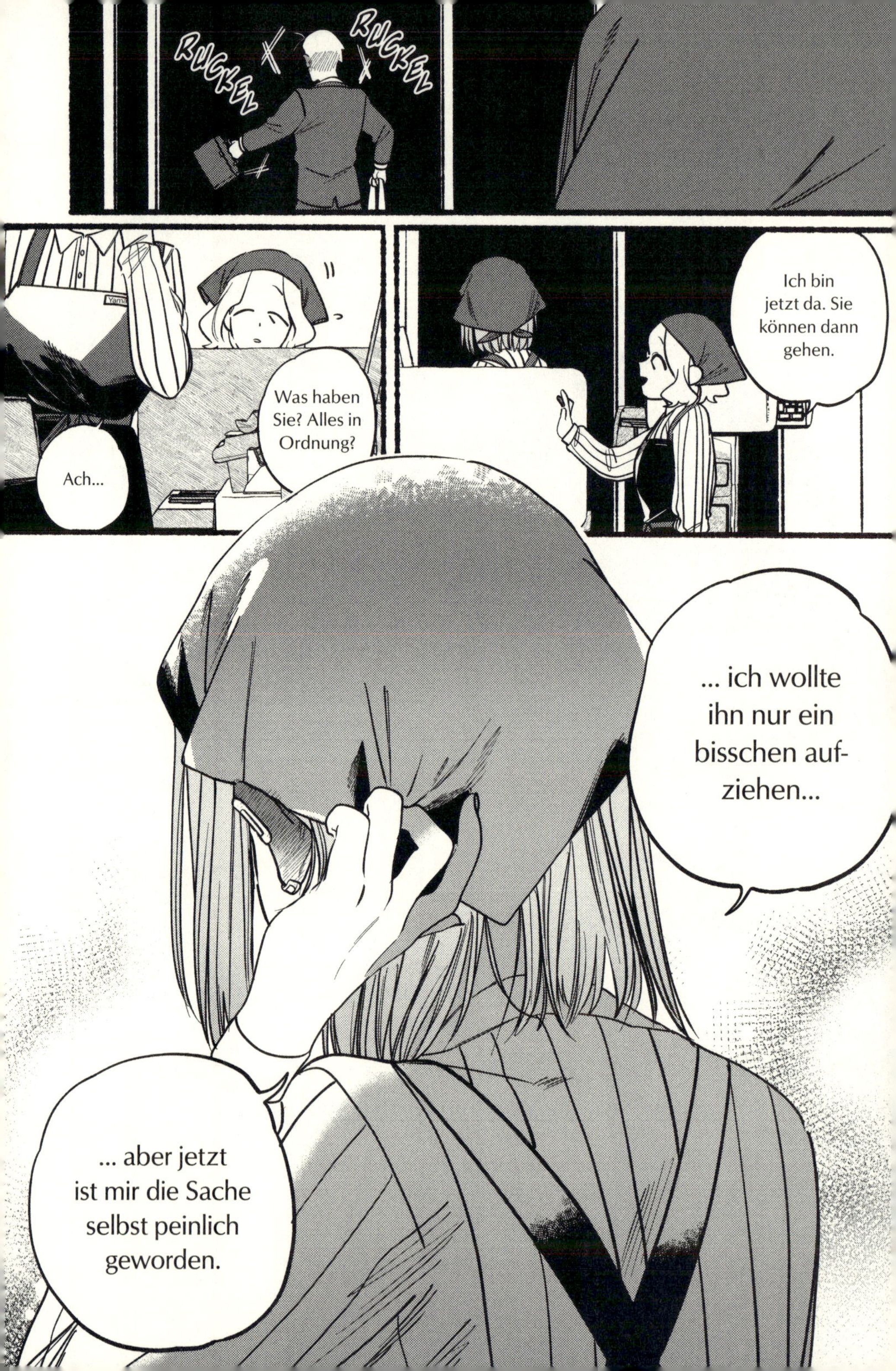
RUCKEL
RUCKEL
Ich bin jetzt da. Sie können dann gehen.
Was haben Sie? Alles in Ordnung?
Ach...
... ich wollte ihn nur ein bisschen auf-ziehen...
... aber jetzt ist mir die Sache selbst peinlich geworden.

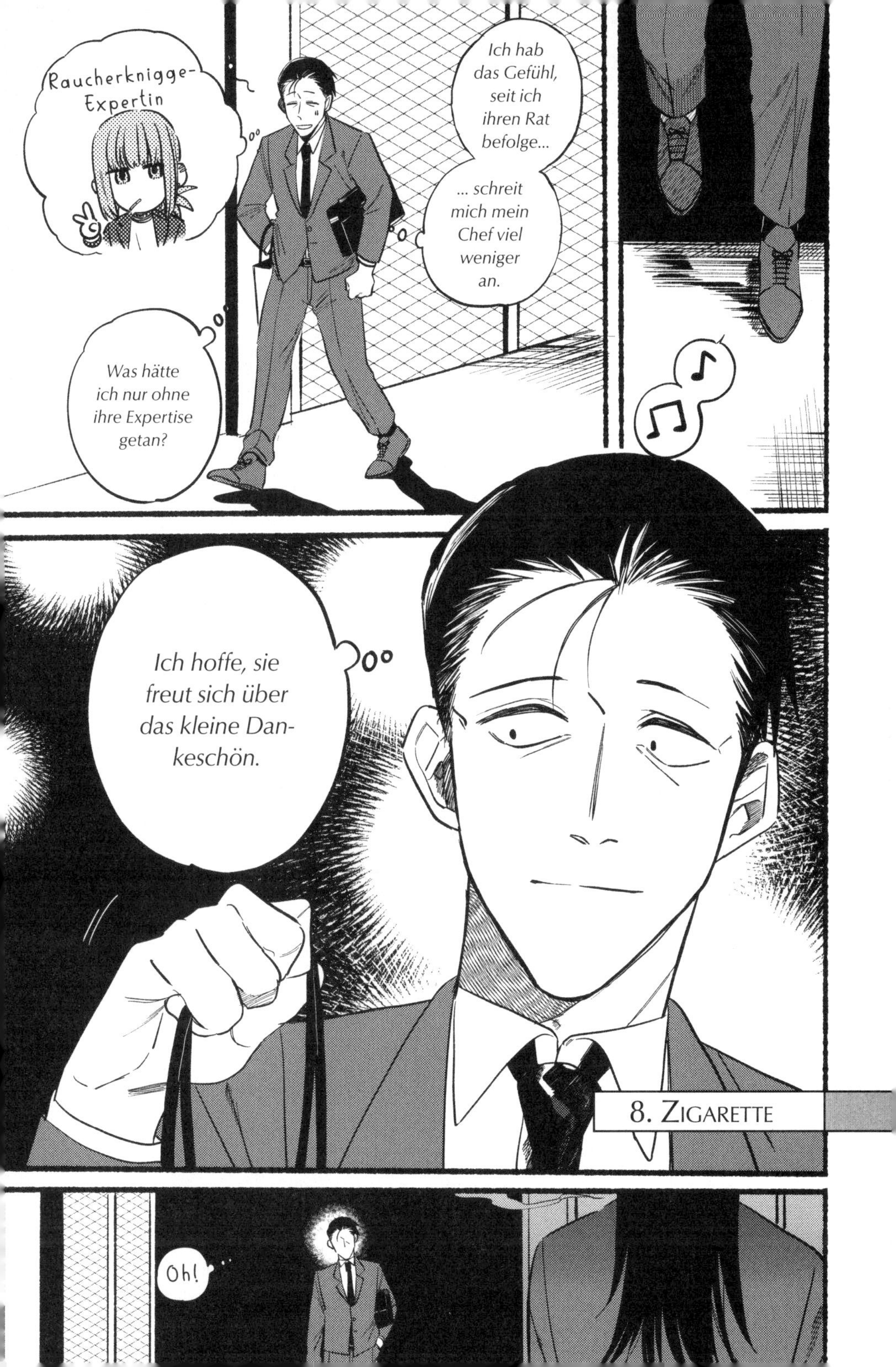
Ich hab das Gefühl, seit ich ihren Rat befolge...
... schreit mich mein Chef viel weniger an.
Raucherknigge-Expertin
Was hätte ich nur ohne ihre Expertise getan?
Ich hoffe, sie freut sich über das kleine Dankeschön.
8. Zigarette
Oh!

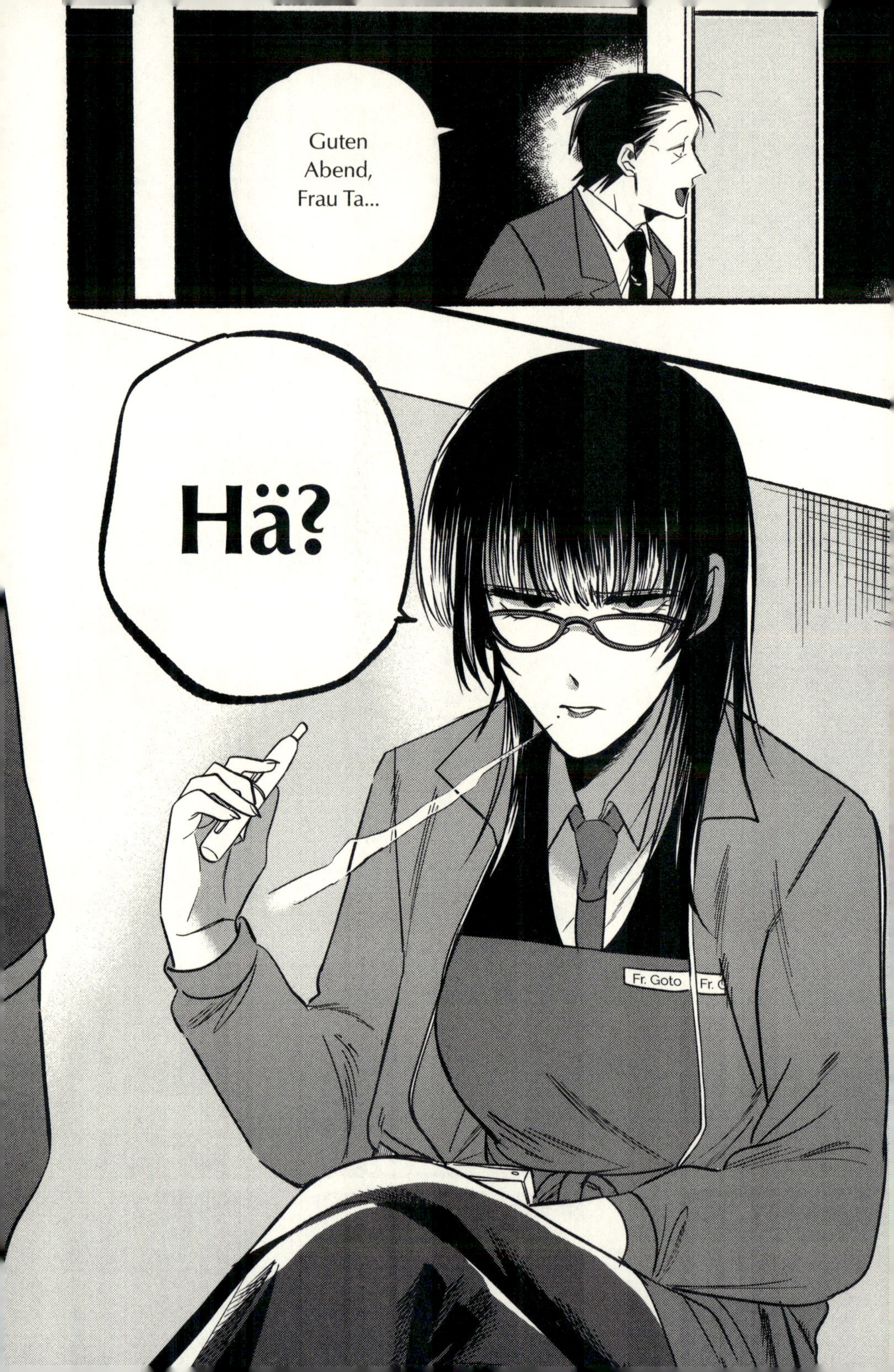
Guten Abend, Frau Ta...
Hä?
Fr. Goto

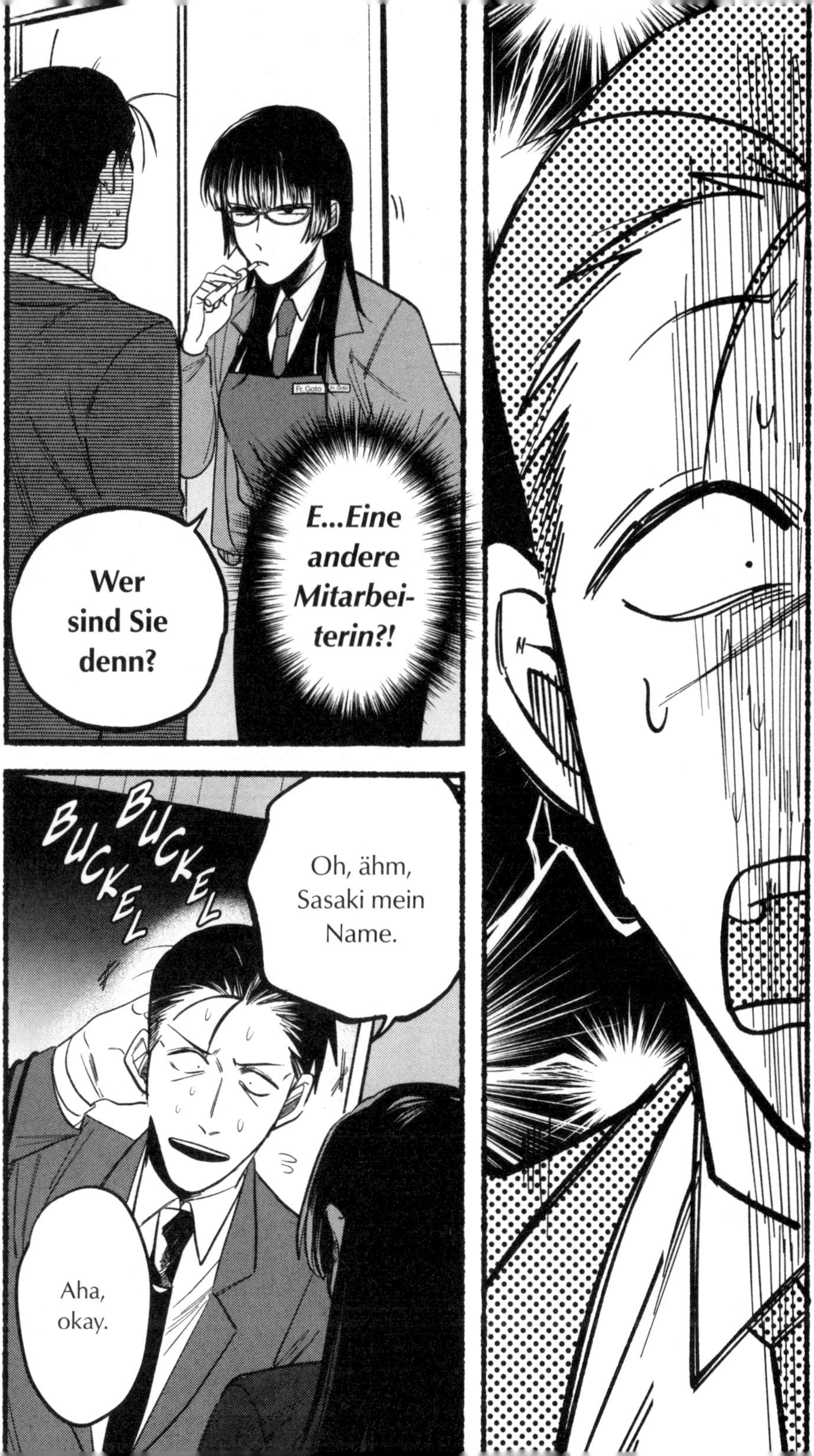
Fr. Goto
E...Eine andere Mitarbei-terin?!
Wer sind Sie denn?
BUCKEL BUCKEL
Oh, ähm, Sasaki mein Name.
Aha, okay.

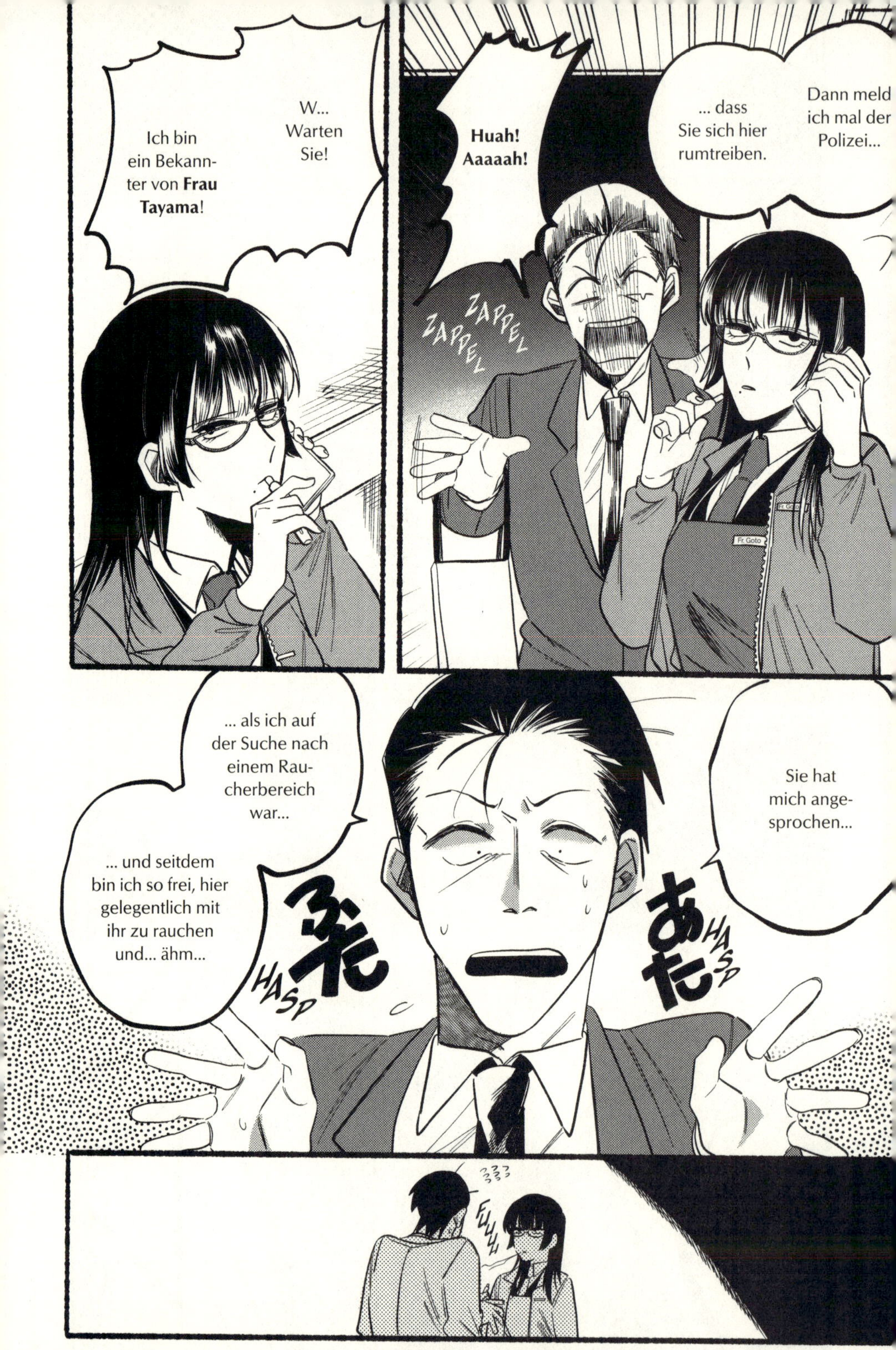

Dann meld ich mal der Polizei...
... dass Sie sich hier rumtreiben.
Huah! Aaaaah!
ZAPPEL ZAPPEL
Fr. Goto
W... Warten Sie!
Ich bin ein Bekannter von **Frau Tayama**!
Sie hat mich angesprochen...
... als ich auf der Suche nach einem Raucherbereich war...
... und seitdem bin ich so frei, hier gelegentlich mit ihr zu rauchen und... ähm...
あた
HASP
ふた
HASP
FUUUH

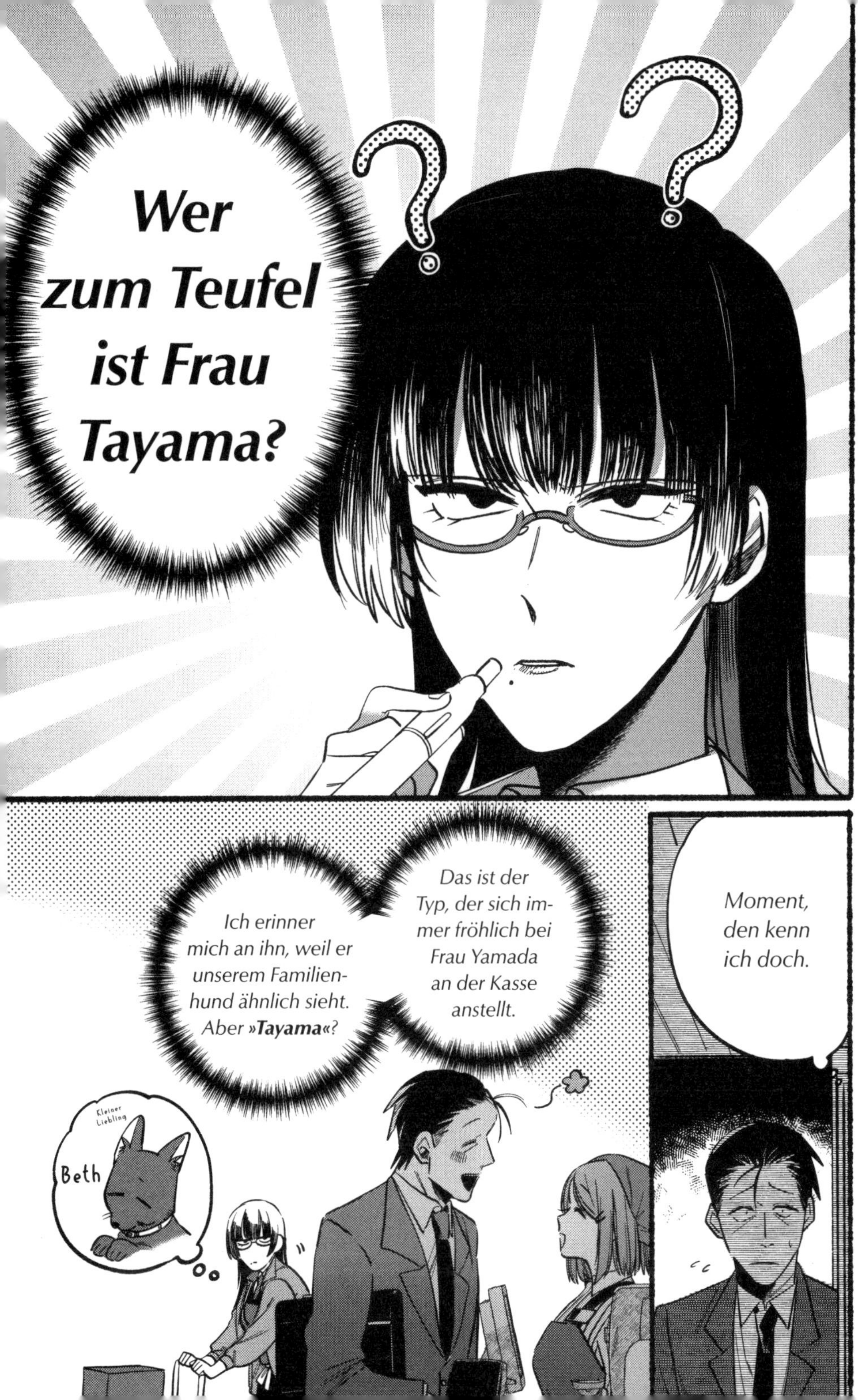
Wer zum Teufel ist Frau Tayama?
Moment, den kenn ich doch.
Das ist der Typ, der sich immer fröhlich bei Frau Yamada an der Kasse anstellt.
Ich erinner mich an ihn, weil er unserem Familienhund ähnlich sieht. Aber »Tayama«?
Kleiner Liebling
Beth

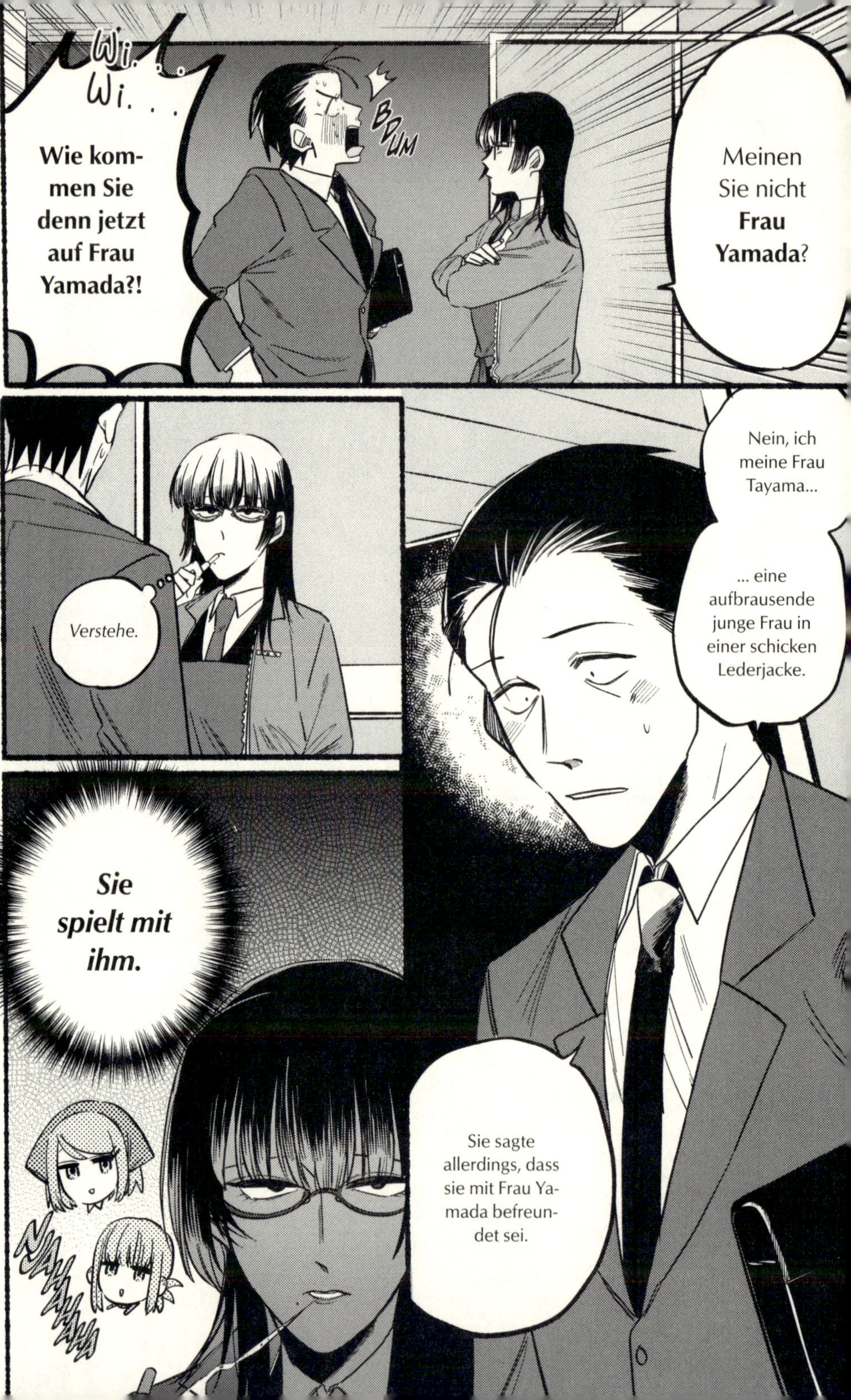
Meinen Sie nicht **Frau Yamada**?
Wi... Wi...
Wie kommen Sie denn jetzt auf Frau Yamada?!
BDUM
Nein, ich meine Frau Tayama...
... eine aufbrausende junge Frau in einer schicken Lederjacke.
Verstehe.
Sie sagte allerdings, dass sie mit Frau Yamada befreundet sei.
Sie spielt mit ihm.

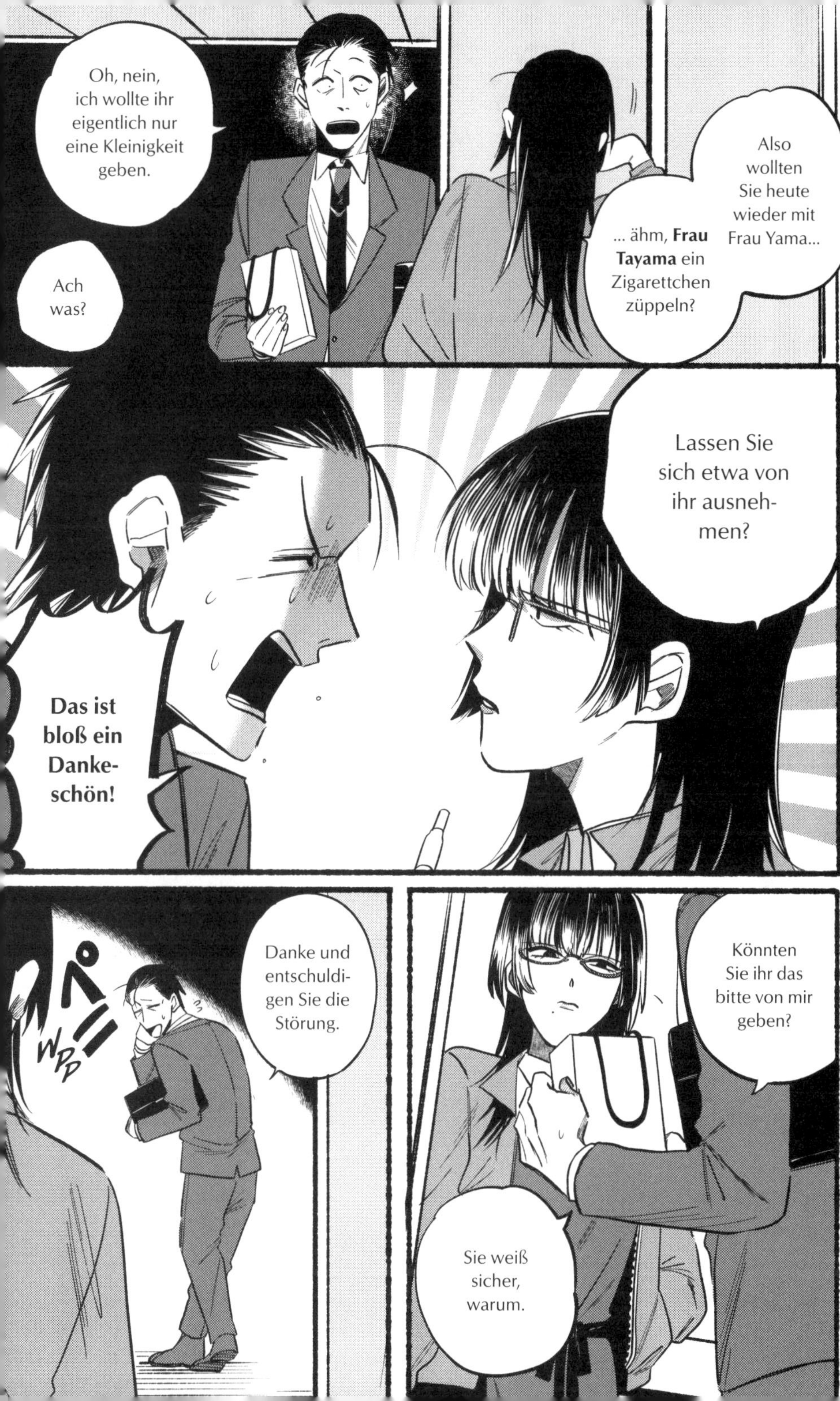
Also wollten Sie heute wieder mit Frau Yama...
... ähm, **Frau Tayama** ein Zigarettchen züppeln?
Oh, nein, ich wollte ihr eigentlich nur eine Kleinigkeit geben.
Ach was?
Lassen Sie sich etwa von ihr ausnehmen?
Das ist bloß ein Dankeschön!
Könnten Sie ihr das bitte von mir geben?
Sie weiß sicher, warum.
Danke und entschuldigen Sie die Störung.

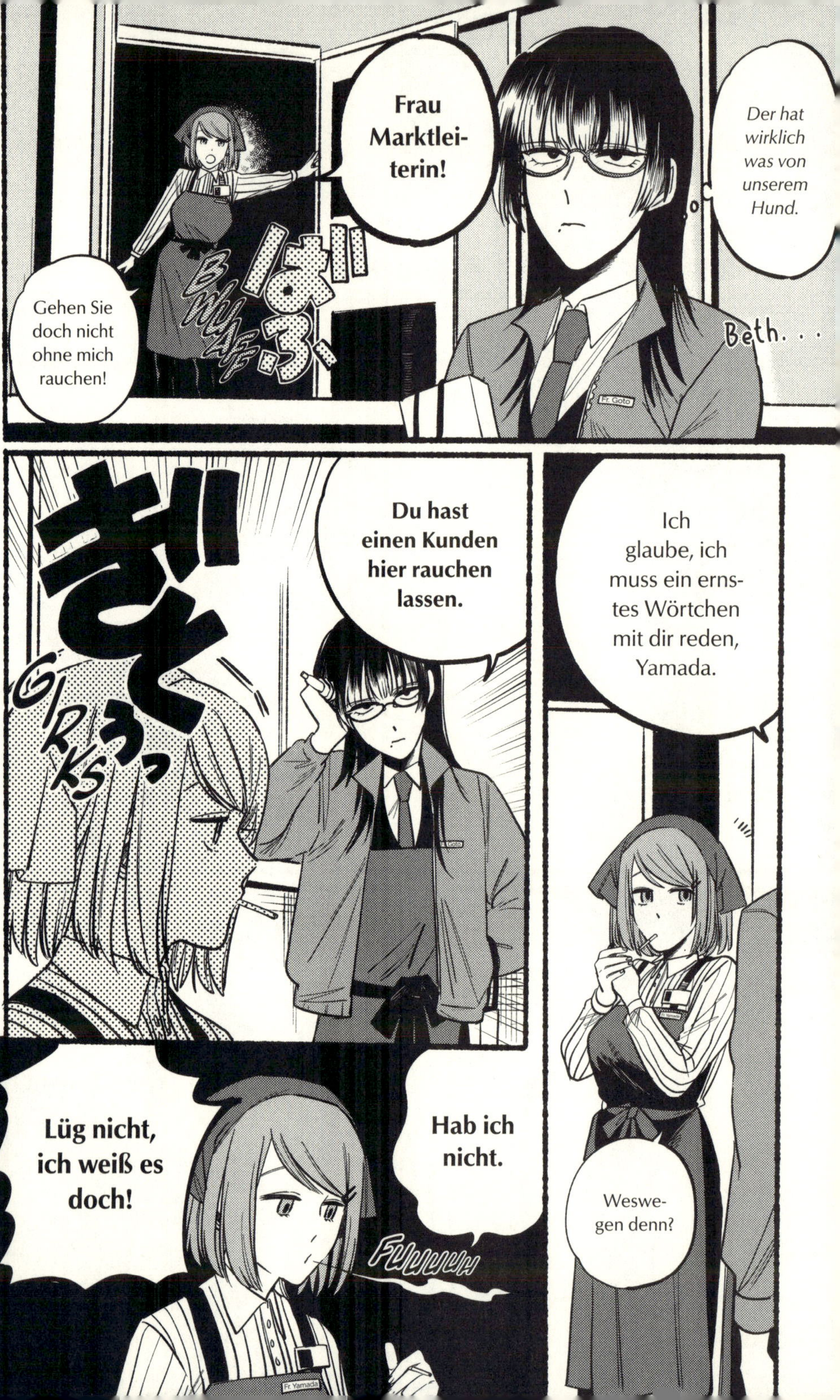
Der hat wirklich was von unserem Hund.
Beth. . .
Frau Marktleiterin!
BWUFF
Gehen Sie doch nicht ohne mich rauchen!
Ich glaube, ich muss ein ernstes Wörtchen mit dir reden, Yamada.
Du hast einen Kunden hier rauchen lassen.
GIRKS
Weswegen denn?
Hab ich nicht.
FUUUUH
Lüg nicht, ich weiß es doch!

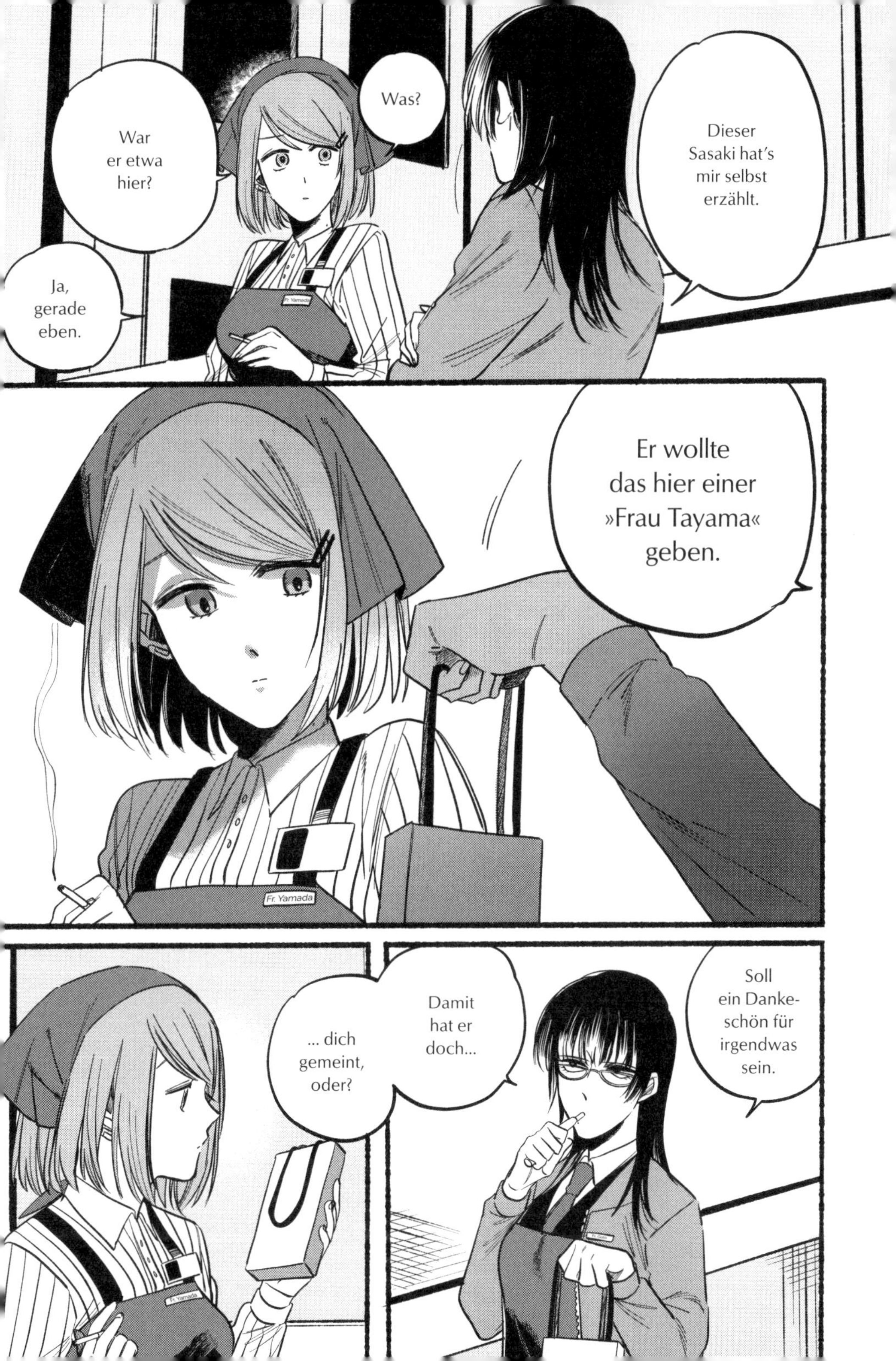
Dieser Sasaki hat's mir selbst erzählt.
Was?
War er etwa hier?
Ja, gerade eben.
Er wollte das hier einer »Frau Tayama« geben.
Fr. Yamada
Soll ein Dankeschön für irgendwas sein.
Damit hat er doch...
... dich gemeint, oder?

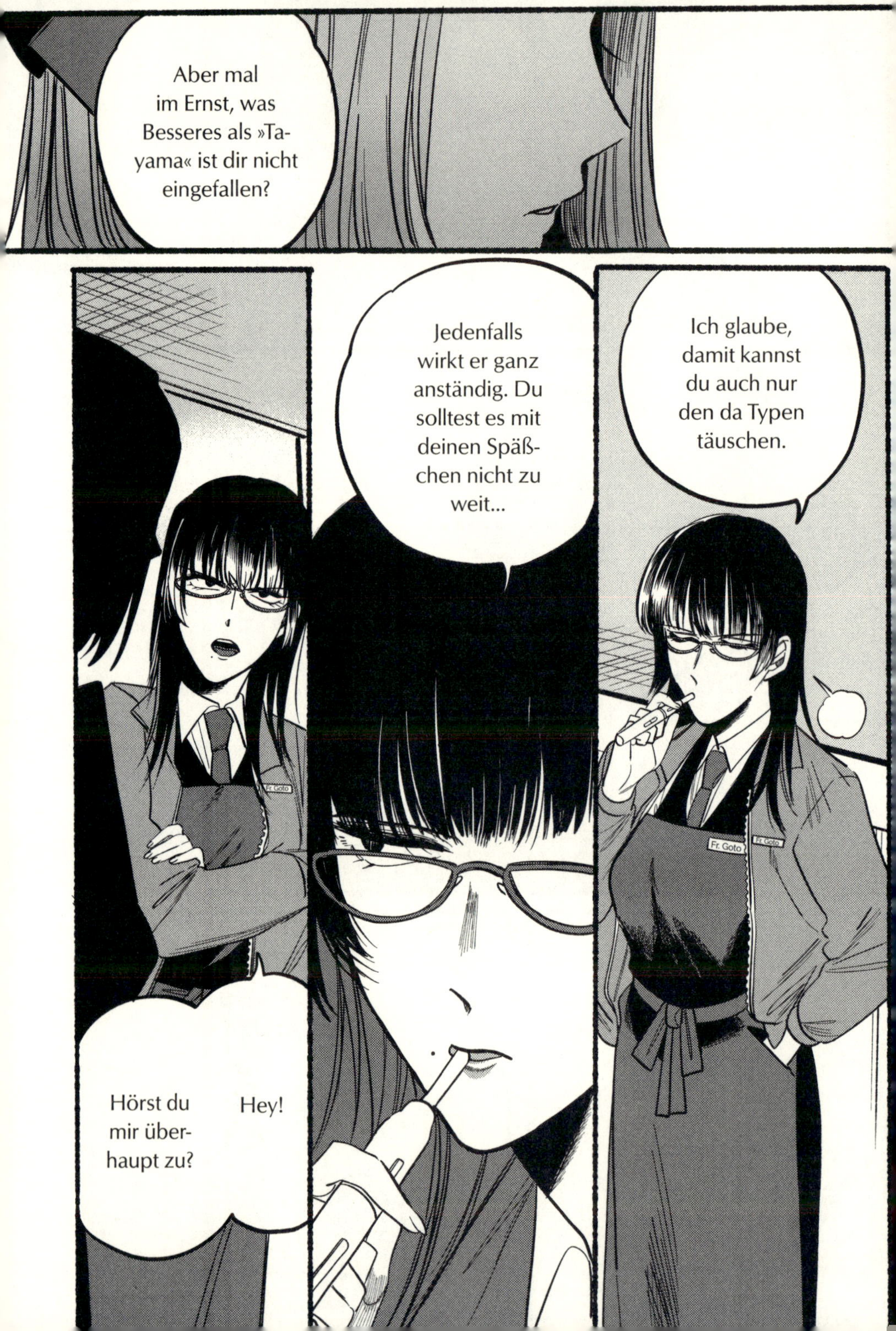
Aber mal im Ernst, was Besseres als »Tayama« ist dir nicht eingefallen?
Ich glaube, damit kannst du auch nur den da Typen täuschen.
Fr. Goto
Fr. Goto
Jedenfalls wirkt er ganz anständig. Du solltest es mit deinen Späßchen nicht zu weit...
Fr. Goto
Hey!
Hörst du mir überhaupt zu?

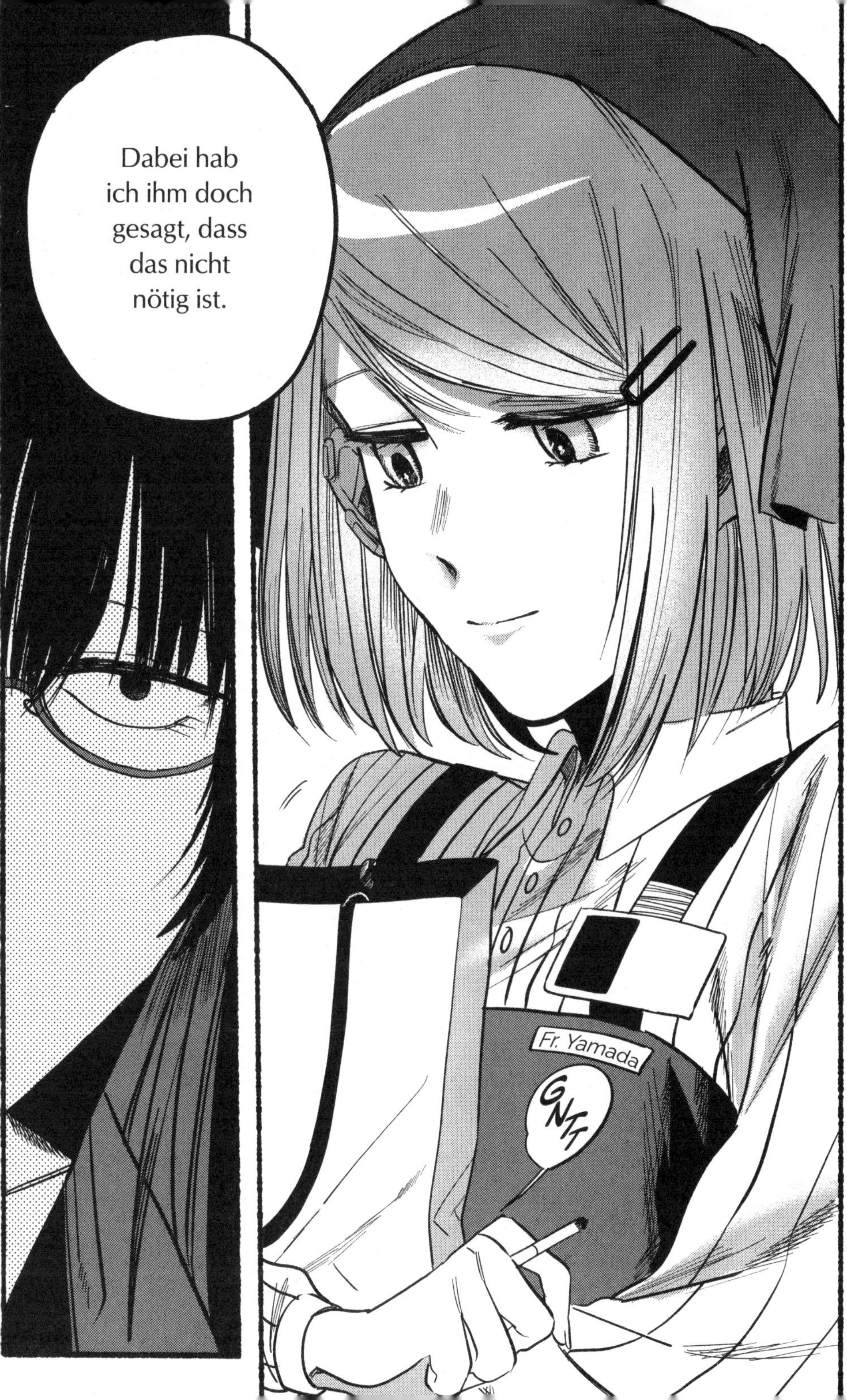
Dabei hab ich ihm doch gesagt, dass das nicht nötig ist.
Fr. Yamada
GNff

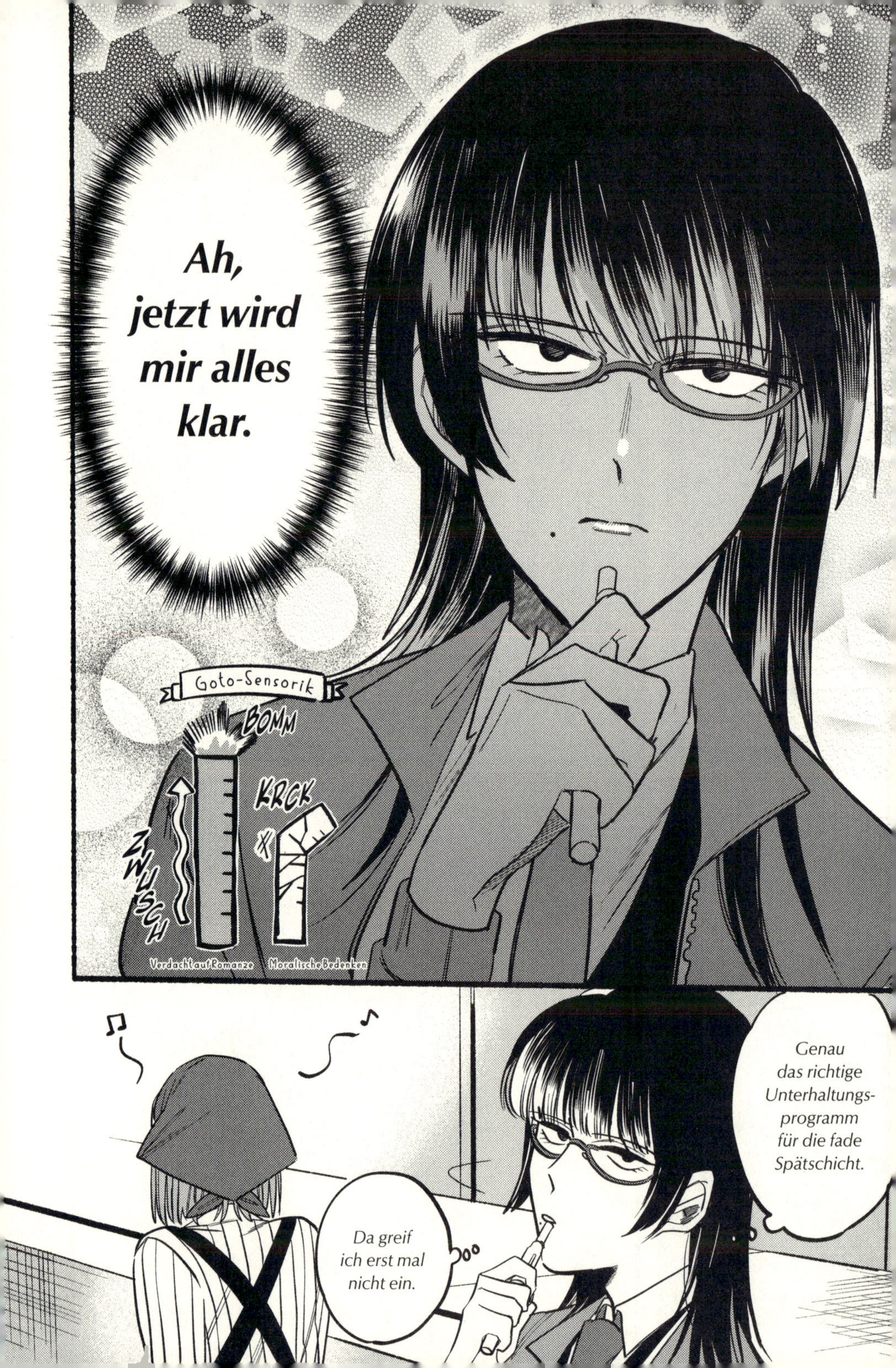

Ah, jetzt wird mir alles klar.
Goto-Sensorik
BOMM
ZWUSCH
KRCK
Verdacht auf Romanze
Moralische Bedenken
Genau das richtige Unterhaltungs-programm für die fade Spätschicht.
Da greif ich erst mal nicht ein.

Super S

Bonus Nach der 7. Zigarette

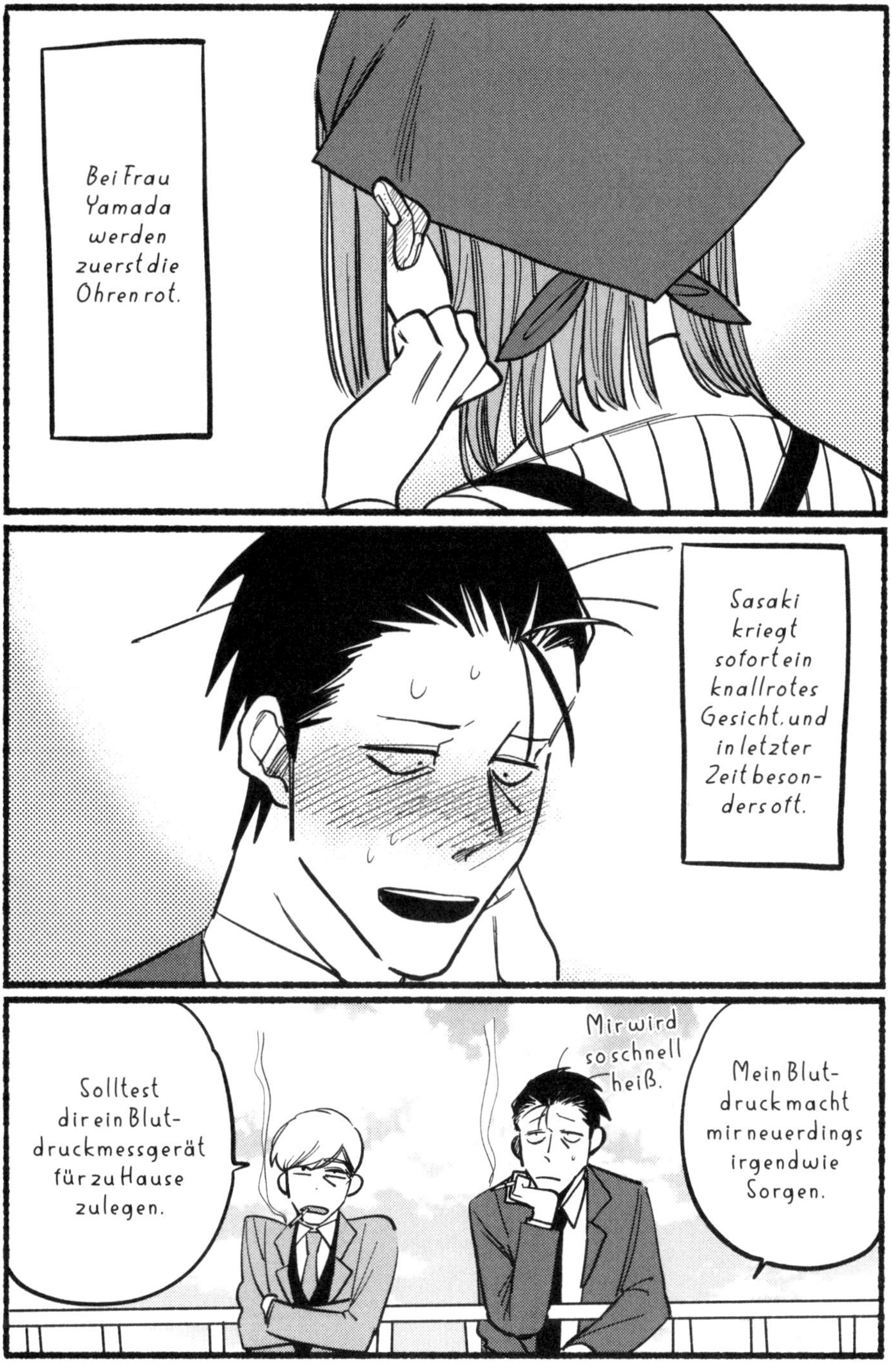

Super S

Bonus **Nach der 8. Zigarette**

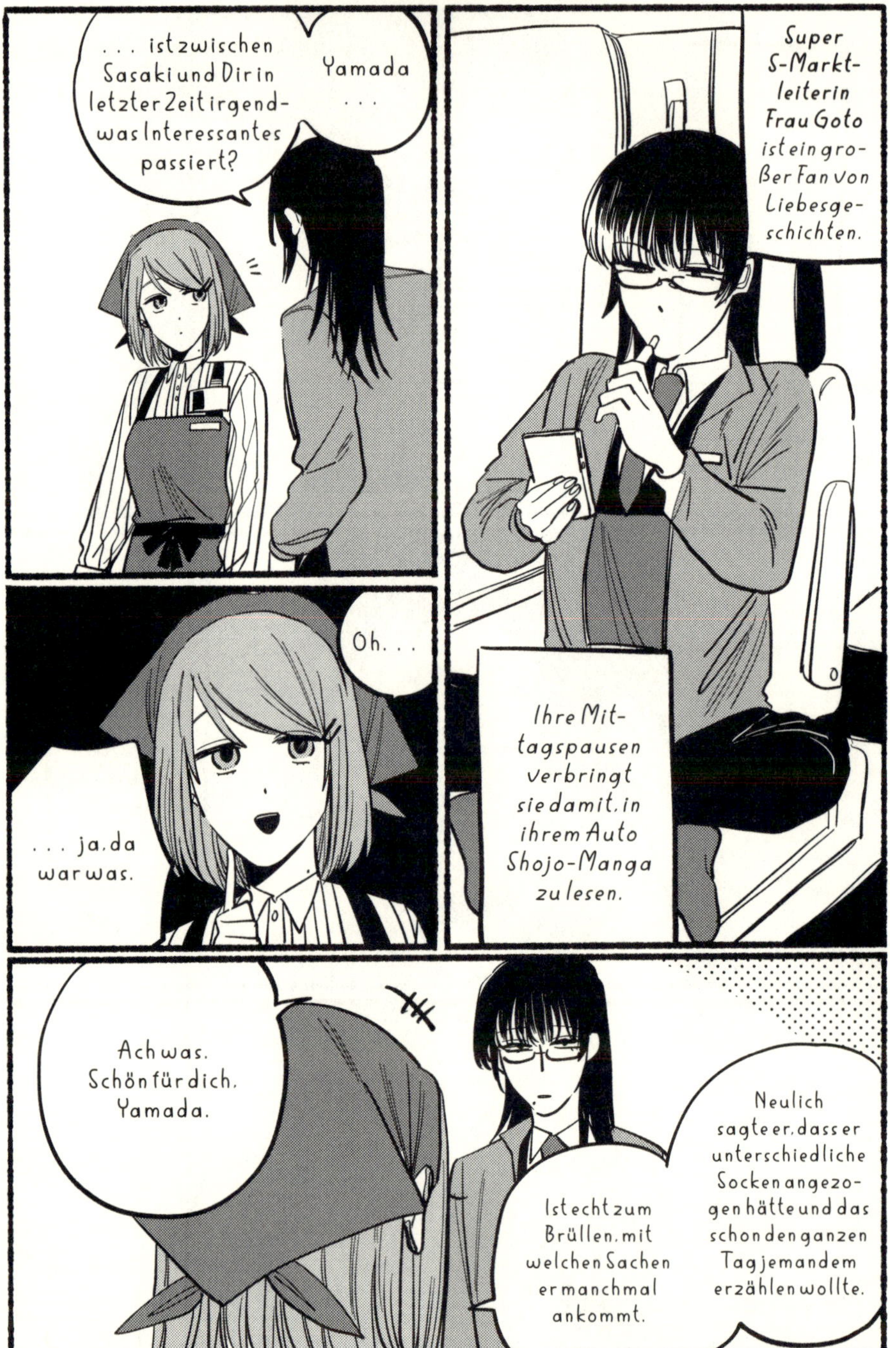

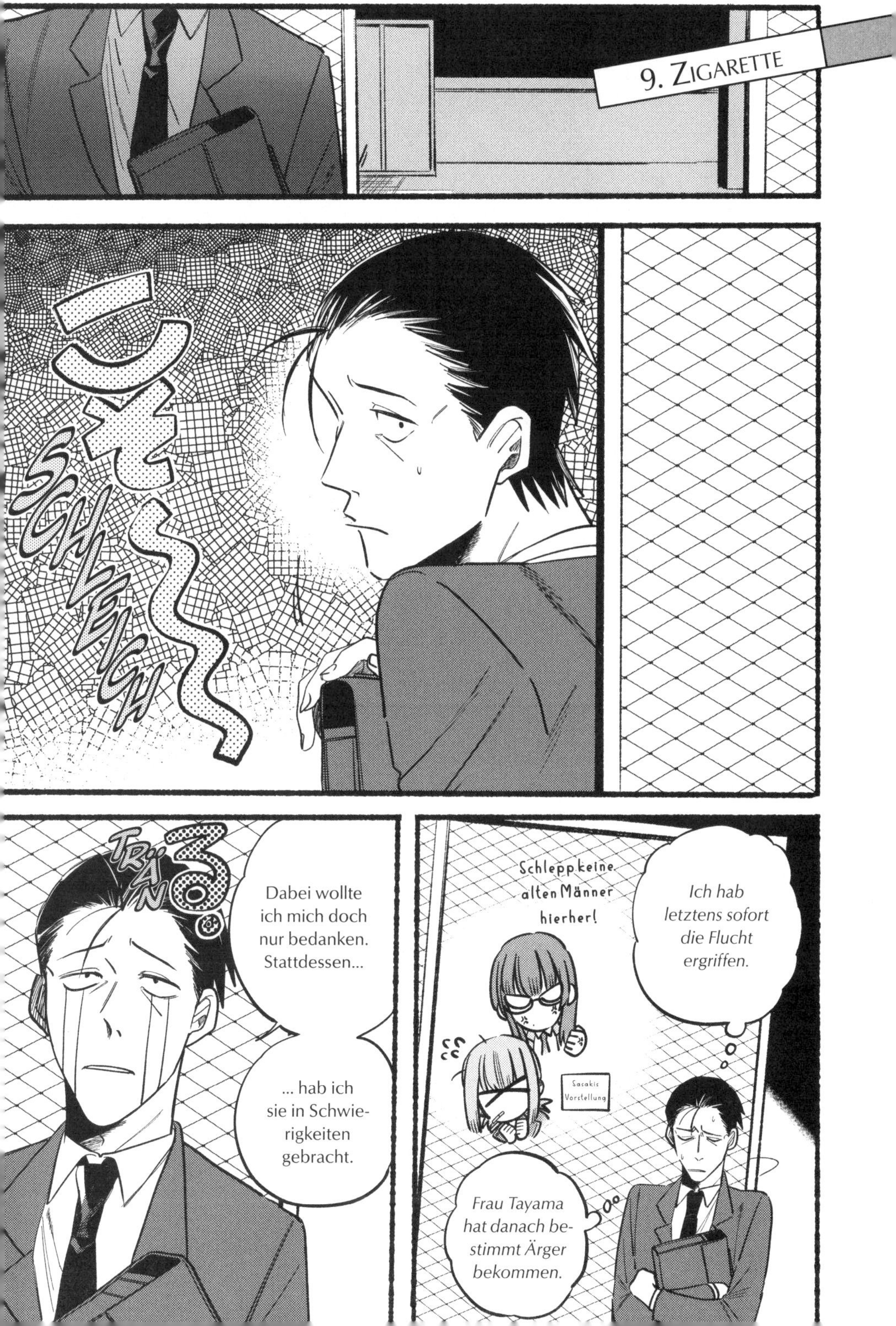

9. Zigarette
SCHWEIGH
Ich hab letztens sofort die Flucht ergriffen.
Schlepp keine alten Männer hierher!
Sasakis Vorstellung
Frau Tayama hat danach bestimmt Ärger bekommen.
TRÄN
Dabei wollte ich mich doch nur bedanken. Stattdessen...
... hab ich sie in Schwierigkeiten gebracht.

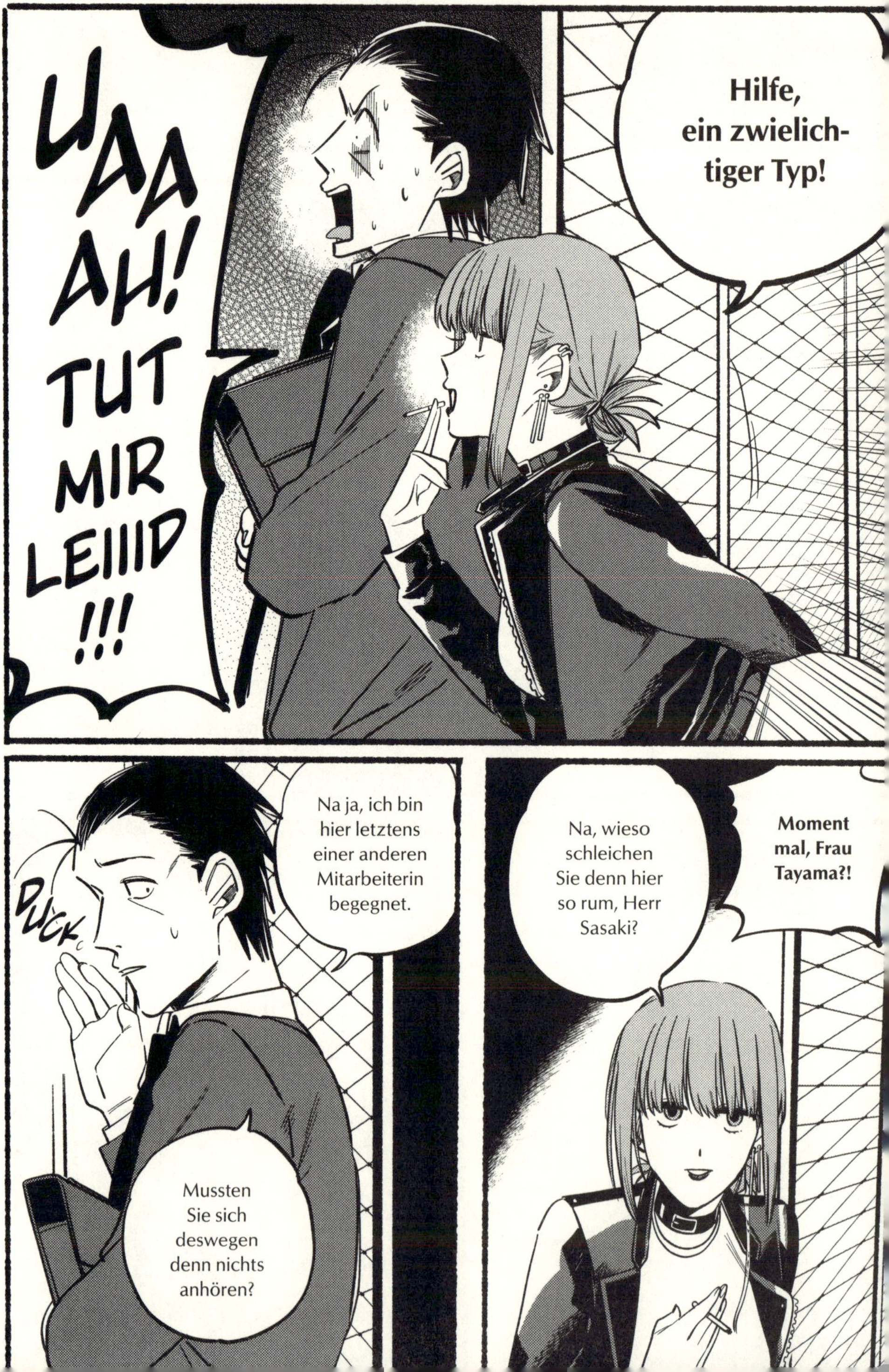
Hilfe, ein zwielich-tiger Typ!
UAAAAH! TUT MIR LEIIID!!!
Moment mal, Frau Tayama?!
Na, wieso schleichen Sie denn hier so rum, Herr Sasaki?
Na ja, ich bin hier letztens einer anderen Mitarbeiterin begegnet.
DUCK
Mussten Sie sich deswegen denn nichts anhören?

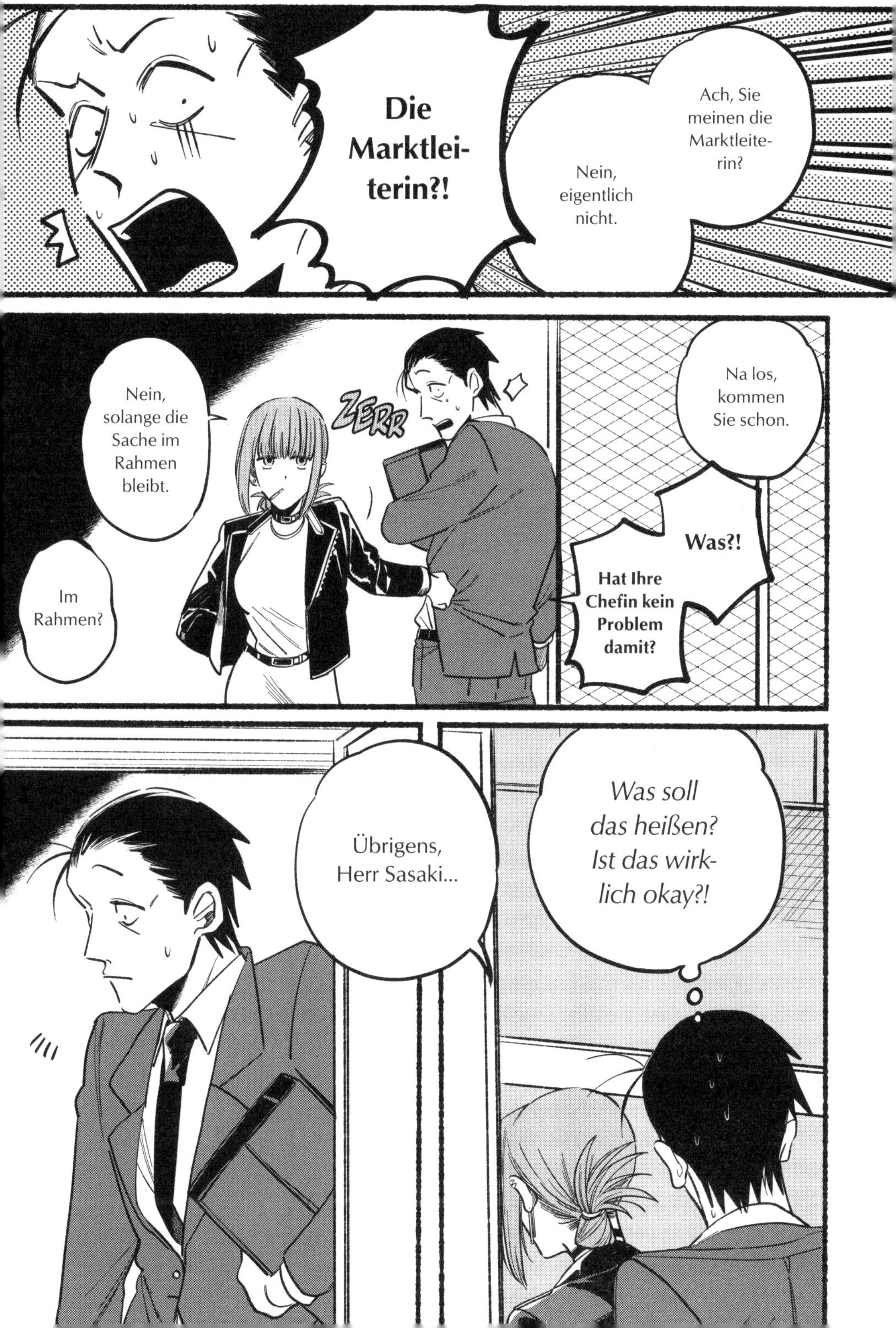
Ach, Sie meinen die Marktleiterin?
Nein, eigentlich nicht.
Die Marktleiterin?!
Na los, kommen Sie schon.
Was?!
Hat Ihre Chefin kein Problem damit?
ZERR
Nein, solange die Sache im Rahmen bleibt.
Im Rahmen?
Was soll das heißen? Ist das wirklich okay?!
Übrigens, Herr Sasaki...

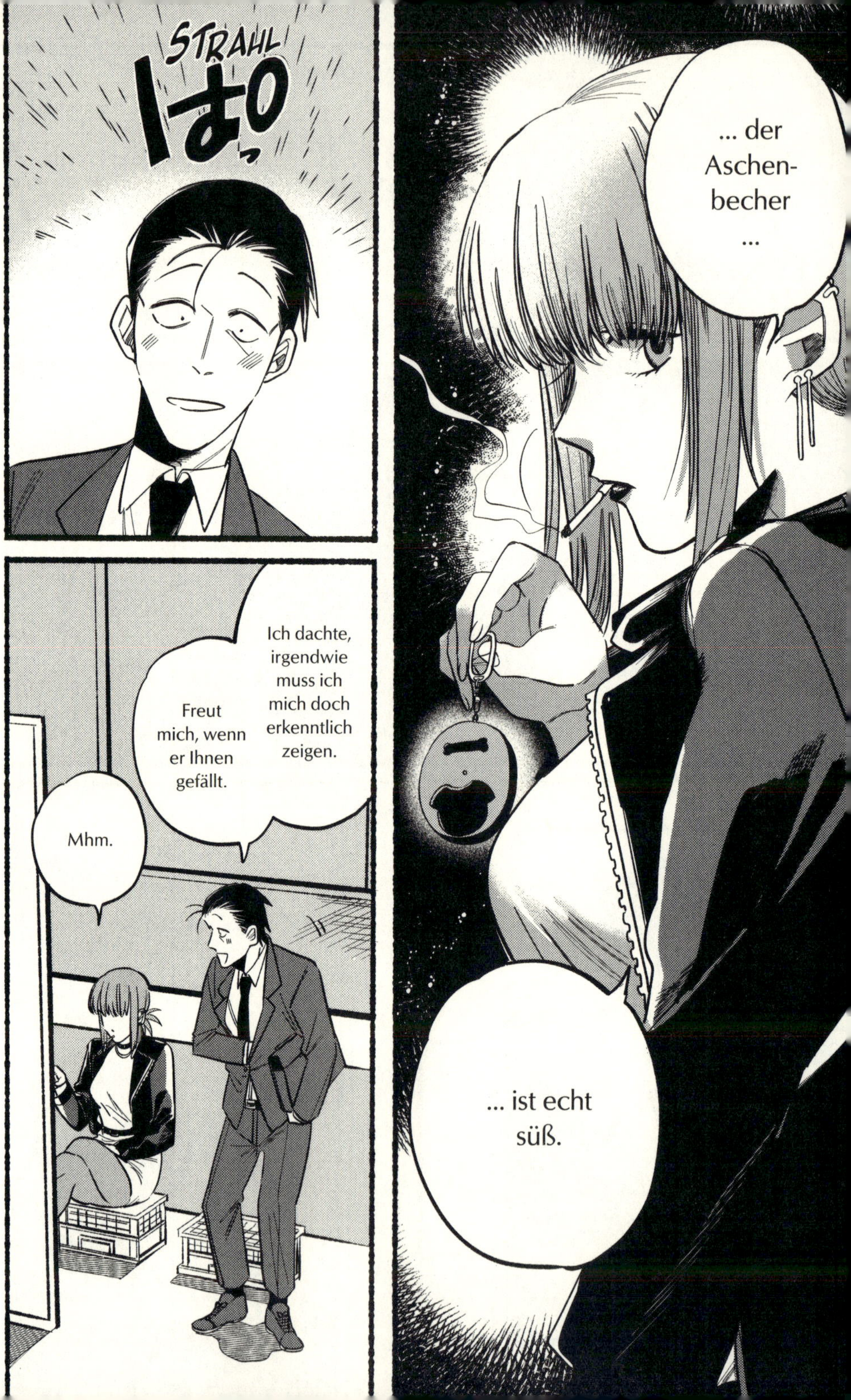
... der Aschenbecher ...
... ist echt süß.
STRAHL
はっ
Ich dachte, irgendwie muss ich mich doch erkenntlich zeigen.
Freut mich, wenn er Ihnen gefällt.
Mhm.

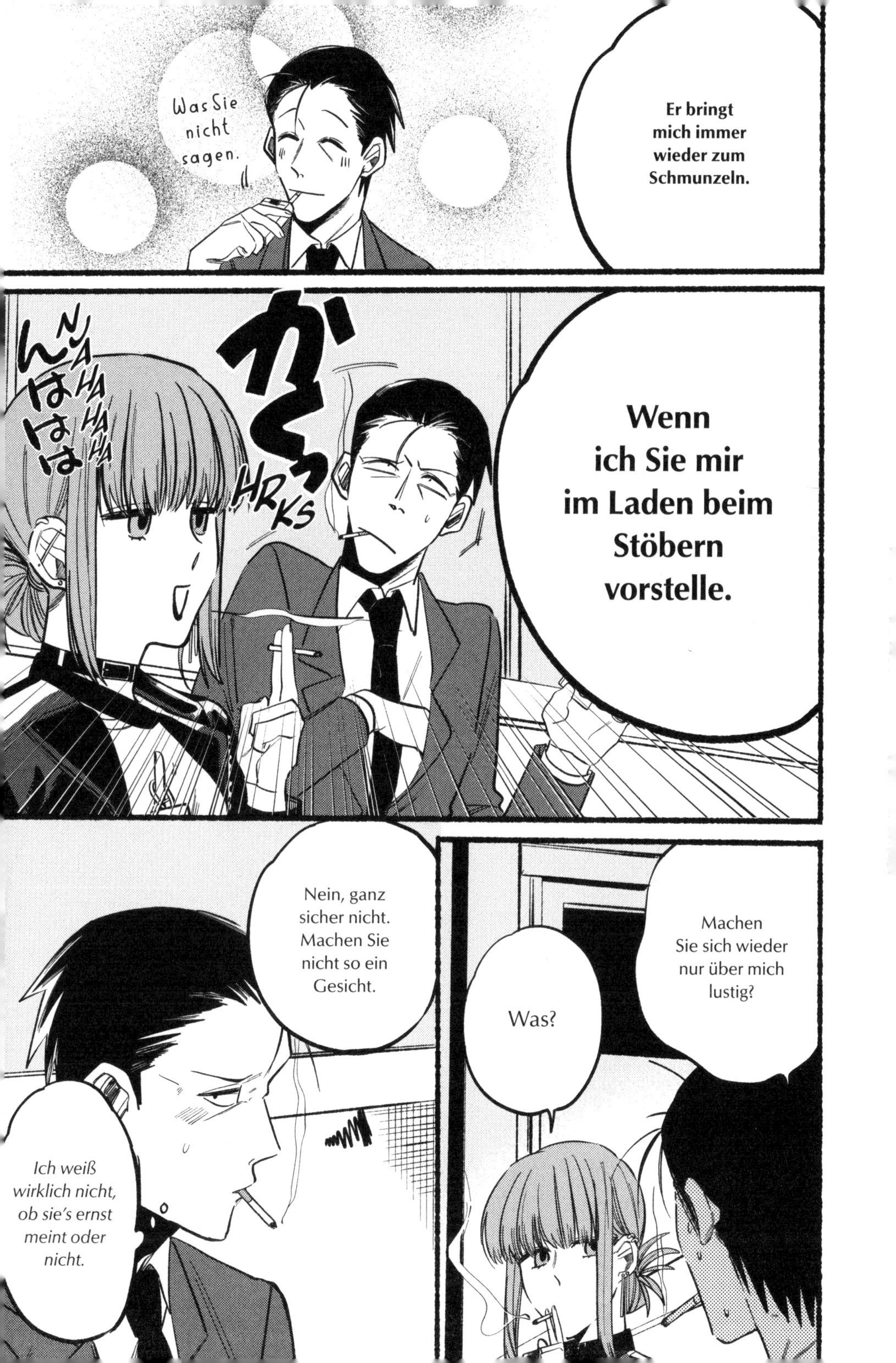
Er bringt mich immer wieder zum Schmunzeln.
Was Sie nicht sagen.
Wenn ich Sie mir im Laden beim Stöbern vorstelle.
がくっ
HRKS
んははは
NAHAHAHA
Machen Sie sich wieder nur über mich lustig?
Was?
Nein, ganz sicher nicht. Machen Sie nicht so ein Gesicht.
Ich weiß wirklich nicht, ob sie's ernst meint oder nicht.

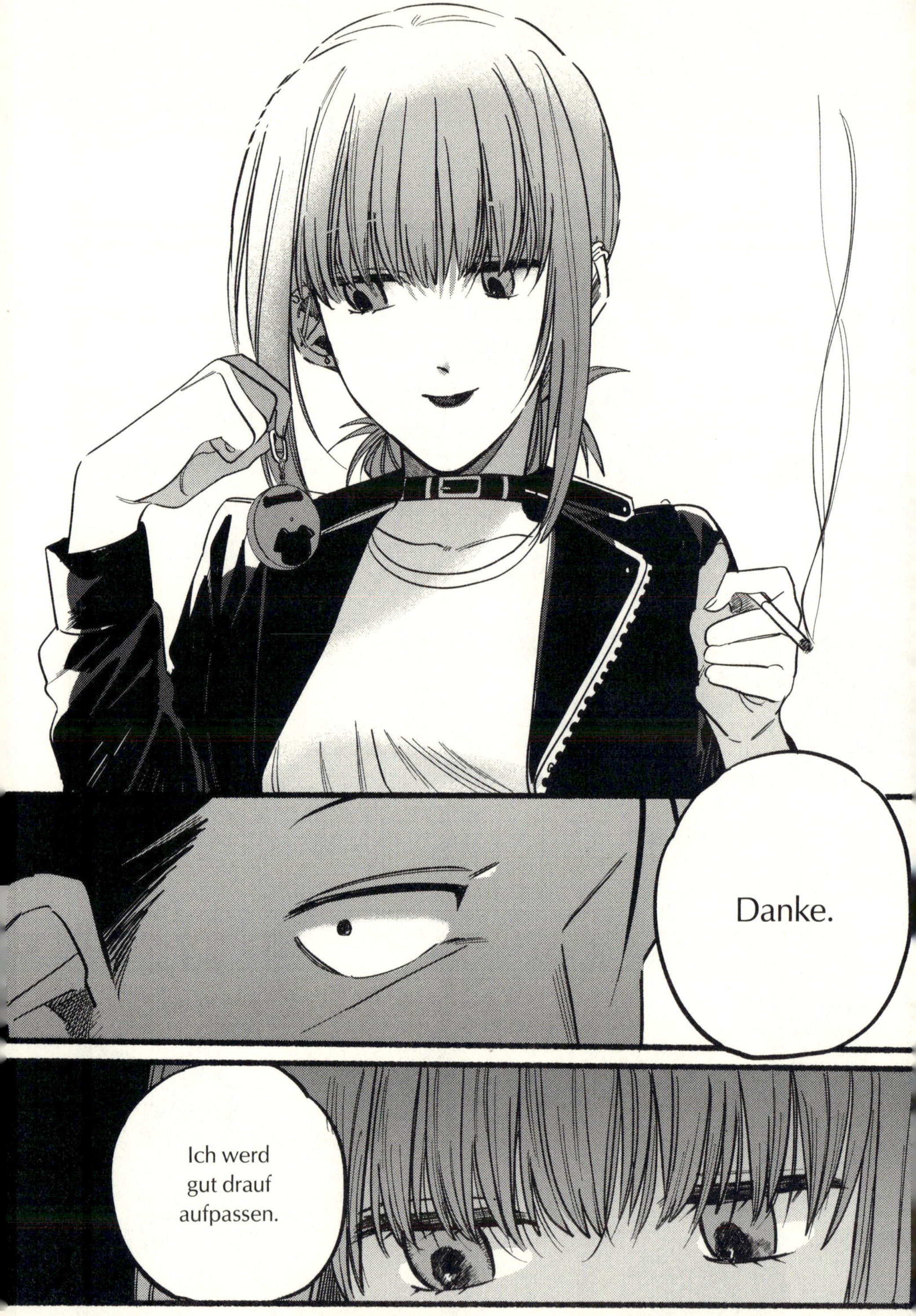
Danke.
Ich werd gut drauf aufpassen.

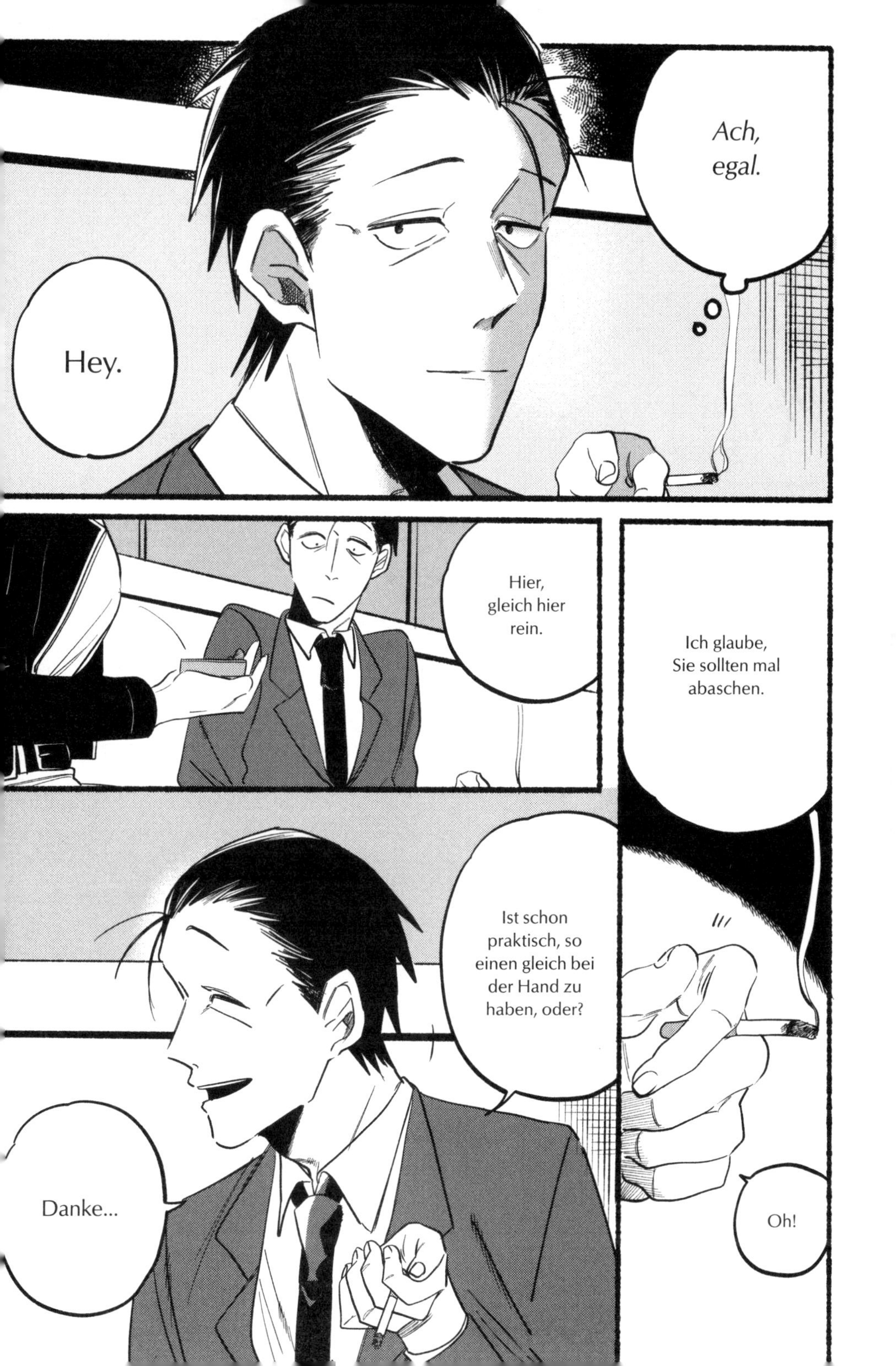
Ach, egal.
Hey.
Ich glaube, Sie sollten mal abaschen.
Hier, gleich hier rein.
Oh!
Ist schon praktisch, so einen gleich bei der Hand zu haben, oder?
Danke...

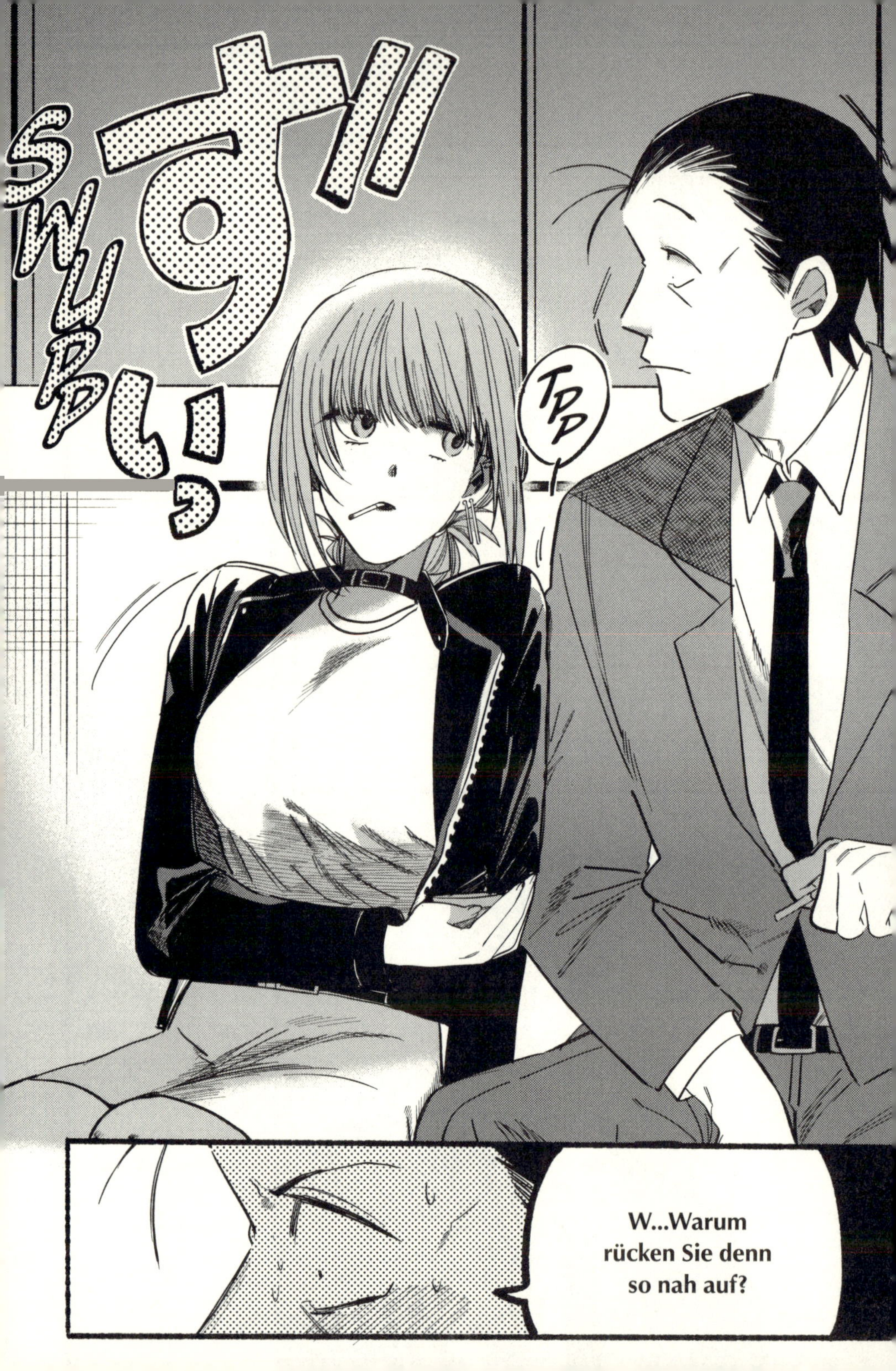
ずいっ
SWUPP
TPP
W...Warum rücken Sie denn so nah auf?

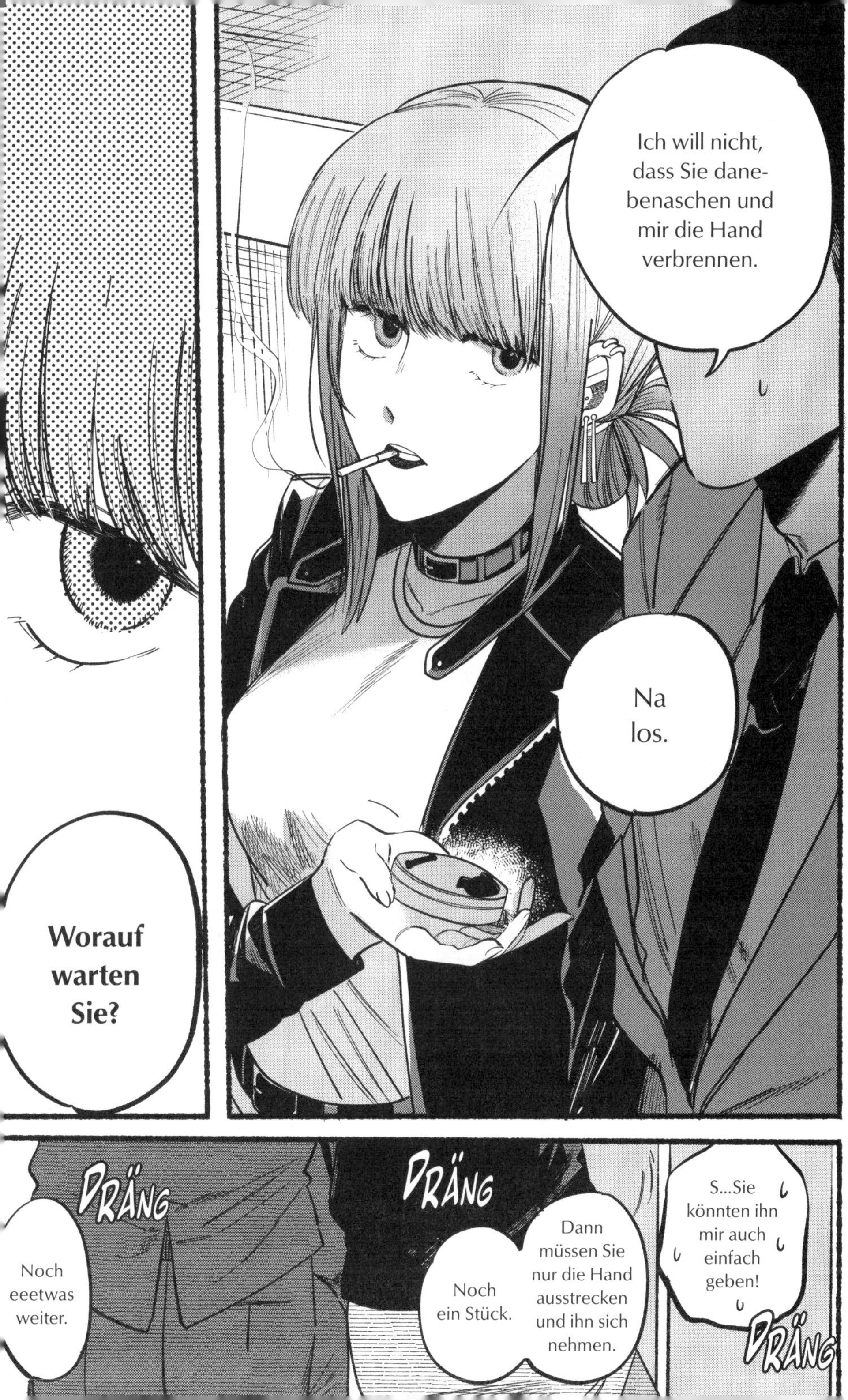

Ich will nicht, dass Sie danebenaschen und mir die Hand verbrennen.
Na los.
Worauf warten Sie?
DRÄNG
S...Sie könnten ihn mir auch einfach geben!
Dann müssen Sie nur die Hand ausstrecken und ihn sich nehmen.
Noch ein Stück.
DRÄNG
Noch eeetwas weiter.
DRÄNG

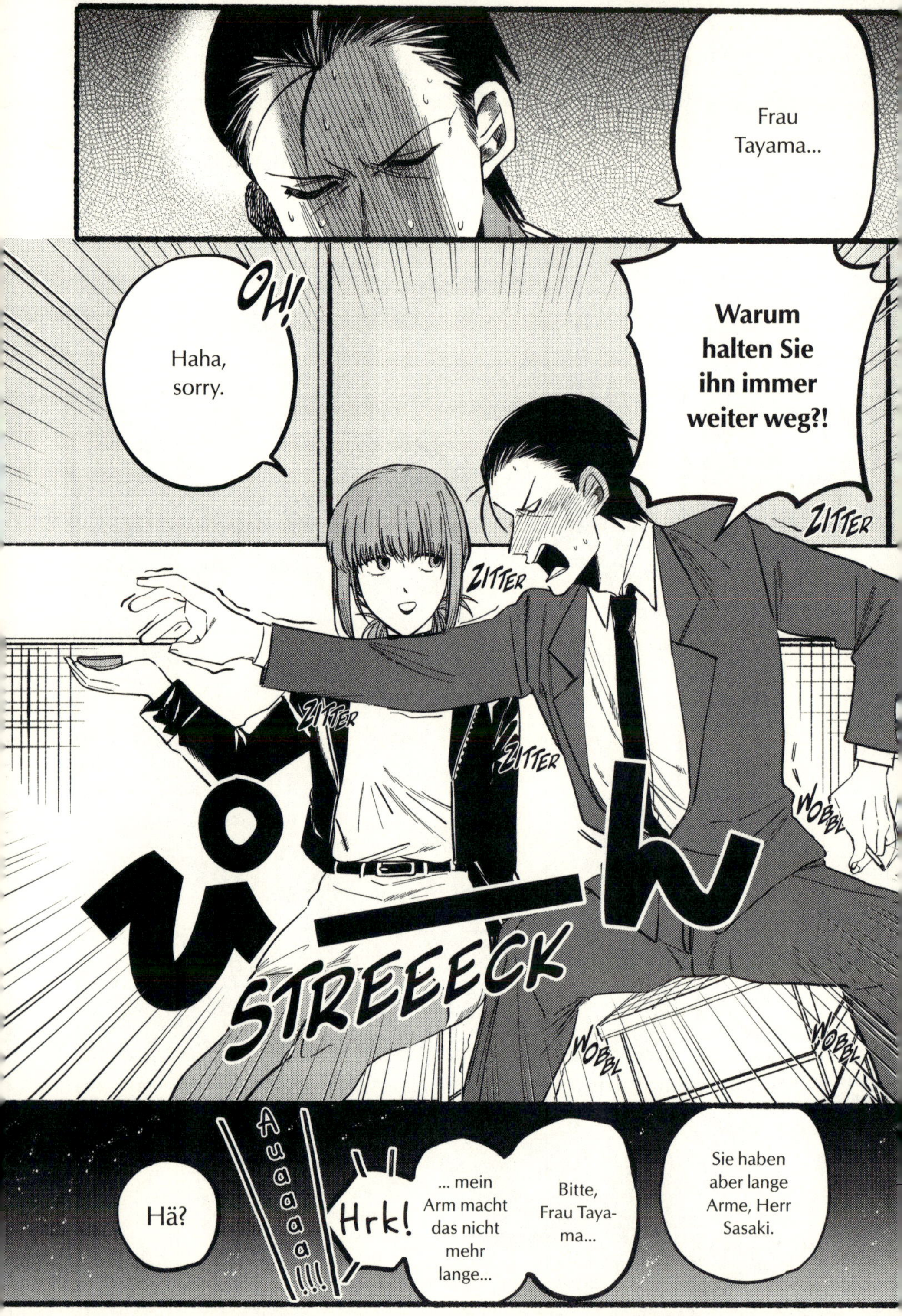
Frau Tayama...
Warum halten Sie ihn immer weiter weg?!
OH!
Haha, sorry.
ZITTER
ZITTER
ZITTER
ZITTER
WOBBL
STREEECK
WOBBL
WOBBL
Sie haben aber lange Arme, Herr Sasaki.
Bitte, Frau Tayama...
... mein Arm macht das nicht mehr lange...
Hrk!
Auaaaaa!!!
Hä?

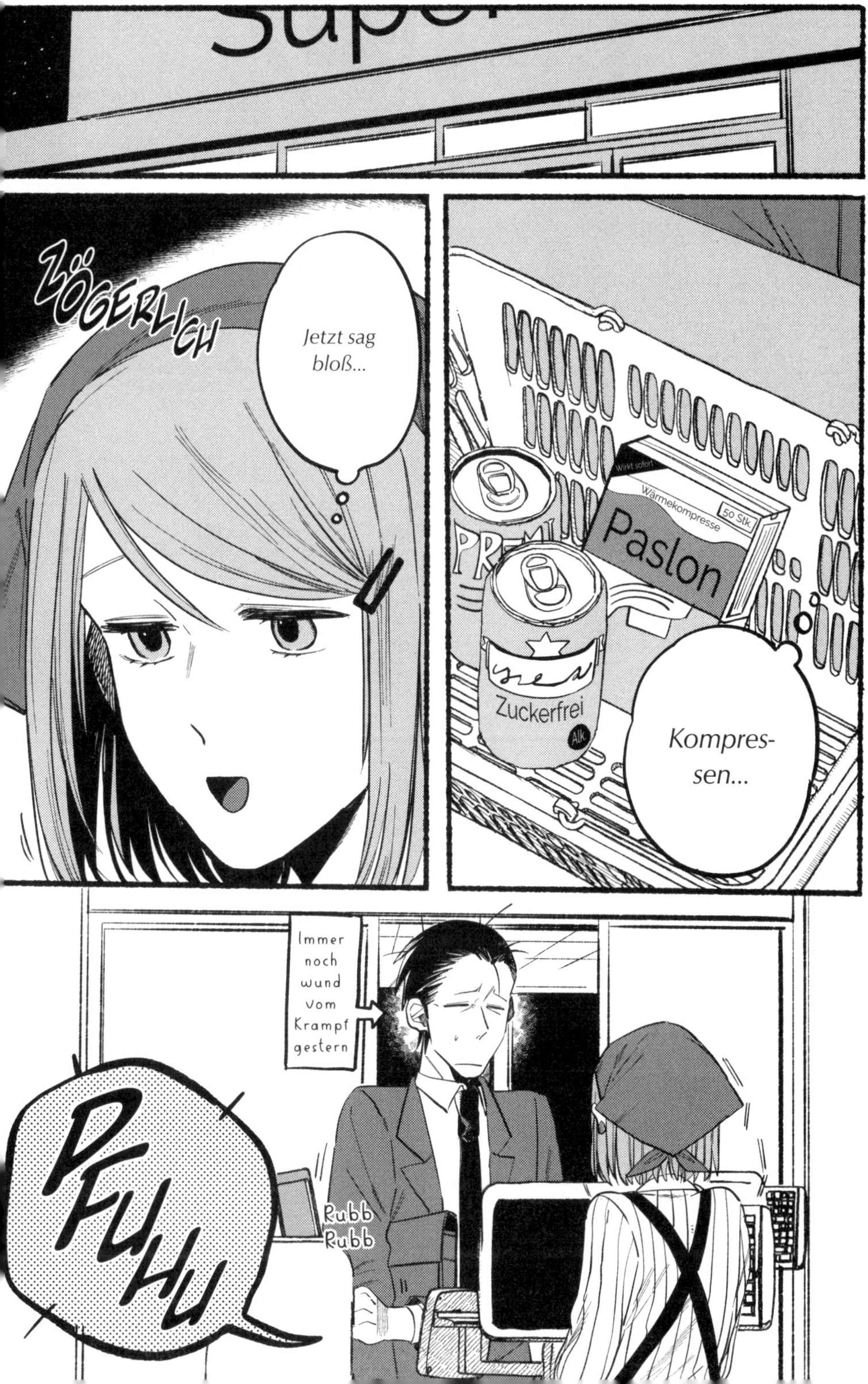
Super
Wirkt sofort
Wärmekompresse
50 Stk.
Paslon
Zuckerfrei
Alk.
Kompres-sen...
Jetzt sag bloß...
ZÖGERLICH
Immer noch wund vom Krampf gestern
Rubb Rubb
PFUHU

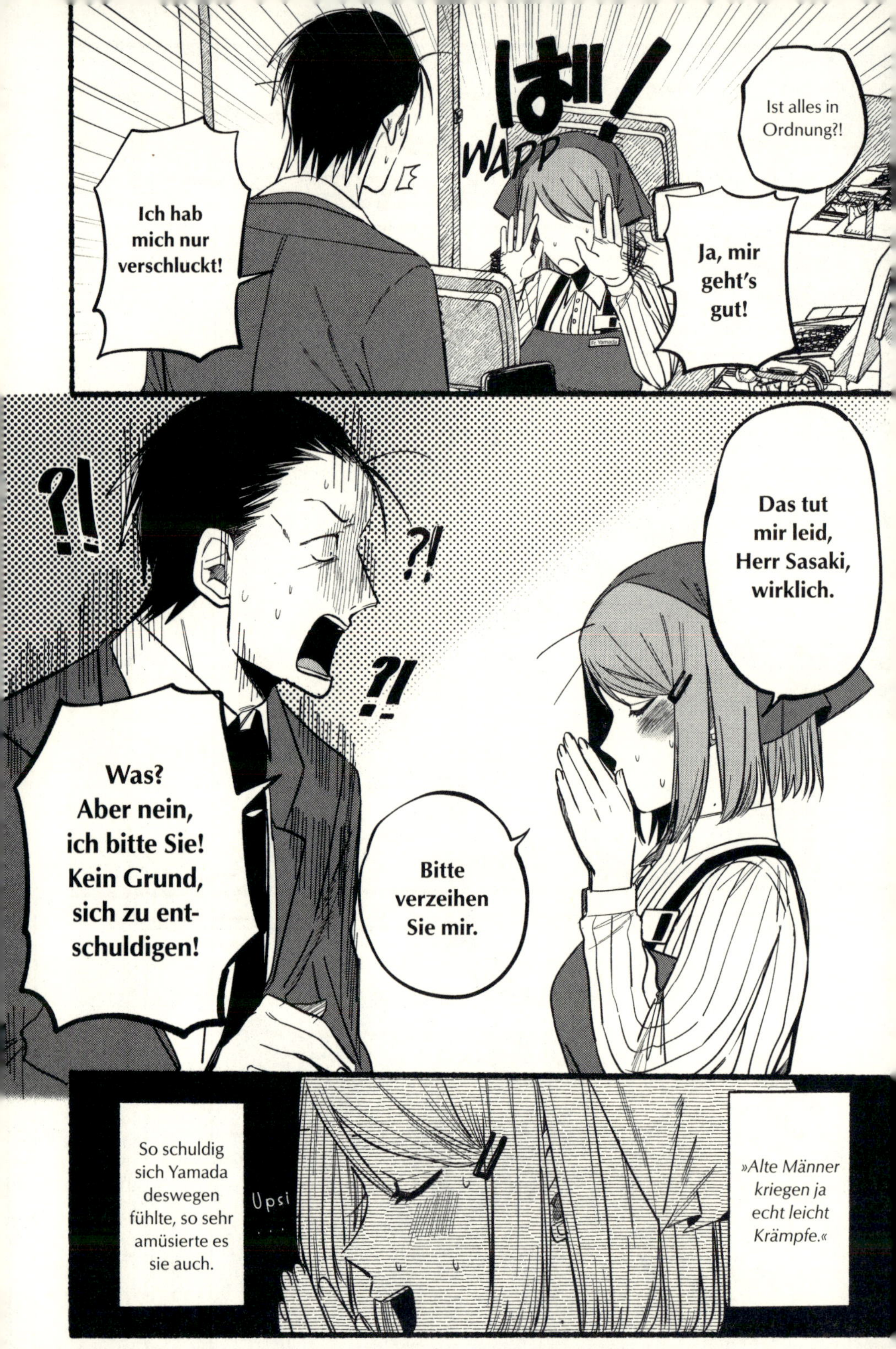

Ist alles in Ordnung?!
はっ!
WAPP
Ja, mir geht's gut!
Ich hab mich nur verschluckt!
Das tut mir leid, Herr Sasaki, wirklich.
?!
?!
?!
Bitte verzeihen Sie mir.
Was? Aber nein, ich bitte Sie! Kein Grund, sich zu entschuldigen!
»Alte Männer kriegen ja echt leicht Krämpfe.«
Upsi
So schuldig sich Yamada deswegen fühlte, so sehr amüsierte es sie auch.

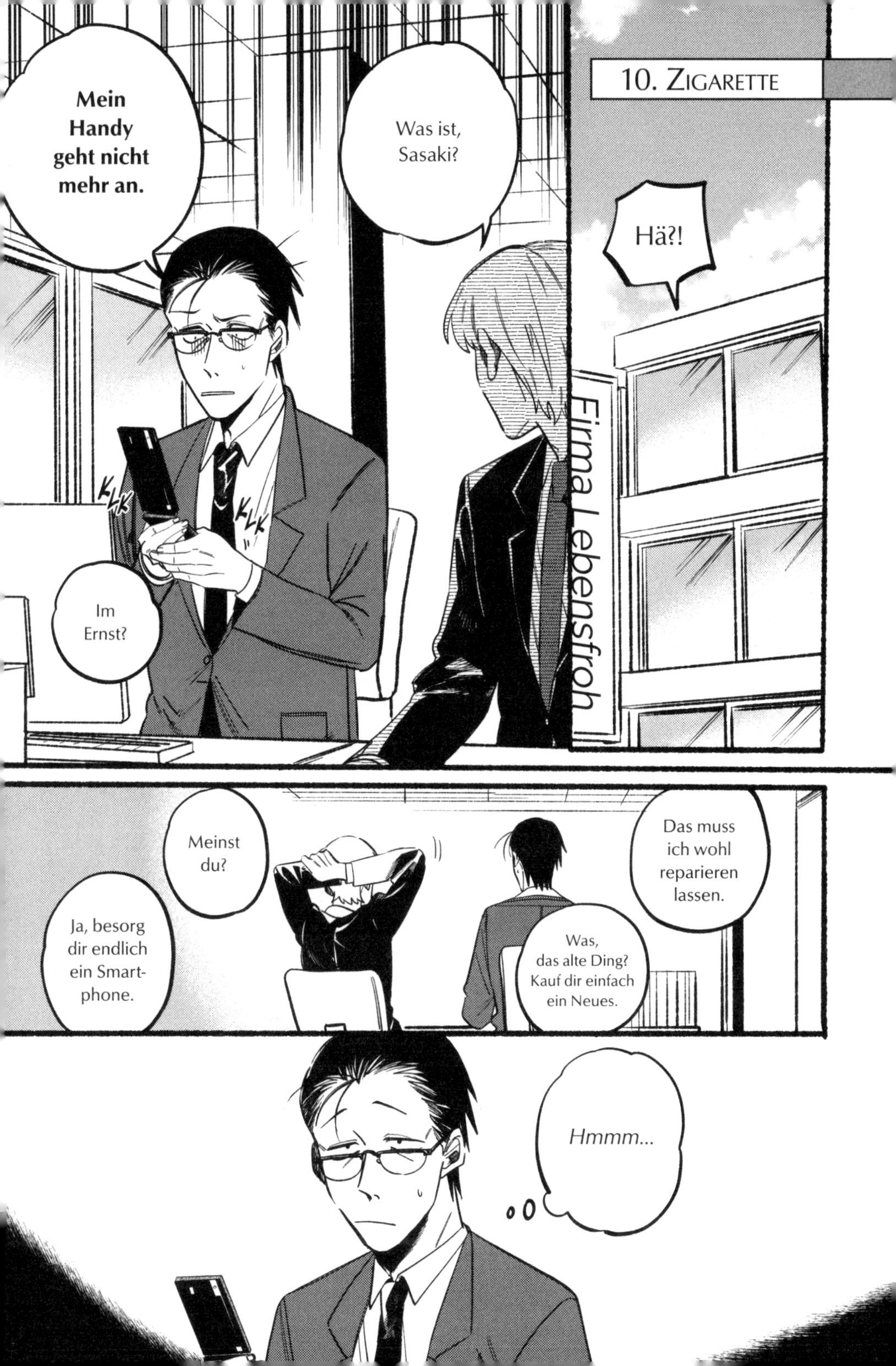
10. Zigarette
Hä?!
Firma Lebensfroh
Was ist, Sasaki?
Mein Handy geht nicht mehr an.
KLK
KLK
Im Ernst?
Das muss ich wohl reparieren lassen.
Was, das alte Ding? Kauf dir einfach ein Neues.
Meinst du?
Ja, besorg dir endlich ein Smartphone.
Hmmm...

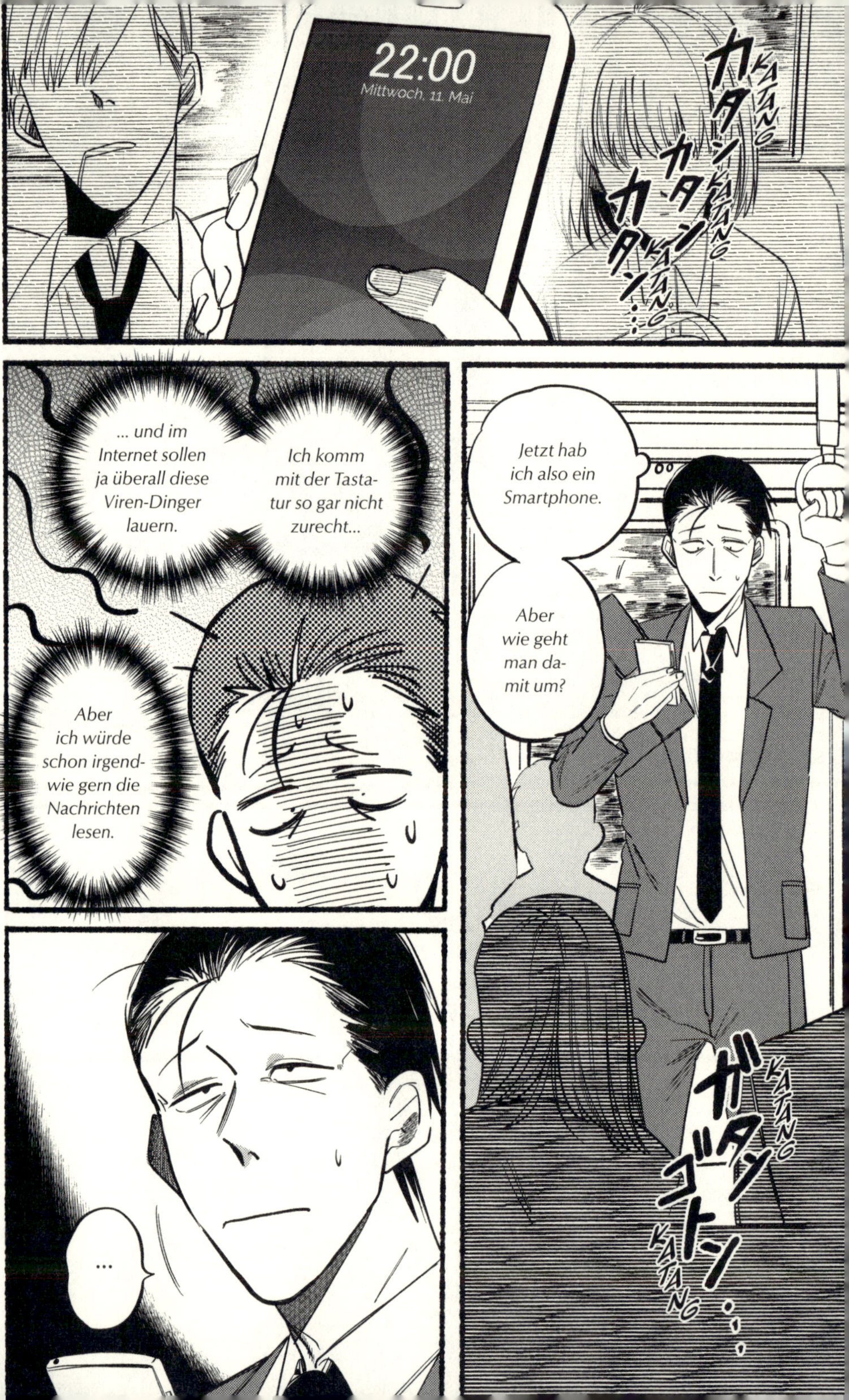
22:00
Mittwoch, 11. Mai
カタン KATANG
カタン KATANG
カタン… KATANG…
Jetzt hab ich also ein Smartphone.
Aber wie geht man damit um?
Ich komm mit der Tastatur so gar nicht zurecht...
... und im Internet sollen ja überall diese Viren-Dinger lauern.
Aber ich würde schon irgendwie gern die Nachrichten lesen.
ガタン KATANG
ゴトン… KATANG…
...

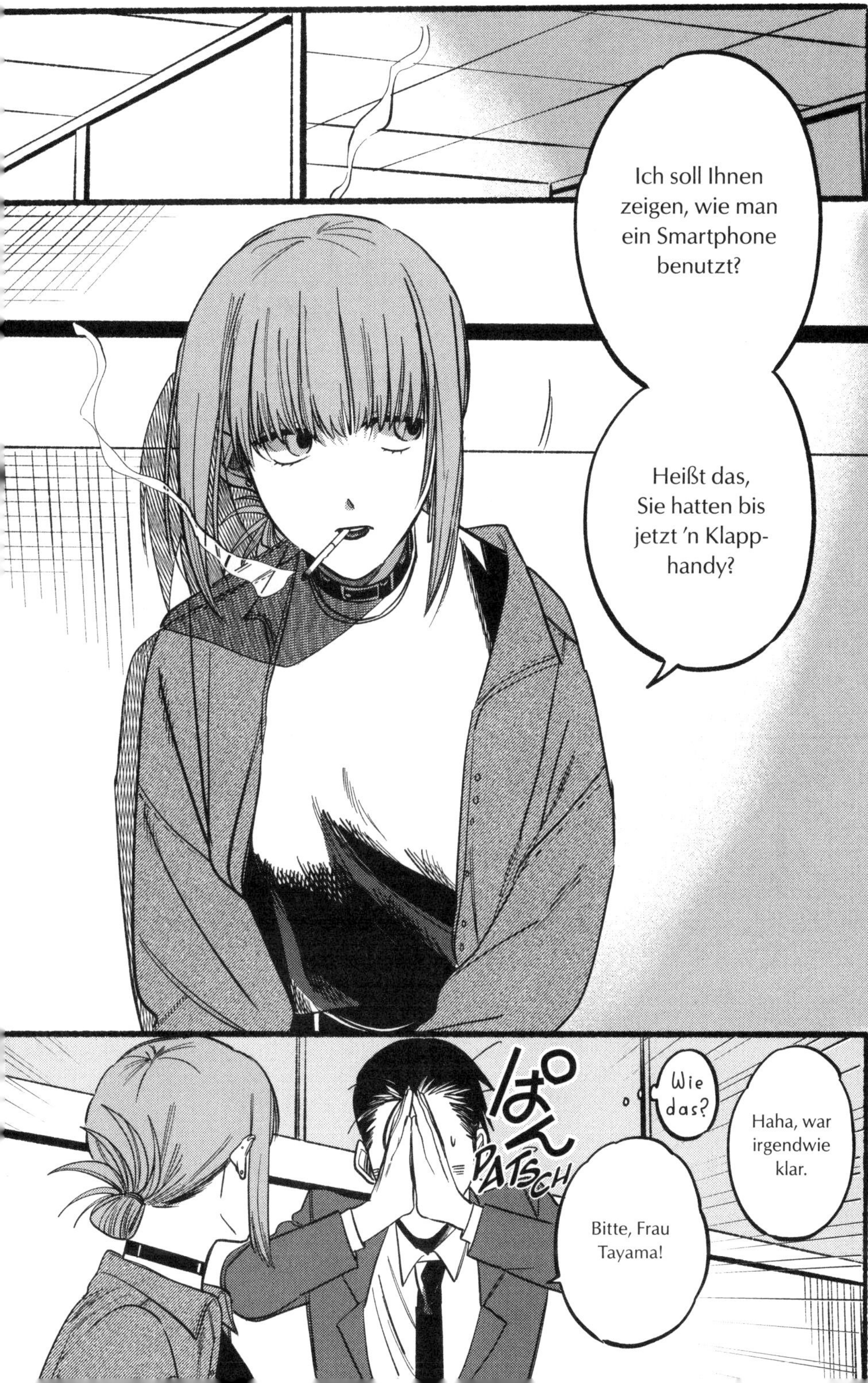
Ich soll Ihnen zeigen, wie man ein Smartphone benutzt?
Heißt das, Sie hatten bis jetzt 'n Klapphandy?
Haha, war irgendwie klar.
Wie das?
Bitte, Frau Tayama!
ぱん
PATSCH

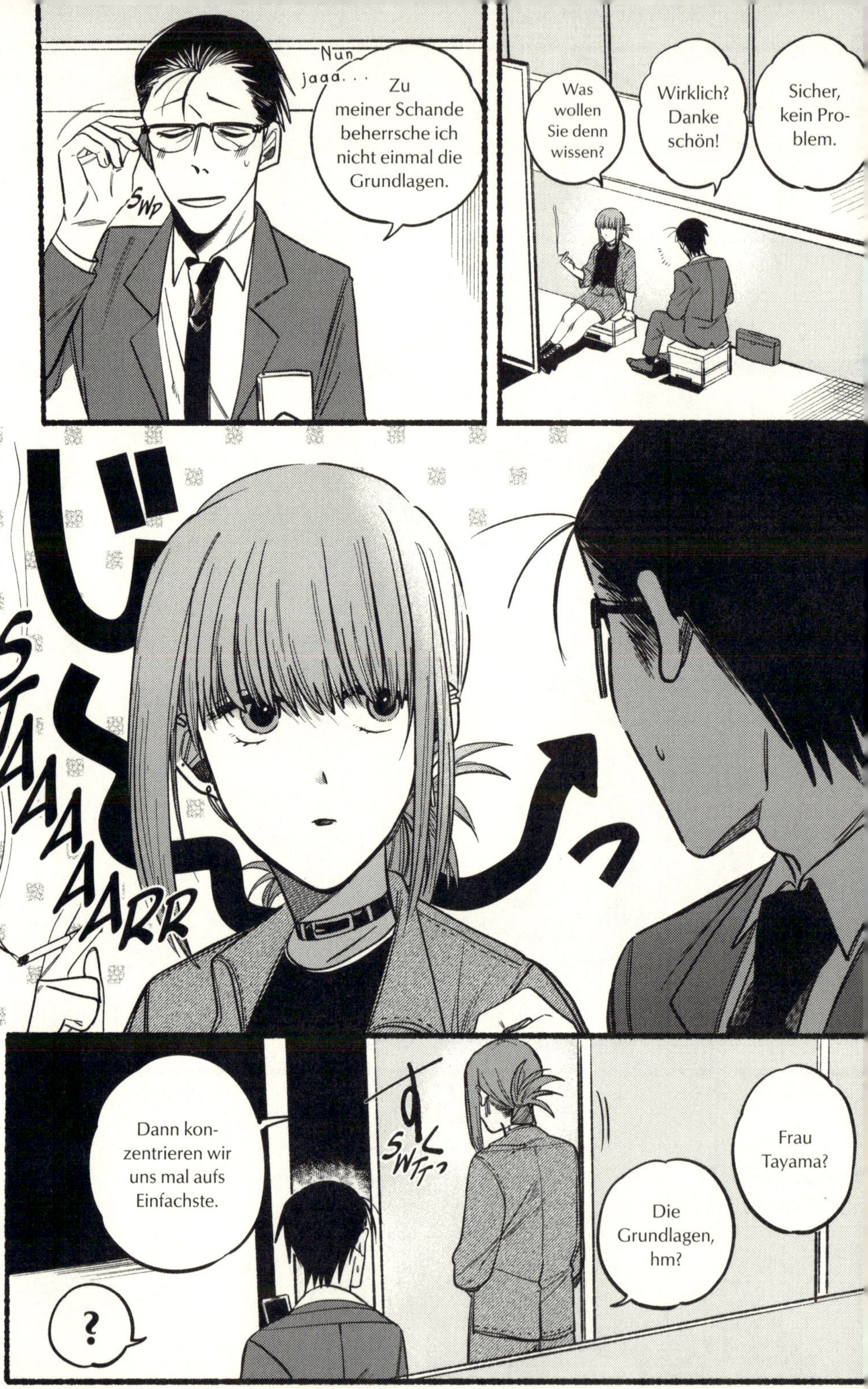
Sicher, kein Pro-blem.
Wirklich? Danke schön!
Was wollen Sie denn wissen?
Nun jaaa...
Zu meiner Schande beherrsche ich nicht einmal die Grundlagen.
SWP
STAAAAARR
Frau Tayama?
Die Grundlagen, hm?
SWTT
Dann kon-zentrieren wir uns mal aufs Einfachste.
?

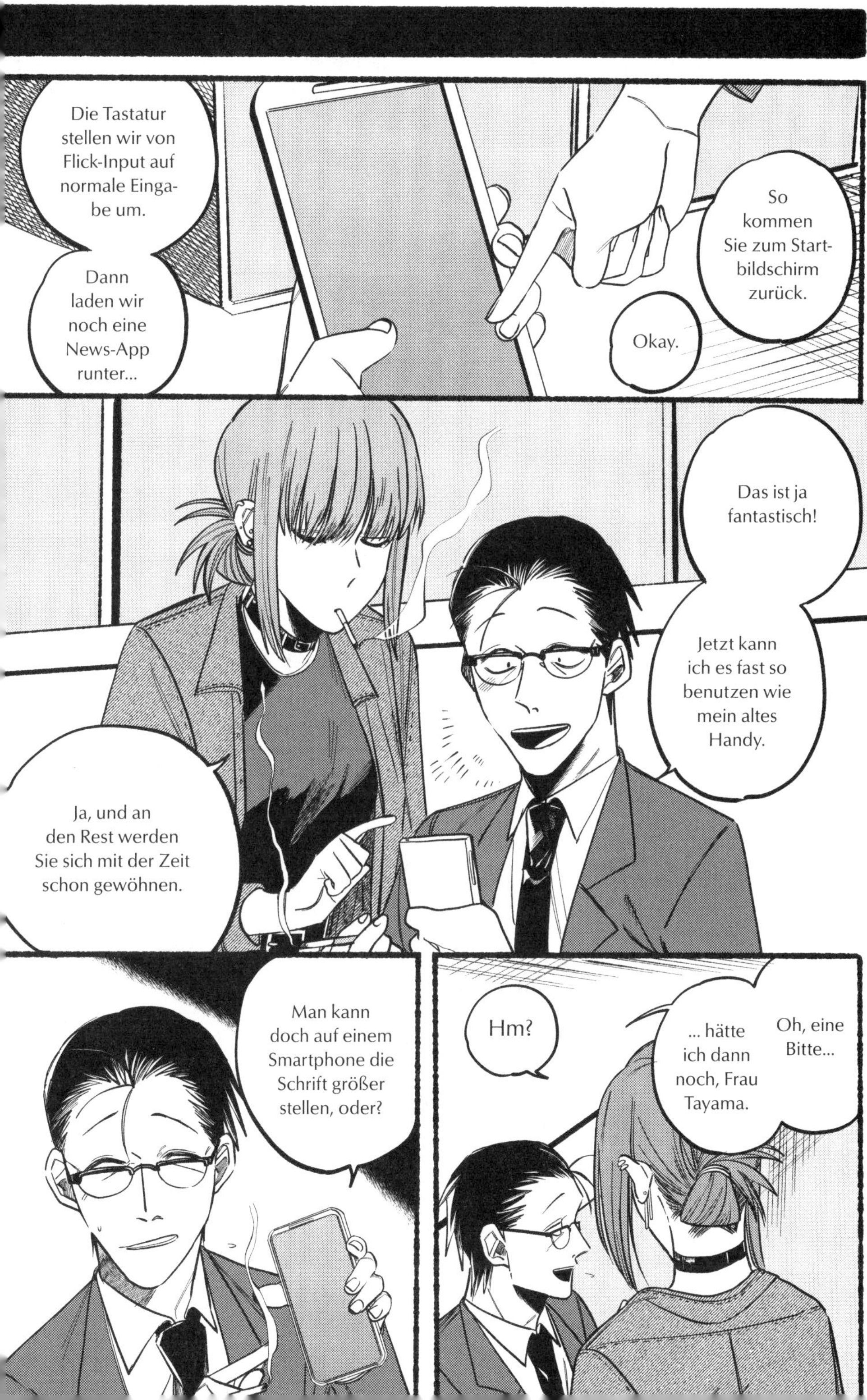
So kommen Sie zum Startbildschirm zurück.
Okay.
Die Tastatur stellen wir von Flick-Input auf normale Eingabe um.
Dann laden wir noch eine News-App runter...
Das ist ja fantastisch!
Jetzt kann ich es fast so benutzen wie mein altes Handy.
Ja, und an den Rest werden Sie sich mit der Zeit schon gewöhnen.
Oh, eine Bitte...
... hätte ich dann noch, Frau Tayama.
Hm?
Man kann doch auf einem Smartphone die Schrift größer stellen, oder?

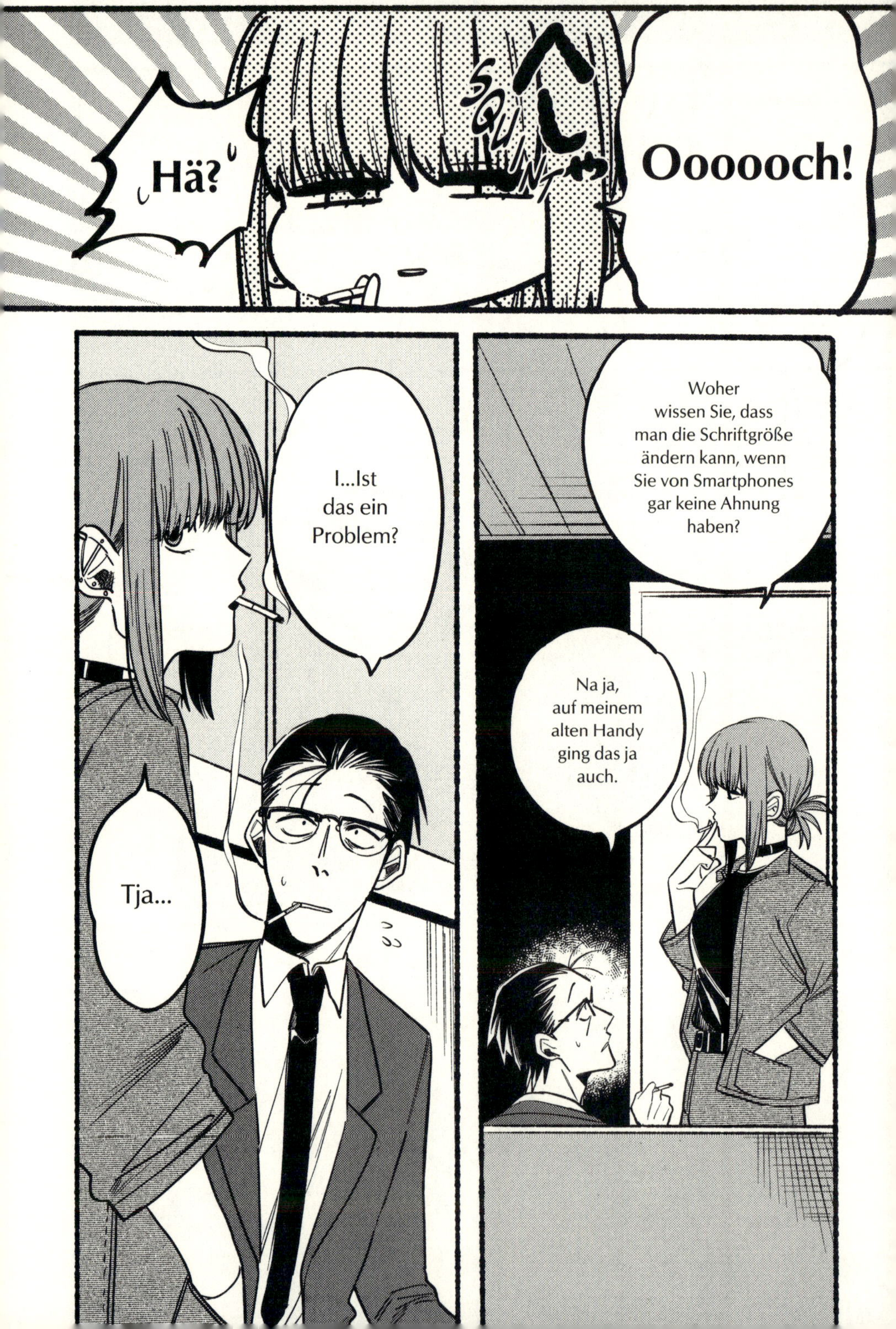
Oooooch!
SQUINT
Hä?
Woher wissen Sie, dass man die Schriftgröße ändern kann, wenn Sie von Smartphones gar keine Ahnung haben?
Na ja, auf meinem alten Handy ging das ja auch.
I...Ist das ein Problem?
Tja...

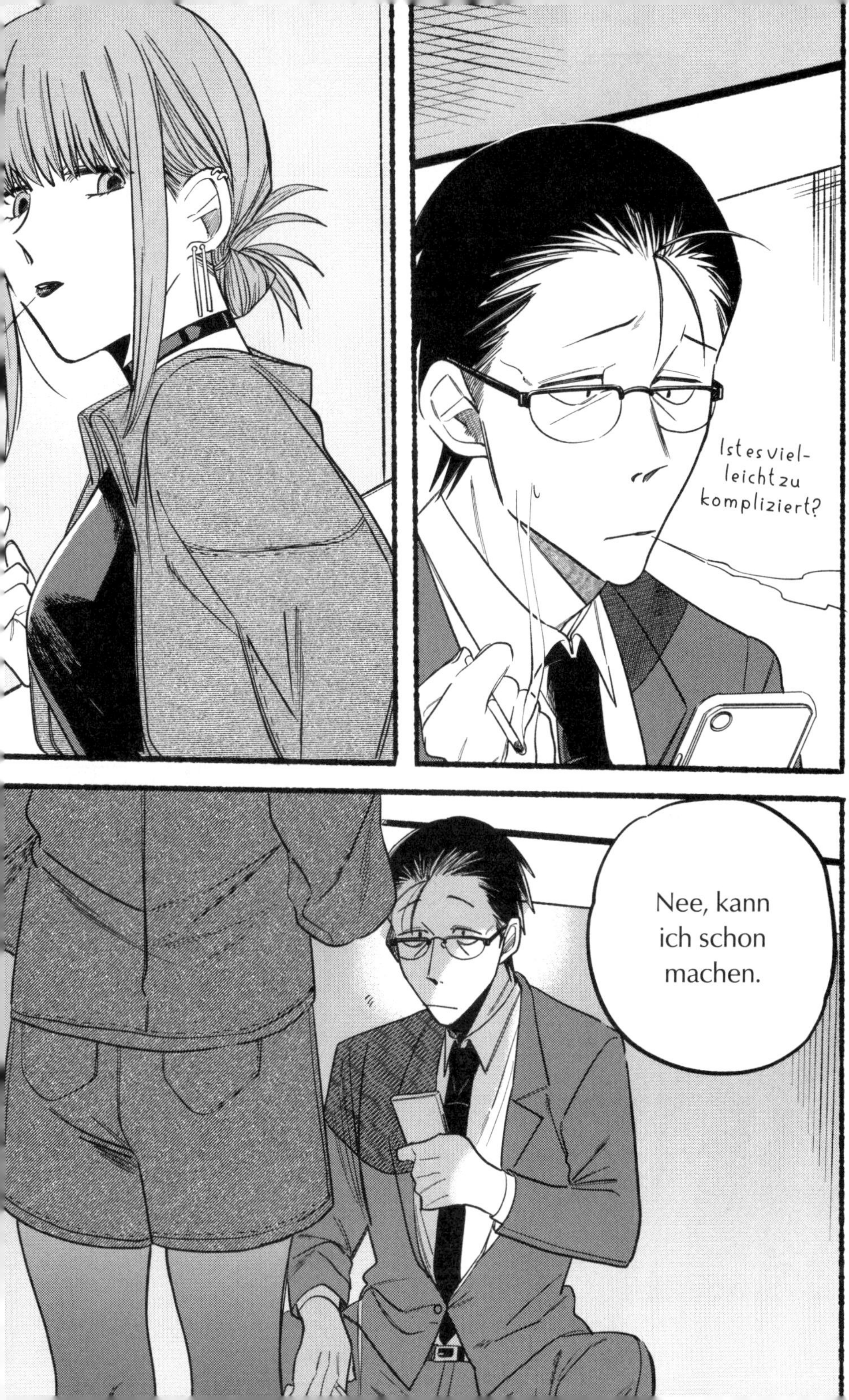
Ist es viel-
leicht zu
kompliziert?
Nee, kann ich schon machen.

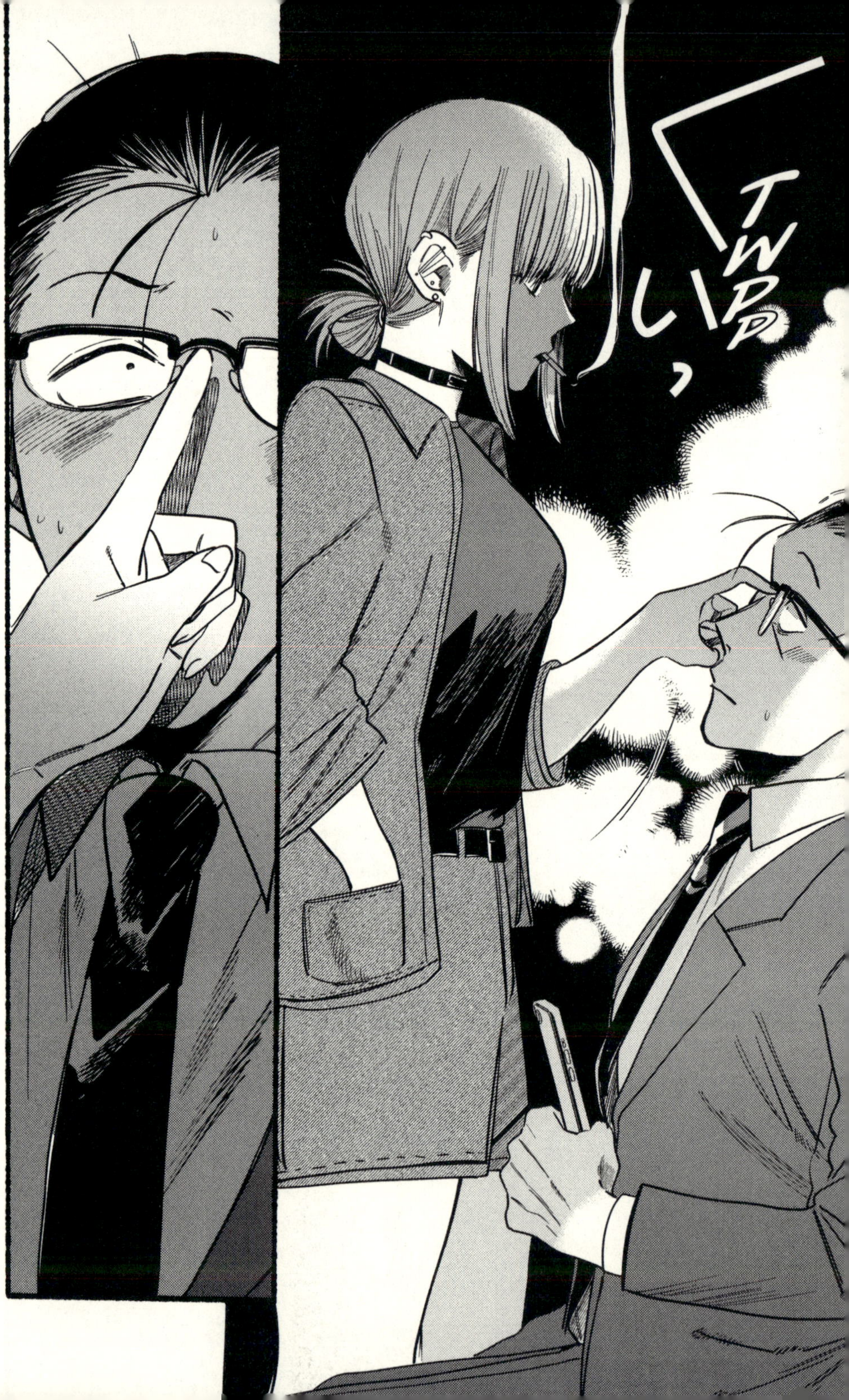

TWPP

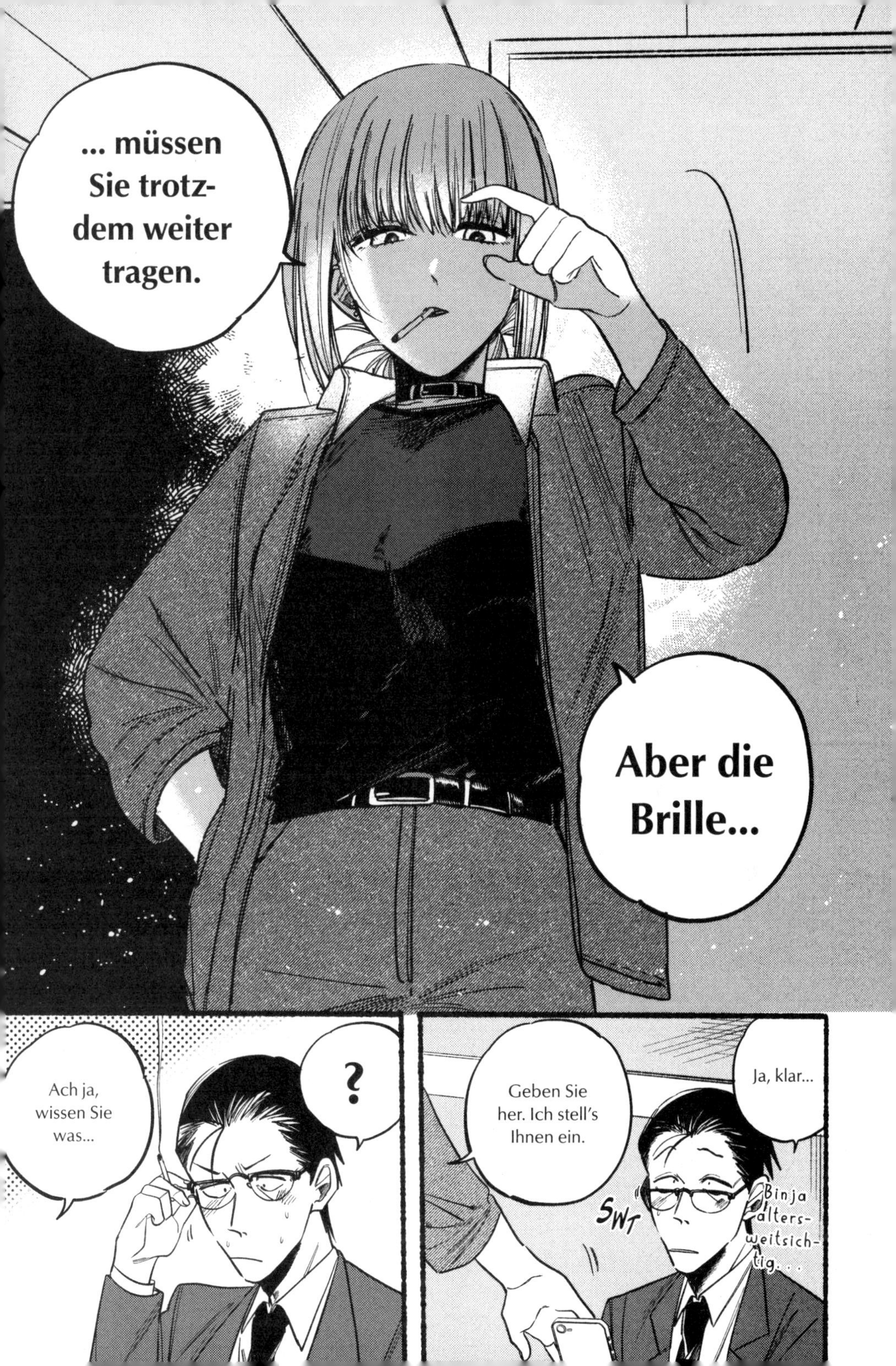
Aber die Brille...
... müssen Sie trotz-dem weiter tragen.
?
Ach ja, wissen Sie was...
Ja, klar...
Geben Sie her. Ich stell's Ihnen ein.
SWT
Bin ja alters-weitsich-tig. . .

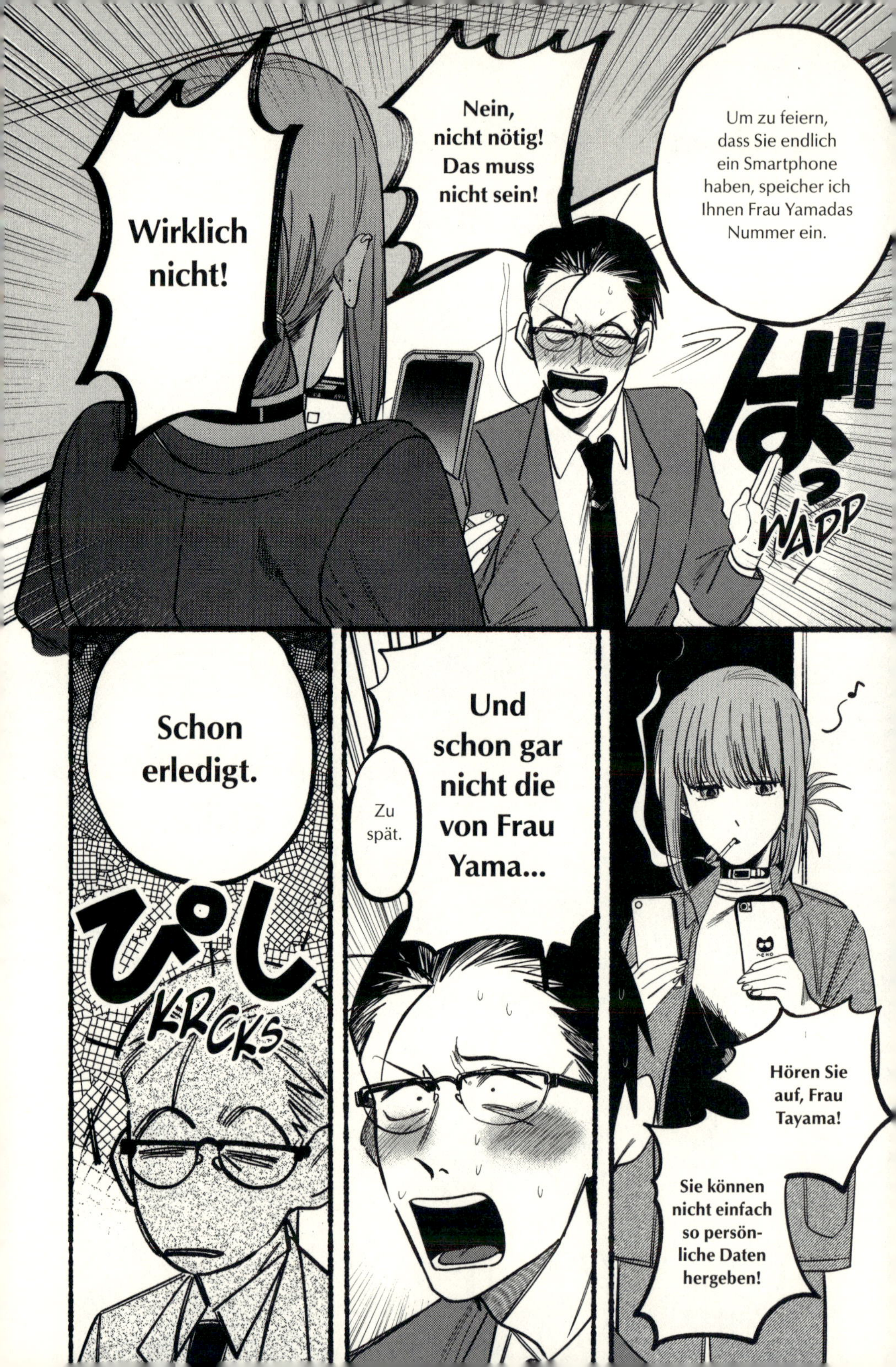
Um zu feiern, dass Sie endlich ein Smartphone haben, speicher ich Ihnen Frau Yamadas Nummer ein.
ぱっ
WAPP
Nein, nicht nötig! Das muss nicht sein!
Wirklich nicht!
Hören Sie auf, Frau Tayama!
Sie können nicht einfach so persönliche Daten hergeben!
Und schon gar nicht die von Frau Yama...
Zu spät.
Schon erledigt.
ぴし
KRCKS

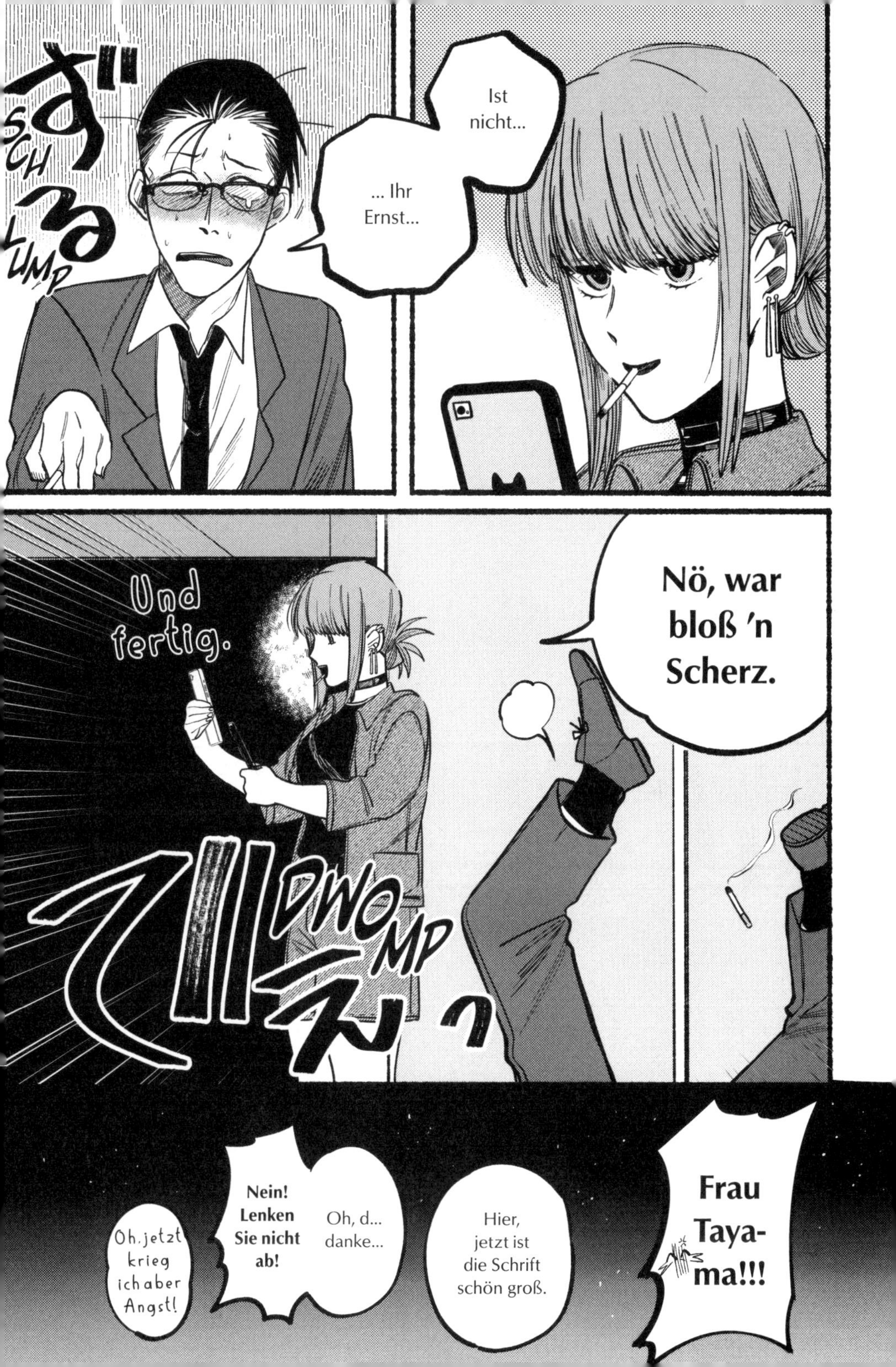
Ist nicht...
... Ihr Ernst...
SCHLUMP
Nö, war bloß 'n Scherz.
Und fertig.
DWOMP
Frau Tayama!!!
Hier, jetzt ist die Schrift schön groß.
Oh, d... danke...
Nein! Lenken Sie nicht ab!
Oh, jetzt krieg ich aber Angst!

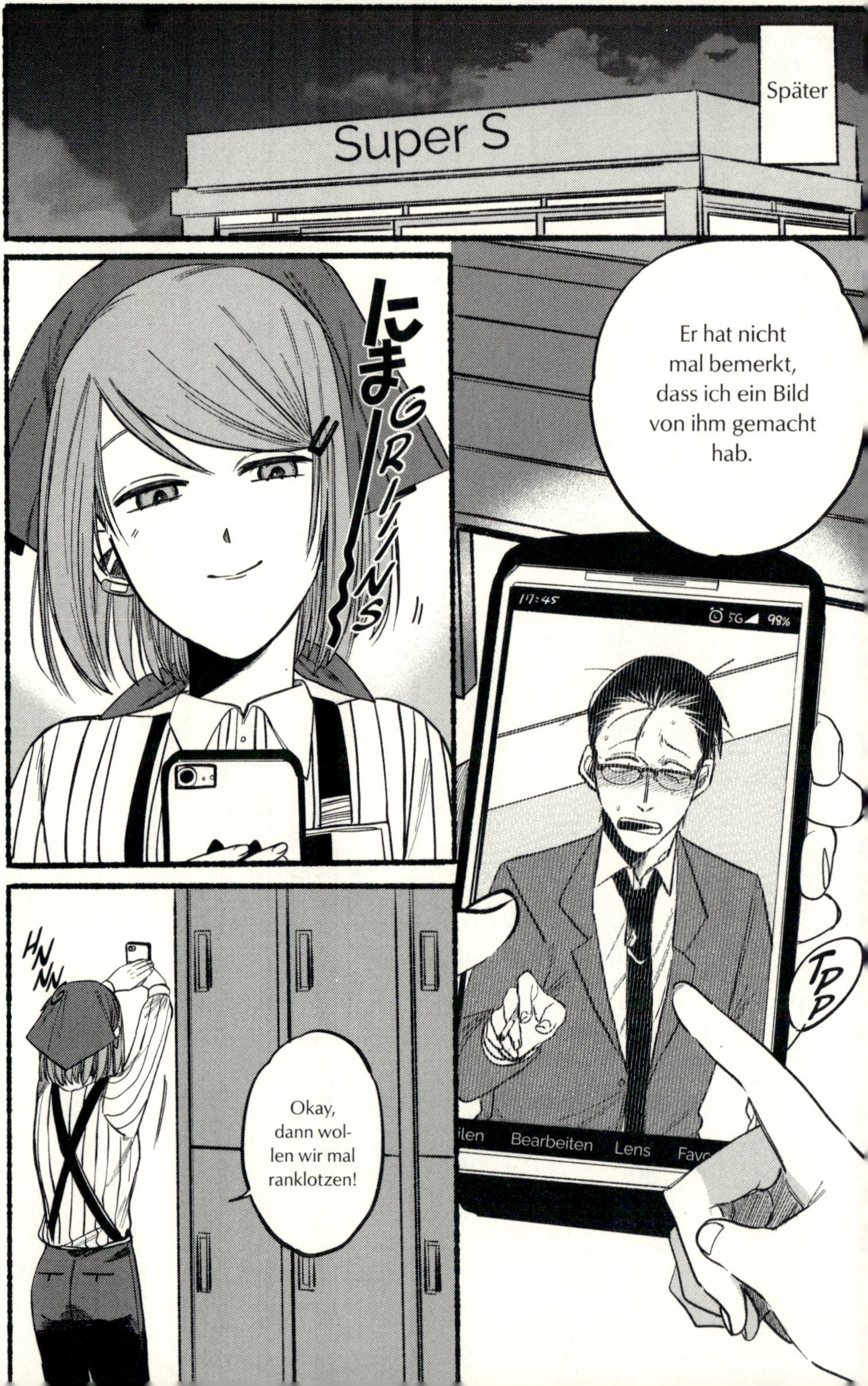
Später
Super S
Er hat nicht mal bemerkt, dass ich ein Bild von ihm gemacht hab.
にま GRIIINS
17:45
5G 98%
Bearbeiten
Lens
TPP
HNNN
Okay, dann wol-len wir mal ranklotzen!

Super S

Bonus **Nach der 9. Zigarette**

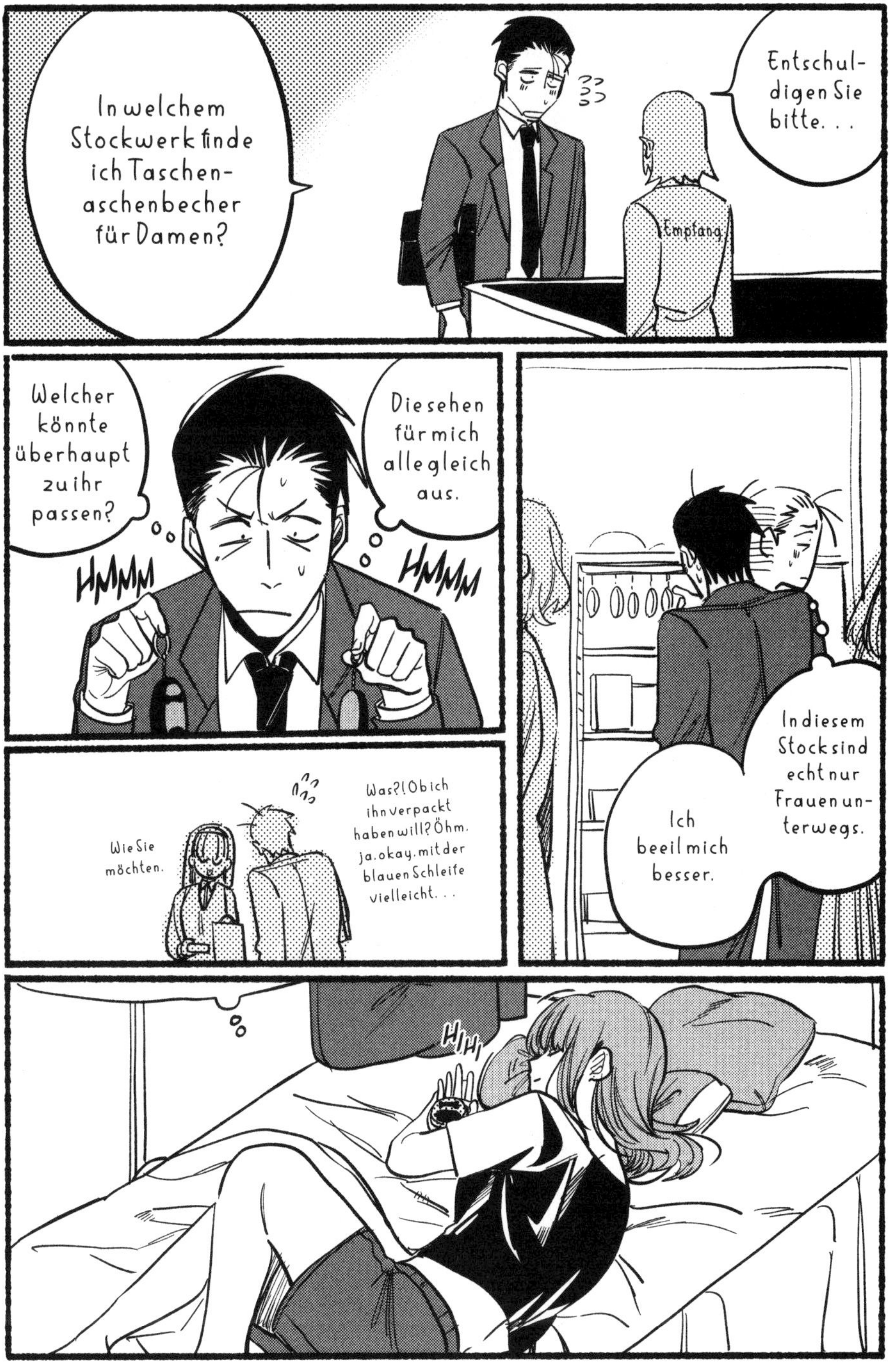

Super S

Bonus Nach der 10. Zigarette

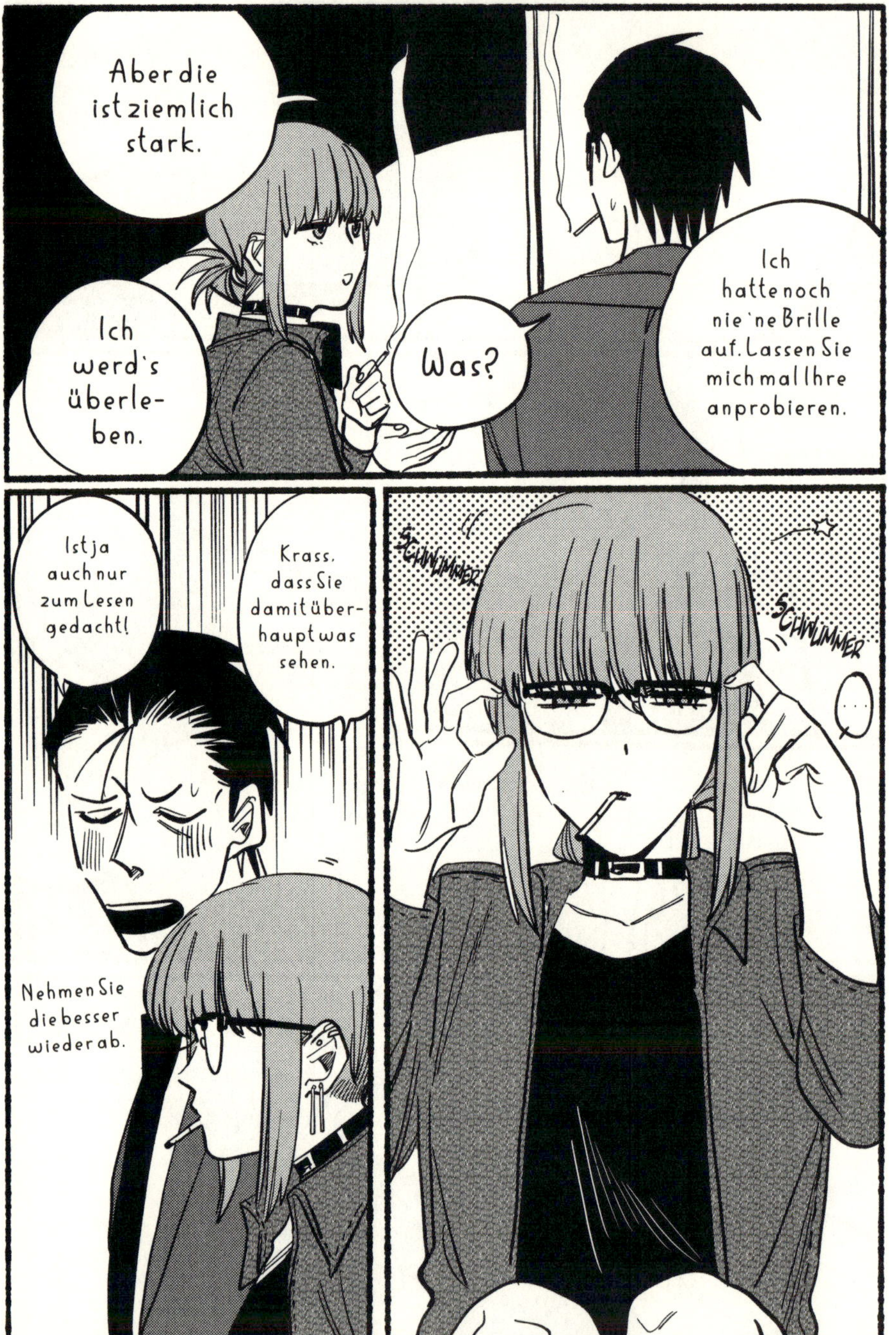

11. Zigarette

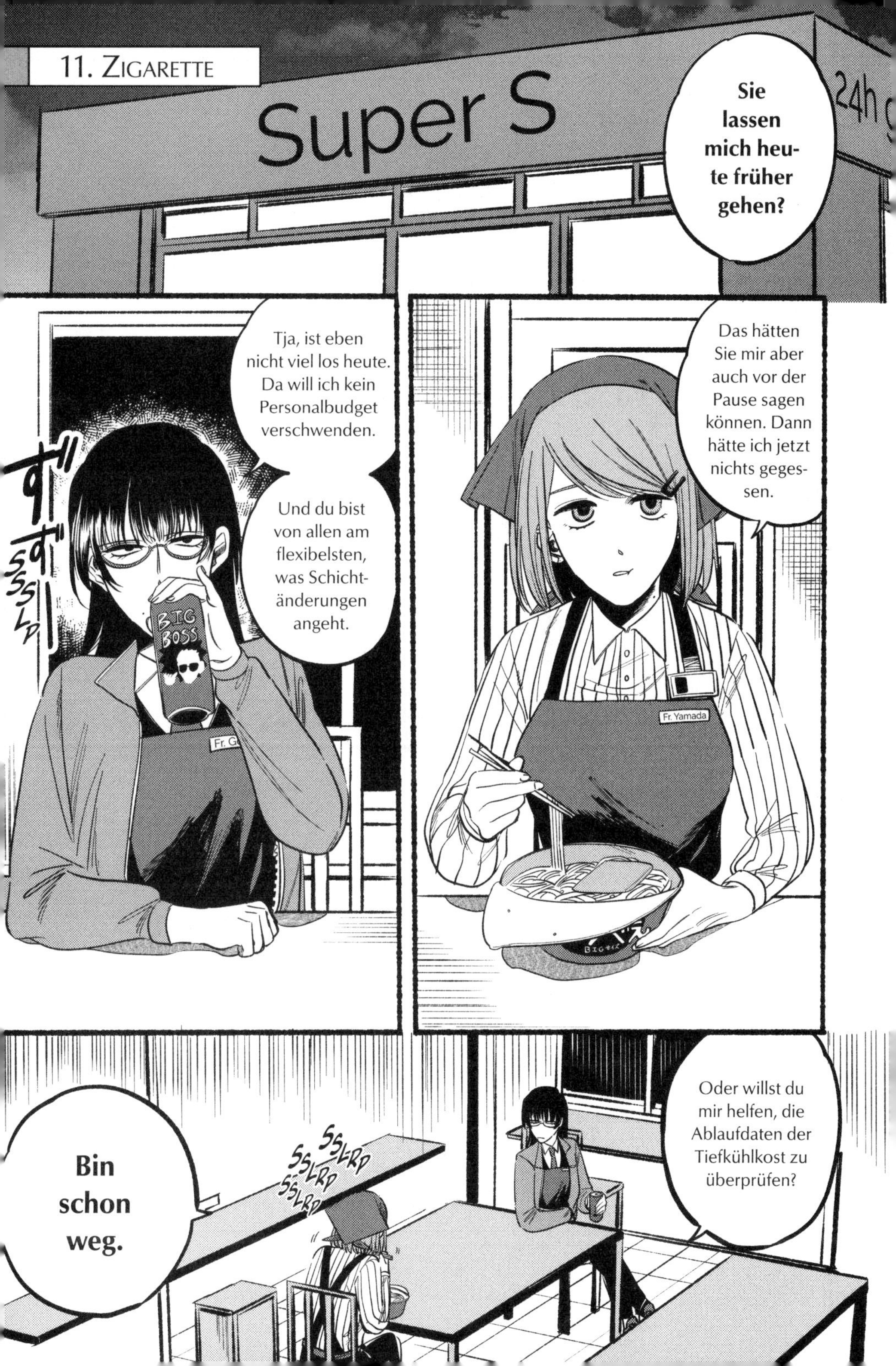

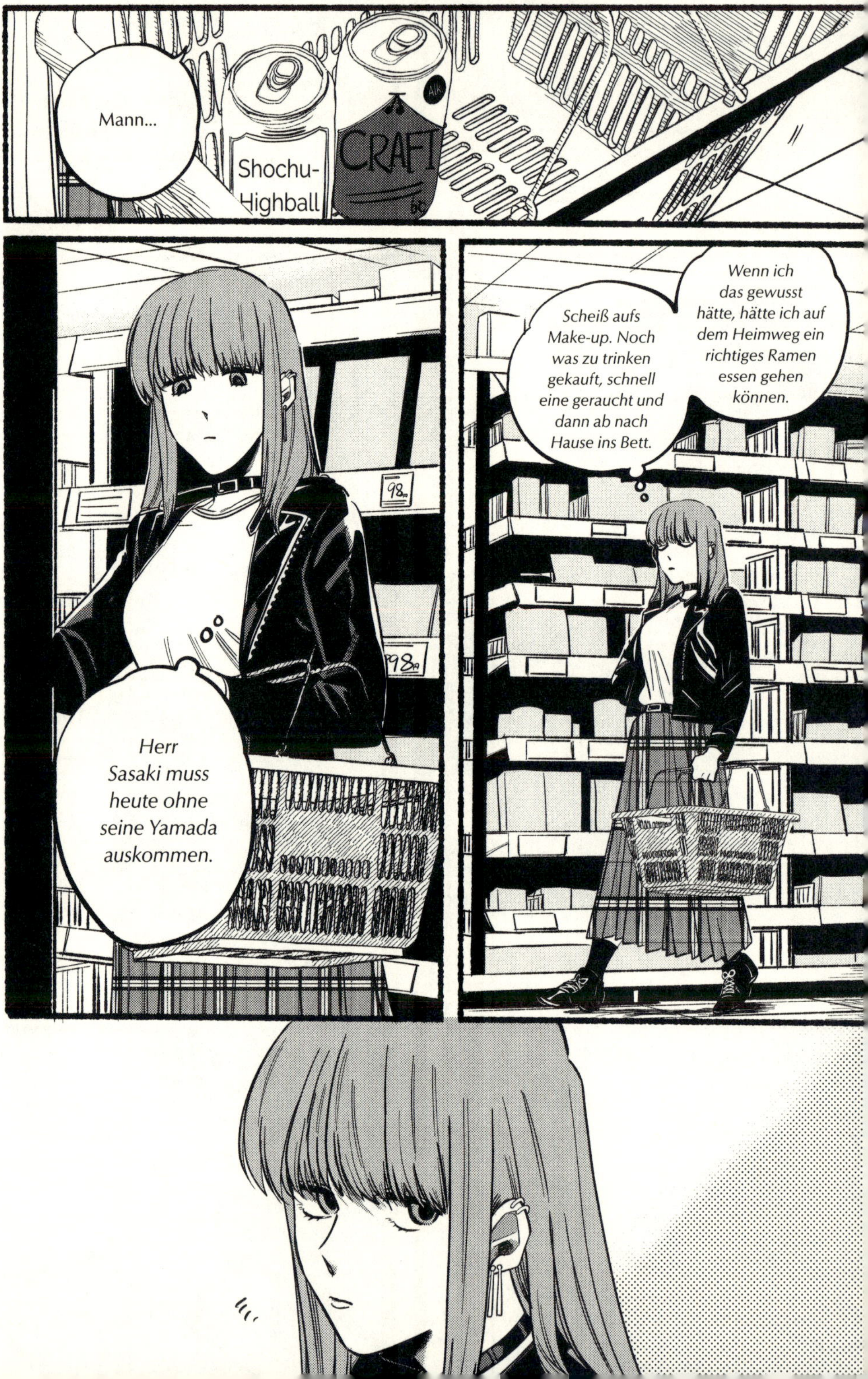
Mann...
Shochu-Highball
CRAFT
Wenn ich das gewusst hätte, hätte ich auf dem Heimweg ein richtiges Ramen essen gehen können.
Scheiß aufs Make-up. Noch was zu trinken gekauft, schnell eine geraucht und dann ab nach Hause ins Bett.
Herr Sasaki muss heute ohne seine Yamada auskommen.

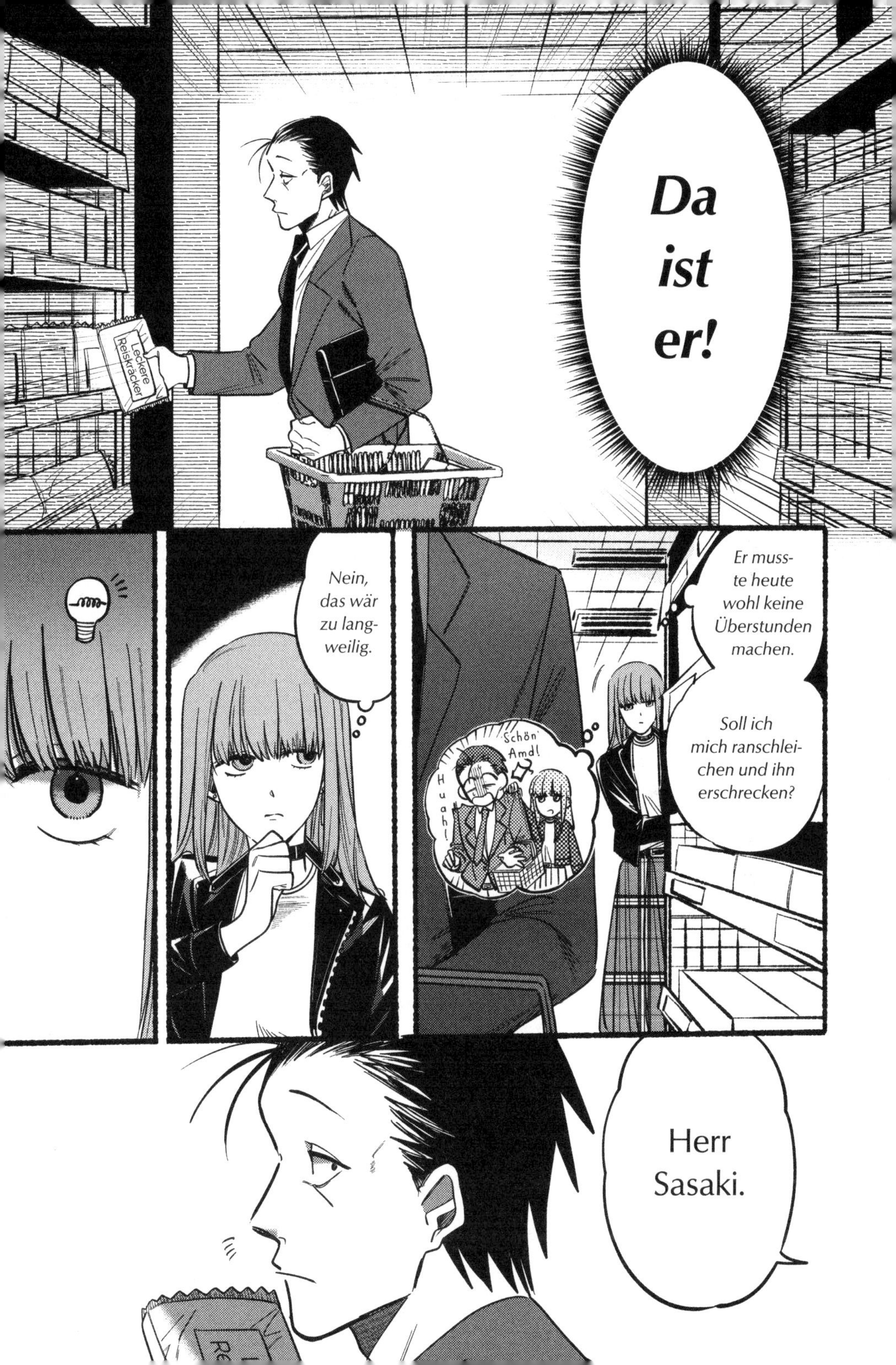
Da ist er!
Leckere Reiskräcker
Er musste heute wohl keine Überstunden machen.
Soll ich mich ranschleichen und ihn erschrecken?
Schön' Amd!
Huah!
Nein, das wär zu langweilig.
Herr Sasaki.

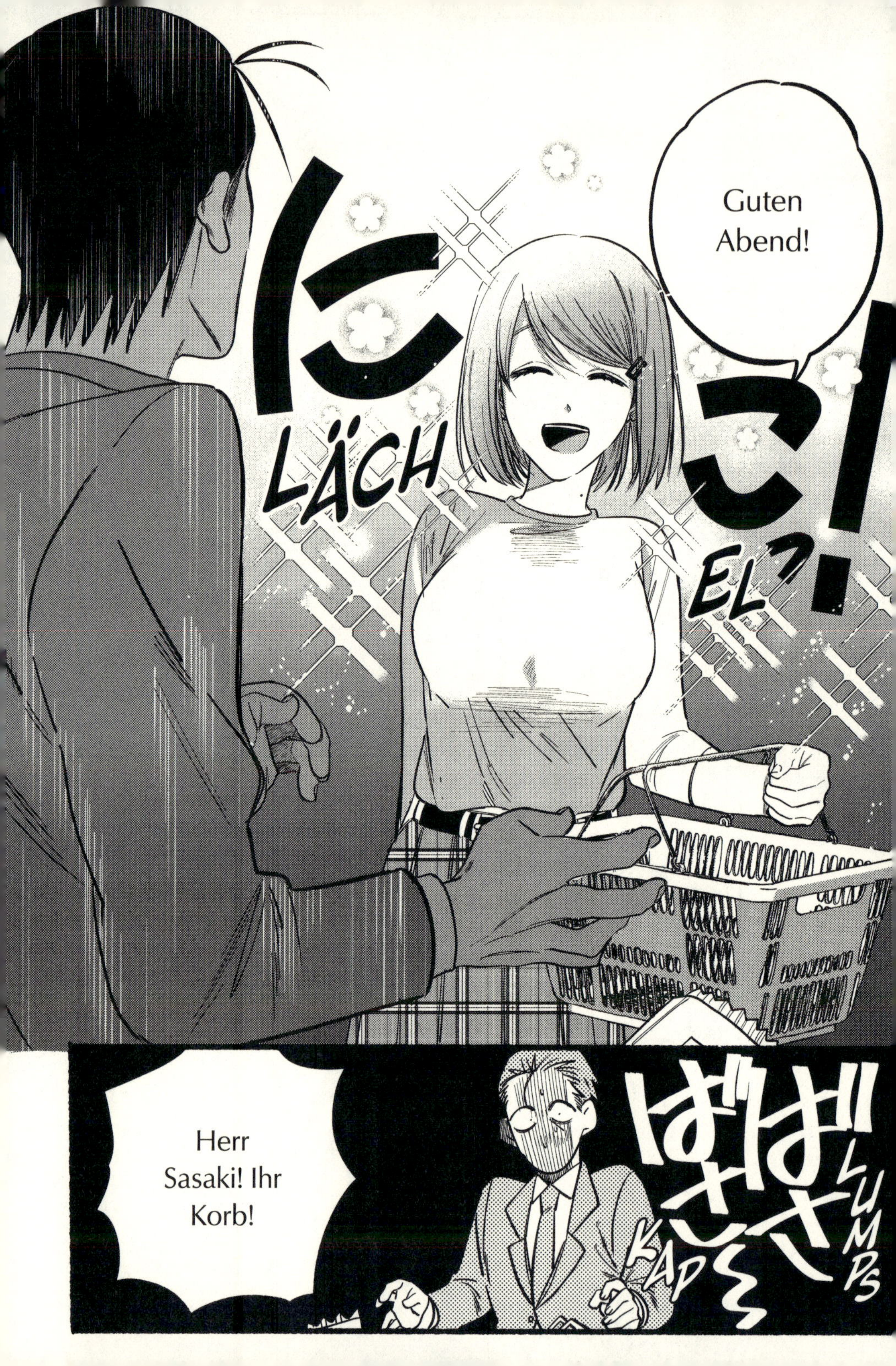

Guten Abend!
にこっ!
LÄCH
EL
Herr Sasaki! Ihr Korb!
ばさっ
KLAP
PLUMPS

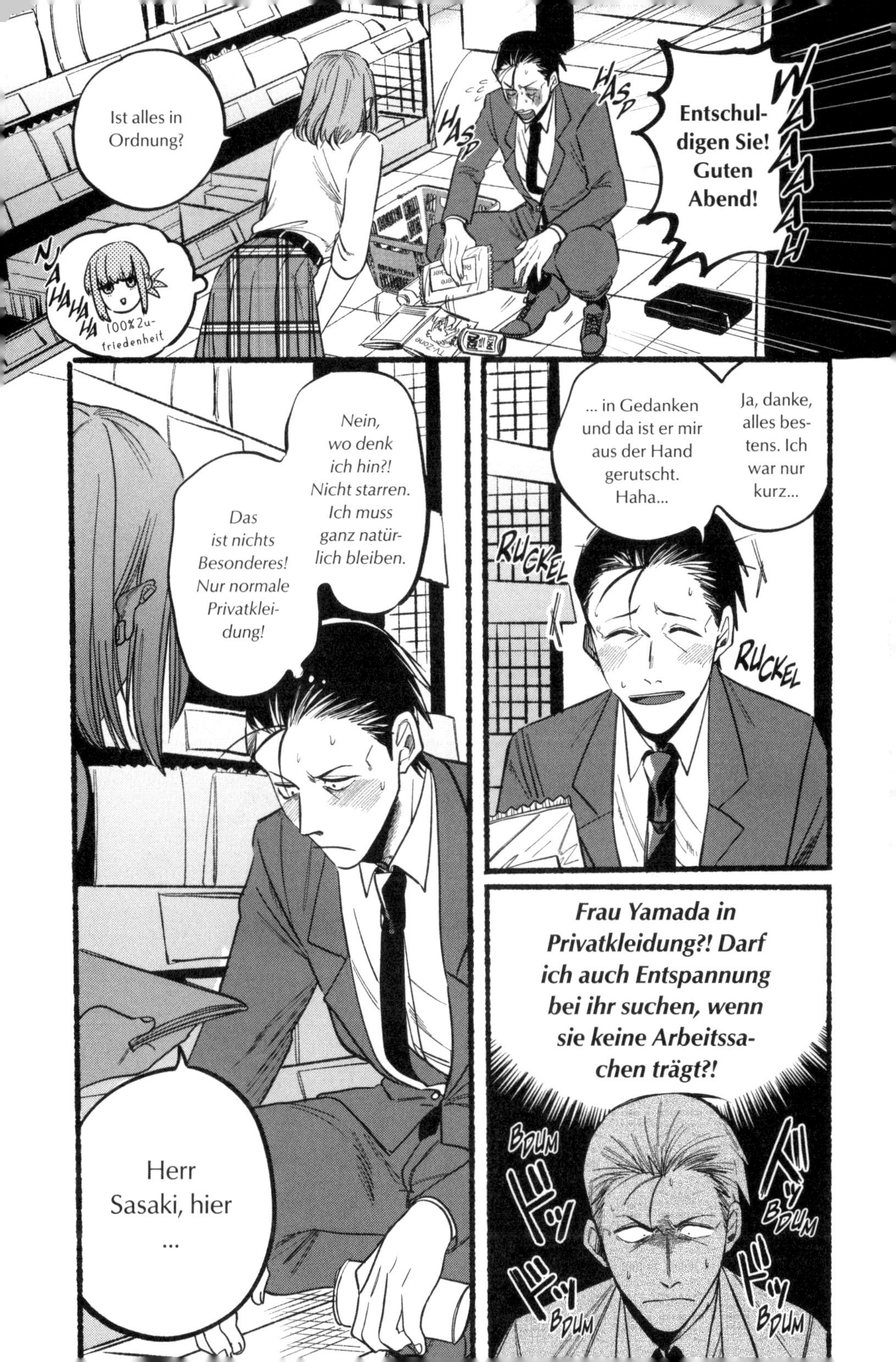
WAAAAAAH
Entschuldigen Sie! Guten Abend!
HASP
HASP
Ist alles in Ordnung?
NJAHAHAHA
100%Zufriedenheit
Ja, danke, alles bestens. Ich war nur kurz...
... in Gedanken und da ist er mir aus der Hand gerutscht. Haha...
RUCKEL
RUCKEL
Nein, wo denk ich hin?! Nicht starren. Ich muss ganz natürlich bleiben.
Das ist nichts Besonderes! Nur normale Privatkleidung!
Frau Yamada in Privatkleidung?! Darf ich auch Entspannung bei ihr suchen, wenn sie keine Arbeitssachen trägt?!
BDUM
BDUM
BDUM
BDUM
Herr Sasaki, hier ...

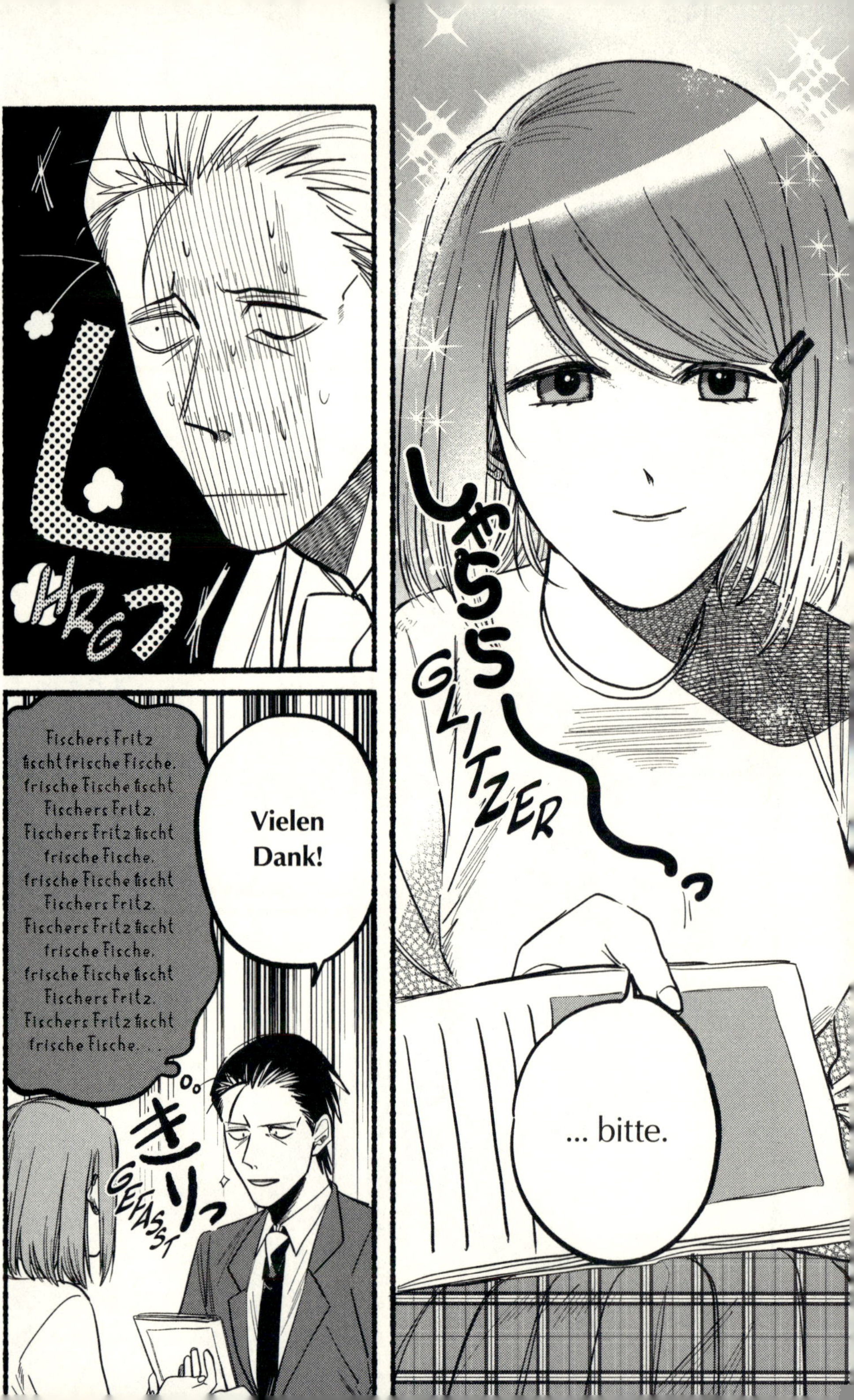
GLITZER
... bitte.
HRG
Vielen Dank!
Fischers Fritz fischt frische Fische, frische Fische fischt Fischers Fritz. Fischers Fritz fischt frische Fische, frische Fische fischt Fischers Fritz. Fischers Fritz fischt frische Fische, frische Fische fischt Fischers Fritz. Fischers Fritz fischt frische Fische . . .
きりっ
GEFASST

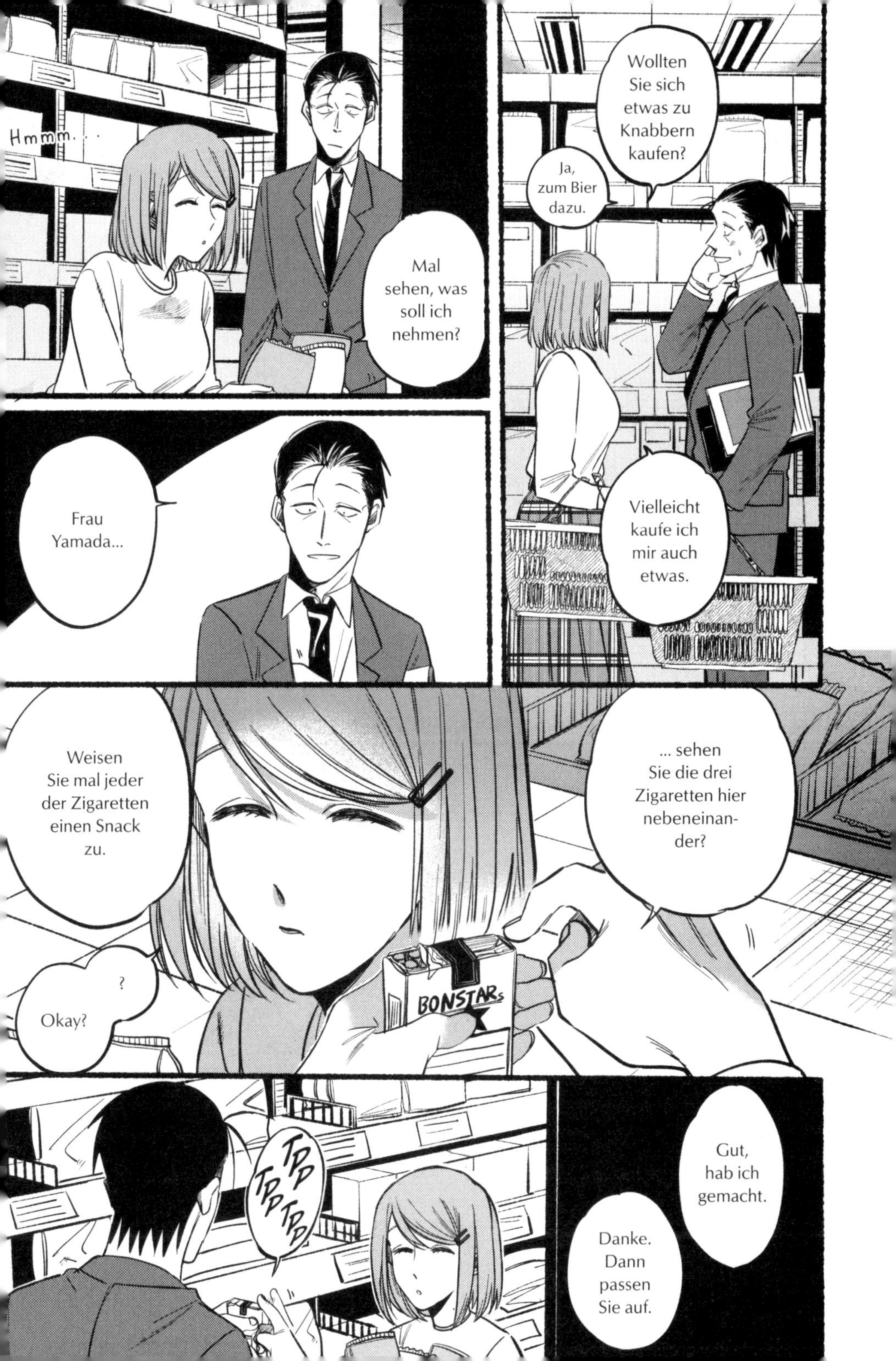
Wollten Sie sich etwas zu Knabbern kaufen?
Ja, zum Bier dazu.
Vielleicht kaufe ich mir auch etwas.
Mal sehen, was soll ich nehmen?
Hmmm...
Frau Yamada...
... sehen Sie die drei Zigaretten hier nebeneinander?
BONSTARs
Weisen Sie mal jeder der Zigaretten einen Snack zu.
?
Okay?
Gut, hab ich gemacht.
Danke. Dann passen Sie auf.
TPP TPP TPP

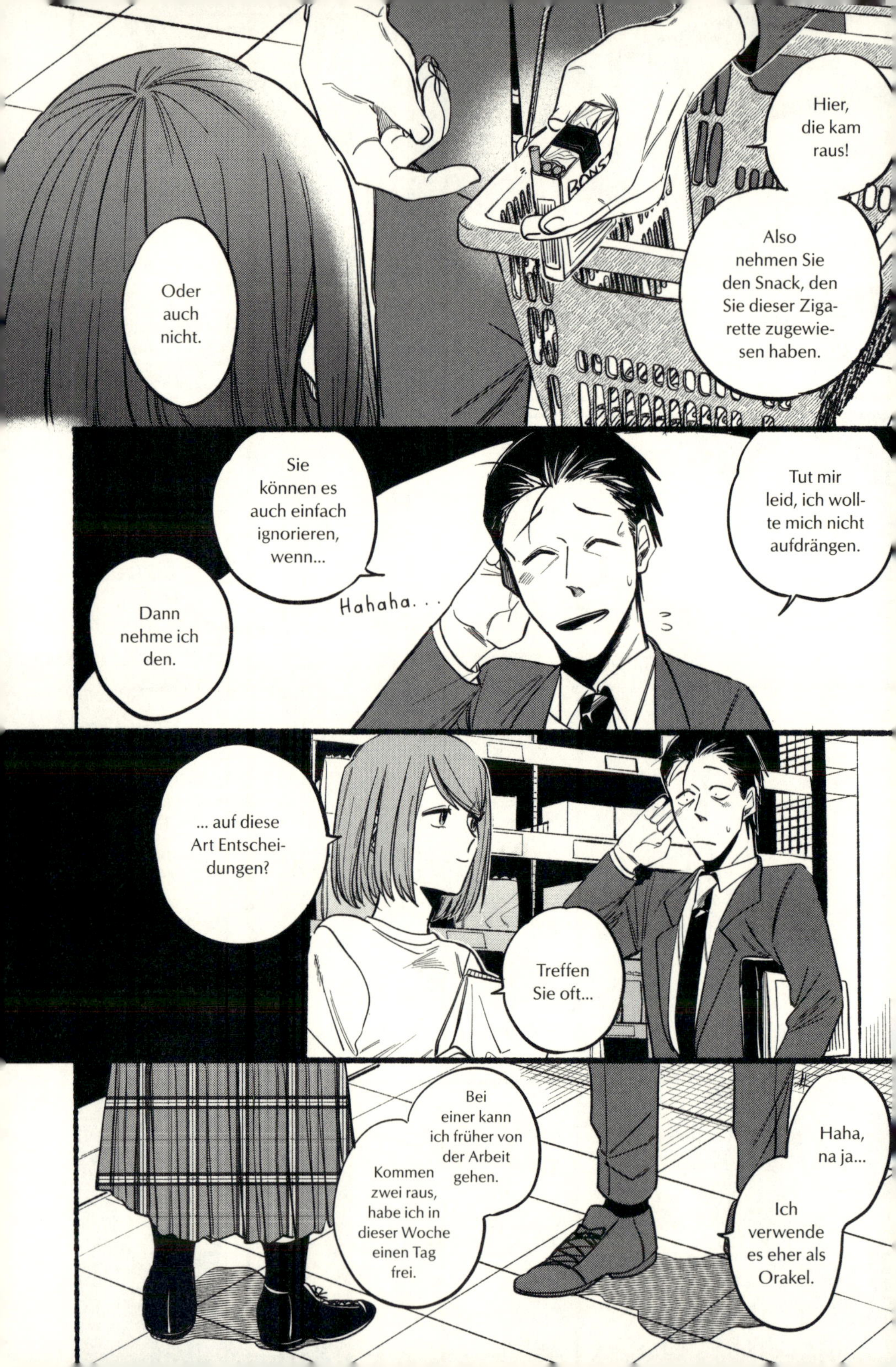
Hier, die kam raus!
Also nehmen Sie den Snack, den Sie dieser Zigarette zugewiesen haben.
Oder auch nicht.
Tut mir leid, ich wollte mich nicht aufdrängen.
Hahaha...
Sie können es auch einfach ignorieren, wenn...
Dann nehme ich den.
Treffen Sie oft...
... auf diese Art Entscheidungen?
Haha, na ja...
Ich verwende es eher als Orakel.
Bei einer kann ich früher von der Arbeit gehen.
Kommen zwei raus, habe ich in dieser Woche einen Tag frei.

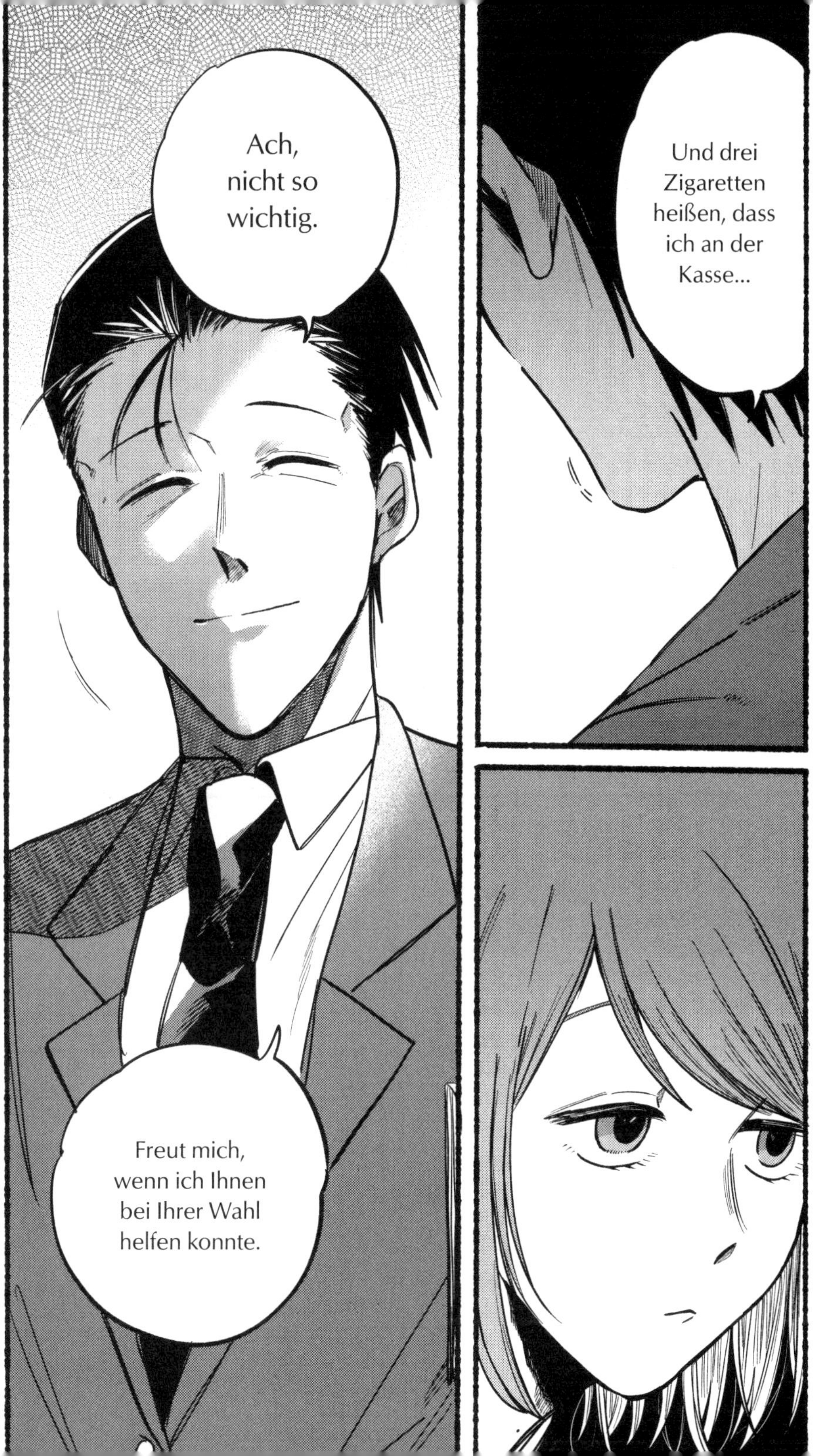
Und drei Zigaretten heißen, dass ich an der Kasse...
Ach, nicht so wichtig.
Freut mich, wenn ich Ihnen bei Ihrer Wahl helfen konnte.

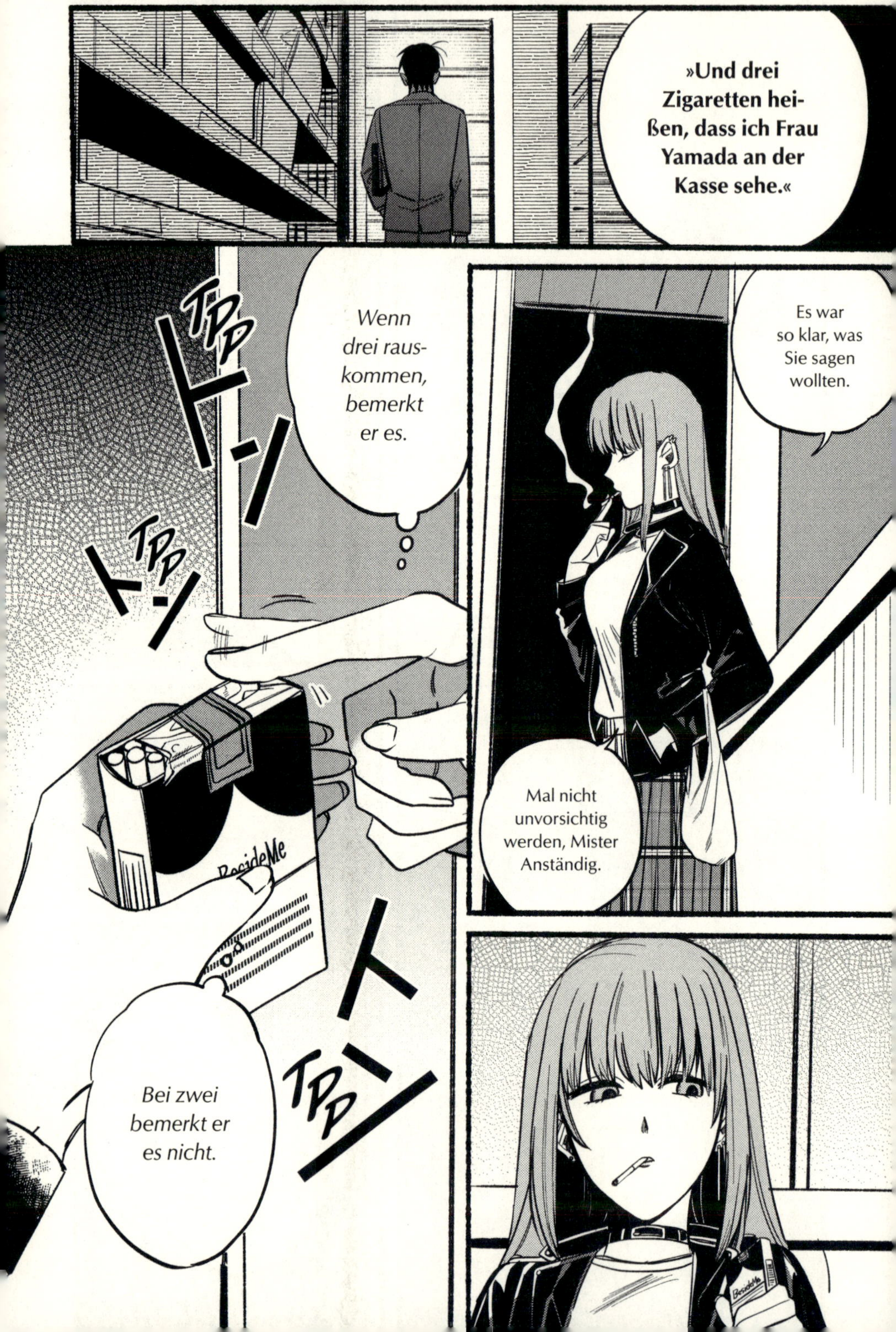
»Und drei Zigaretten hei-ßen, dass ich Frau Yamada an der Kasse sehe.«
Es war so klar, was Sie sagen wollten.
Mal nicht unvorsichtig werden, Mister Anständig.
Wenn drei raus-kommen, bemerkt er es.
TPP
TPP
Bei zwei bemerkt er es nicht.
TPP

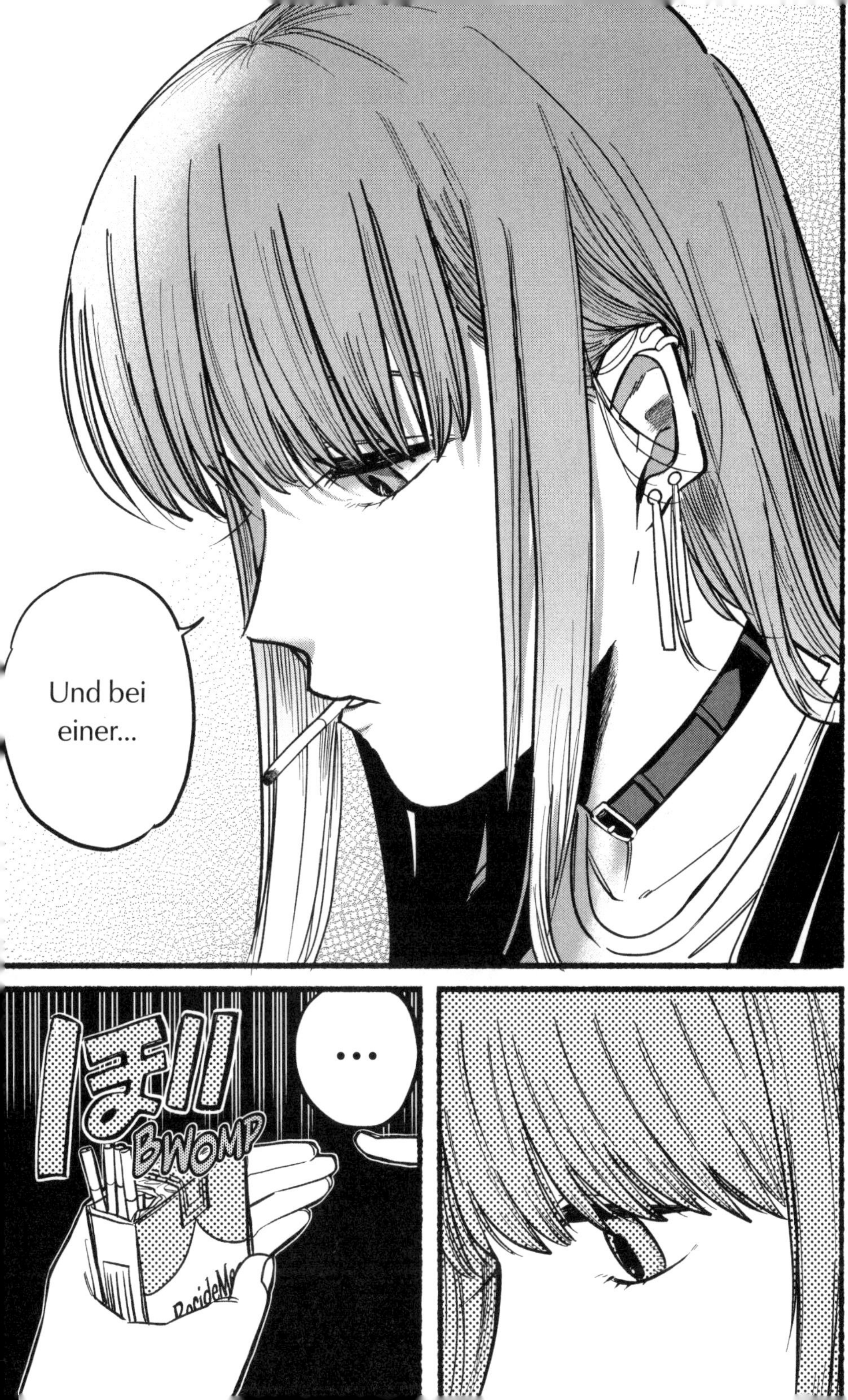
Und bei einer...
...
BWOMP

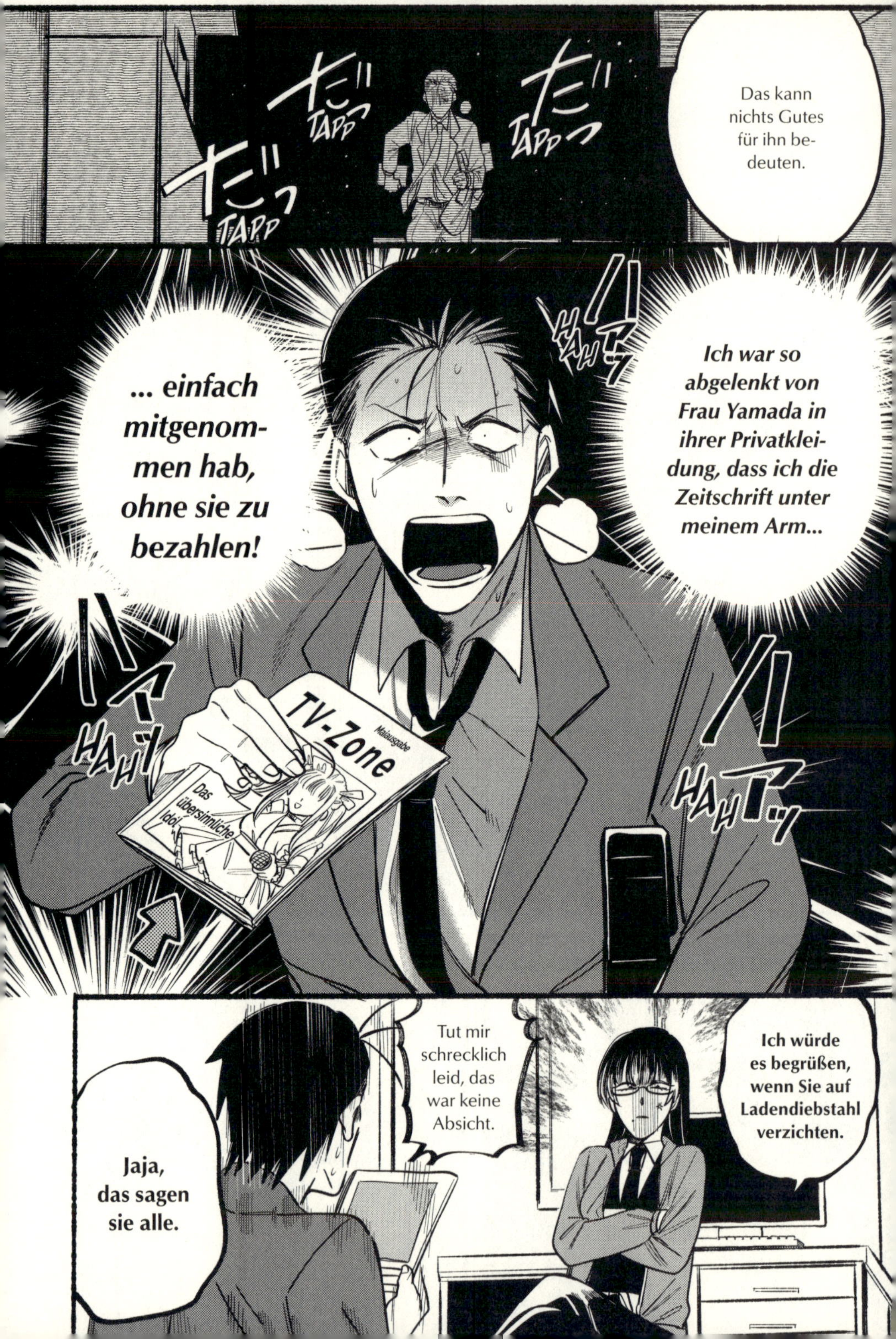
Das kann nichts Gutes für ihn bedeuten.
TAPP
TAPP
TAPP
Ich war so abgelenkt von Frau Yamada in ihrer Privatkleidung, dass ich die Zeitschrift unter meinem Arm...
... einfach mitgenommen hab, ohne sie zu bezahlen!
HAH
HAH
HAH
TV-Zone
Maiausgabe
Das übersinnliche Idol
Ich würde es begrüßen, wenn Sie auf Ladendiebstahl verzichten.
Tut mir schrecklich leid, das war keine Absicht.
Jaja, das sagen sie alle.

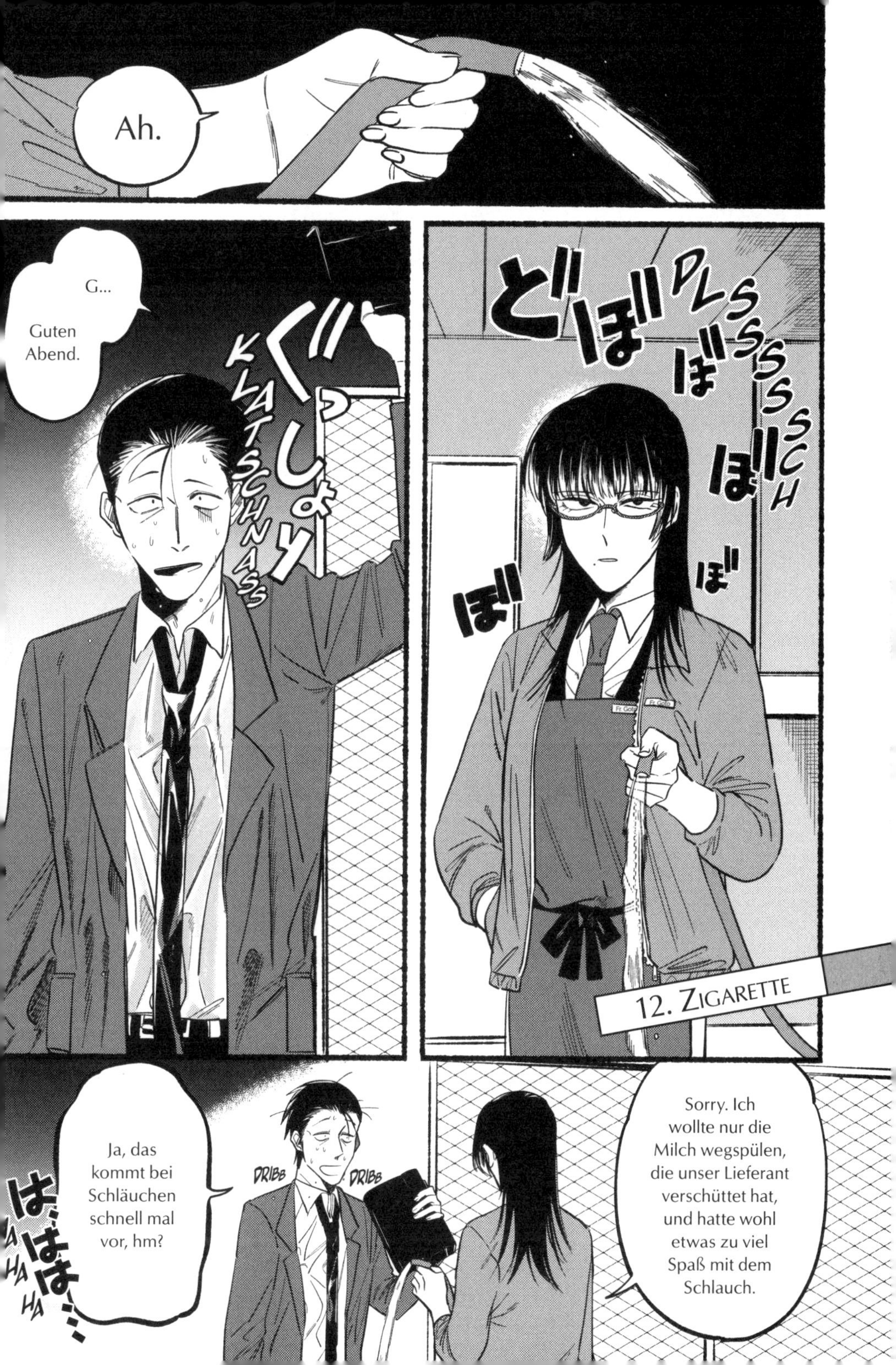
Ah.
どぼぼぼぼぼ
PLSSSSSCH
12. Zigarette
G...
Guten Abend.
ぐっしょり
KLATSCHNASS
Sorry. Ich wollte nur die Milch wegspülen, die unser Lieferant verschüttet hat, und hatte wohl etwas zu viel Spaß mit dem Schlauch.
DRIBB
DRIBB
Ja, das kommt bei Schläuchen schnell mal vor, hm?
は、ははは…
HA HA HA HA

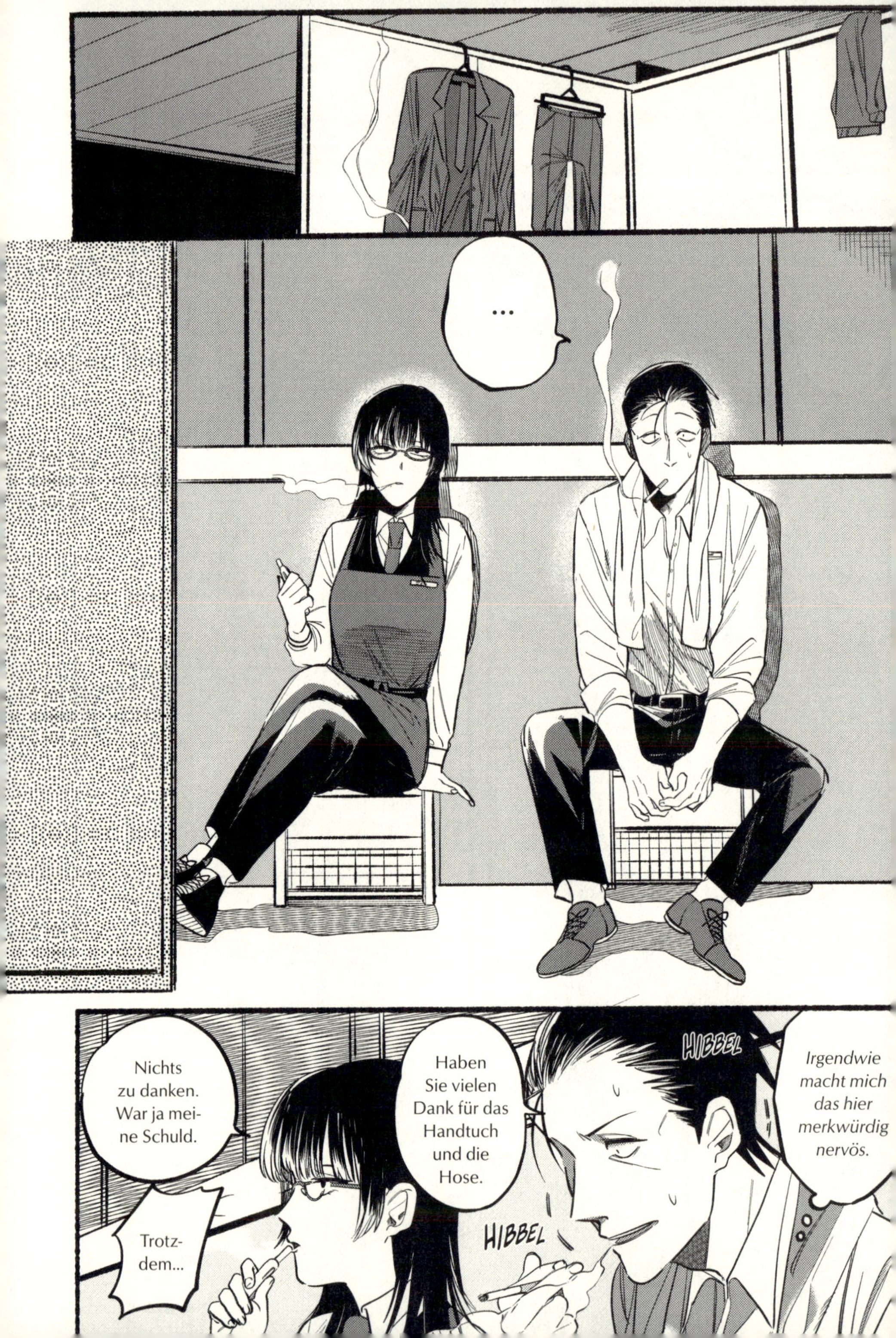
...
Irgendwie macht mich das hier merkwürdig nervös.
HIBBEL
Haben Sie vielen Dank für das Handtuch und die Hose.
HIBBEL
Nichts zu danken. War ja meine Schuld.
Trotzdem...

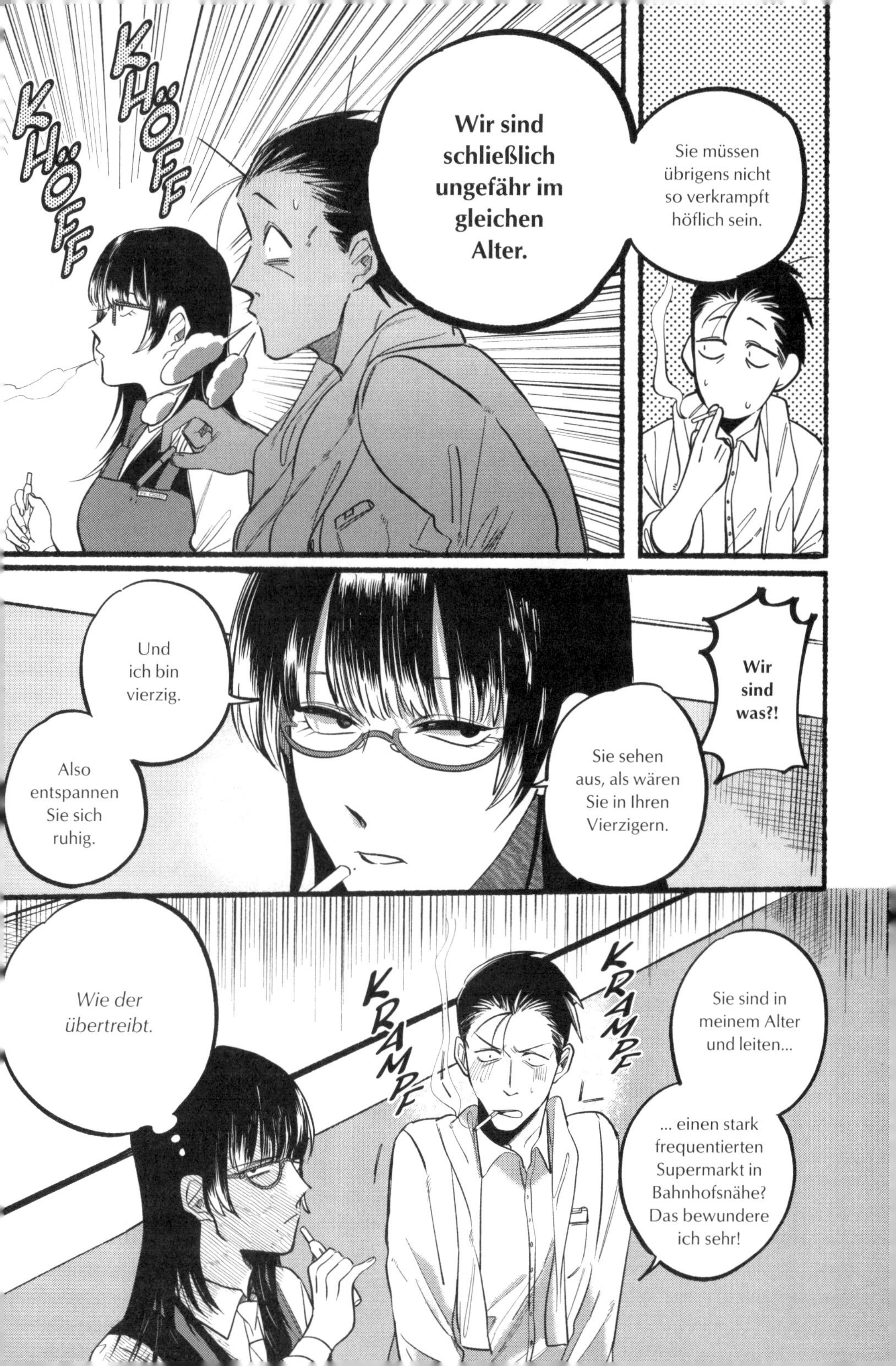
Sie müssen übrigens nicht so verkrampft höflich sein.
Wir sind schließlich ungefähr im gleichen Alter.
KHÖFF
KHÖFF
Wir sind was?!
Sie sehen aus, als wären Sie in Ihren Vierzigern.
Und ich bin vierzig.
Also entspannen Sie sich ruhig.
Sie sind in meinem Alter und leiten...
... einen stark frequentierten Supermarkt in Bahnhofsnähe? Das bewundere ich sehr!
KRAMPF
KRAMPF
Wie der übertreibt.

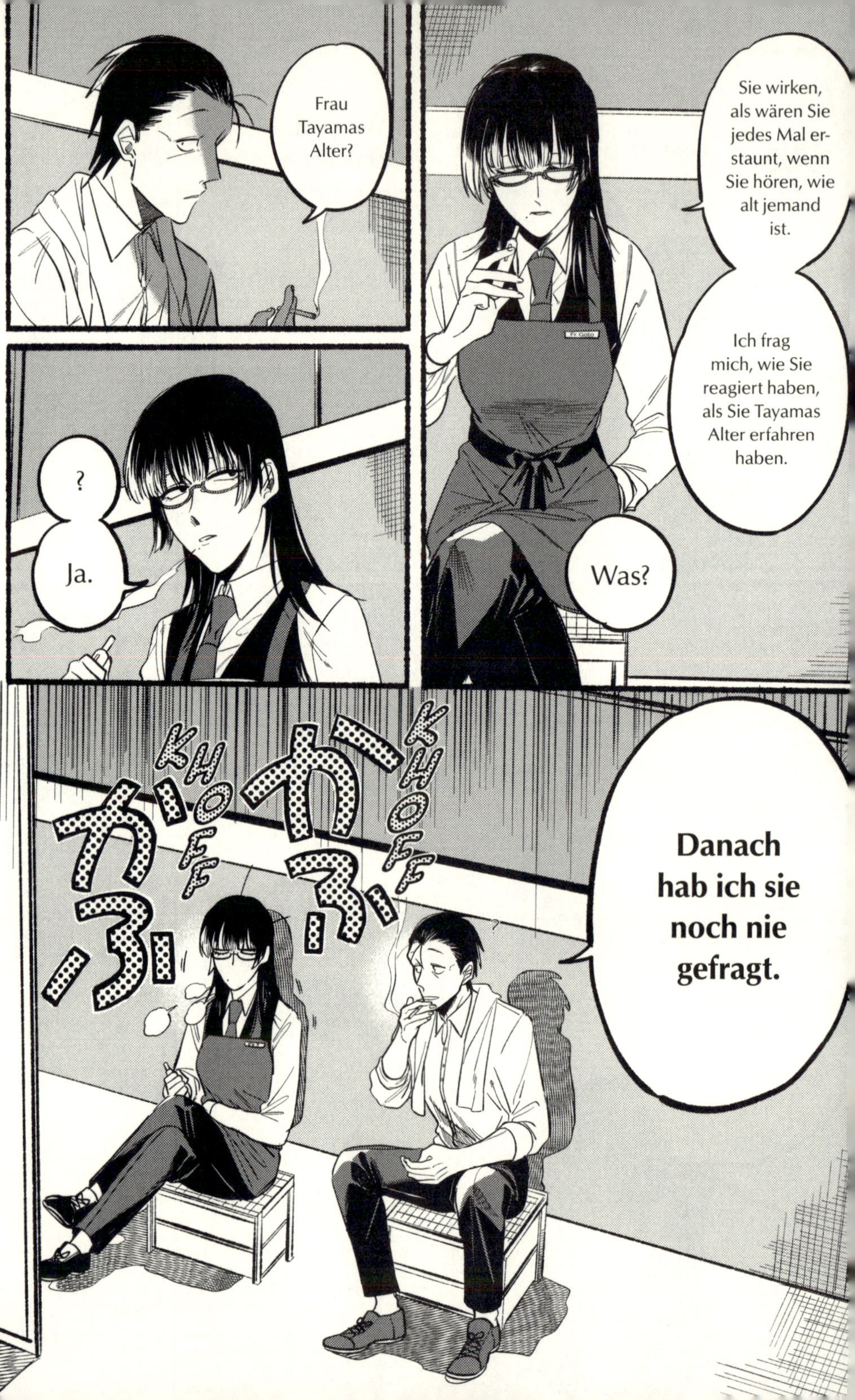
Sie wirken, als wären Sie jedes Mal erstaunt, wenn Sie hören, wie alt jemand ist.
Ich frag mich, wie Sie reagiert haben, als Sie Tayamas Alter erfahren haben.
Fr. Goto
Frau Tayamas Alter?
?
Ja.
Was?
Danach hab ich sie noch nie gefragt.
KHUFF
KHUFF

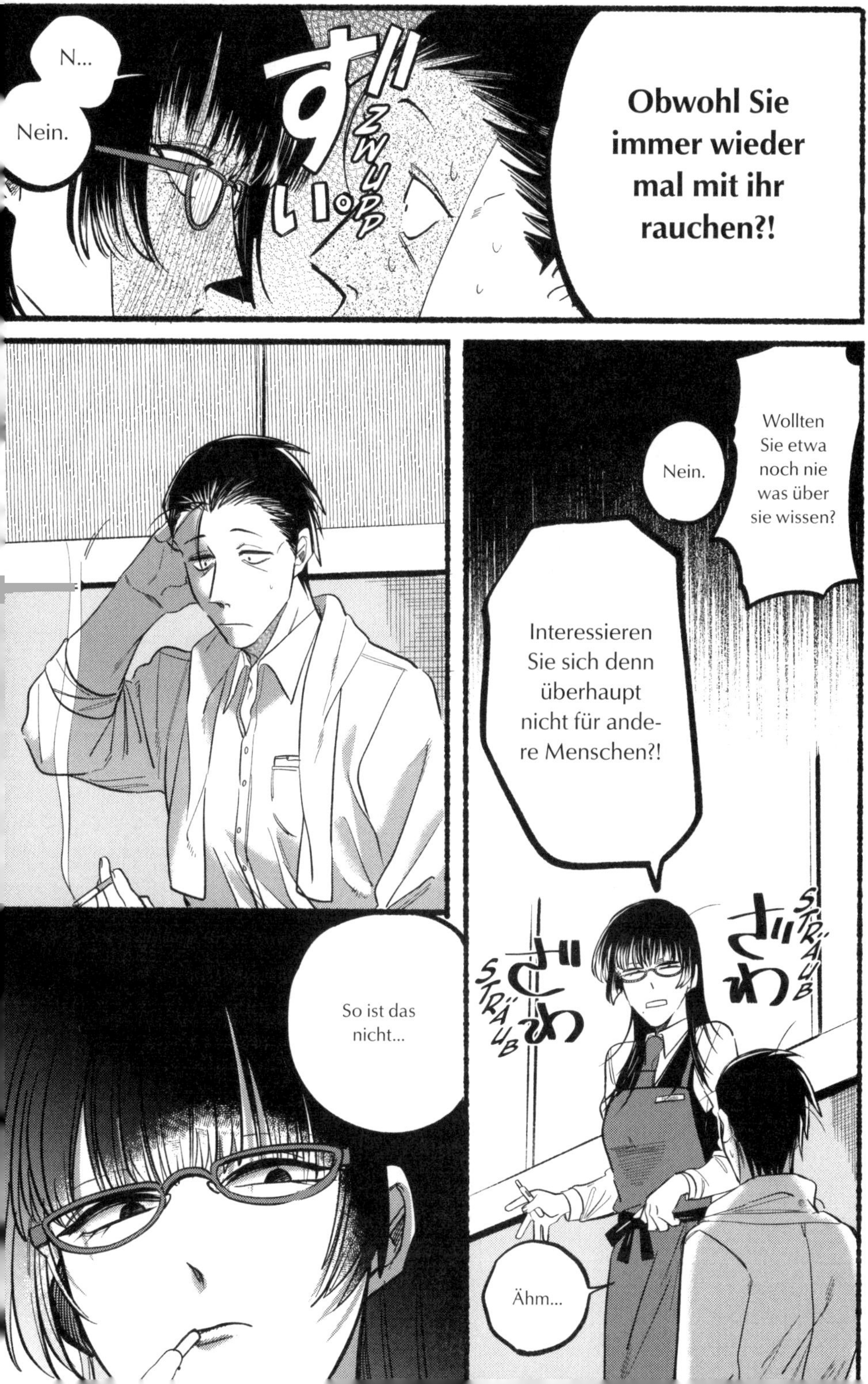
Obwohl Sie immer wieder mal mit ihr rauchen?!
ZWUPP
N...
Nein.
Wollten Sie etwa noch nie was über sie wissen?
Nein.
Interessieren Sie sich denn überhaupt nicht für andere Menschen?!
STRÄUB
STRÄUB
Ähm...
So ist das nicht...

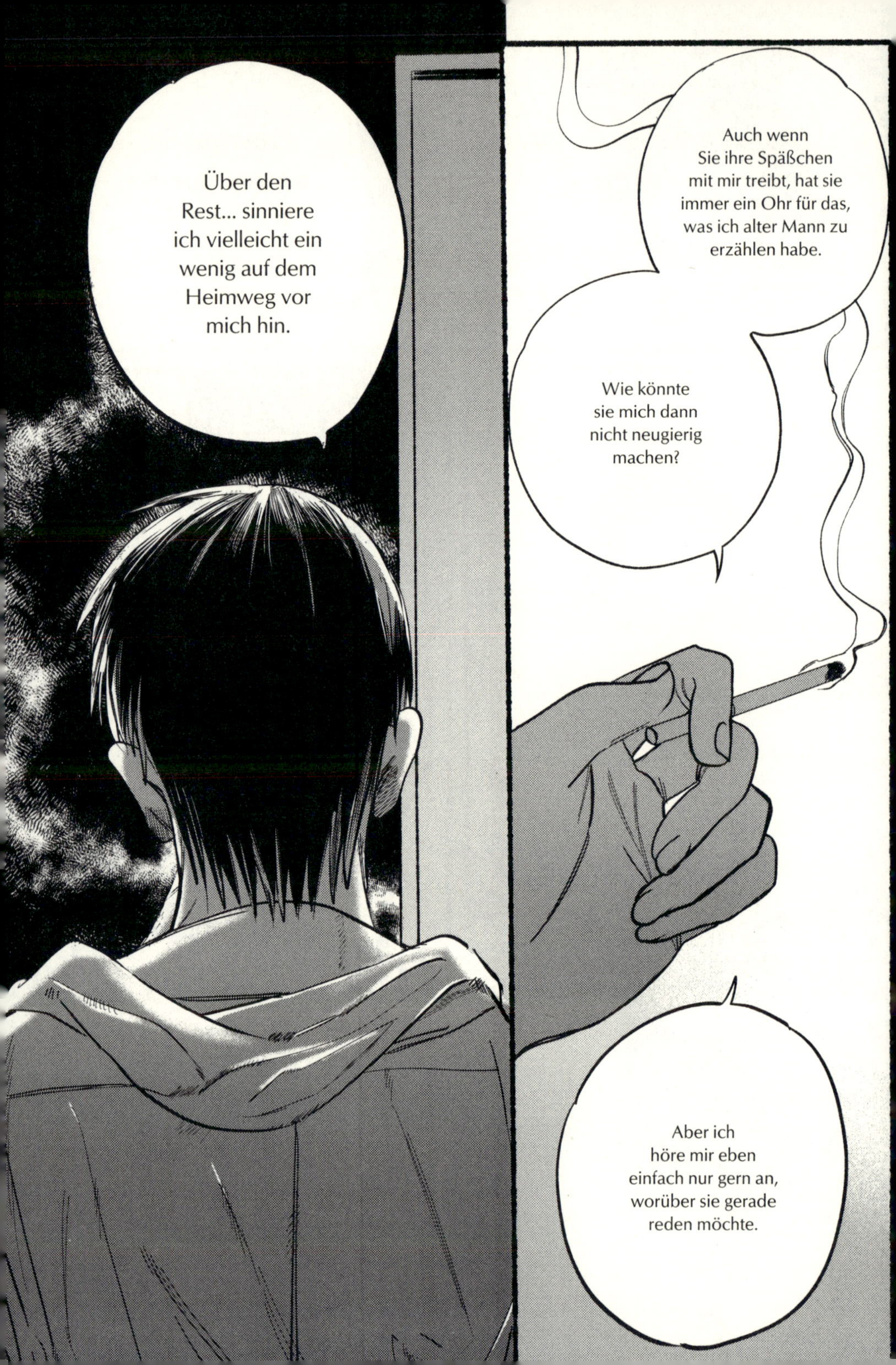
Auch wenn Sie ihre Späßchen mit mir treibt, hat sie immer ein Ohr für das, was ich alter Mann zu erzählen habe.
Wie könnte sie mich dann nicht neugierig machen?
Aber ich höre mir eben einfach nur gern an, worüber sie gerade reden möchte.
Über den Rest... sinniere ich vielleicht ein wenig auf dem Heimweg vor mich hin.

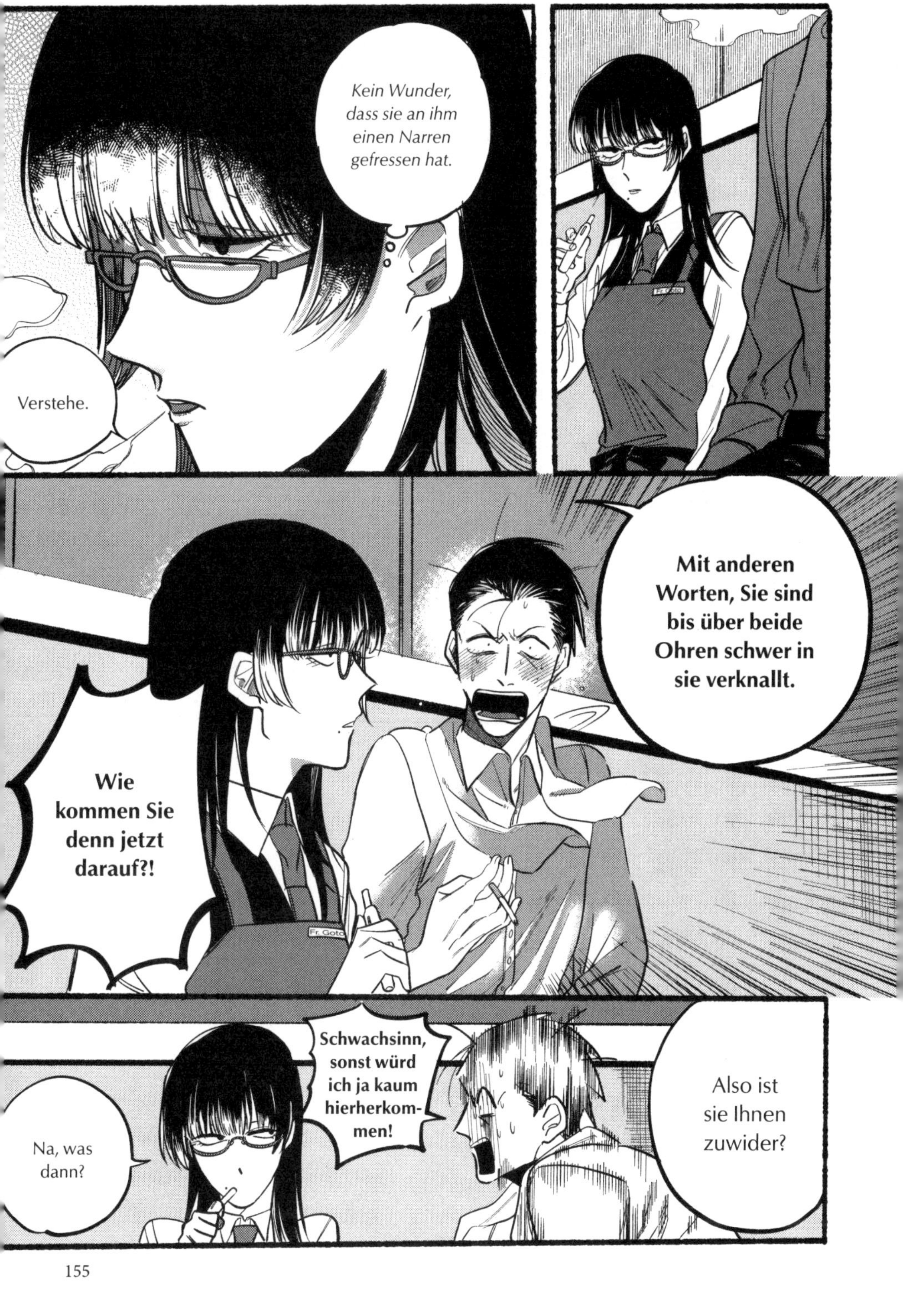

Kein Wunder, dass sie an ihm einen Narren gefressen hat.
Verstehe.
Fr. Goto
Mit anderen Worten, Sie sind bis über beide Ohren schwer in sie verknallt.
Wie kommen Sie denn jetzt darauf?!
Fr. Goto
Also ist sie Ihnen zuwider?
Schwachsinn, sonst würd ich ja kaum hierherkommen!
Na, was dann?

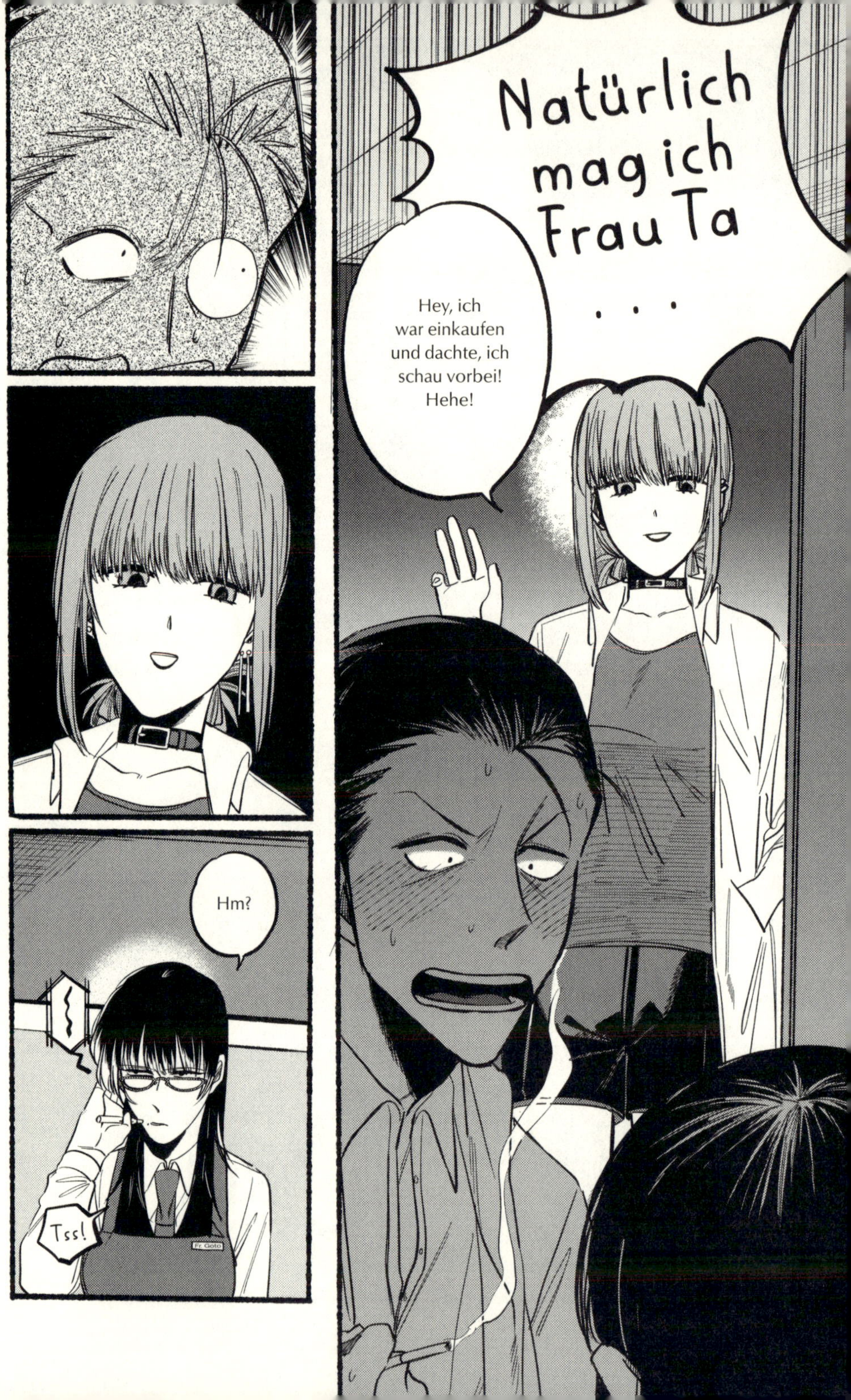
Natürlich mag ich Frau Ta . . .
Hey, ich war einkaufen und dachte, ich schau vorbei! Hehe!
Hm?
Tss!

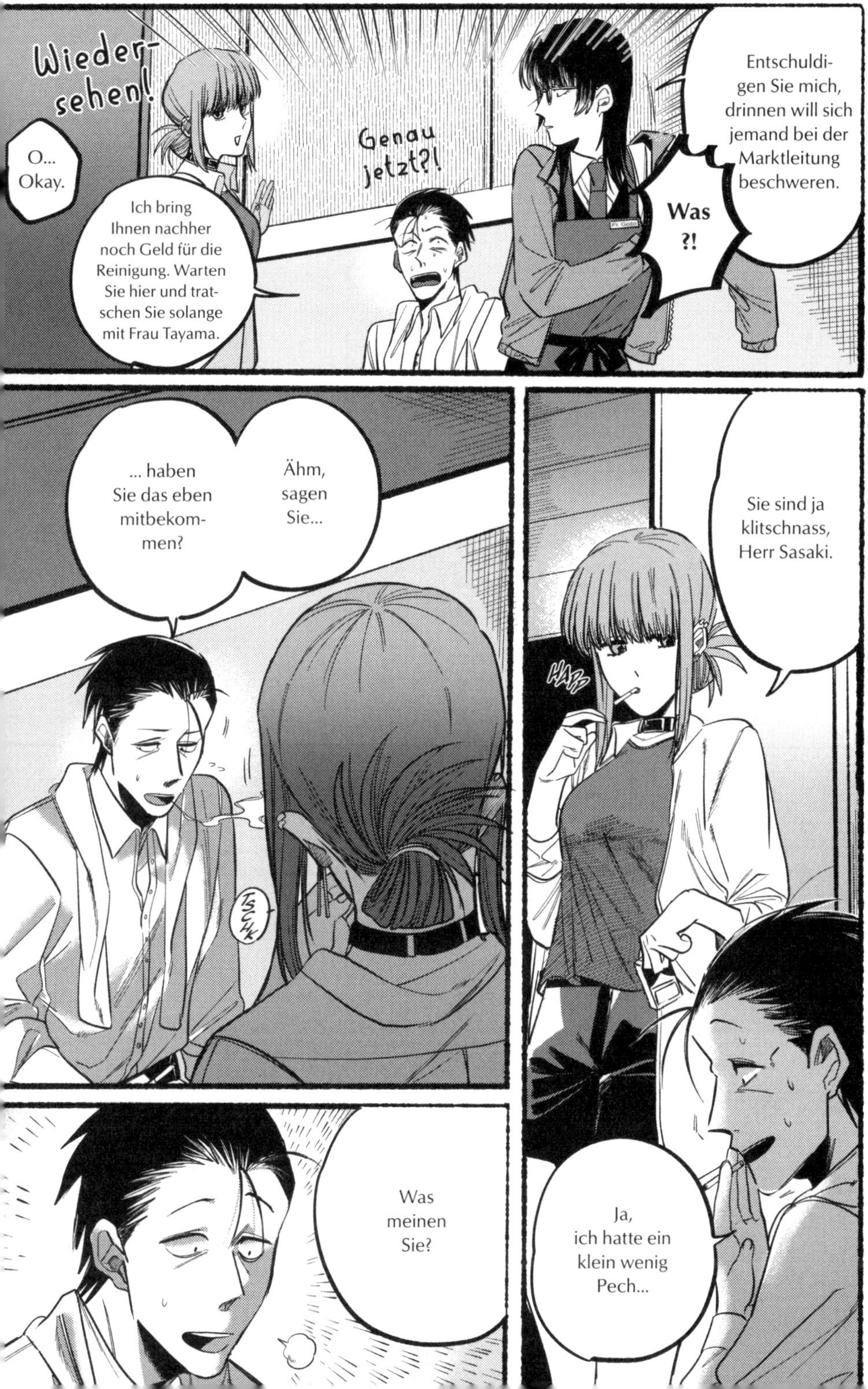

Entschuldigen Sie mich, drinnen will sich jemand bei der Marktleitung beschweren.
Was?!
Genau jetzt?!
Ich bring Ihnen nachher noch Geld für die Reinigung. Warten Sie hier und tratschen Sie solange mit Frau Tayama.
Wiedersehen!
O... Okay.
Sie sind ja klitschnass, Herr Sasaki.
Ja, ich hatte ein klein wenig Pech...
Ähm, sagen Sie...
... haben Sie das eben mitbekommen?
Was meinen Sie?

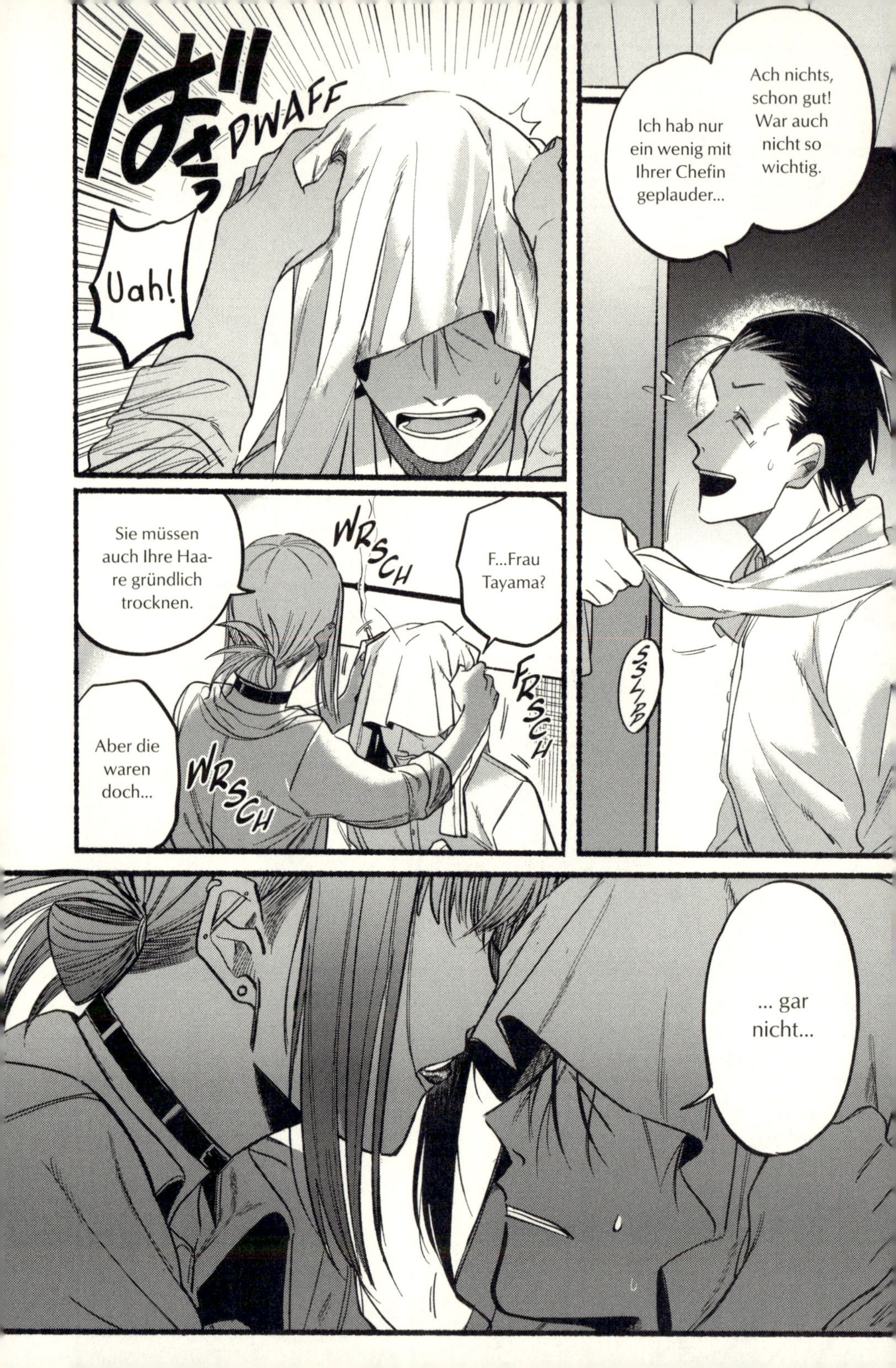

Ach nichts, schon gut! War auch nicht so wichtig.
Ich hab nur ein wenig mit Ihrer Chefin geplauder...
SSLPP
ばさっ
PWAFF
Uah!
F...Frau Tayama?
WRSCH
Sie müssen auch Ihre Haare gründlich trocknen.
FRSCH
WRSCH
Aber die waren doch...
... gar nicht...

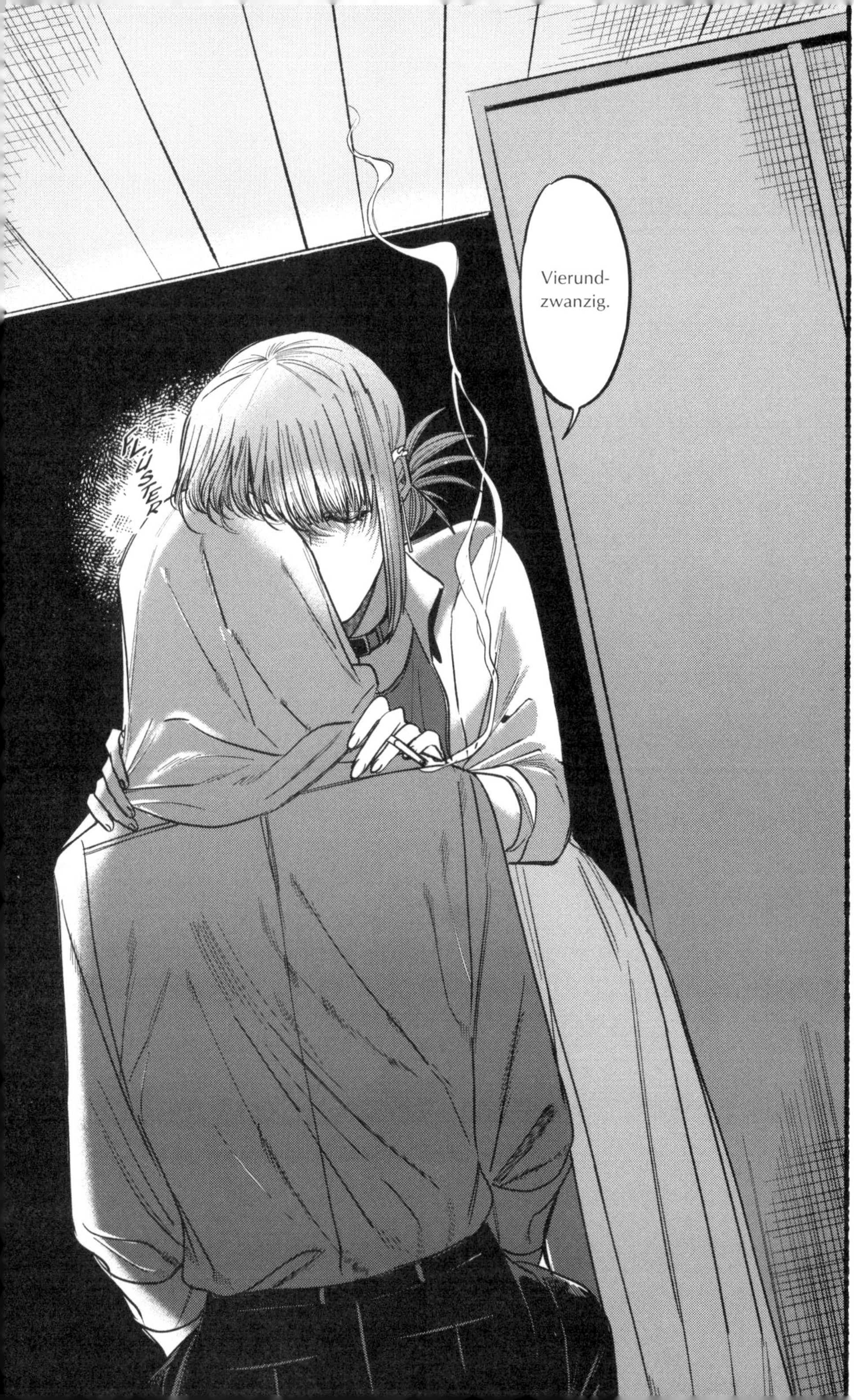
Vierund-
zwanzig.
FLÜSTER!

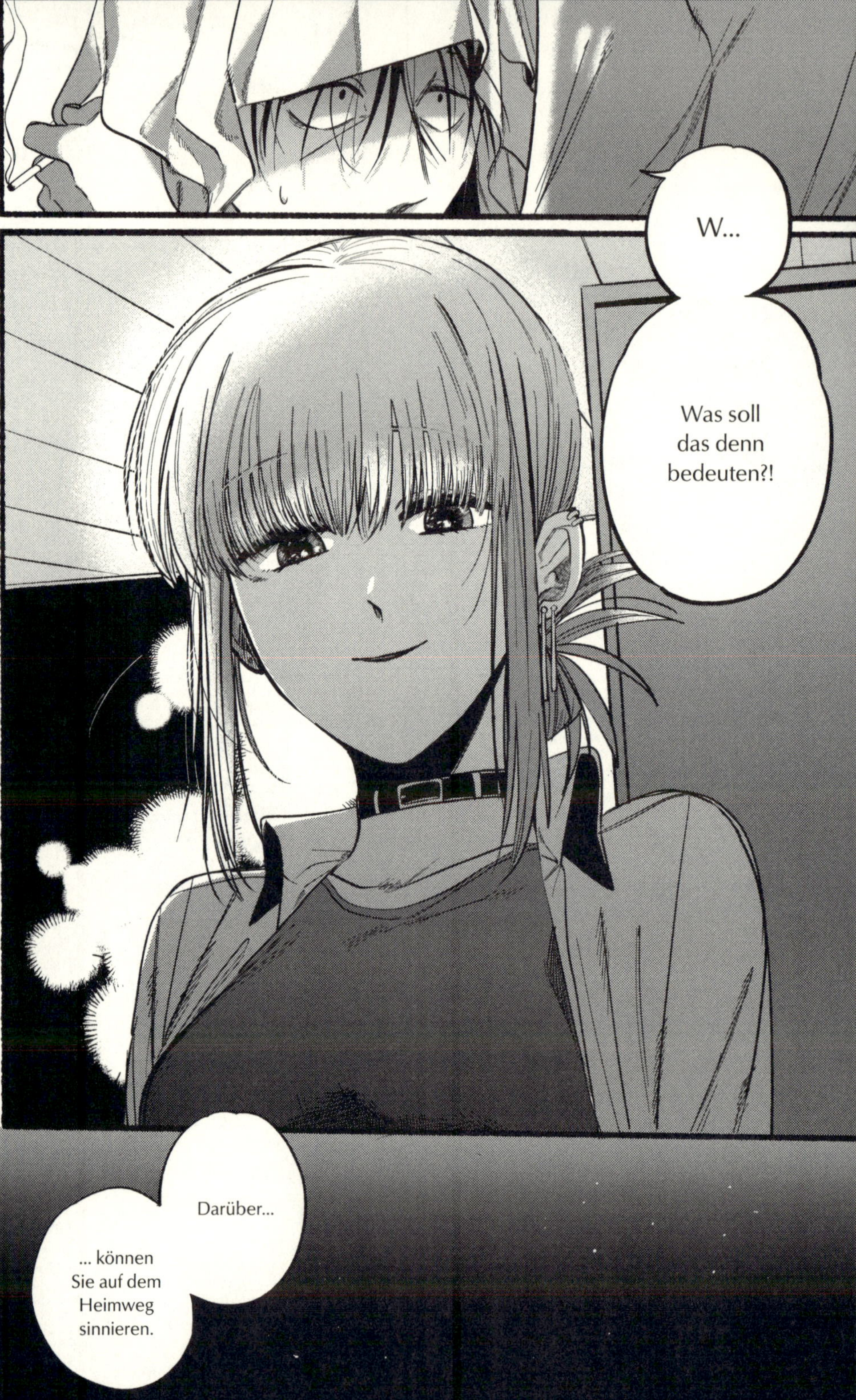
W...
Was soll das denn bedeuten?!
Darüber...
... können Sie auf dem Heimweg sinnieren.

Super S

Bonus Nach der 11. Zigarette

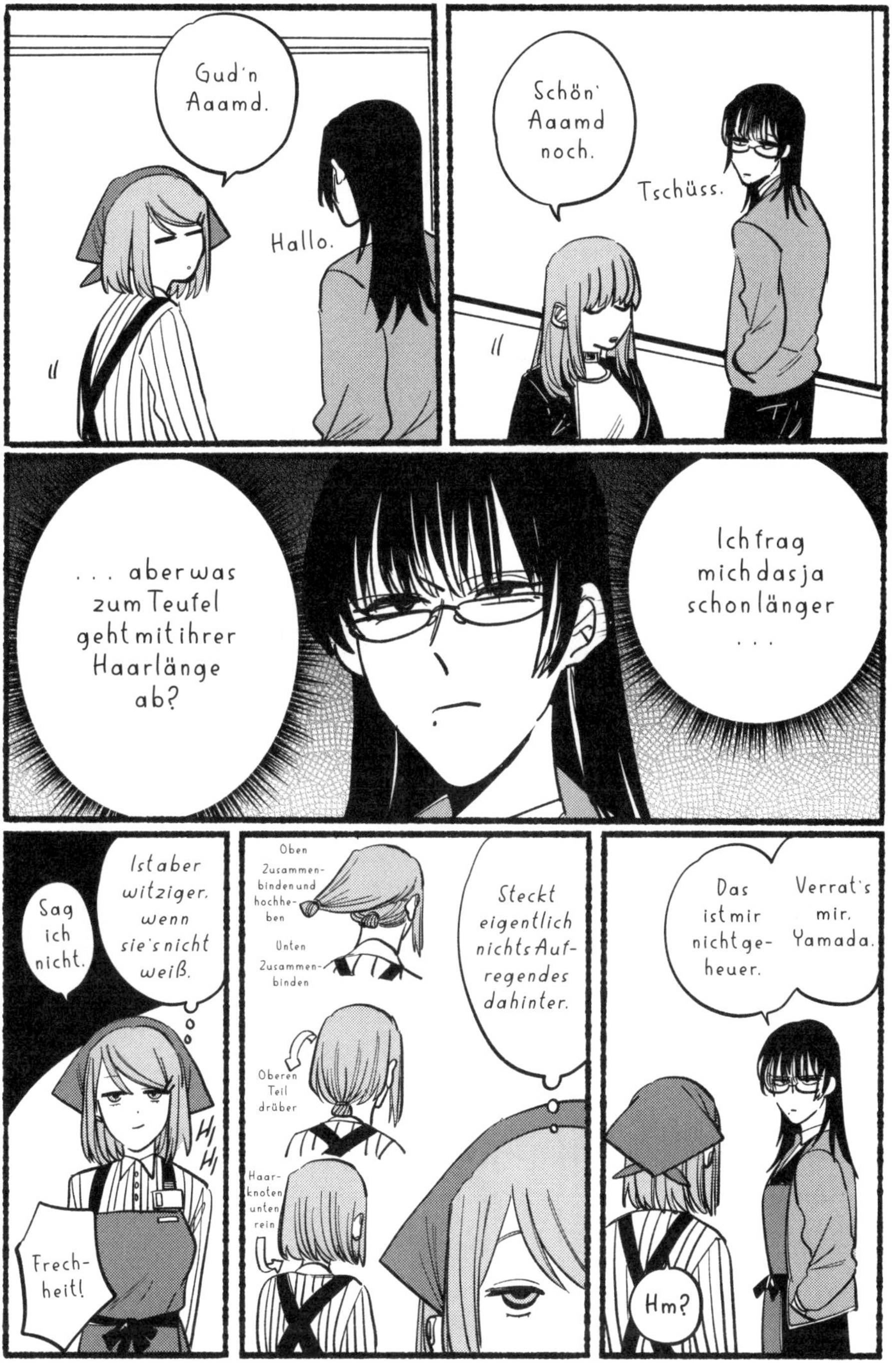

Super S

Bonus Nach der 12. Zigarette

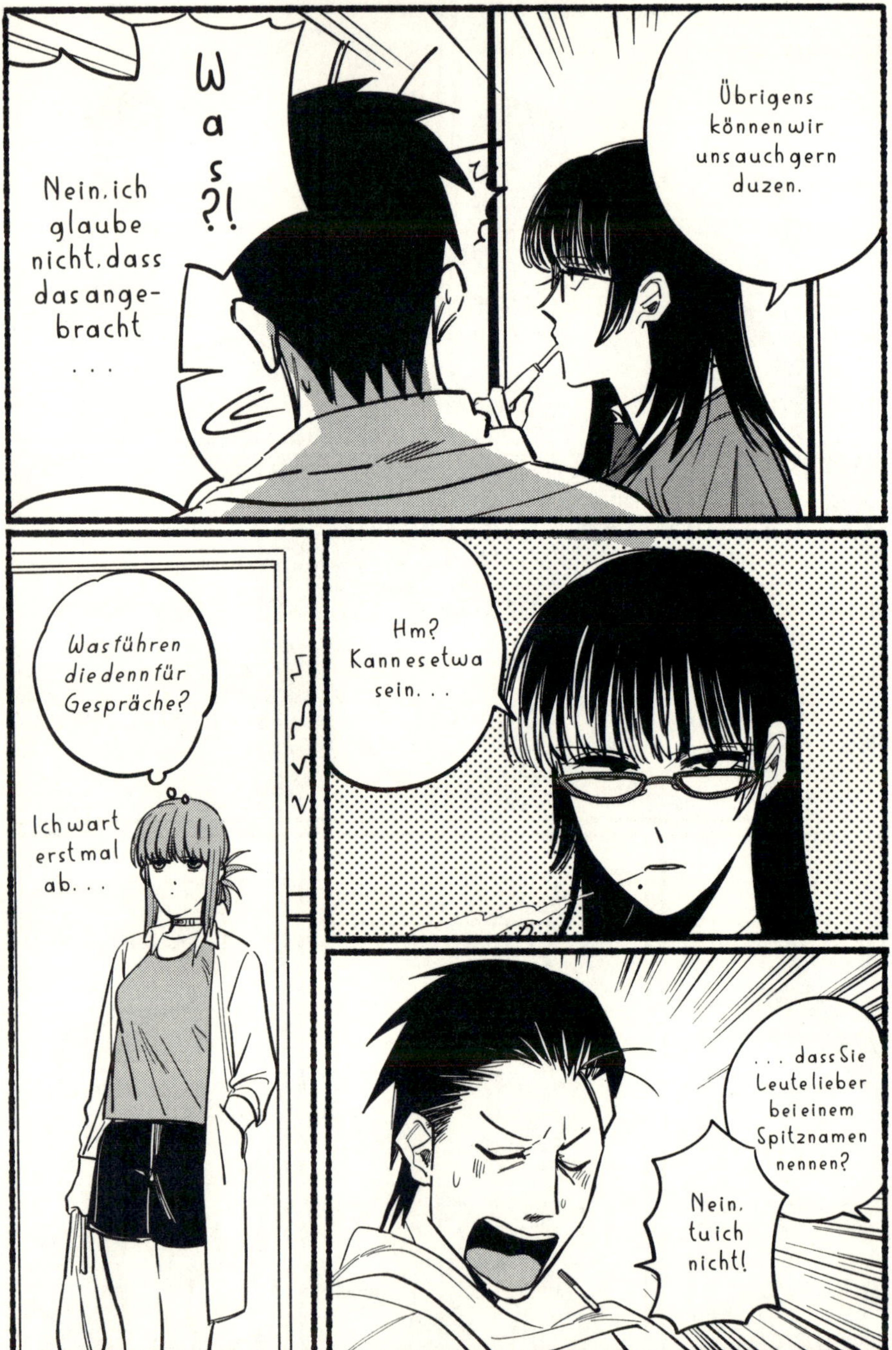

13. Zigarette

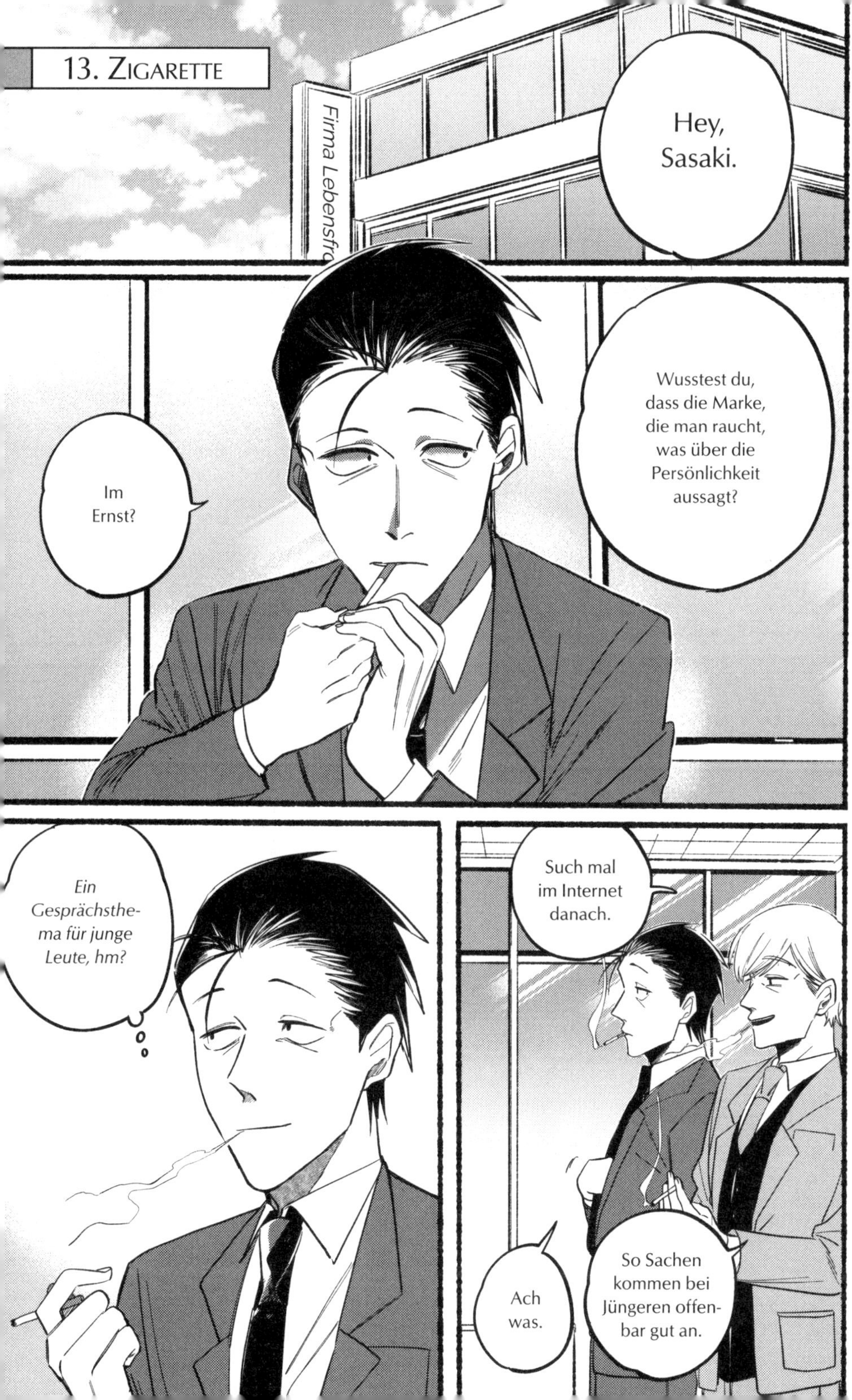

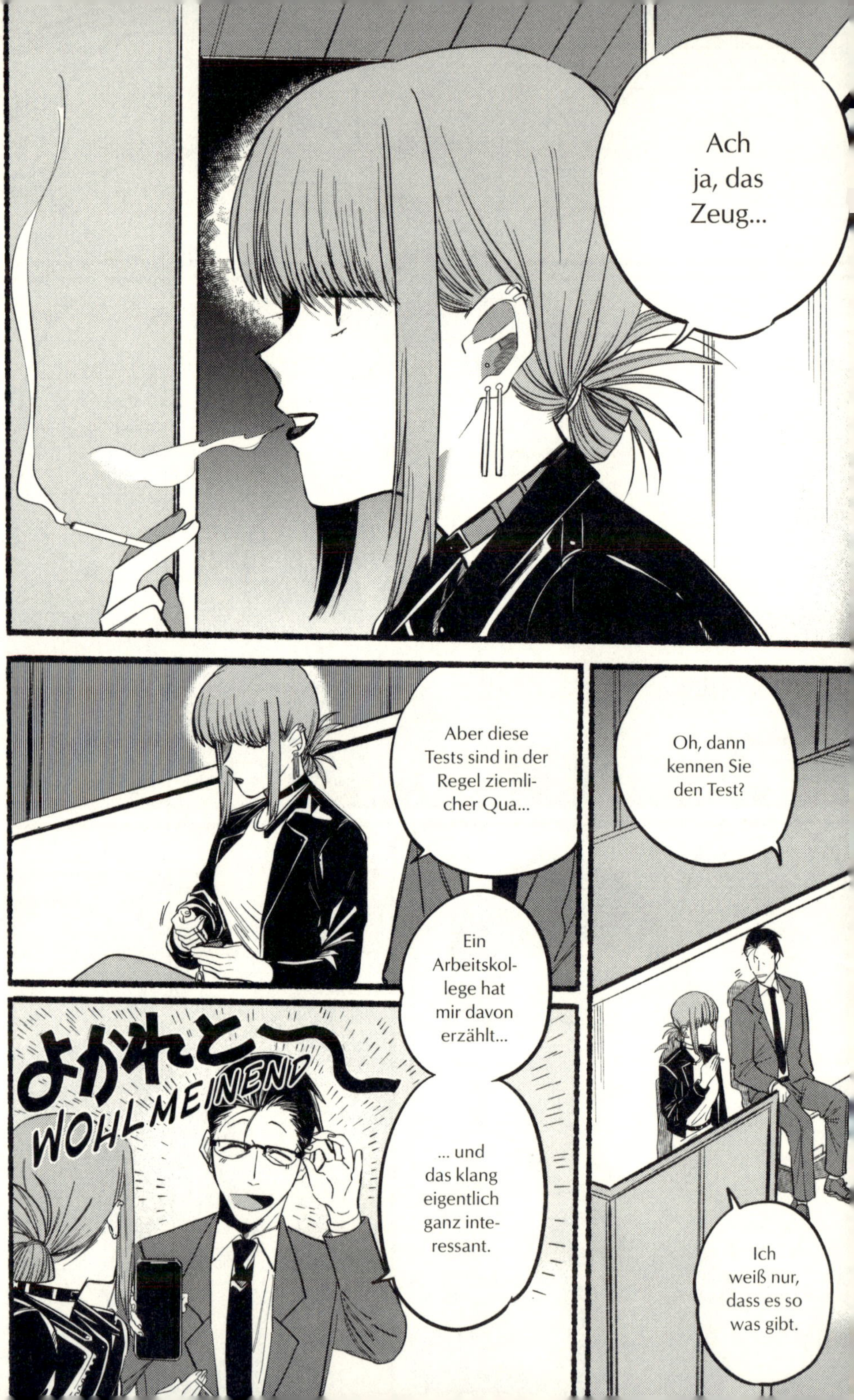
Ach ja, das Zeug...
Oh, dann kennen Sie den Test?
Ich weiß nur, dass es so was gibt.
Aber diese Tests sind in der Regel ziemlicher Qua...
Ein Arbeitskollege hat mir davon erzählt...
... und das klang eigentlich ganz interessant.
よかれと〜
WOHLMEINEND

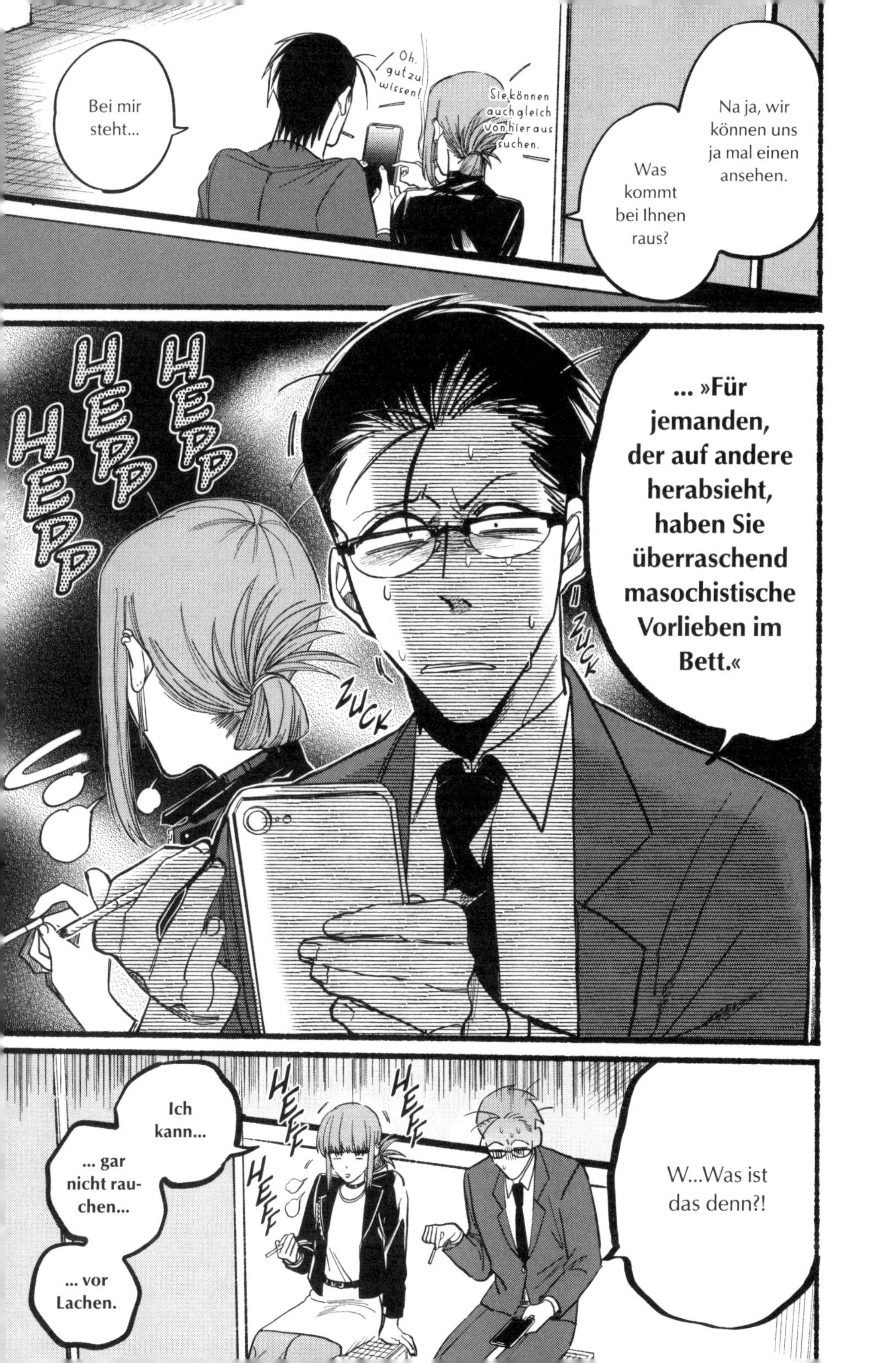

Na ja, wir können uns ja mal einen ansehen.
Was kommt bei Ihnen raus?
Sie können auch gleich von hier aus suchen.
Oh. gut zu wissen!
Bei mir steht...
... »Für jemanden, der auf andere herabsieht, haben Sie überraschend masochistische Vorlieben im Bett.«
ZUCK
ZUCK
HEPP
HEPP
HEPP
W...Was ist das denn?!
HEFF
HEFF
HEFF
Ich kann...
... gar nicht rauchen...
... vor Lachen.

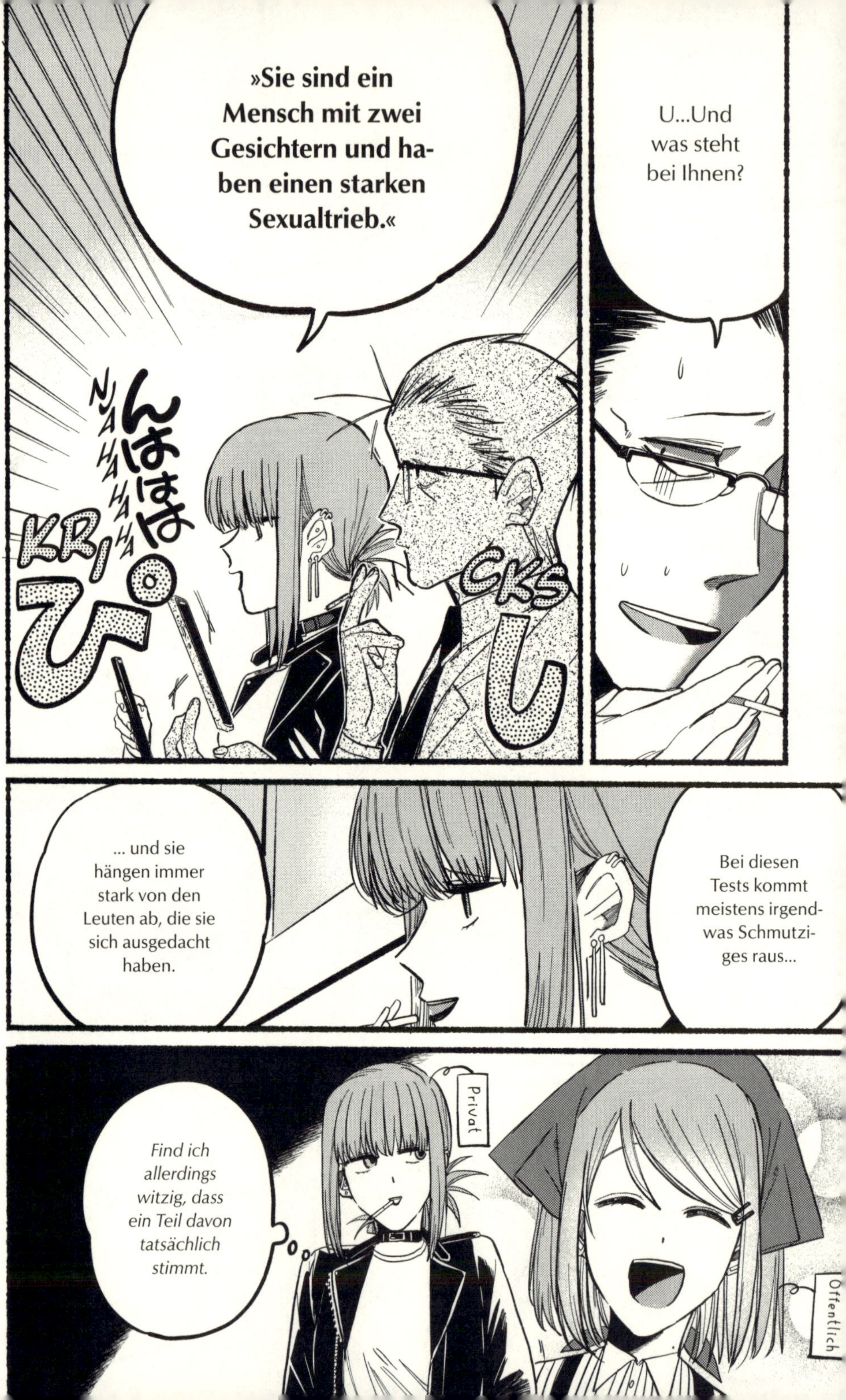
U...Und was steht bei Ihnen?
»Sie sind ein Mensch mit zwei Gesichtern und haben einen starken Sexualtrieb.«
NAHAHAHAHA
んははは
KRI
ぴ
CKS
し
Bei diesen Tests kommt meistens irgendwas Schmutziges raus...
... und sie hängen immer stark von den Leuten ab, die sie sich ausgedacht haben.
Privat
Offentlich
Find ich allerdings witzig, dass ein Teil davon tatsächlich stimmt.

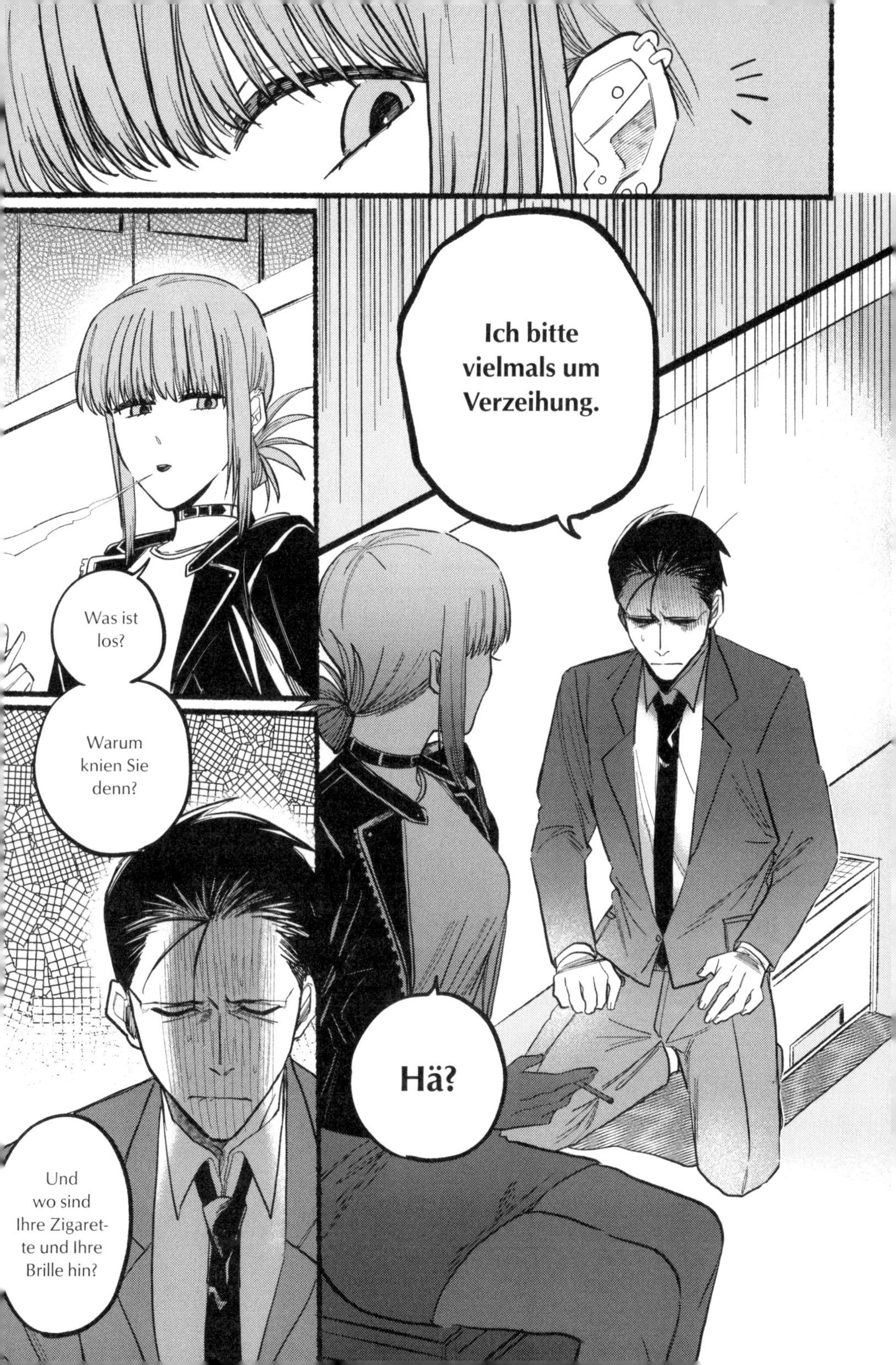
Ich bitte vielmals um Verzeihung.
Was ist los?
Warum knien Sie denn?
Hä?
Und wo sind Ihre Zigarette und Ihre Brille hin?

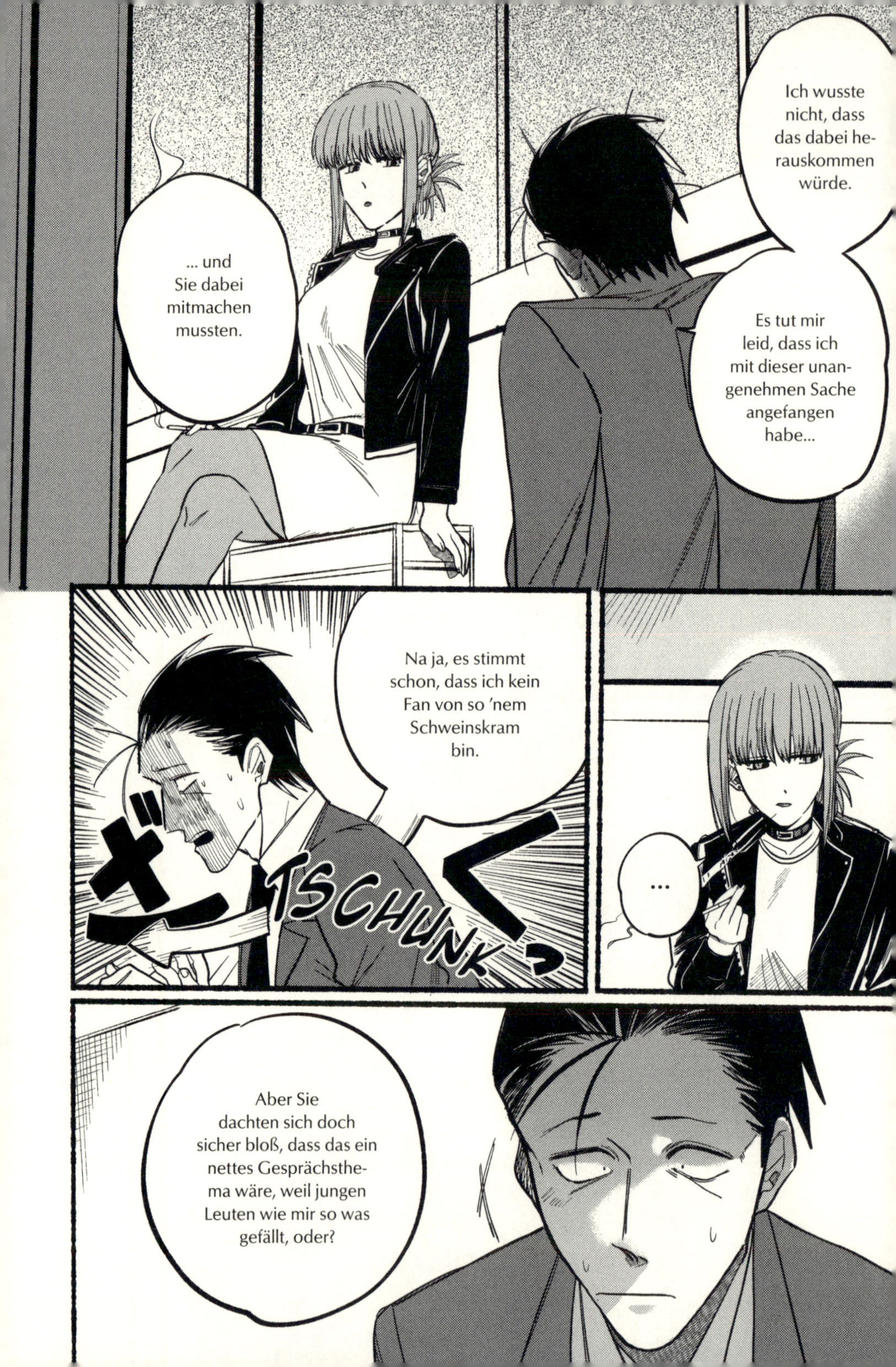

Ich wusste nicht, dass das dabei herauskommen würde.
... und Sie dabei mitmachen mussten.
Es tut mir leid, dass ich mit dieser unangenehmen Sache angefangen habe...
...
Na ja, es stimmt schon, dass ich kein Fan von so 'nem Schweinskram bin.
TSCHUNK
Aber Sie dachten sich doch sicher bloß, dass das ein nettes Gesprächsthema wäre, weil jungen Leuten wie mir so was gefällt, oder?

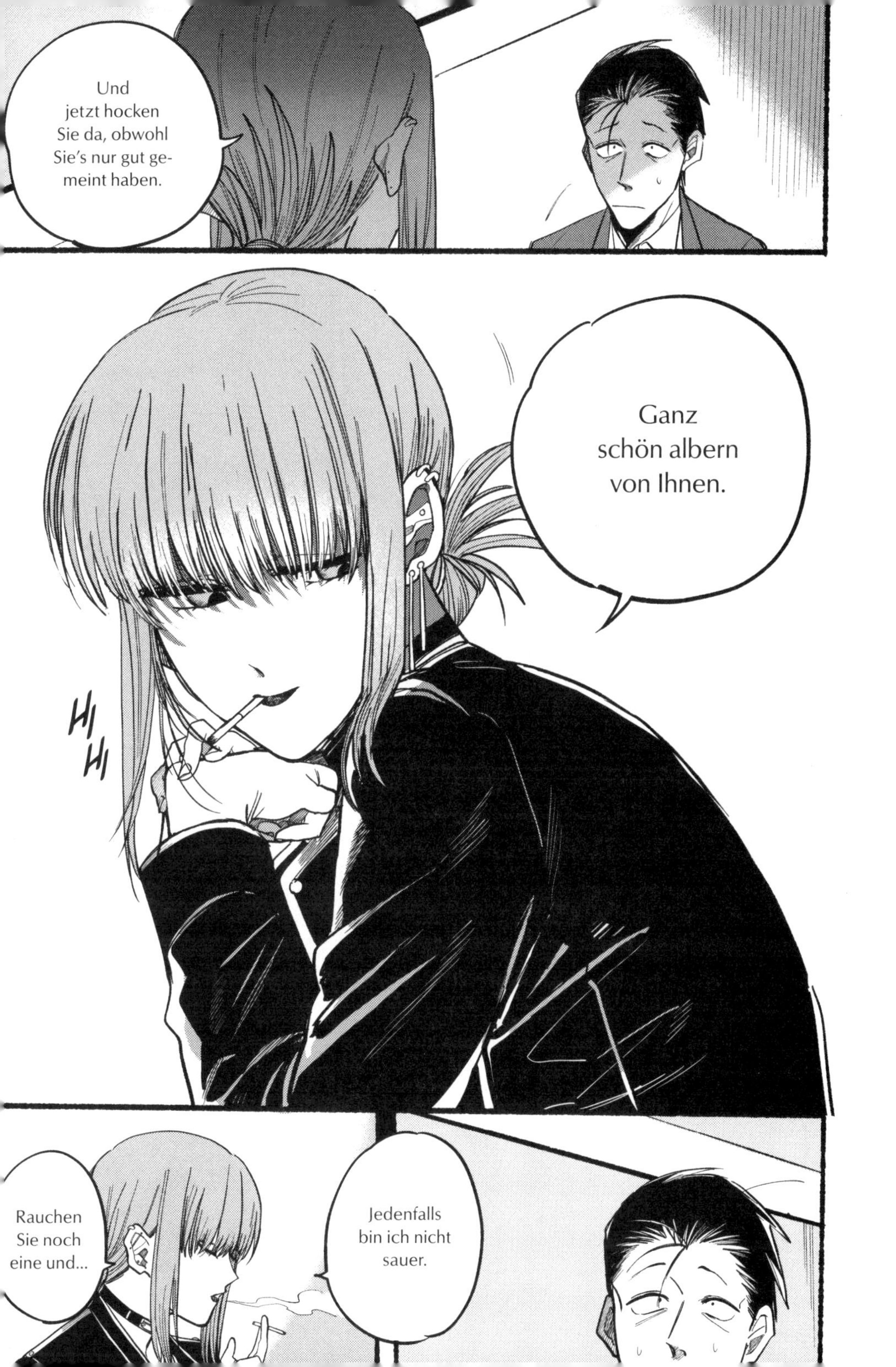
Und jetzt hocken Sie da, obwohl Sie's nur gut gemeint haben.
Ganz schön albern von Ihnen.
HI HI
Jedenfalls bin ich nicht sauer.
Rauchen Sie noch eine und...

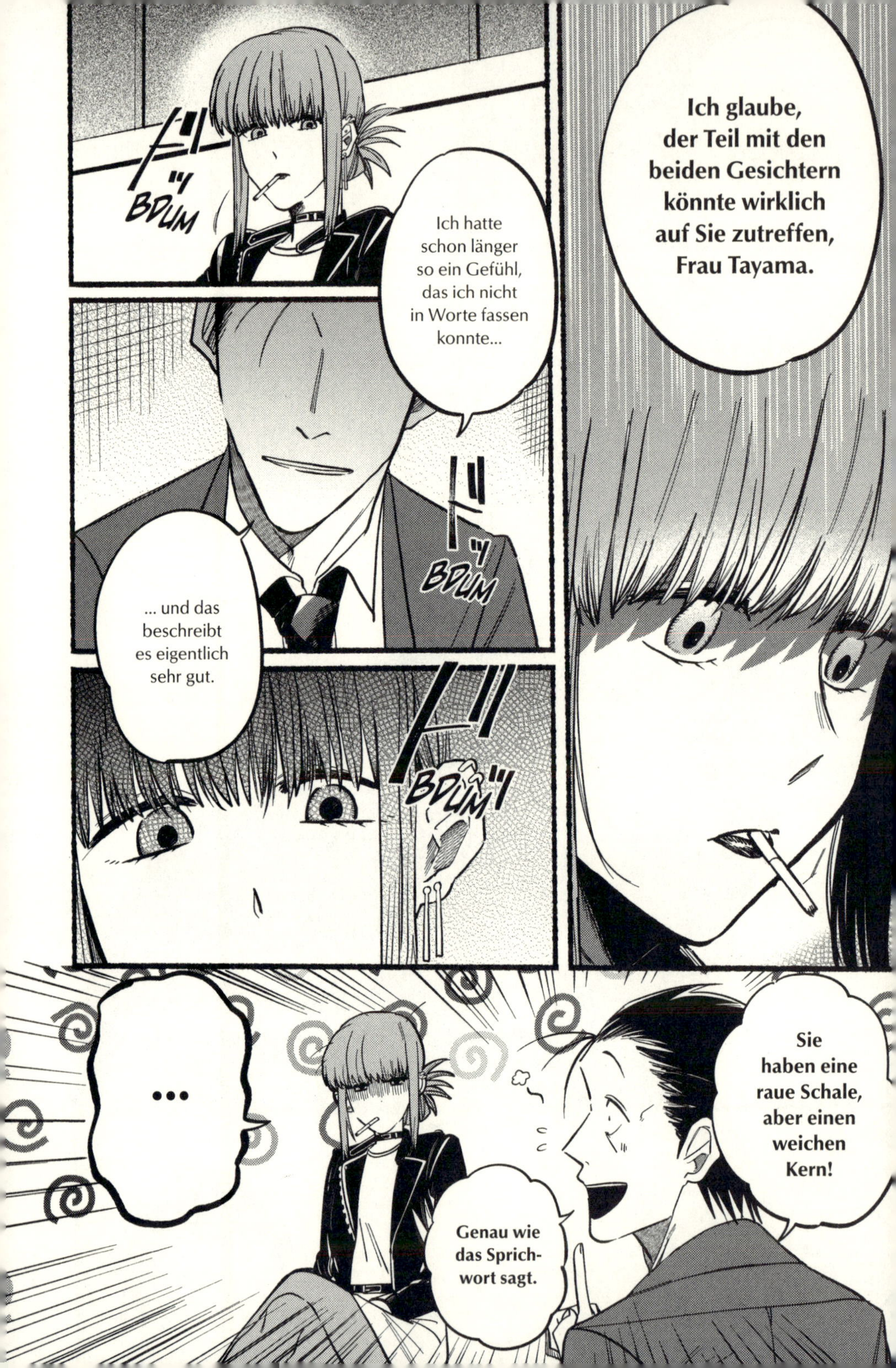
Ich glaube, der Teil mit den beiden Gesichtern könnte wirklich auf Sie zutreffen, Frau Tayama.
BDUM
Ich hatte schon länger so ein Gefühl, das ich nicht in Worte fassen konnte...
BDUM
... und das beschreibt es eigentlich sehr gut.
BDUM
Sie haben eine raue Schale, aber einen weichen Kern!
Genau wie das Sprichwort sagt.
...

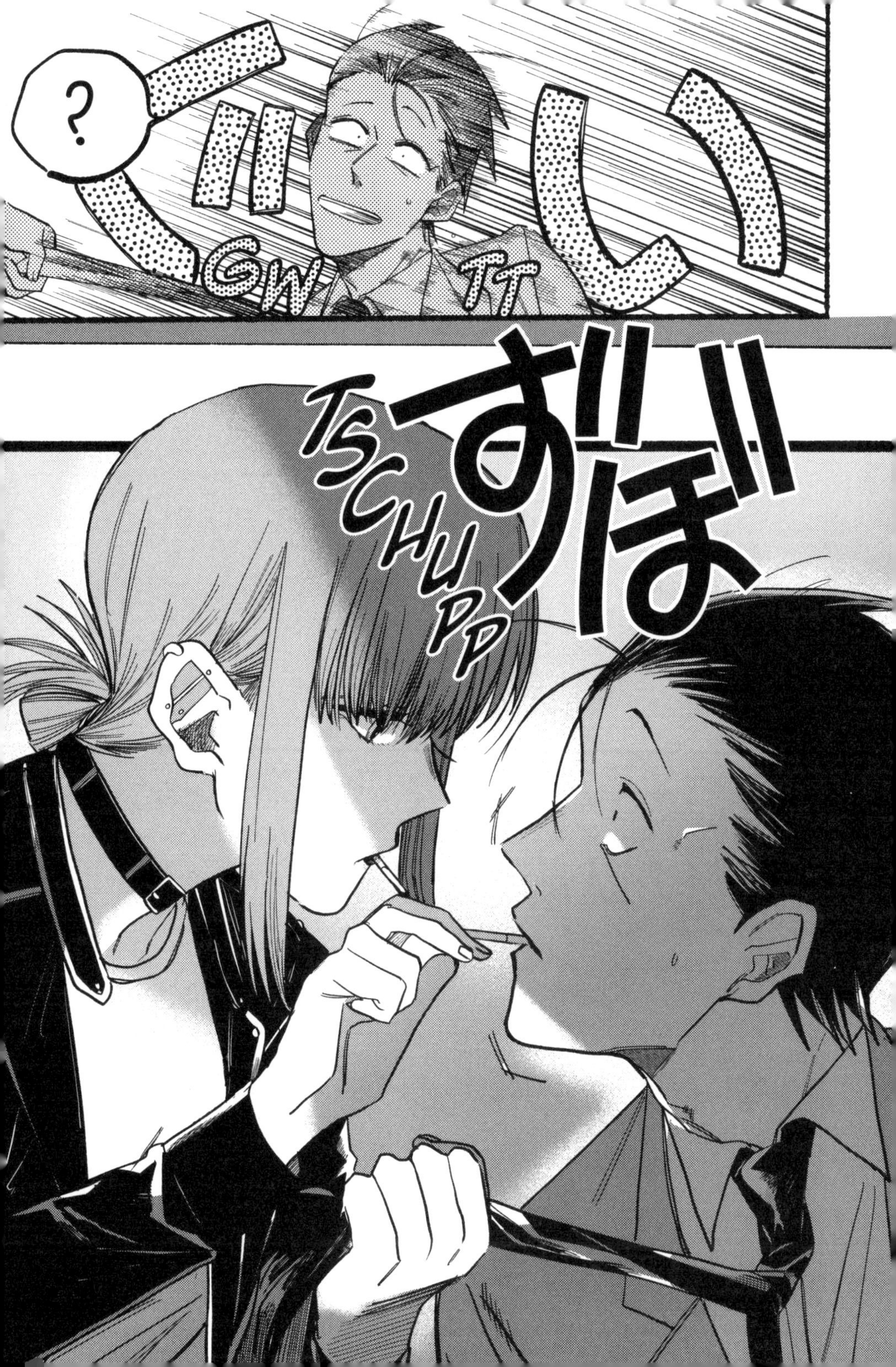
?
GWTT
TSCHUPP

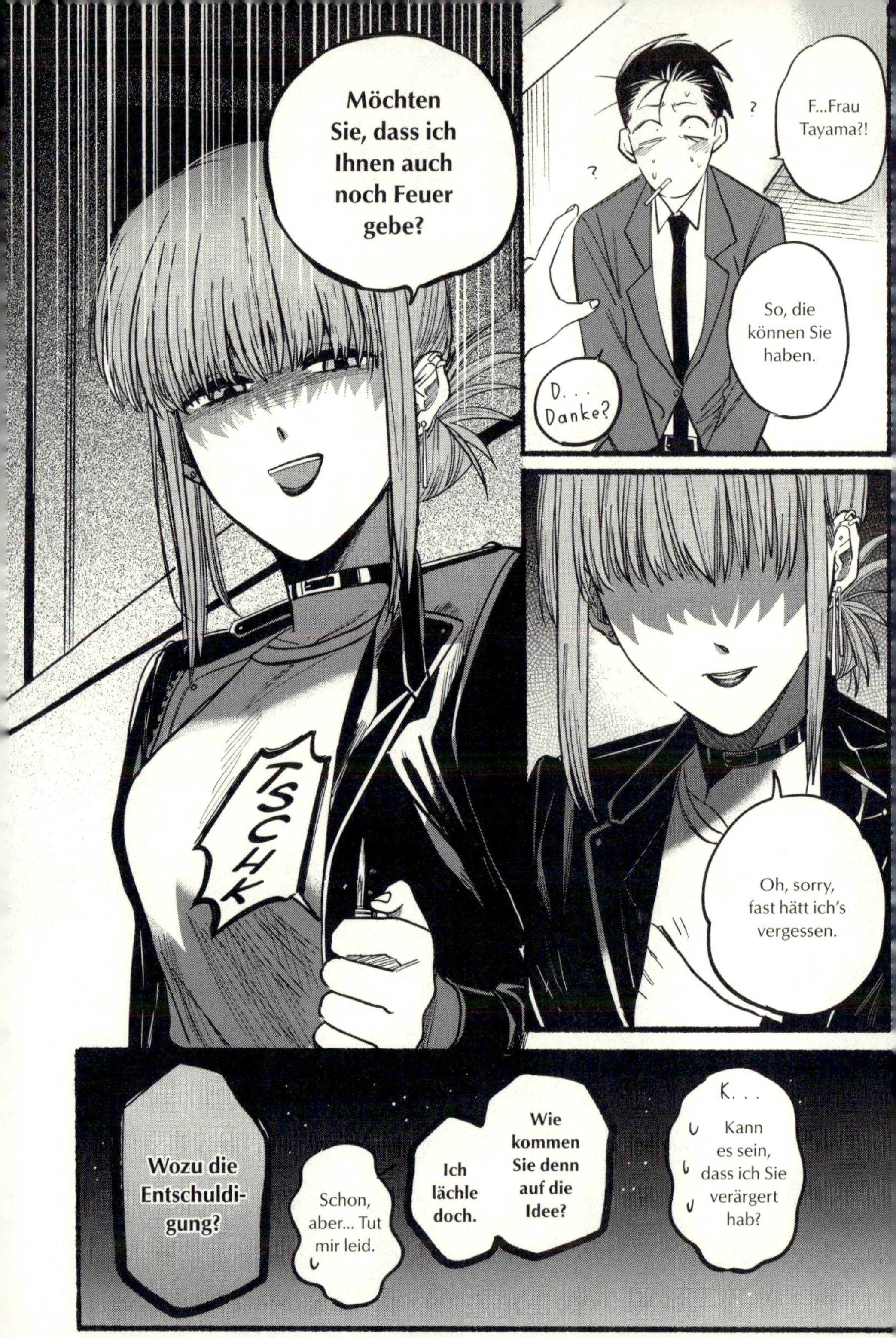

F...Frau Tayama?!
So, die können Sie haben.
D... Danke?
Oh, sorry, fast hätt ich's vergessen.
Möchten Sie, dass ich Ihnen auch noch Feuer gebe?
TSCHK
K... Kann es sein, dass ich Sie verärgert hab?
Wie kommen Sie denn auf die Idee?
Ich lächle doch.
Schon, aber... Tut mir leid.
Wozu die Entschuldigung?

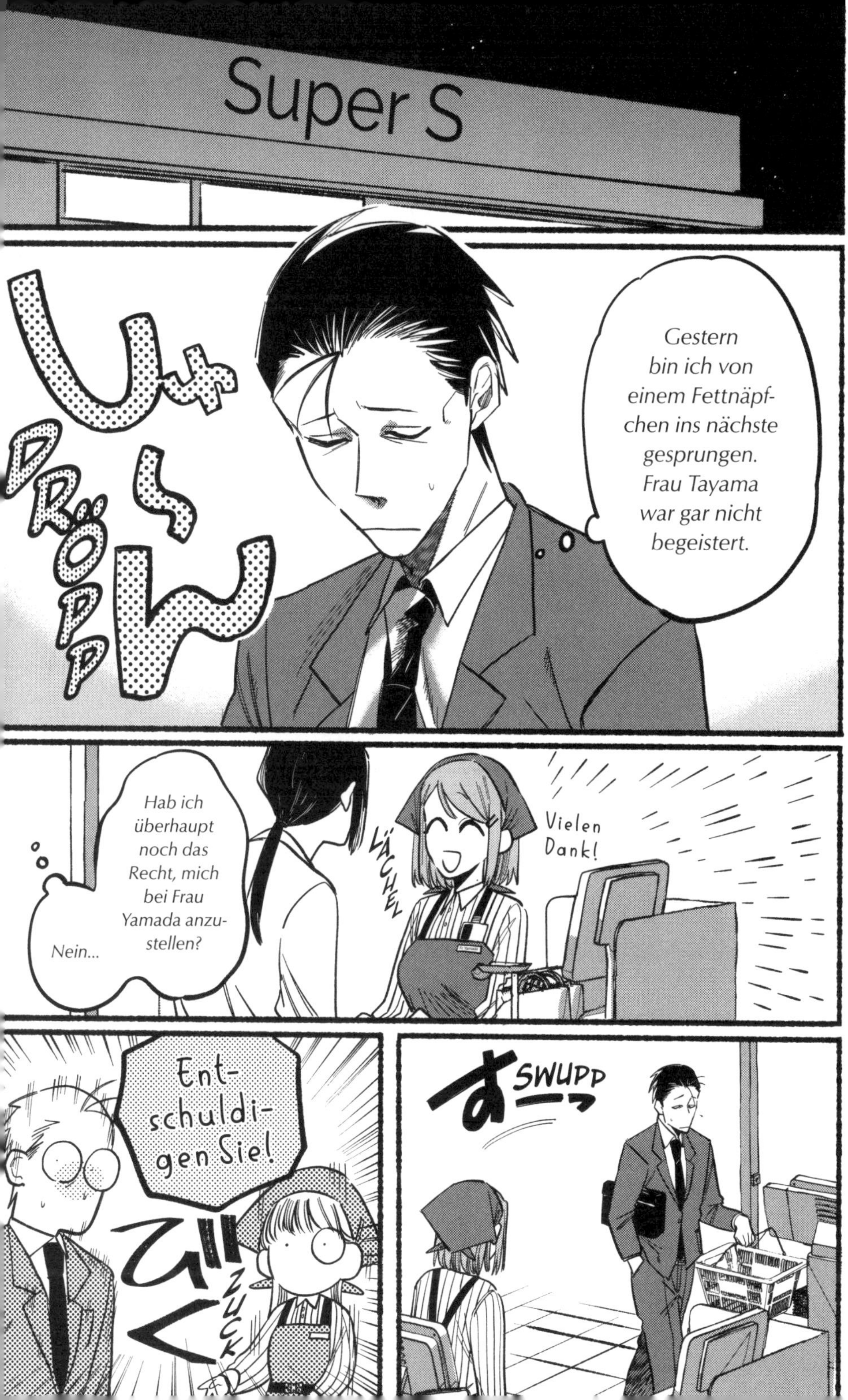
Super S
DRÖPP
Gestern bin ich von einem Fettnäpfchen ins nächste gesprungen. Frau Tayama war gar nicht begeistert.
Vielen Dank!
LÄCHEL
Hab ich überhaupt noch das Recht, mich bei Frau Yamada anzustellen?
Nein...
SWUPP
Ent-schuldi-gen Sie!
ZUCK

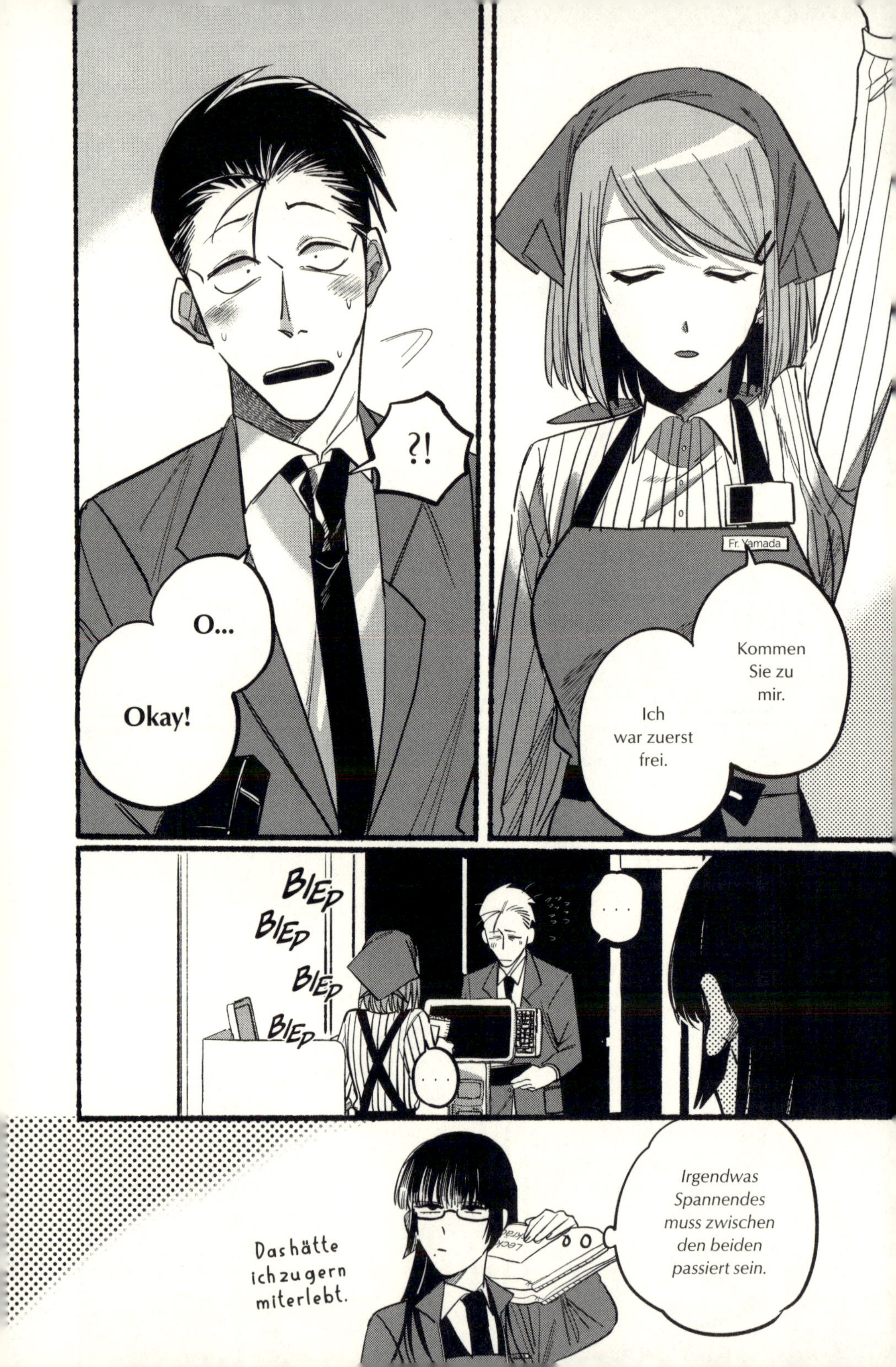
Fr. Yamada
Kommen Sie zu mir.
Ich war zuerst frei.
?!
O...
Okay!
BIEP
BIEP
BIEP
BIEP
...
...
Irgendwas Spannendes muss zwischen den beiden passiert sein.
Das hätte ich zu gern miterlebt.

14. Zigarette

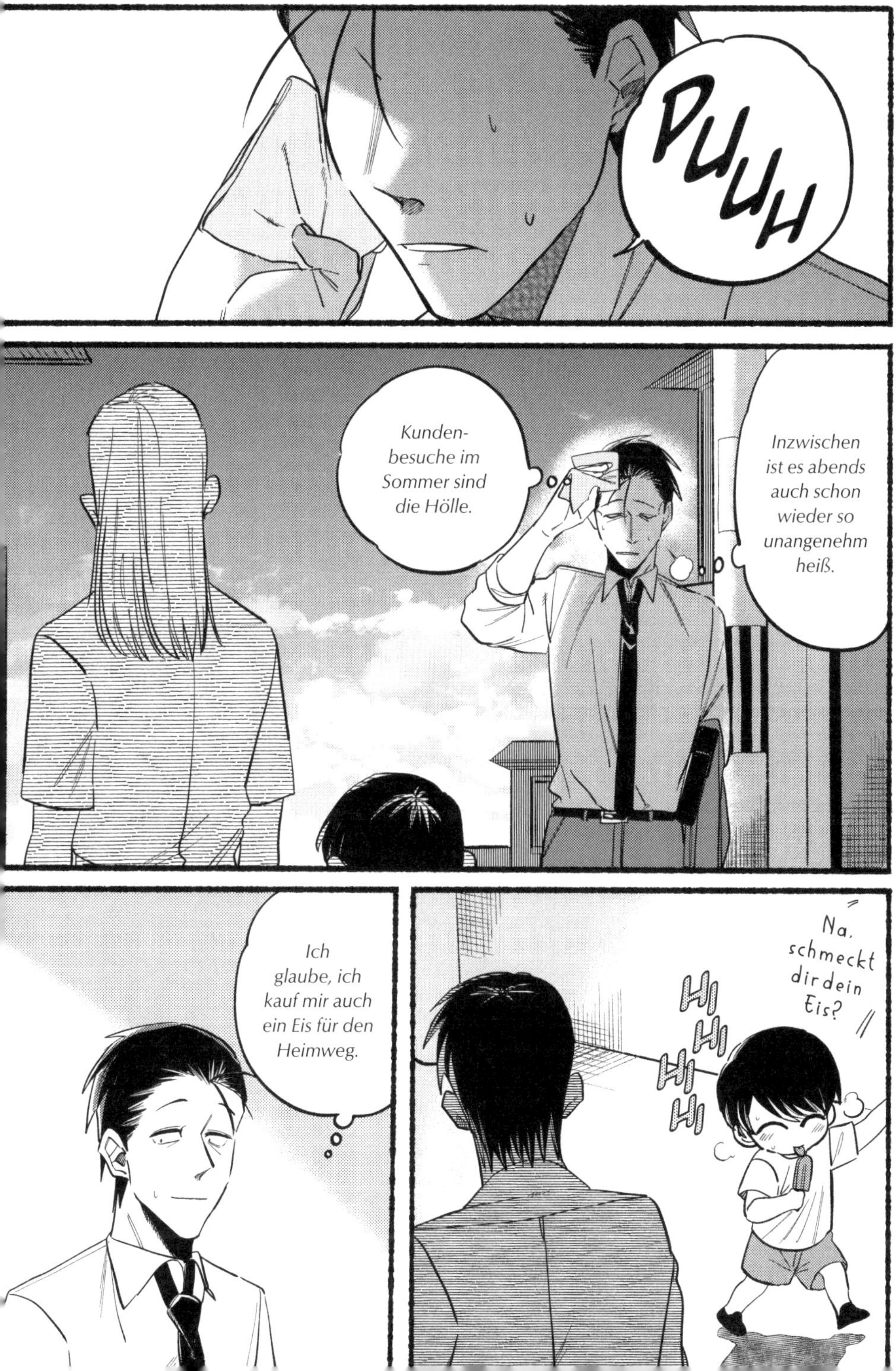

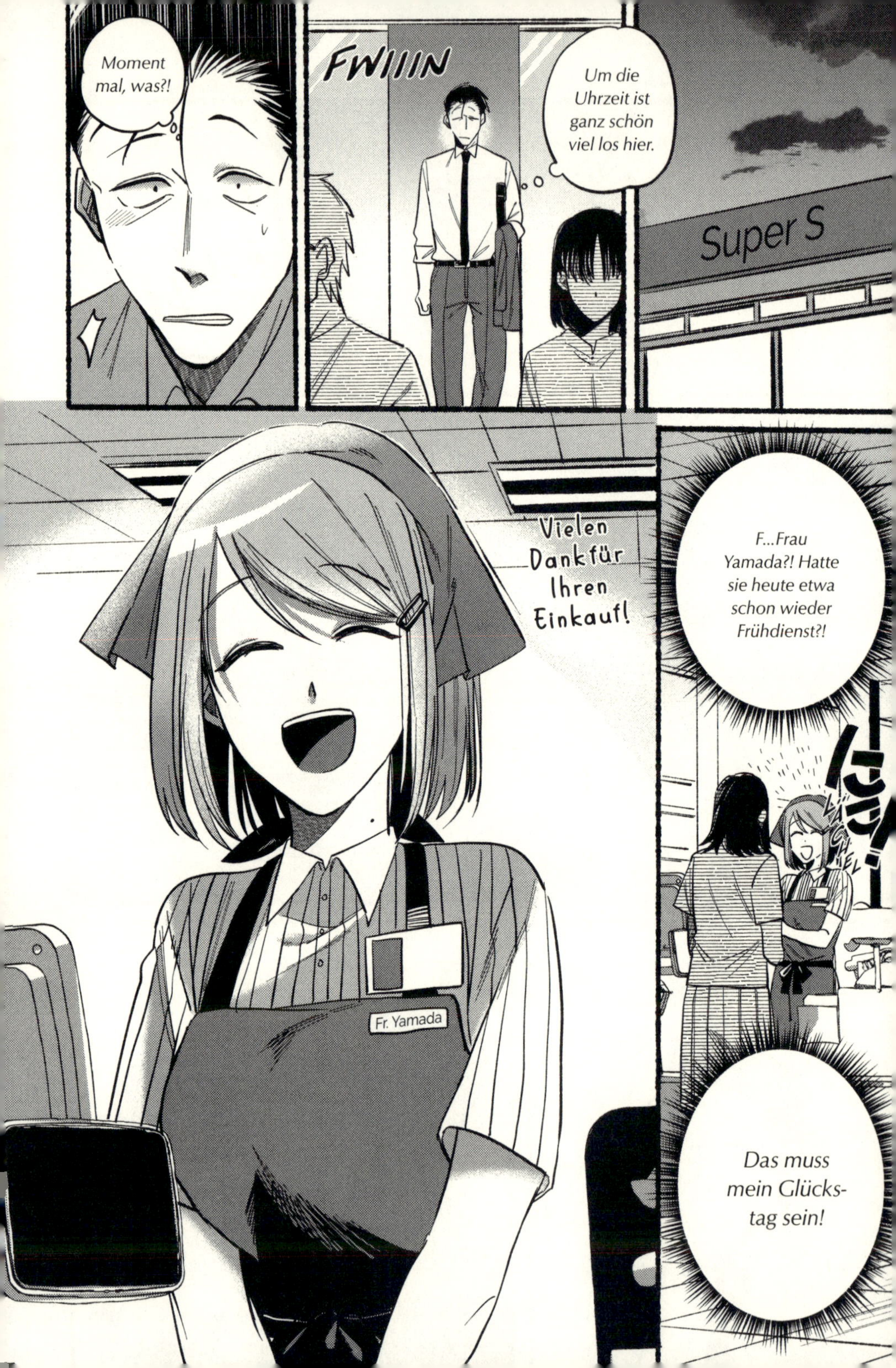
Super S
Um die Uhrzeit ist ganz schön viel los hier.
FWIIIN
Moment mal, was?!
F...Frau Yamada?! Hatte sie heute etwa schon wieder Frühdienst?!
Vielen Dank für Ihren Einkauf!
Fr. Yamada
Das muss mein Glückstag sein!

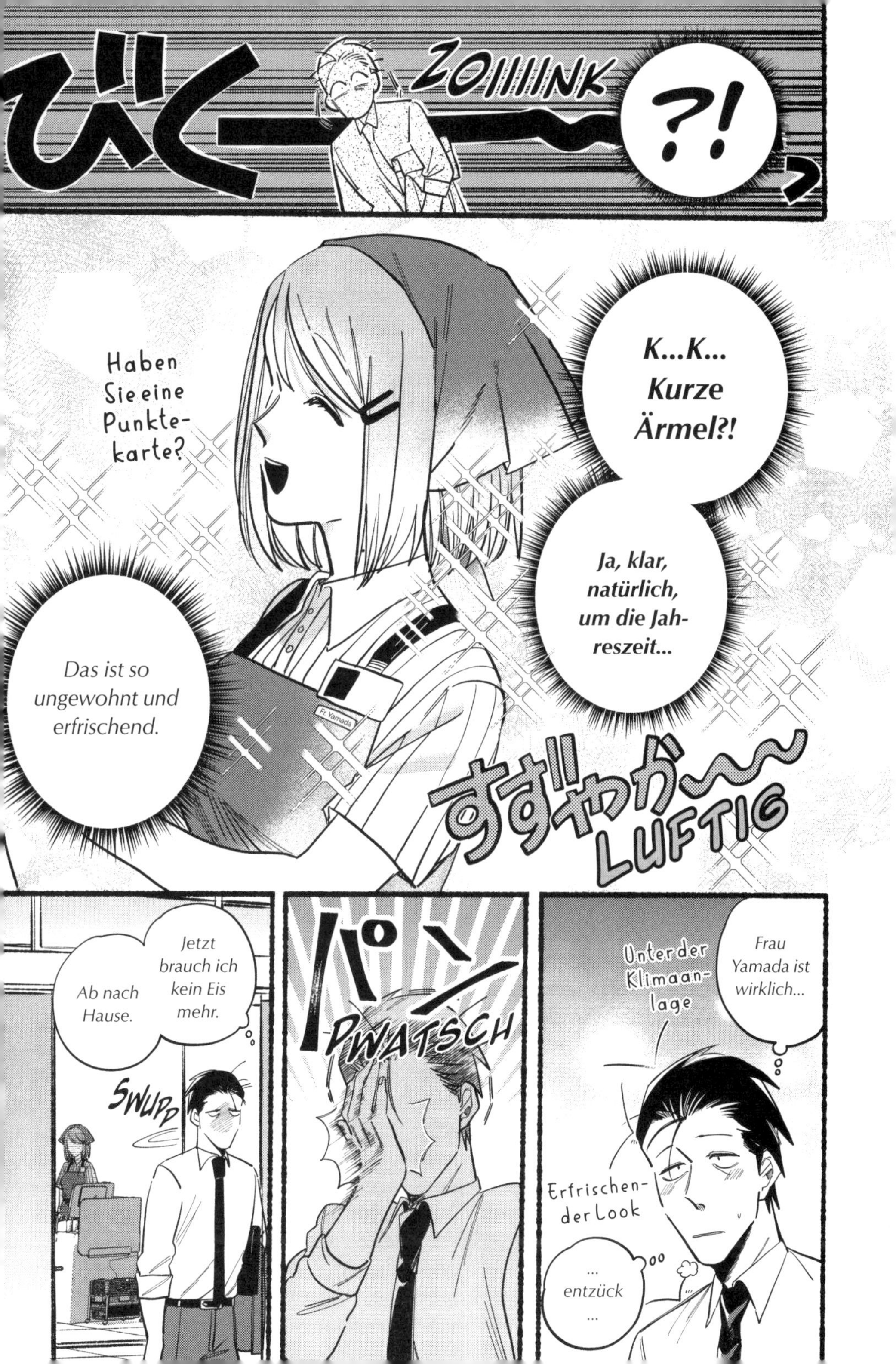

びくー
ZOIIIINK
?!
K...K... Kurze Ärmel?!
Haben Sie eine Punkte-karte?
Ja, klar, natürlich, um die Jahreszeit...
Das ist so ungewohnt und erfrischend.
Fr. Yamada
すずやか～
LUFTIG
Frau Yamada ist wirklich...
Unter der Klimaan-lage
Erfrischen-der Look
... entzück ...
パン
PWATSCH
Jetzt brauch ich kein Eis mehr.
Ab nach Hause.
SWUPP

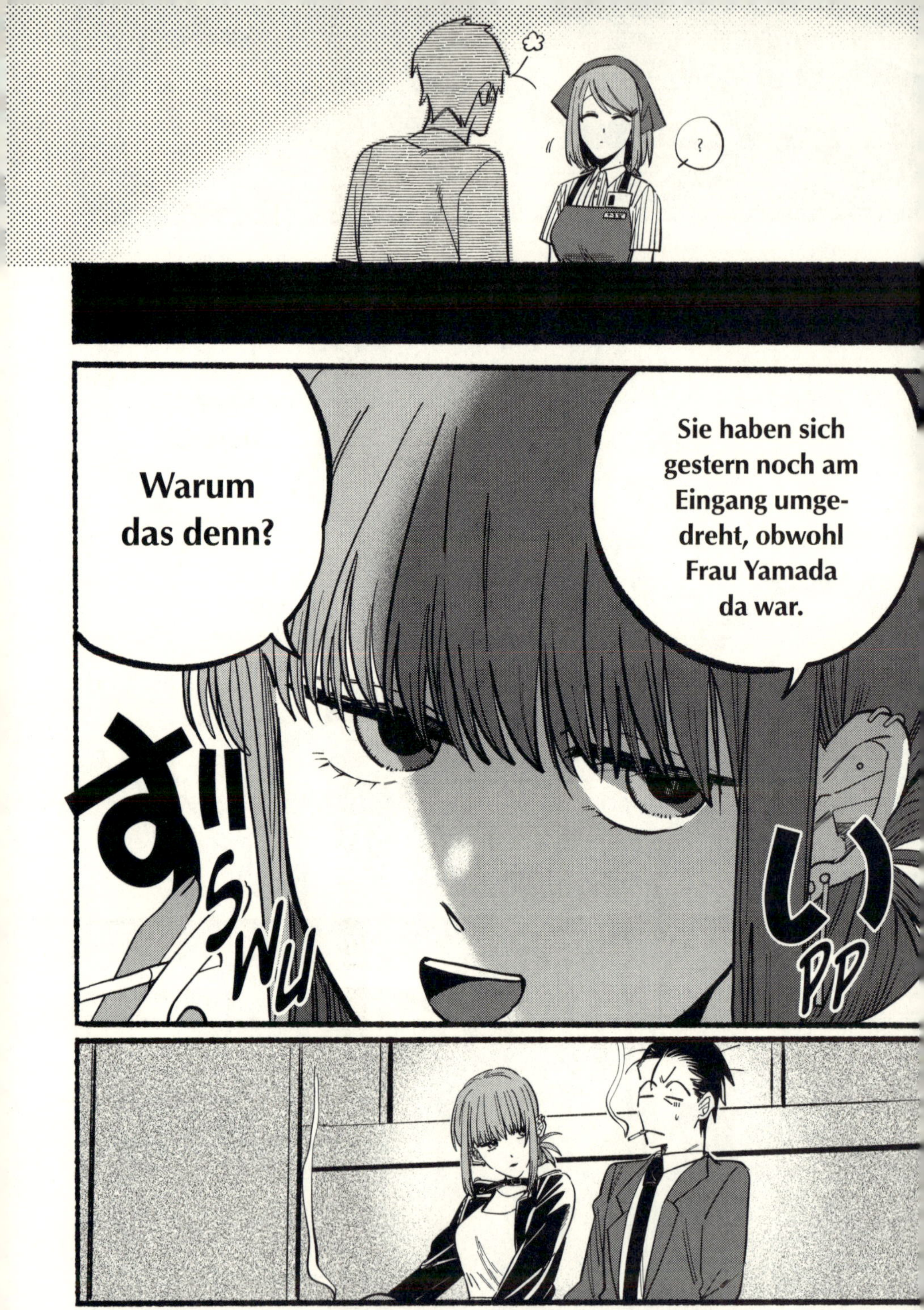
?
Sie haben sich gestern noch am Eingang umgedreht, obwohl Frau Yamada da war.
Warum das denn?
いっ
PP
すっ
SWU

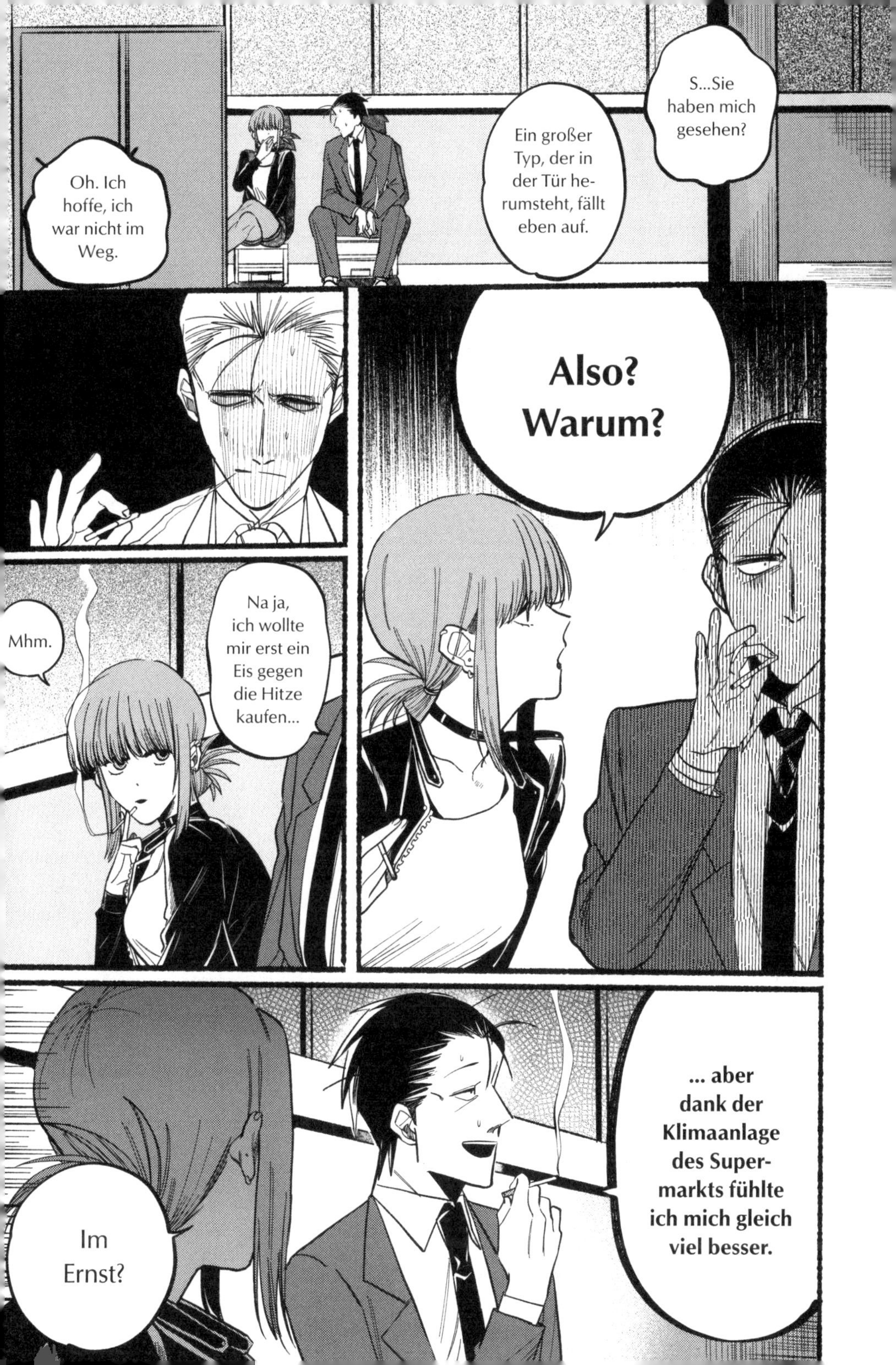
S...Sie haben mich gesehen?
Ein großer Typ, der in der Tür herumsteht, fällt eben auf.
Oh. Ich hoffe, ich war nicht im Weg.
Also? Warum?
Na ja, ich wollte mir erst ein Eis gegen die Hitze kaufen...
Mhm.
... aber dank der Klimaanlage des Supermarkts fühlte ich mich gleich viel besser.
Im Ernst?

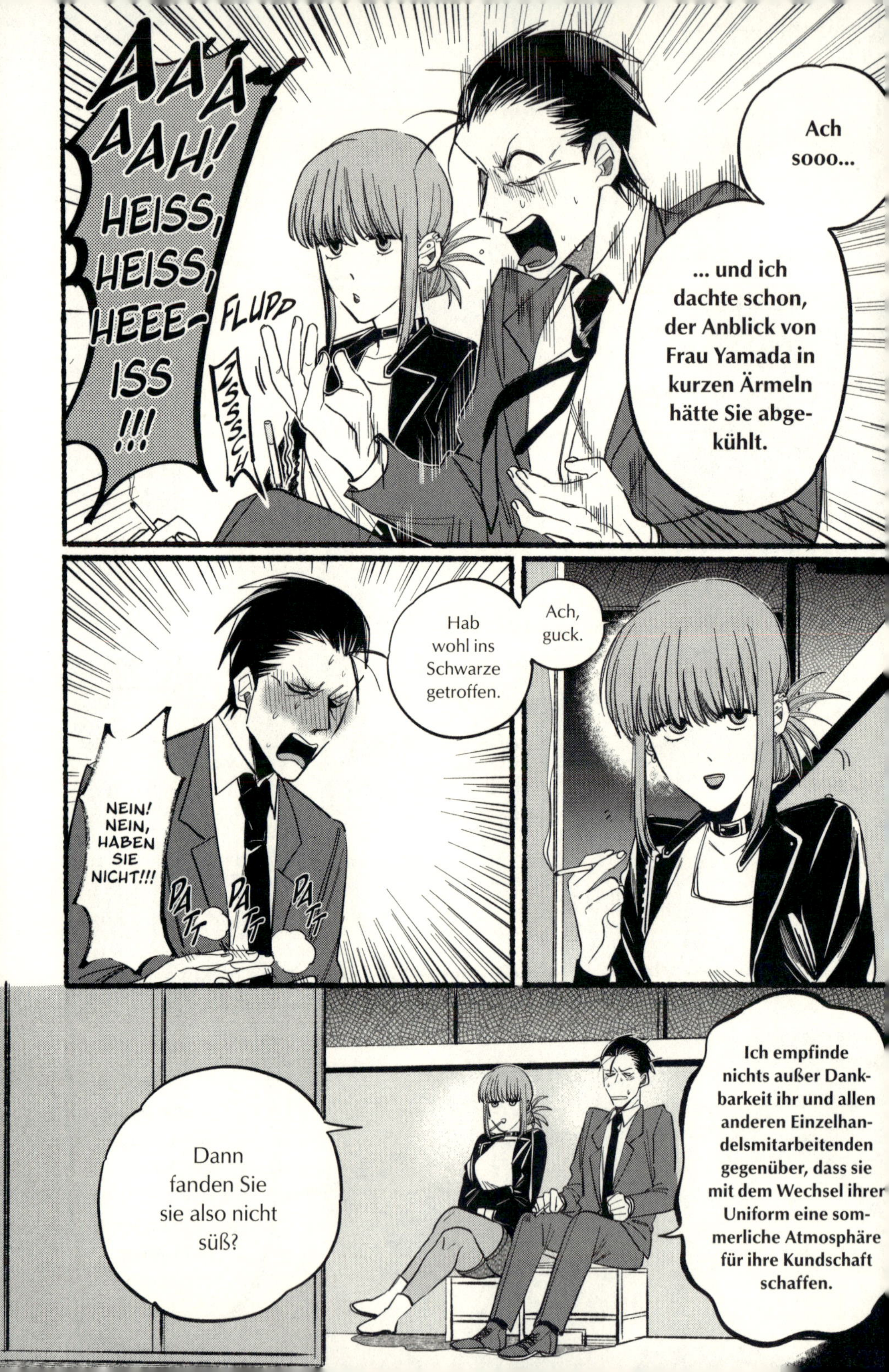
Ach sooo...
... und ich dachte schon, der Anblick von Frau Yamada in kurzen Ärmeln hätte Sie abgekühlt.
AAAAAH! HEISS, HEISS, HEEE-ISS!!!
FLUPP
ZSSSCH
Ach, guck.
Hab wohl ins Schwarze getroffen.
NEIN! NEIN, HABEN SIE NICHT!!!
PATT PATT PATT
Ich empfinde nichts außer Dankbarkeit ihr und allen anderen Einzelhandelsmitarbeitenden gegenüber, dass sie mit dem Wechsel ihrer Uniform eine sommerliche Atmosphäre für ihre Kundschaft schaffen.
Dann fanden Sie sie also nicht süß?

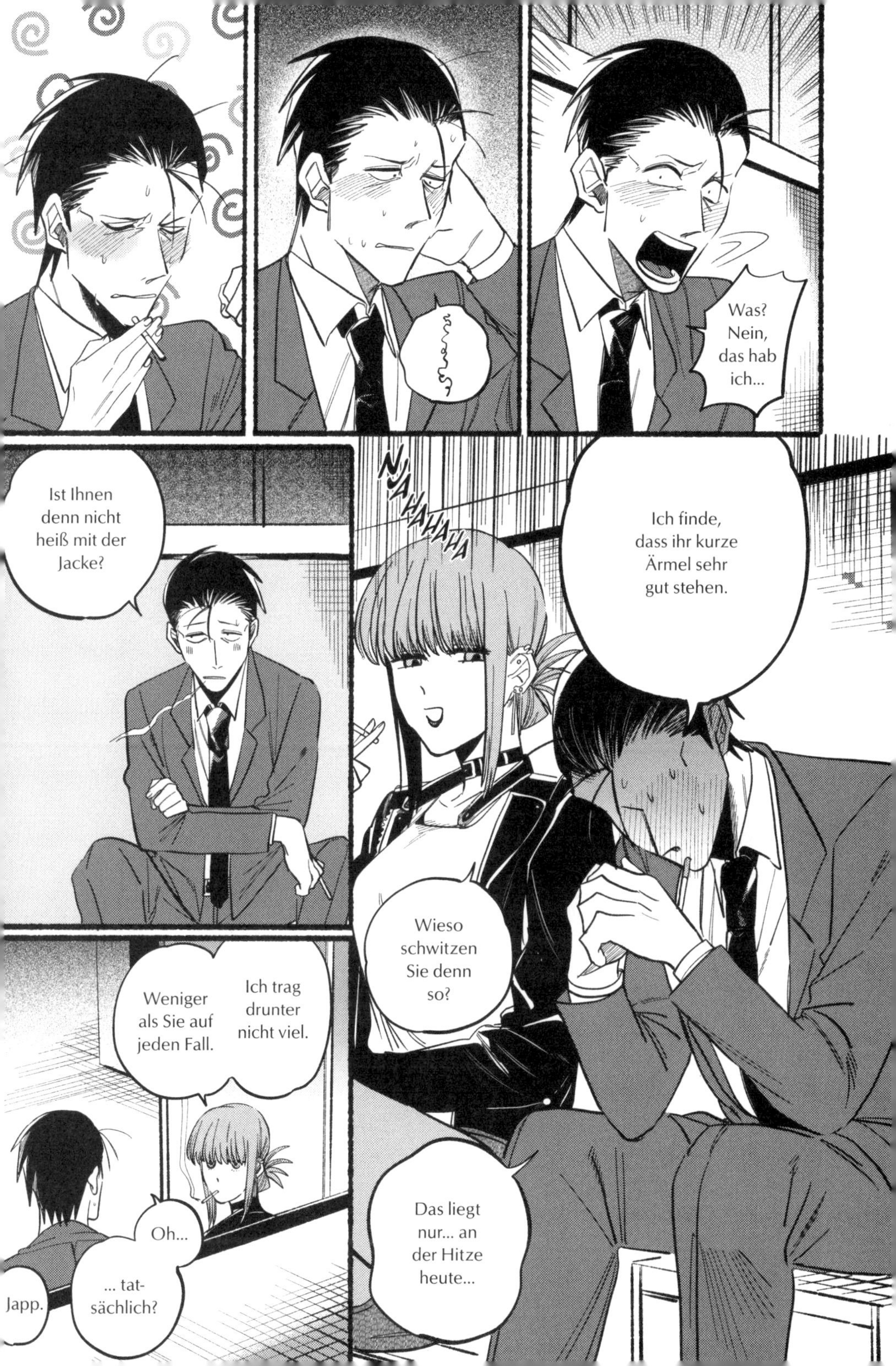

Was? Nein, das hab ich...
Ist Ihnen denn nicht heiß mit der Jacke?
Ich trag drunter nicht viel.
Weniger als Sie auf jeden Fall.
Oh...
... tat-sächlich?
Japp.
NJAHAHAHAHA
Ich finde, dass ihr kurze Ärmel sehr gut stehen.
Wieso schwitzen Sie denn so?
Das liegt nur... an der Hitze heute...

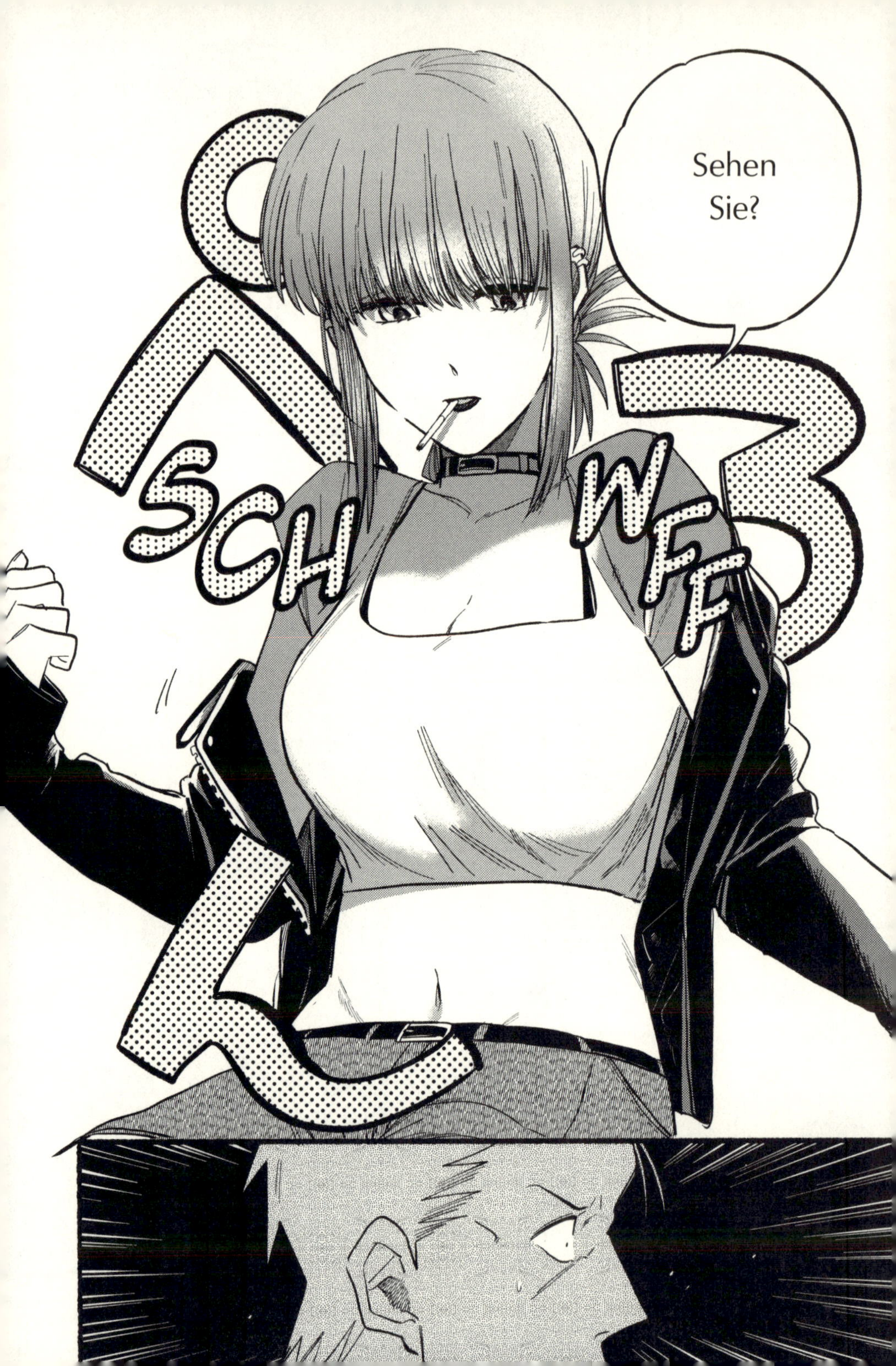
Sehen Sie?
SCH WFF

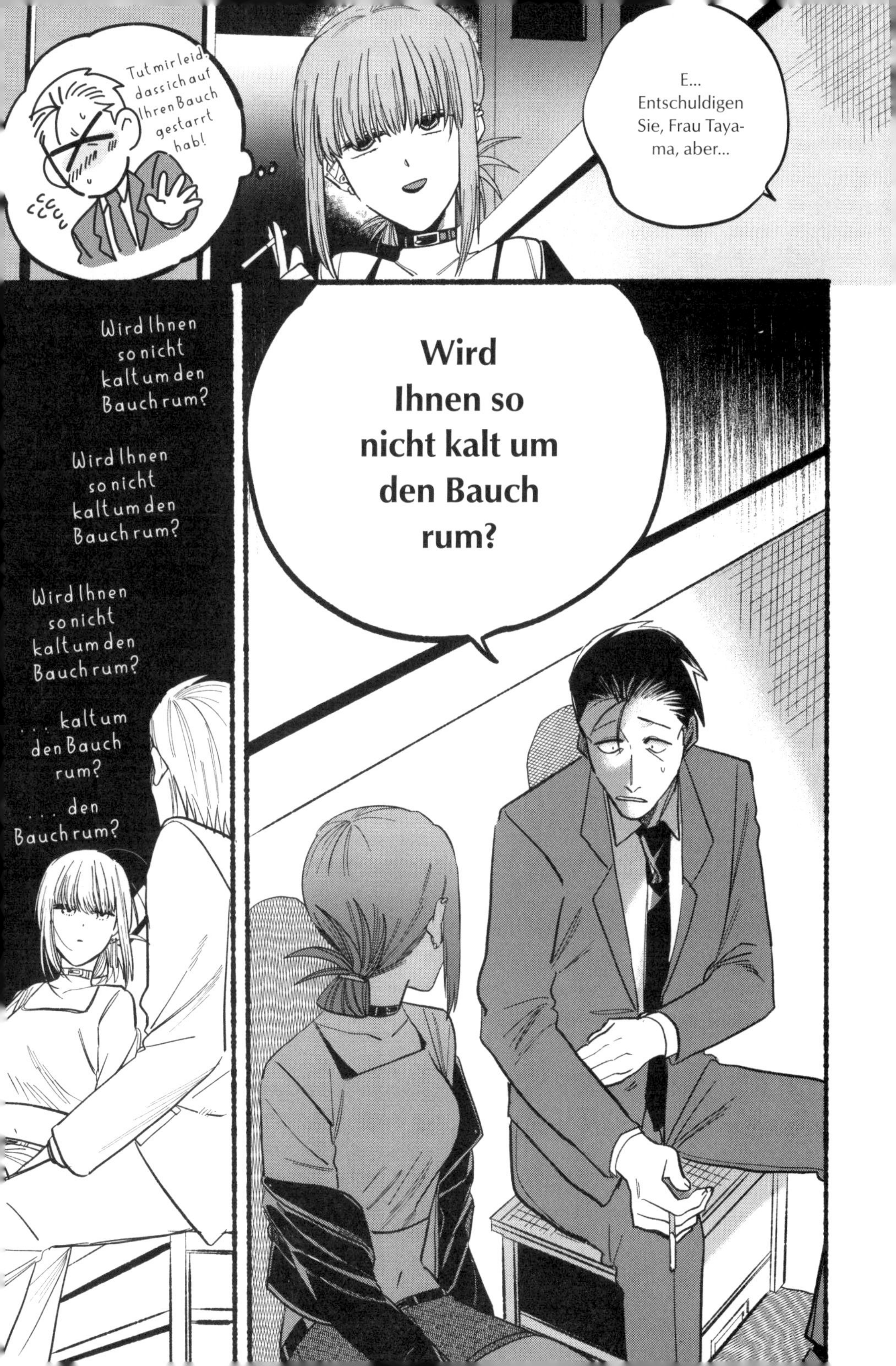
E... Entschuldigen Sie, Frau Tayama, aber...
Tut mir leid, dass ich auf Ihren Bauch gestarrt hab!
Wird Ihnen so nicht kalt um den Bauch rum?
Wird Ihnen so nicht kalt um den Bauch rum?
Wird Ihnen so nicht kalt um den Bauch rum?
Wird Ihnen so nicht kalt um den Bauch rum?
... kalt um den Bauch rum?
... den Bauch rum?

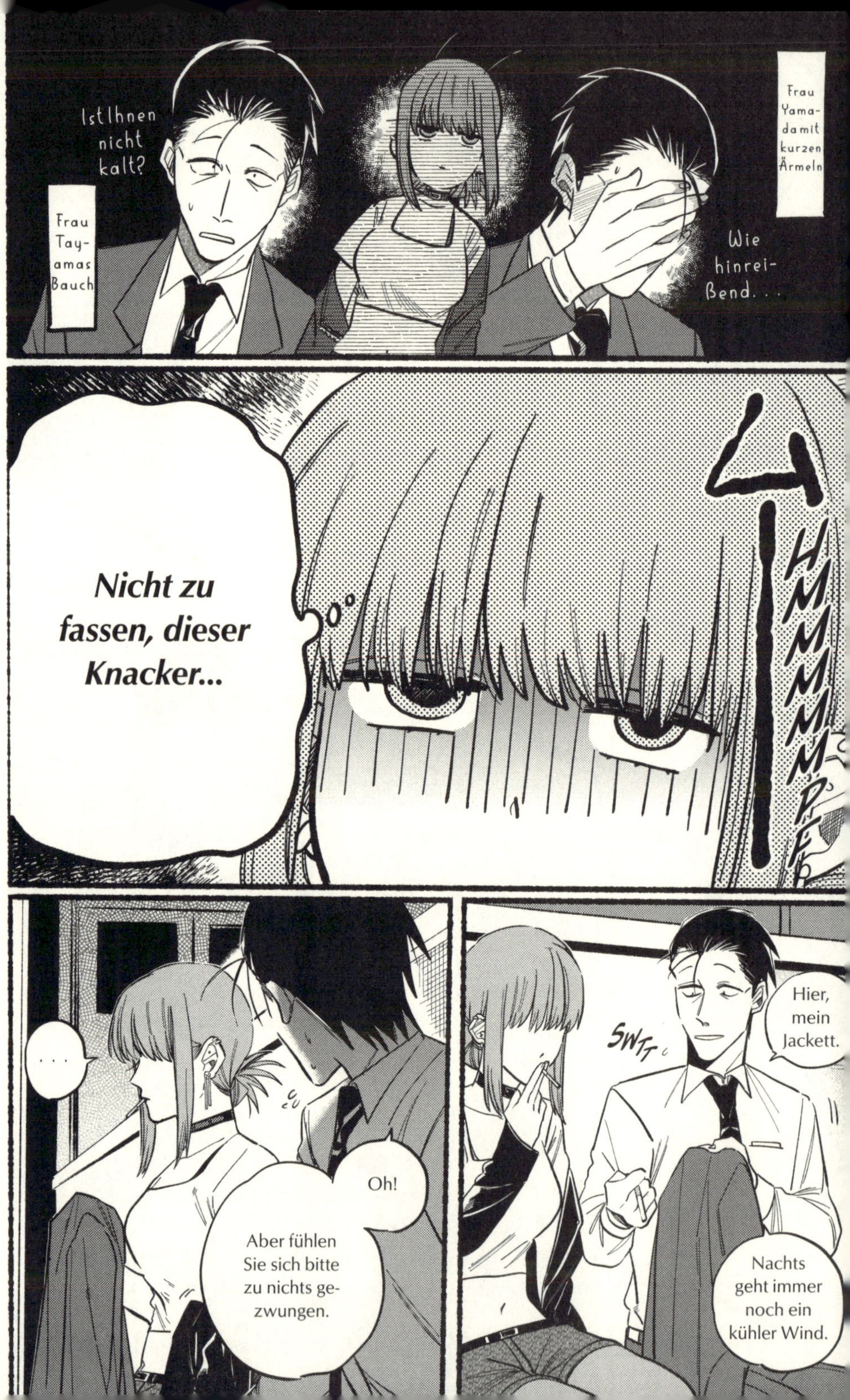

Frau Yamada mit kurzen Ärmeln
Wie hinreißend...
Ist Ihnen nicht kalt?
Frau Tayamas Bauch
HMMMMMPF
Nicht zu fassen, dieser Knacker...
Hier, mein Jackett.
SWTT
Nachts geht immer noch ein kühler Wind.
Oh!
Aber fühlen Sie sich bitte zu nichts gezwungen.
...

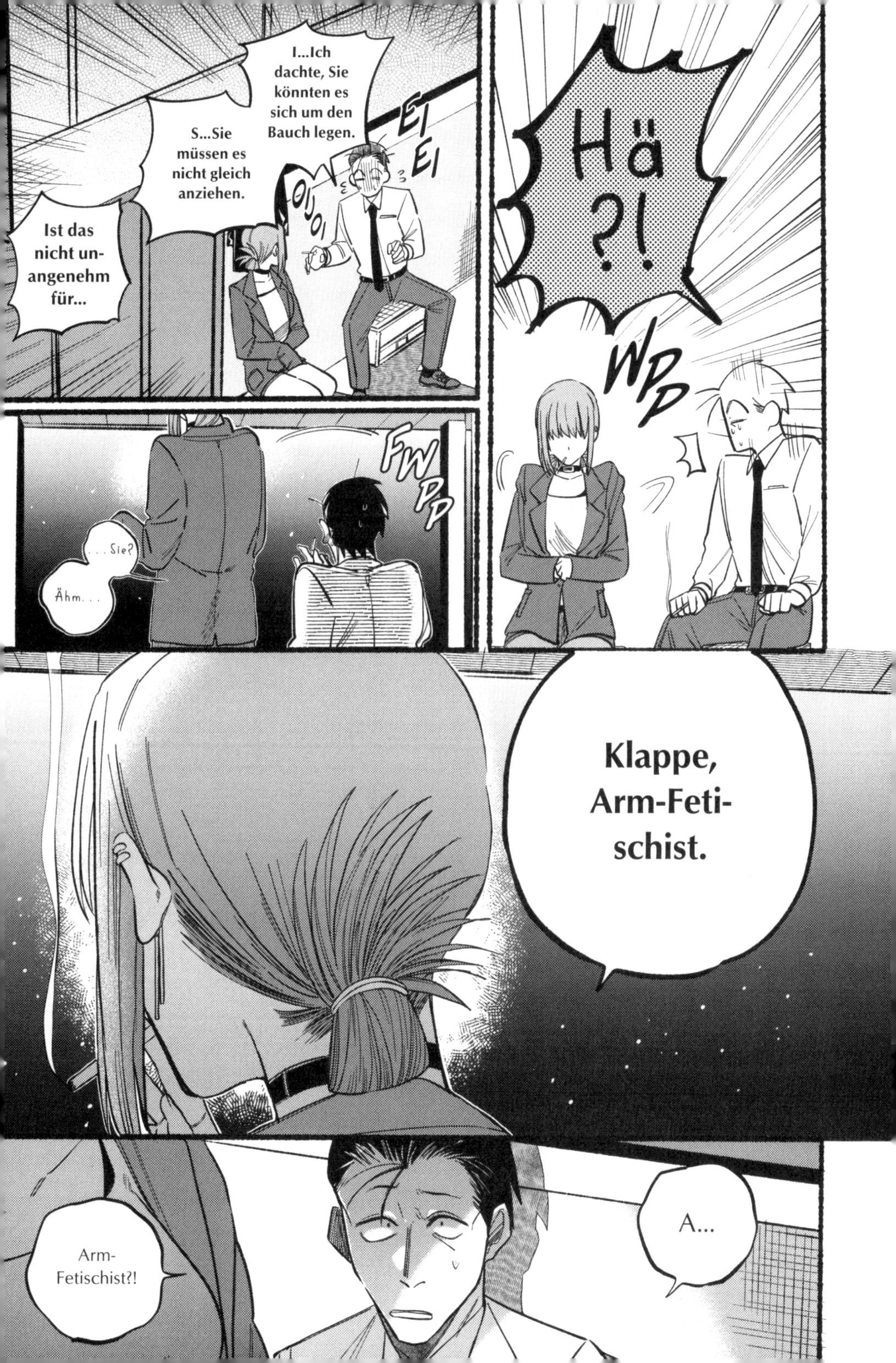
I...Ich dachte, Sie könnten es sich um den Bauch legen.
EI EI
S...Sie müssen es nicht gleich anziehen.
OI OI
Ist das nicht unangenehm für...
FWPP
...Sie?
Ähm...
Hä?!
WPP
Klappe, Arm-Fetischist.
A...
Arm-Fetischist?!

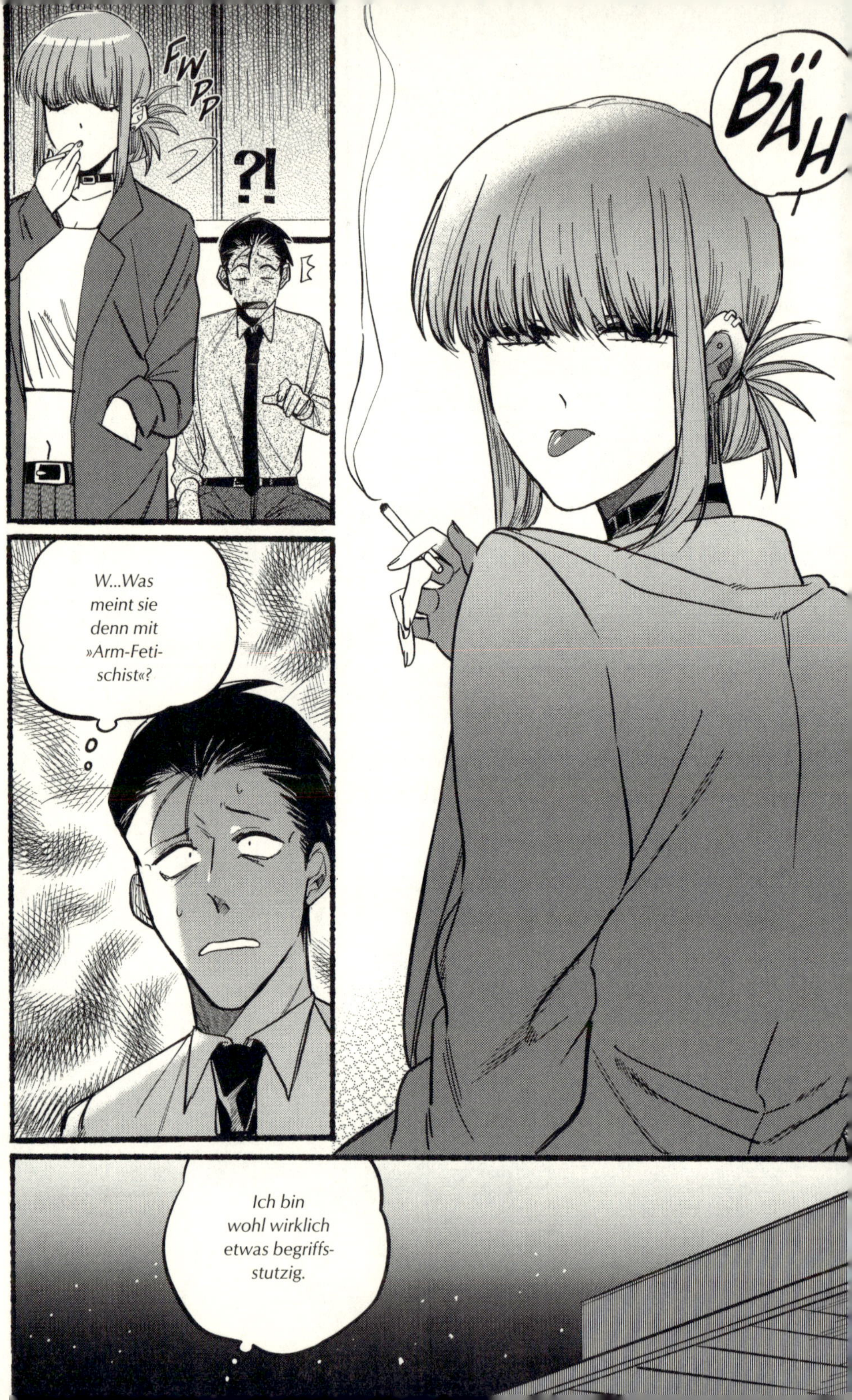

BÄH
FWPP
?!
W...Was meint sie denn mit »Arm-Fetischist«?
Ich bin wohl wirklich etwas begriffsstutzig.

Super S

Bonus **Nach der 13. Zigarette**

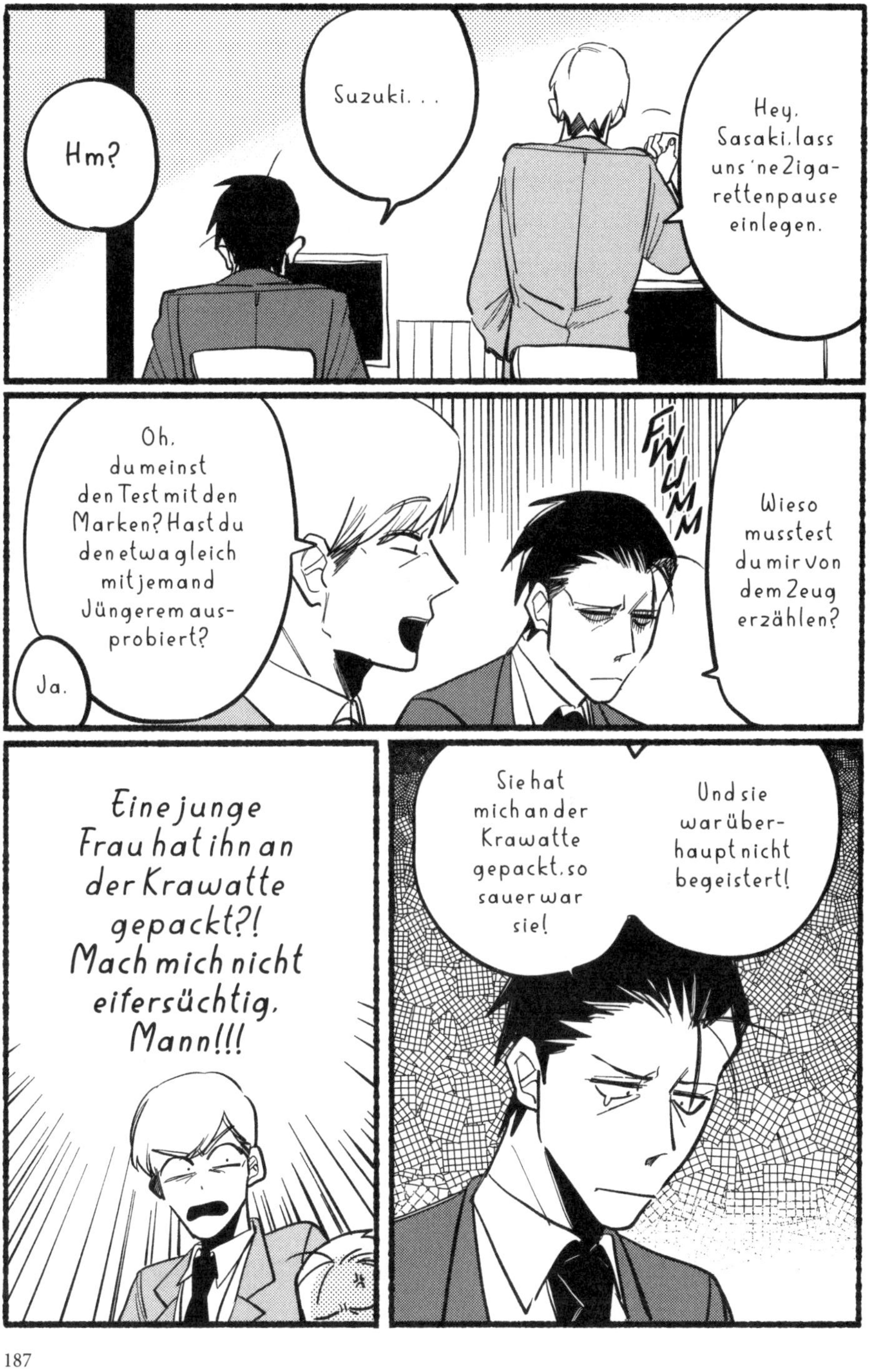

Super S

Bonus **Nach der 14. Zigarette**

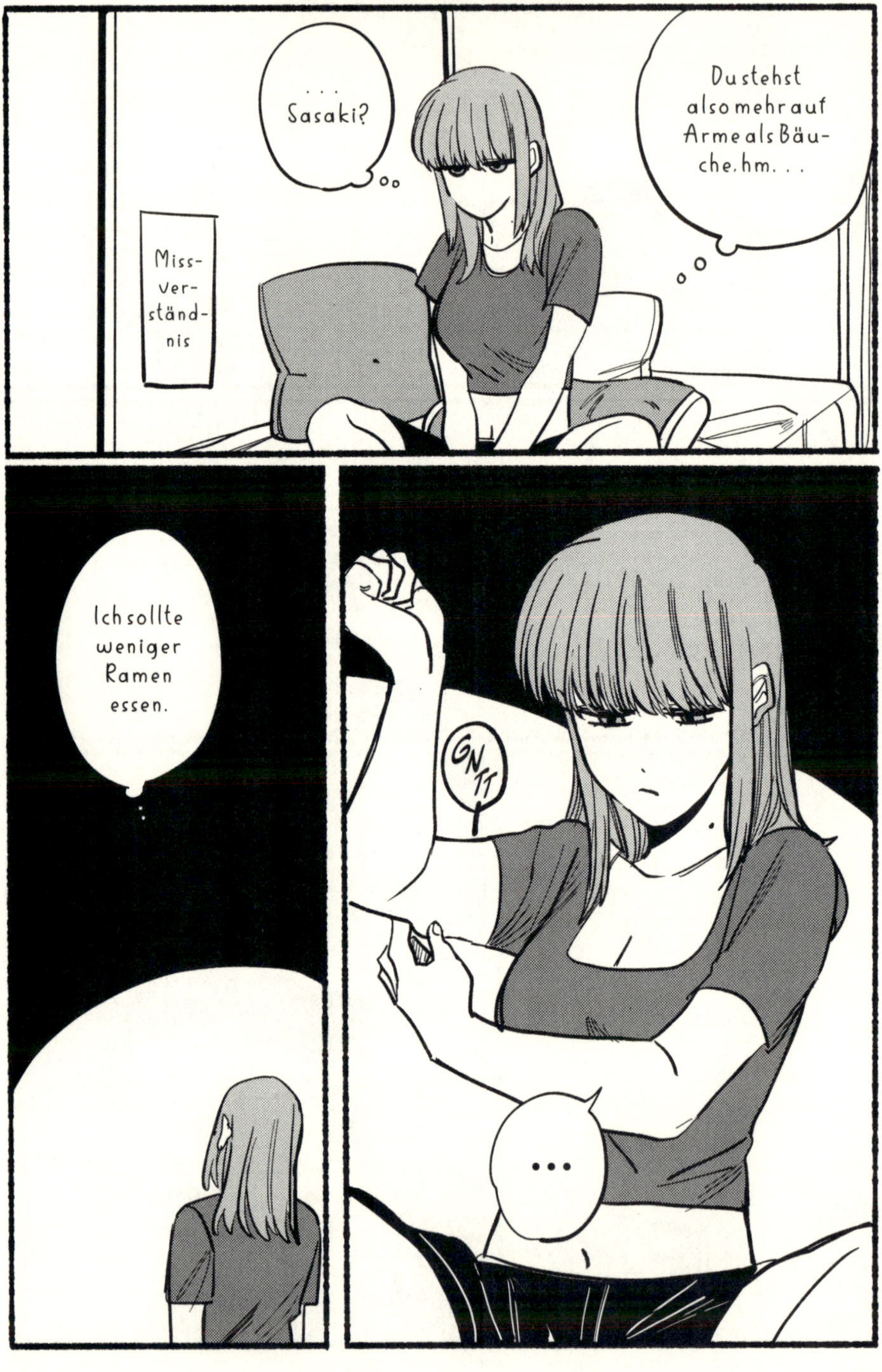

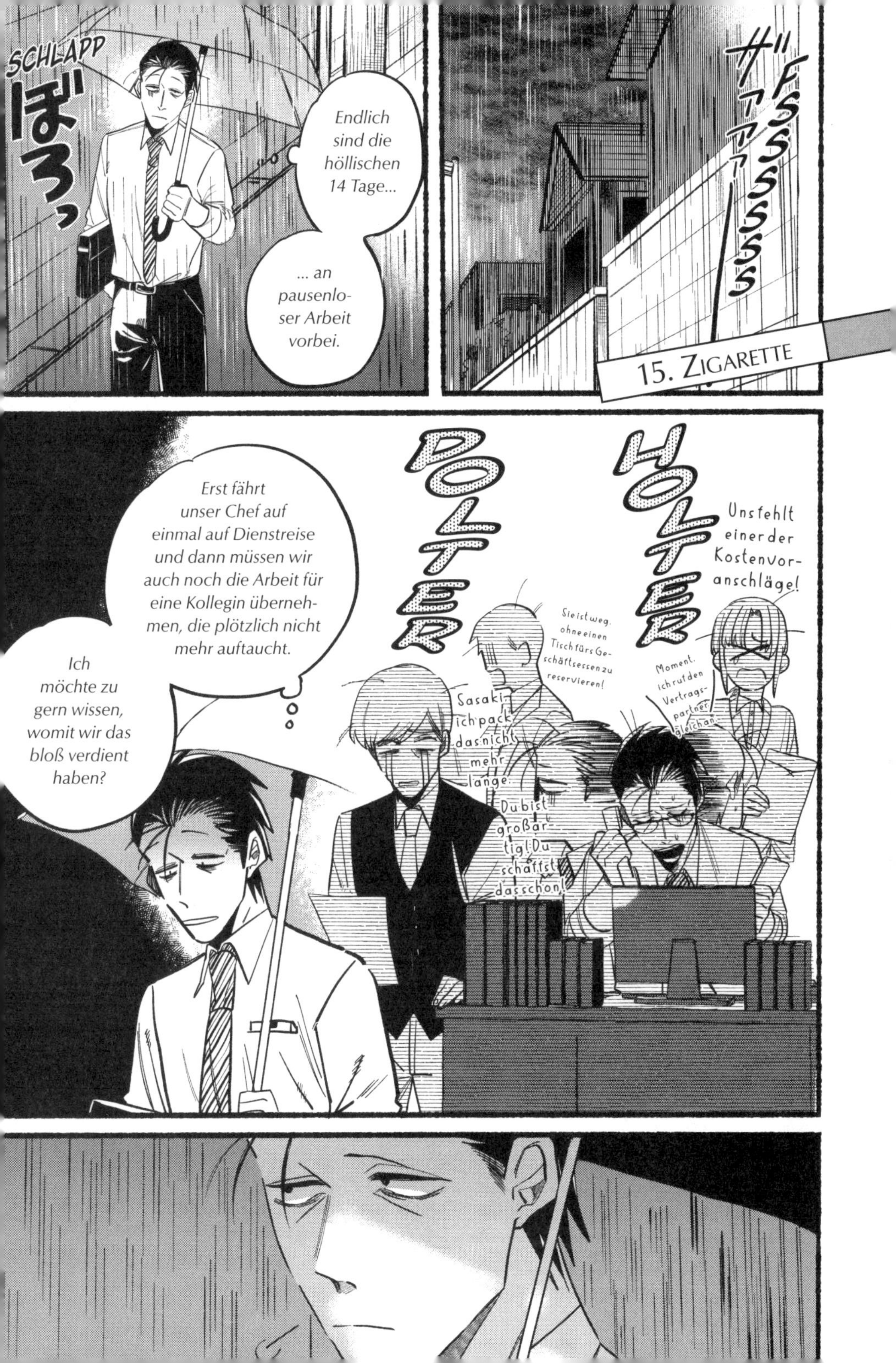

ザァァァー
FSSSSSSS
15. Zigarette
SCHLAPP
ぼろっ
Endlich sind die höllischen 14 Tage...
... an pausenloser Arbeit vorbei.
HOLTER
POLTER
Uns fehlt einer der Kostenvoranschläge!
Moment. Ich ruf den Vertragspartner gleich an.
Sie ist weg, ohne einen Tisch fürs Geschäftsessen zu reservieren!
Sasaki, ich pack das nicht mehr lange.
Du bist großartig! Du schaffst das schon!
Erst fährt unser Chef auf einmal auf Dienstreise und dann müssen wir auch noch die Arbeit für eine Kollegin übernehmen, die plötzlich nicht mehr auftaucht.
Ich möchte zu gern wissen, womit wir das bloß verdient haben?

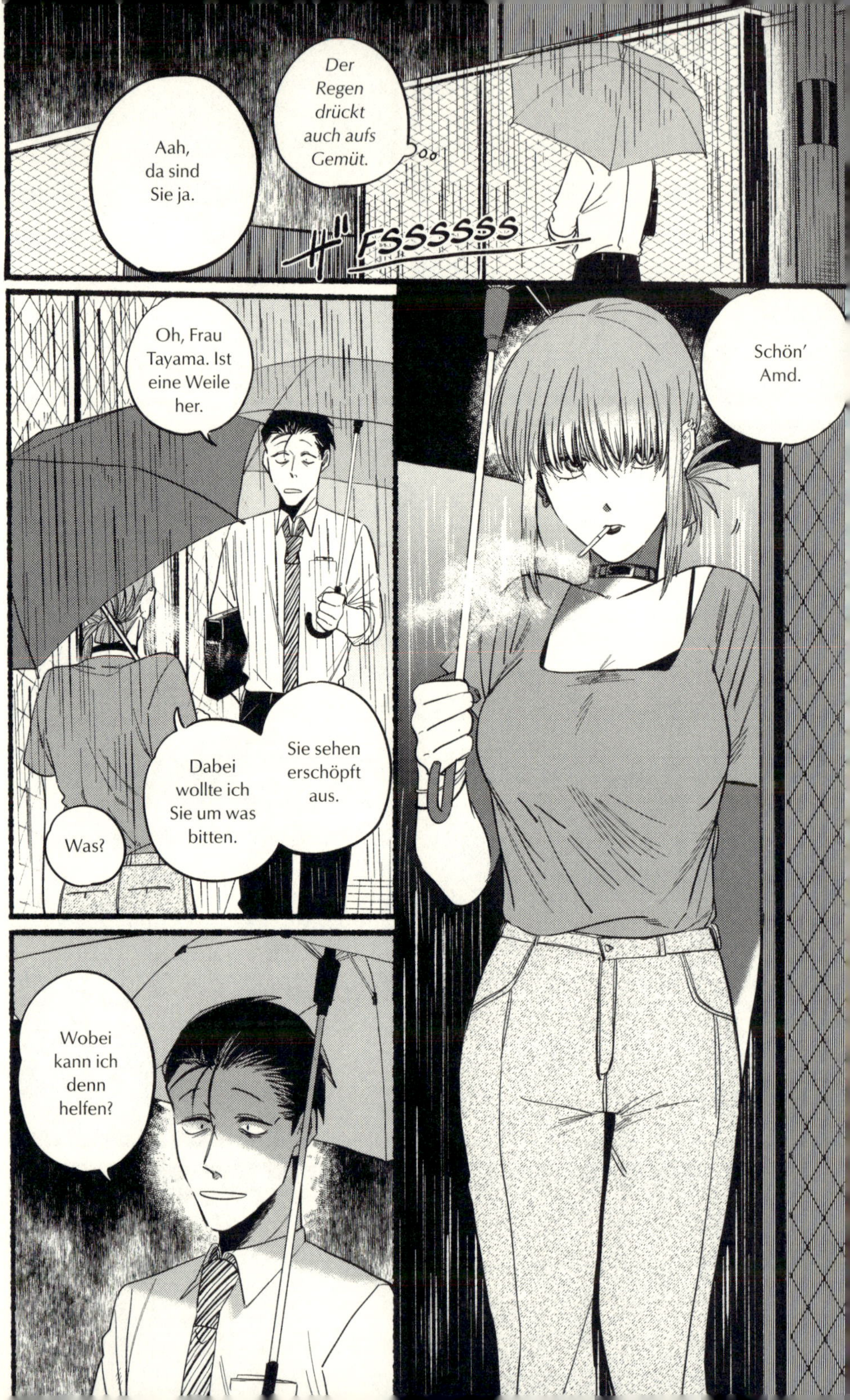
Der Regen drückt auch aufs Gemüt.
Aah, da sind Sie ja.
FSSSSSS
Schön' Amd.
Oh, Frau Tayama. Ist eine Weile her.
Sie sehen erschöpft aus.
Dabei wollte ich Sie um was bitten.
Was?
Wobei kann ich denn helfen?

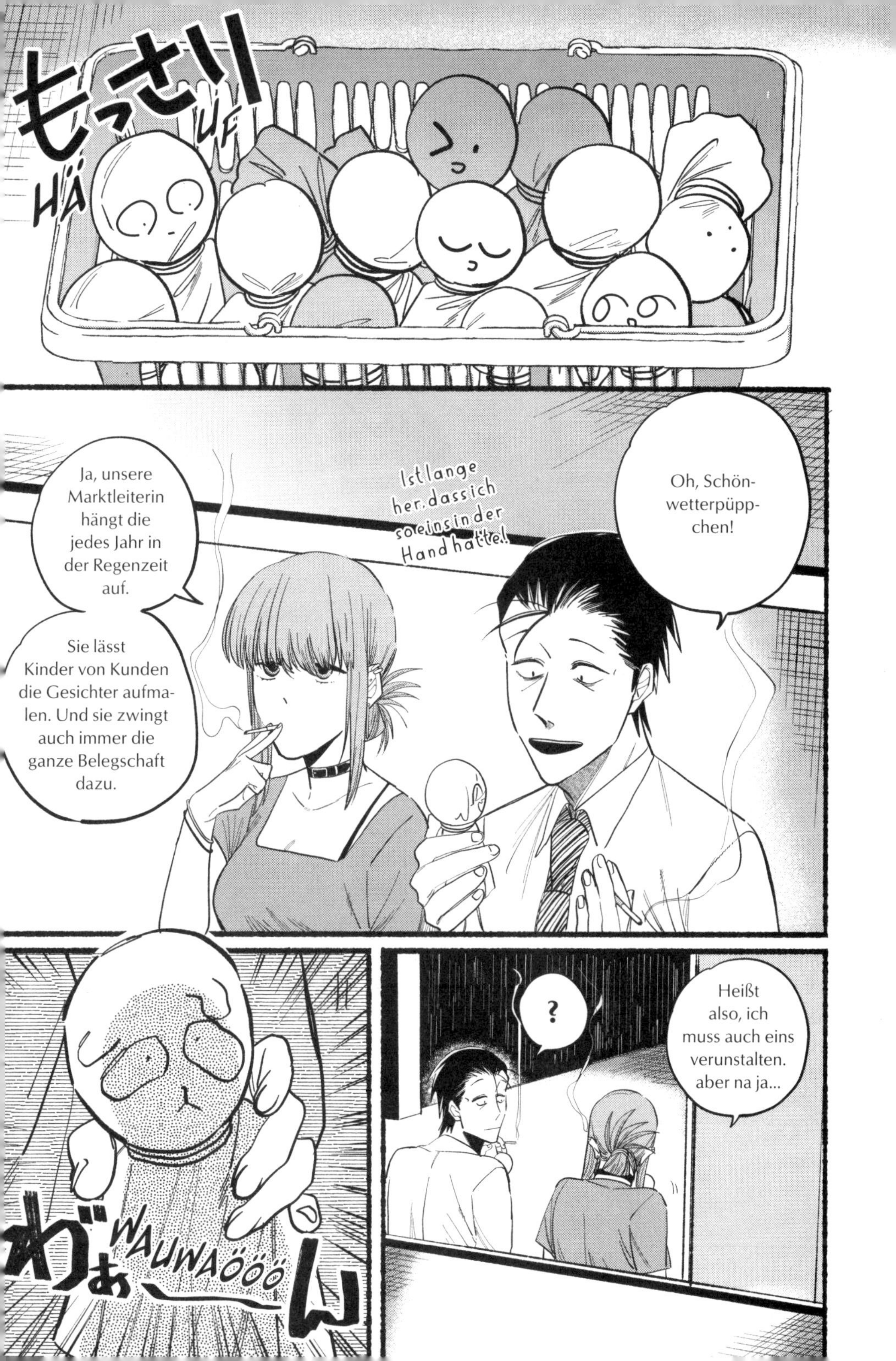
もっさり
HÄUF
Oh, Schönwetterpüppchen!
Ist lange her, dass ich so eins in der Hand hatte!
Ja, unsere Marktleiterin hängt die jedes Jahr in der Regenzeit auf.
Sie lässt Kinder von Kunden die Gesichter aufmalen. Und sie zwingt auch immer die ganze Belegschaft dazu.
Heißt also, ich muss auch eins verunstalten. aber na ja...
?
わぁ〜ん
WAUWAÖÖÖ

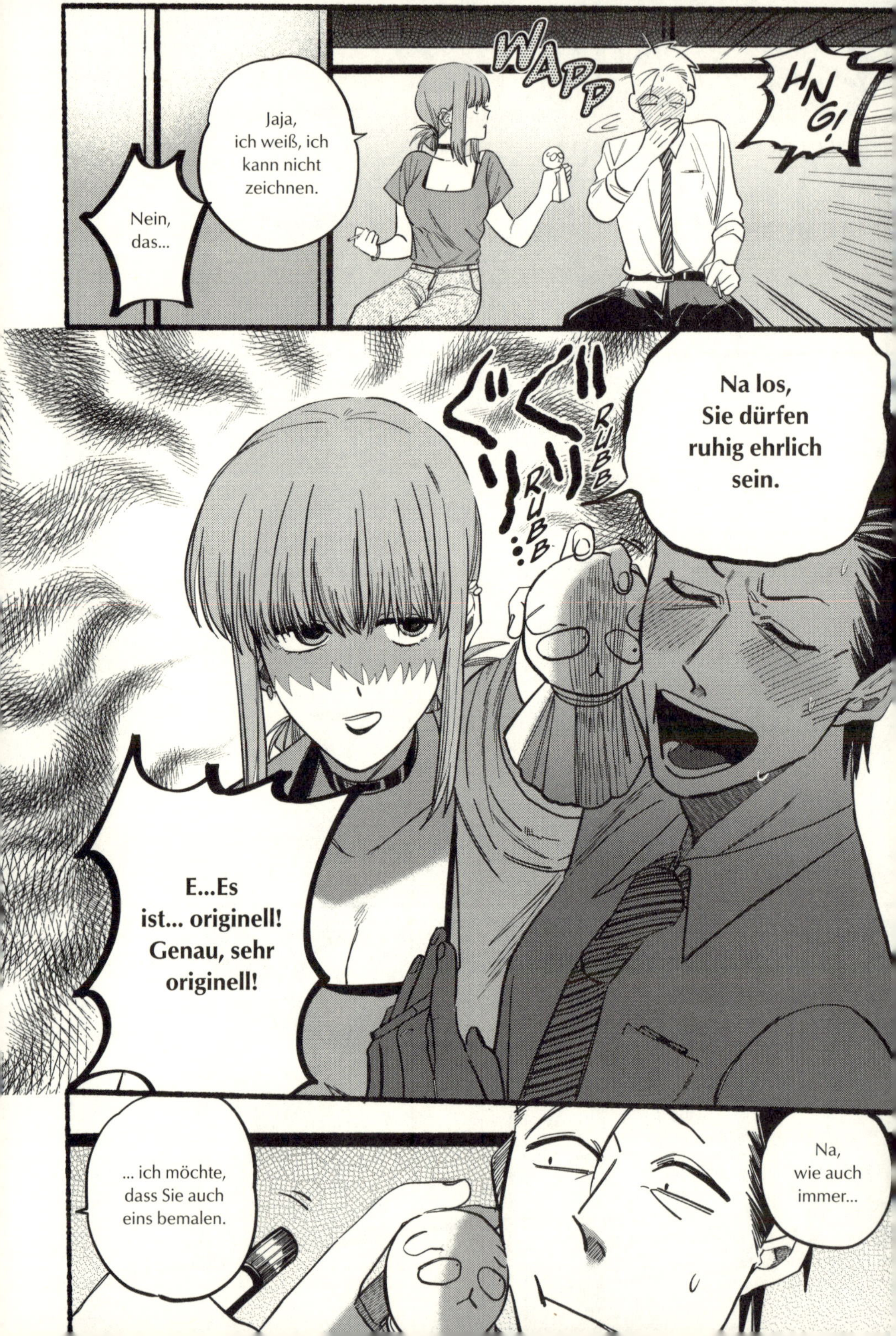
HNG!
WAPP
Jaja, ich weiß, ich kann nicht zeichnen.
Nein, das...
RUBB
RUBB
RUBB
Na los, Sie dürfen ruhig ehrlich sein.
E...Es ist... originell! Genau, sehr originell!
Na, wie auch immer...
... ich möchte, dass Sie auch eins bemalen.

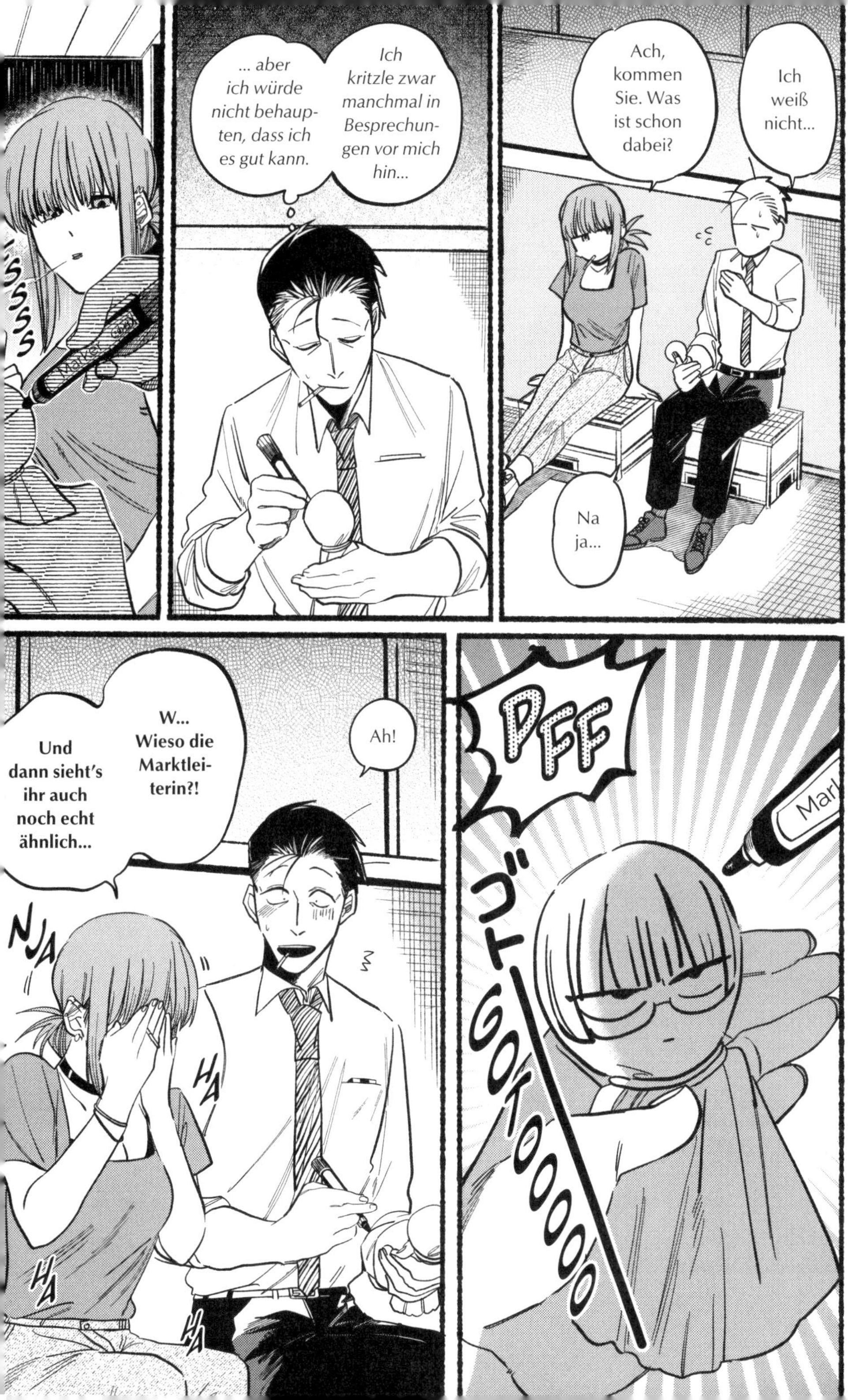
Ich weiß nicht...
Ach, kommen Sie. Was ist schon dabei?
Na ja...
Ich kritzle zwar manchmal in Besprechungen vor mich hin...
... aber ich würde nicht behaupten, dass ich es gut kann.
SSSSS
Marker
Ah!
W... Wieso die Marktleiterin?!
Und dann sieht's ihr auch noch echt ähnlich...
NJA
HA
HA
HA
PFF
GOKOOOOOO

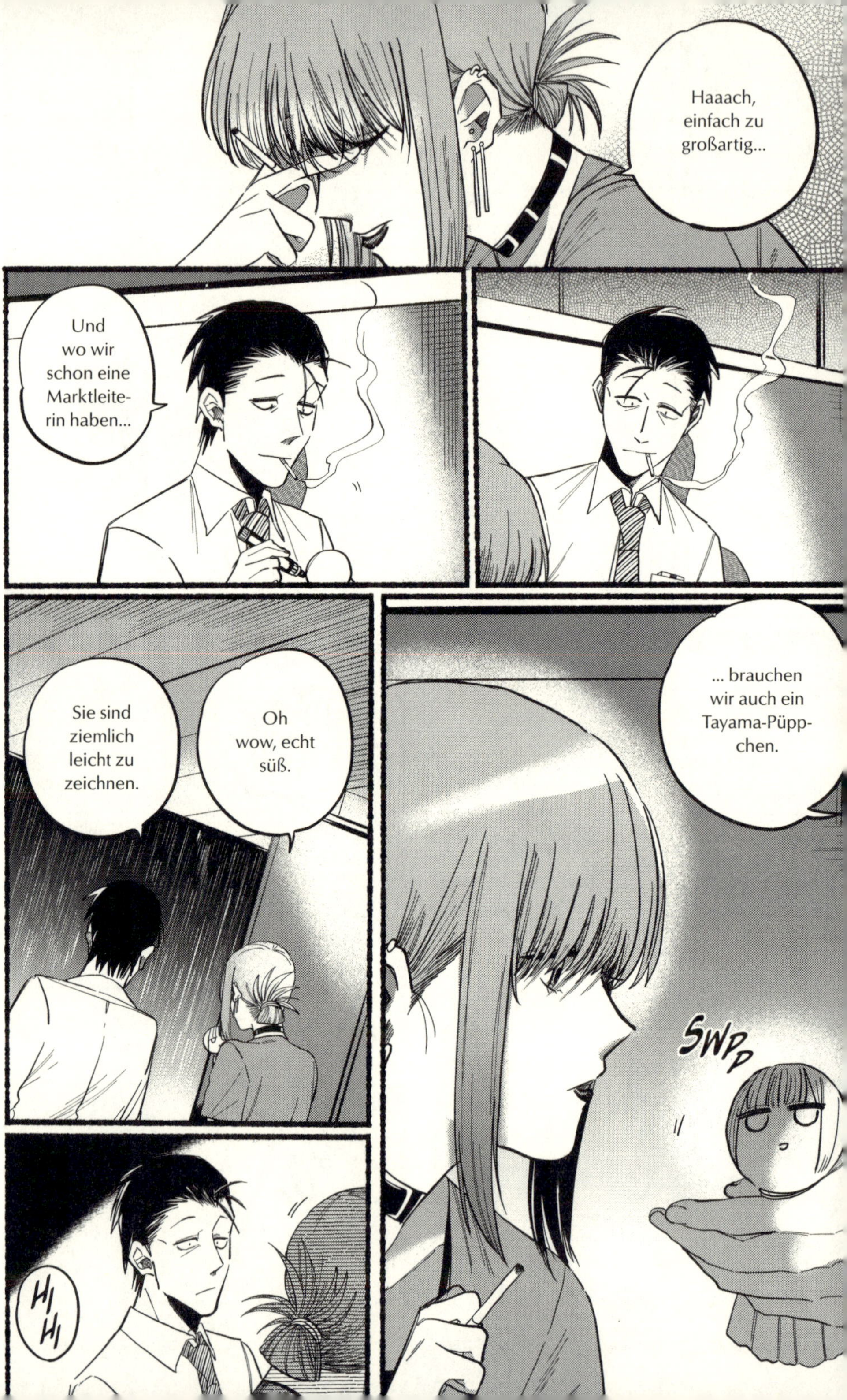
Haaach, einfach zu großartig...
Und wo wir schon eine Marktleiterin haben...
... brauchen wir auch ein Tayama-Püppchen.
Oh wow, echt süß.
Sie sind ziemlich leicht zu zeichnen.
SWPP
HI HI

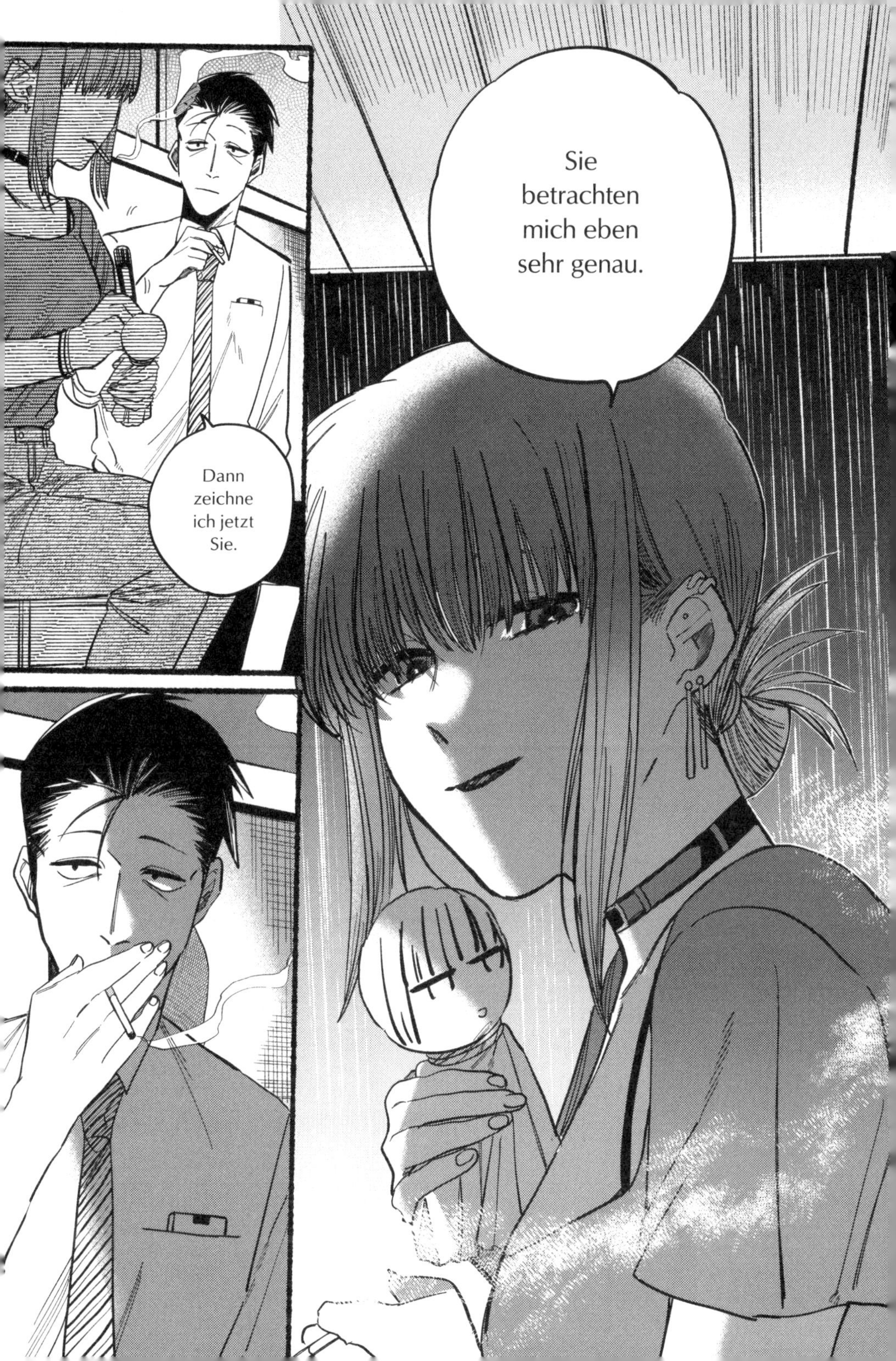
Sie betrachten mich eben sehr genau.
Dann zeichne ich jetzt Sie.

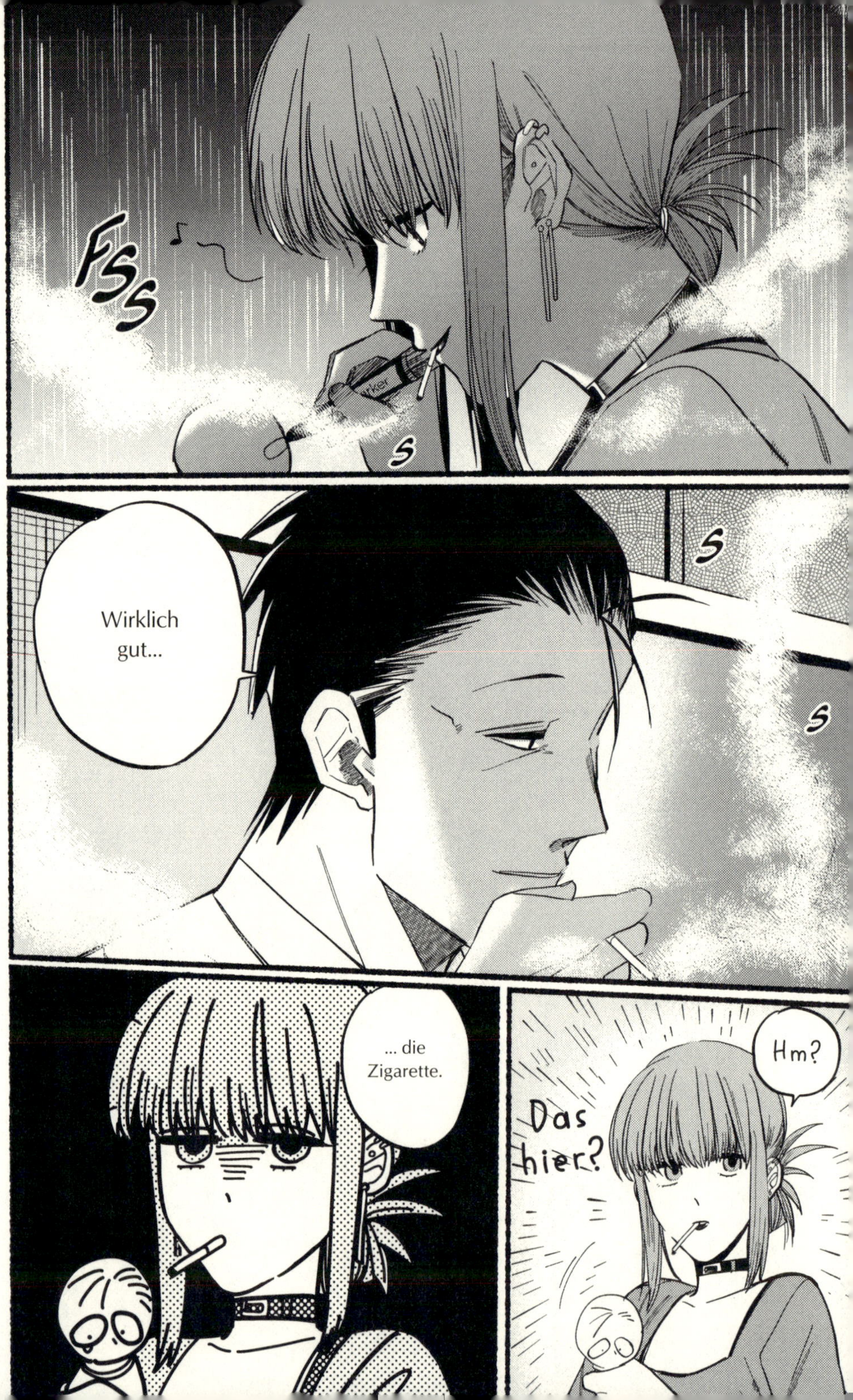
FSS
S
S
S
Wirklich gut...
Hm?
Das hier?
... die Zigarette.

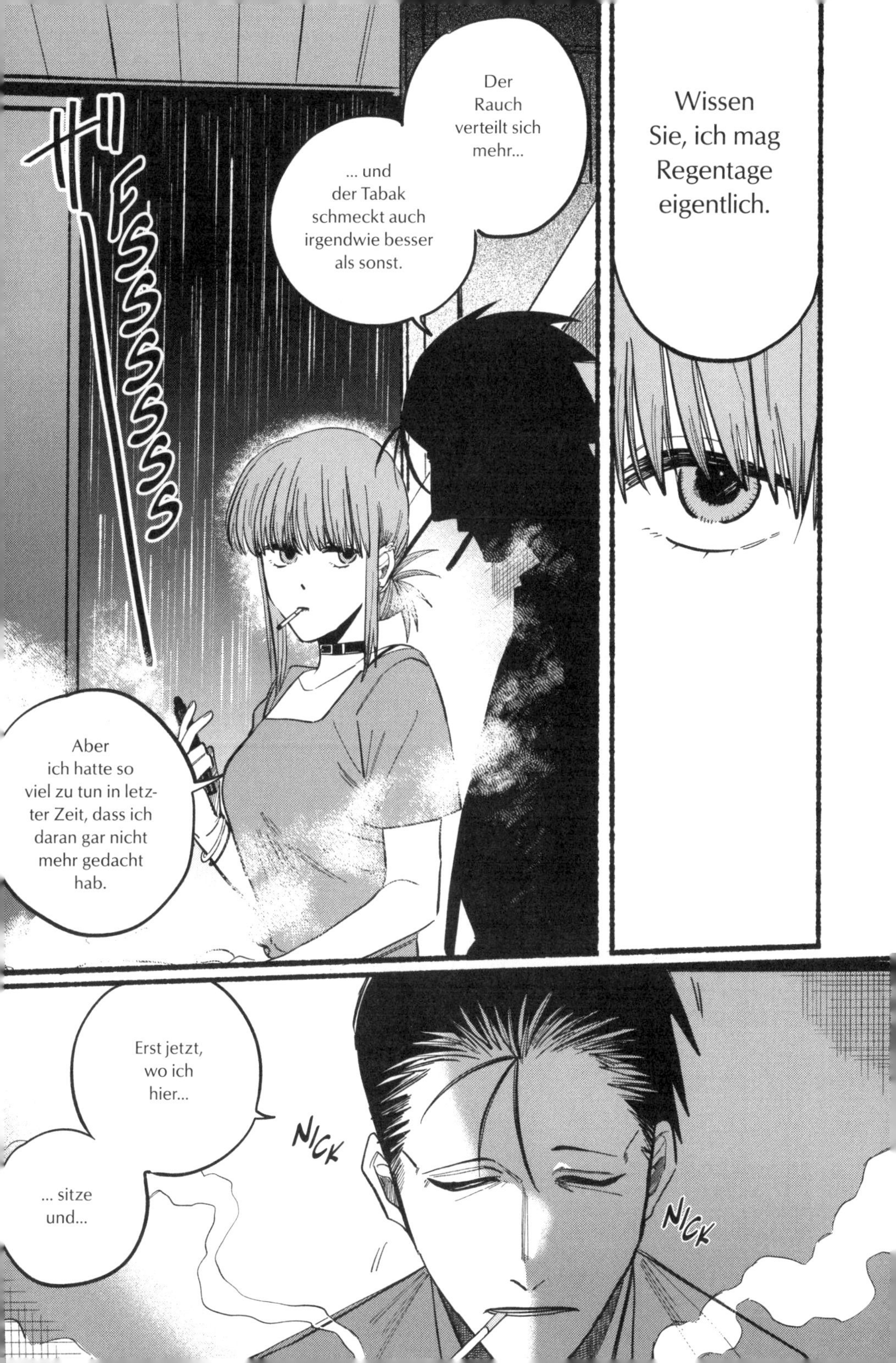
Wissen Sie, ich mag Regentage eigentlich.
Der Rauch verteilt sich mehr...
... und der Tabak schmeckt auch irgendwie besser als sonst.
FSSSSSS
Aber ich hatte so viel zu tun in letzter Zeit, dass ich daran gar nicht mehr gedacht hab.
NICK
NICK
Erst jetzt, wo ich hier...
... sitze und...

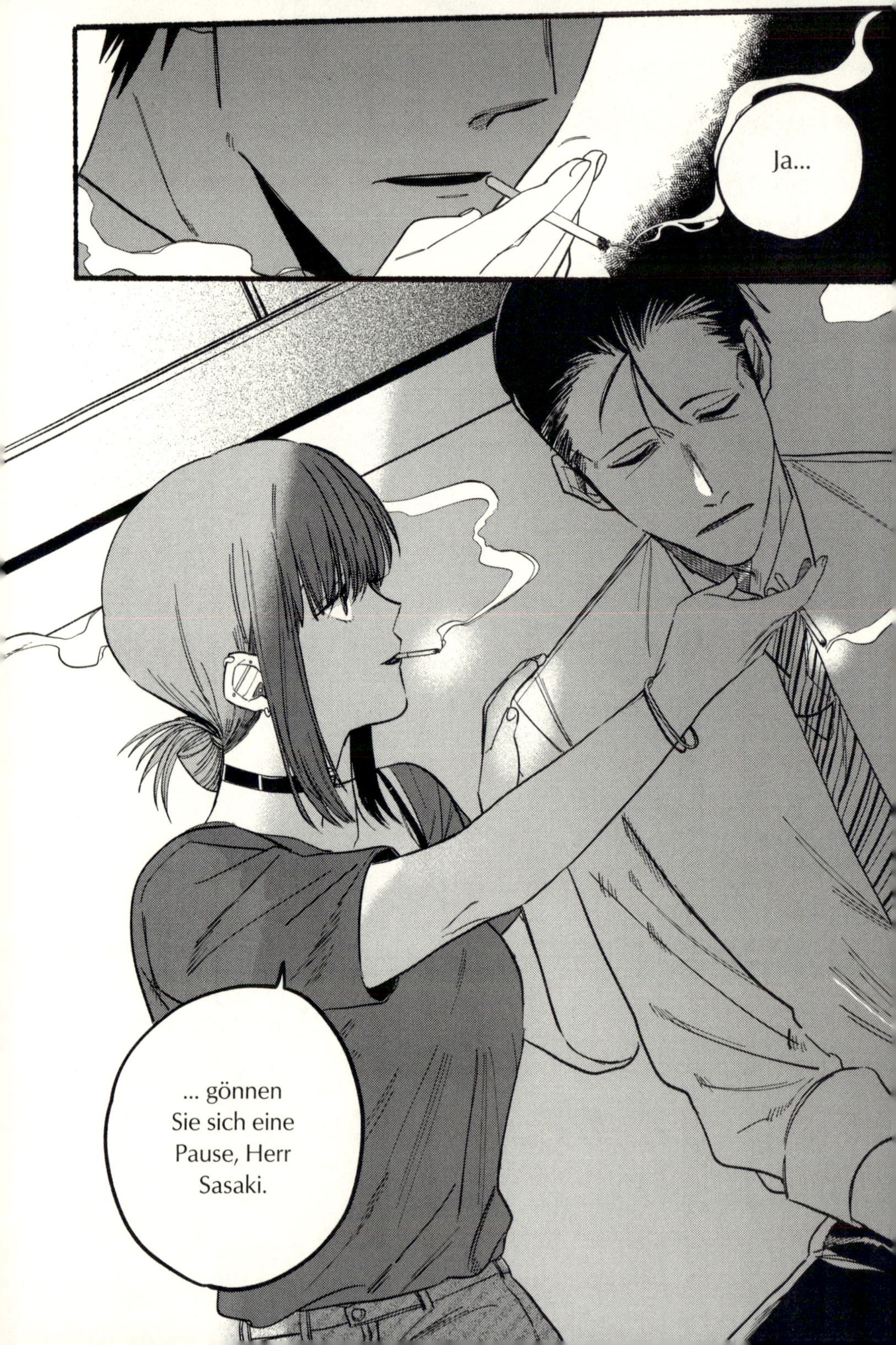
Ja...
... gönnen Sie sich eine Pause, Herr Sasaki.

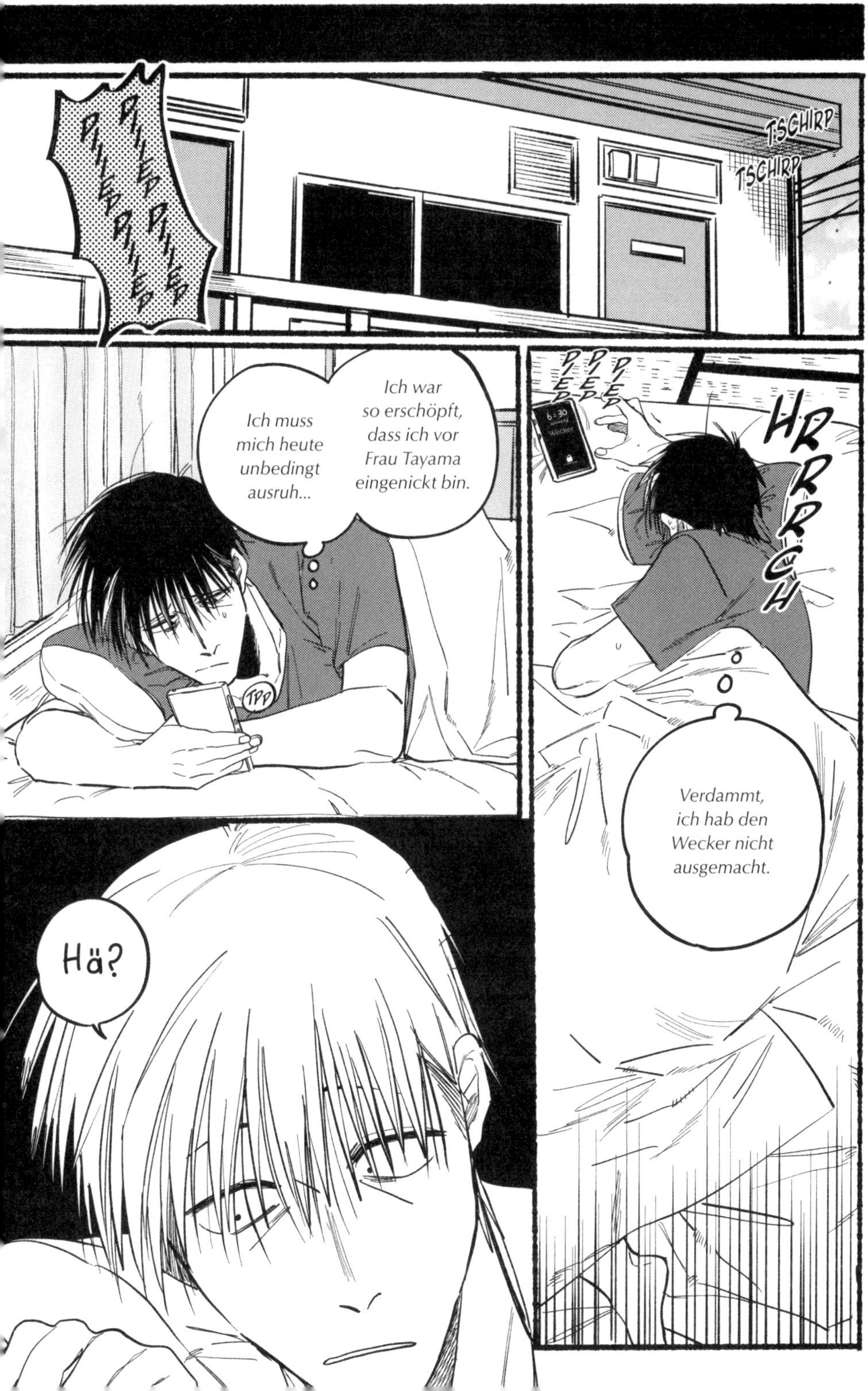
TSCHIRP
TSCHIRP
PIIEP PIIEP
PIIEP PIIEP
PIEP PIEP PIEP
6:30
Wecker
HRRRRCH
Verdammt, ich hab den Wecker nicht ausgemacht.
Ich war so erschöpft, dass ich vor Frau Tayama eingenickt bin.
Ich muss mich heute unbedingt ausruh...
TPP
Hä?

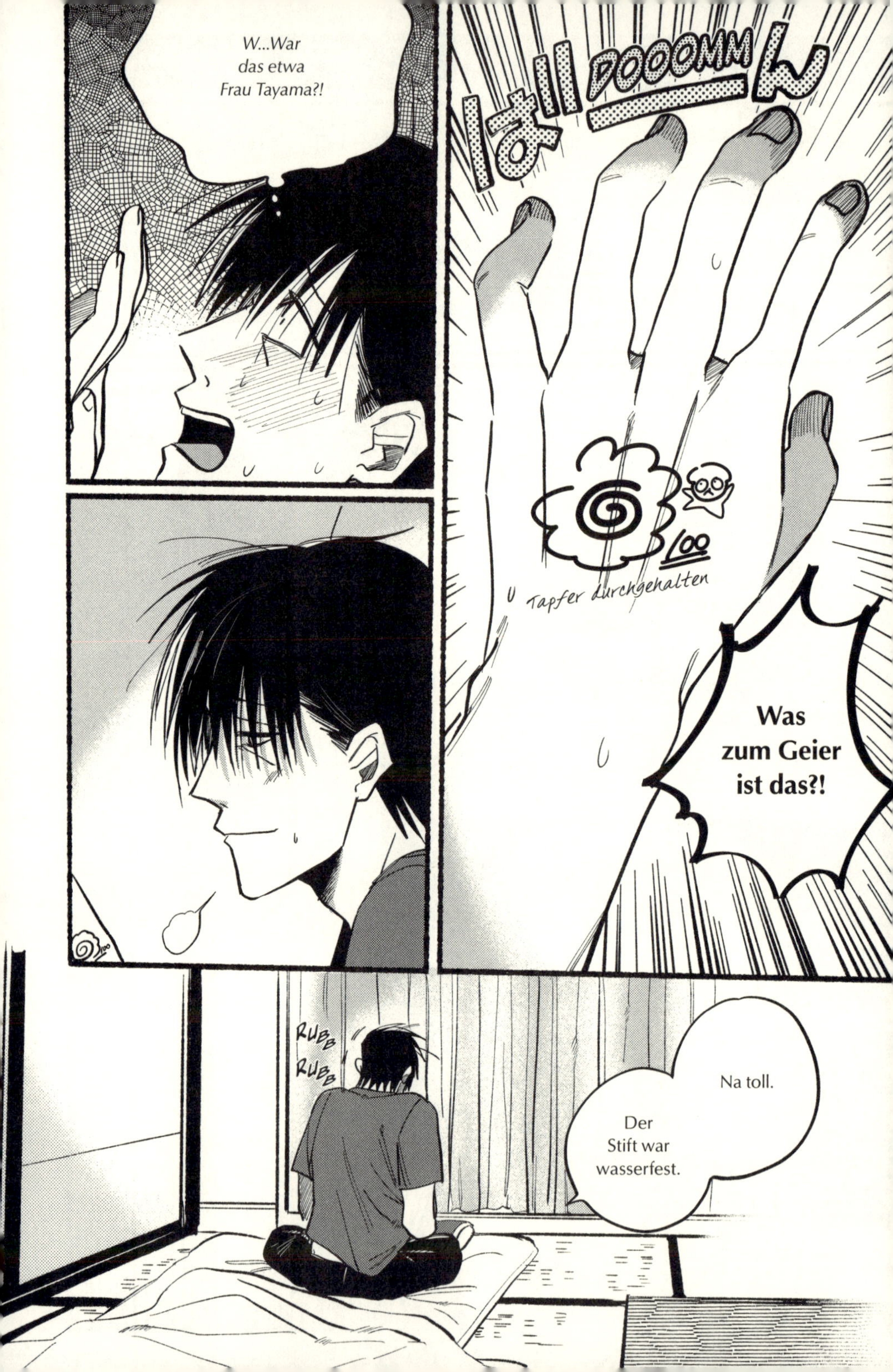

DOOOMM
Tapfer durchgehalten
Was zum Geier ist das?!
W...War das etwa Frau Tayama?!
RUBB RUBB
Na toll.
Der Stift war wasserfest.

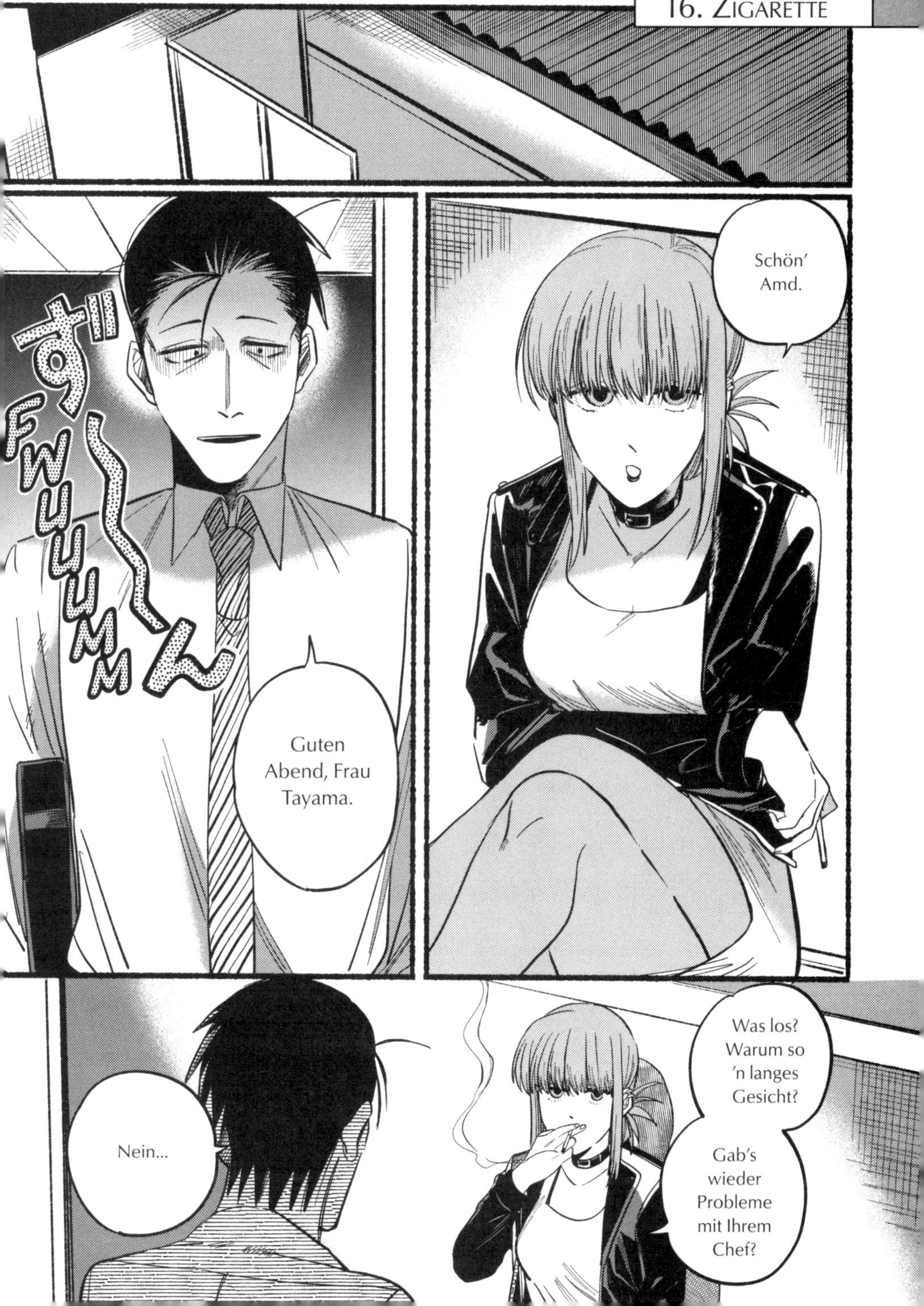
Schön' Amd.
Guten Abend, Frau Tayama.
FWUUUMM
Was los? Warum so 'n langes Gesicht?
Gab's wieder Probleme mit Ihrem Chef?
Nein...

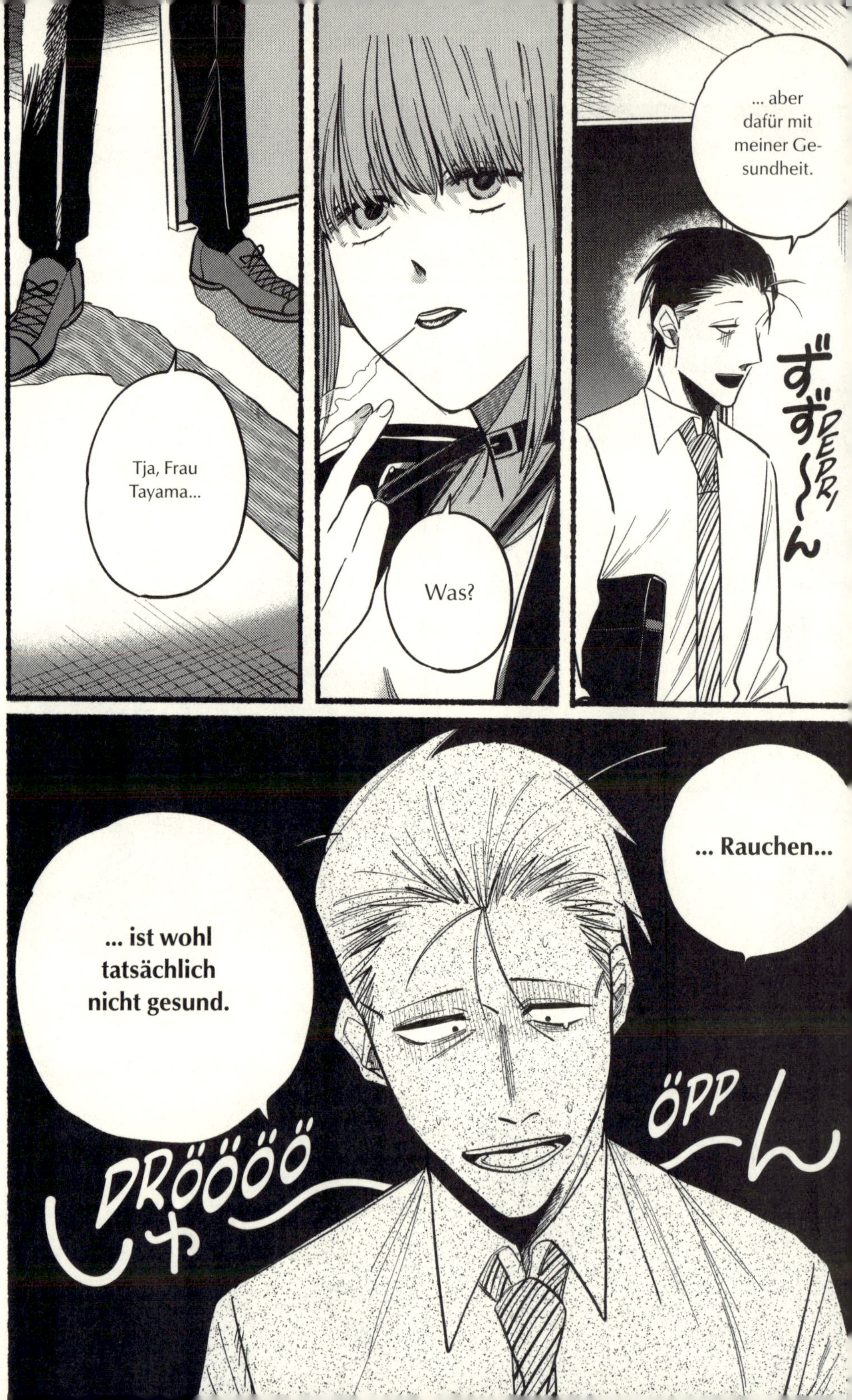
... aber dafür mit meiner Gesundheit.
ずず~ん DEPRI
Was?
Tja, Frau Tayama...
... Rauchen...
... ist wohl tatsächlich nicht gesund.
ÖPP ~ん
DRÖÖÖÖ じゃ

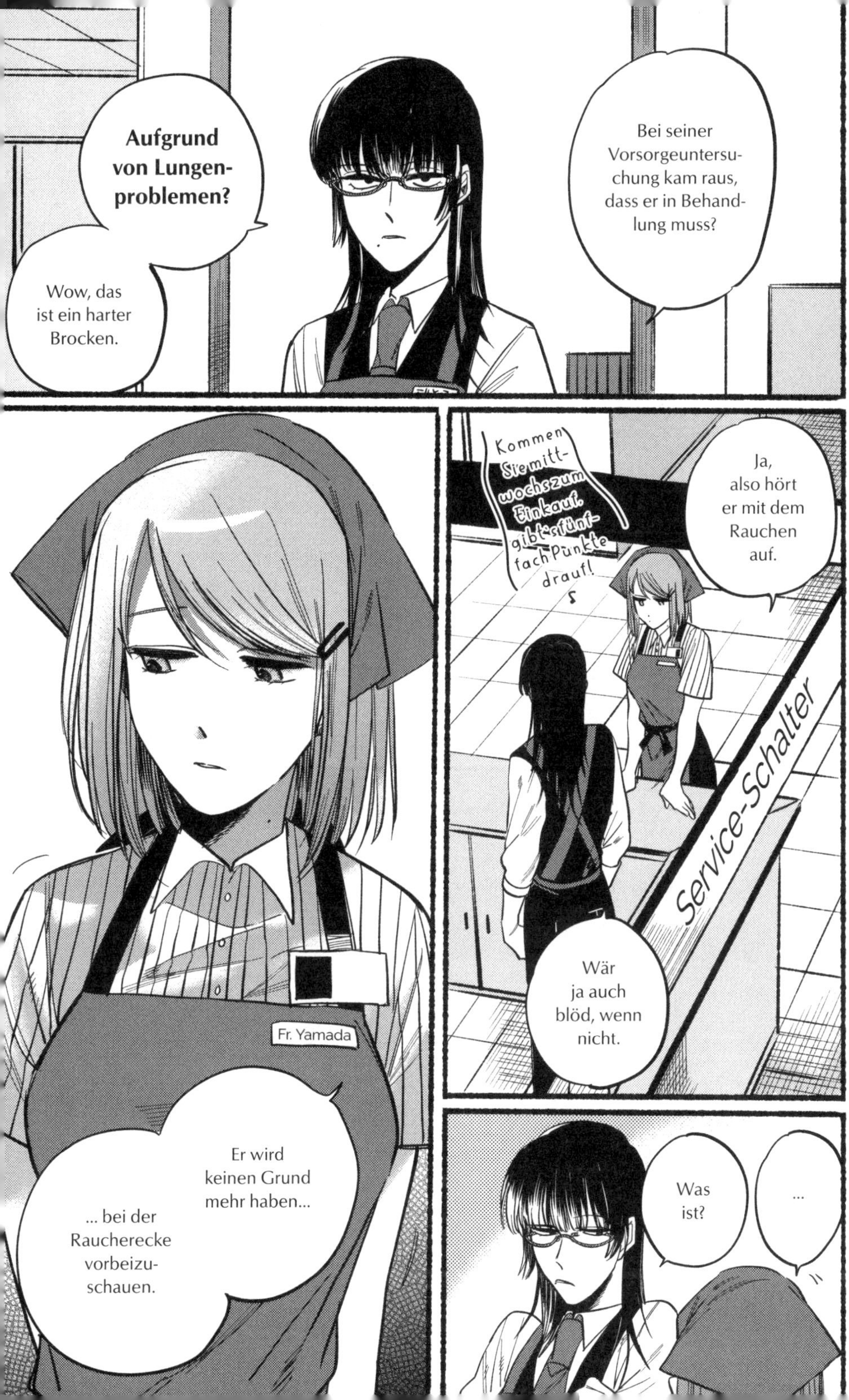
Bei seiner Vorsorgeuntersuchung kam raus, dass er in Behandlung muss?
Aufgrund von Lungenproblemen?
Wow, das ist ein harter Brocken.
Kommen Sie mittwochs zum Einkauf. gibt's fünffach Punkte drauf!
Ja, also hört er mit dem Rauchen auf.
Service-Schalter
Wär ja auch blöd, wenn nicht.
Fr. Yamada
Er wird keinen Grund mehr haben...
... bei der Raucherecke vorbeizuschauen.
...
Was ist?

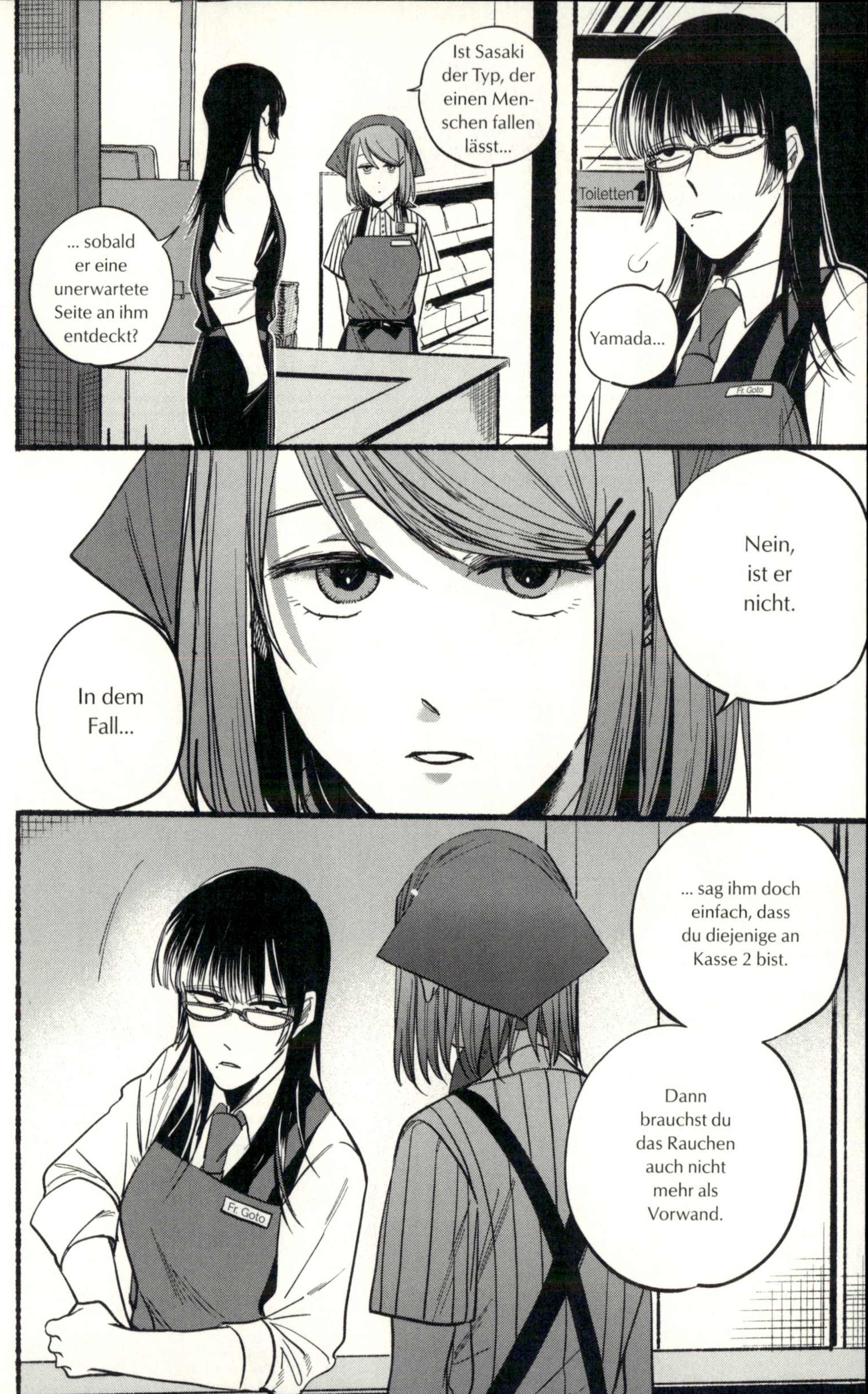
Toiletten
Fr. Goto
Yamada...
Ist Sasaki der Typ, der einen Menschen fallen lässt...
... sobald er eine unerwartete Seite an ihm entdeckt?
Nein, ist er nicht.
In dem Fall...
... sag ihm doch einfach, dass du diejenige an Kasse 2 bist.
Dann brauchst du das Rauchen auch nicht mehr als Vorwand.
Fr. Goto

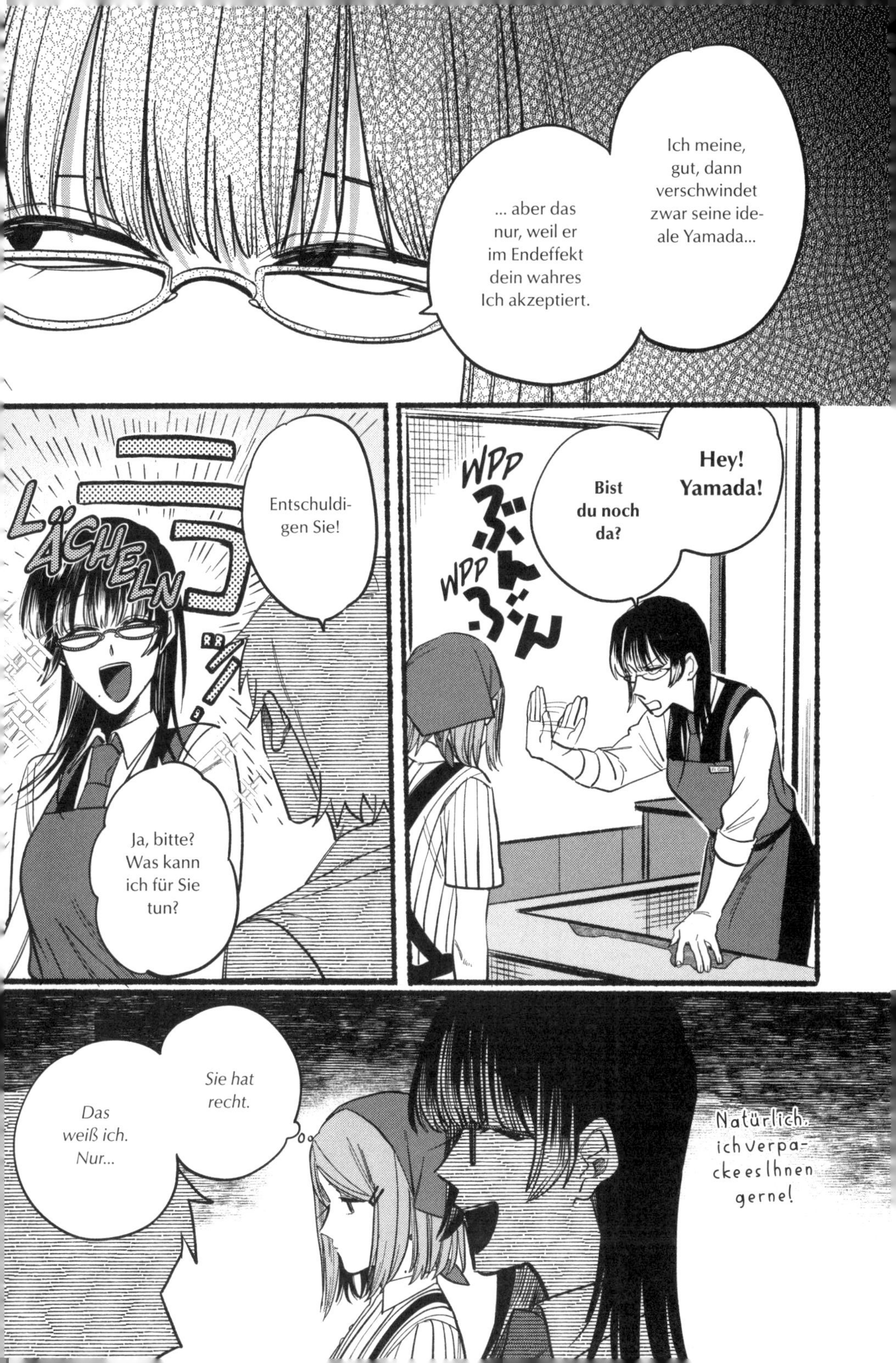
Ich meine, gut, dann verschwindet zwar seine ideale Yamada...
... aber das nur, weil er im Endeffekt dein wahres Ich akzeptiert.
Hey! Yamada!
Bist du noch da?
WPP ぶん
WPP ぶん
LÄCHELN
Entschuldigen Sie!
Ja, bitte? Was kann ich für Sie tun?
Natürlich. Ich verpacke es Ihnen gerne!
Sie hat recht.
Das weiß ich. Nur...

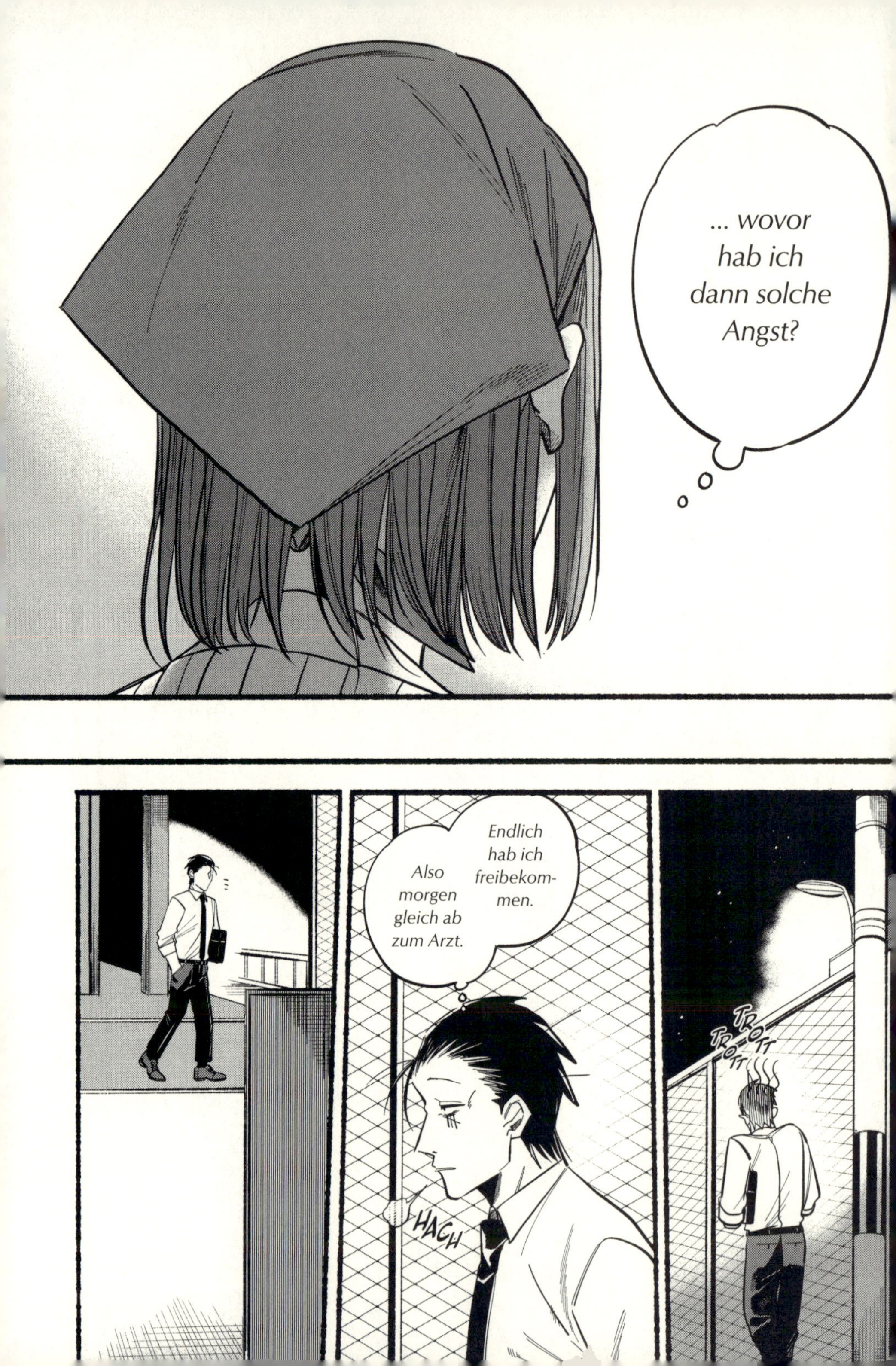

... wovor hab ich dann solche Angst?
Endlich hab ich freibekommen.
Also morgen gleich ab zum Arzt.
HACH
TROTT TROTT

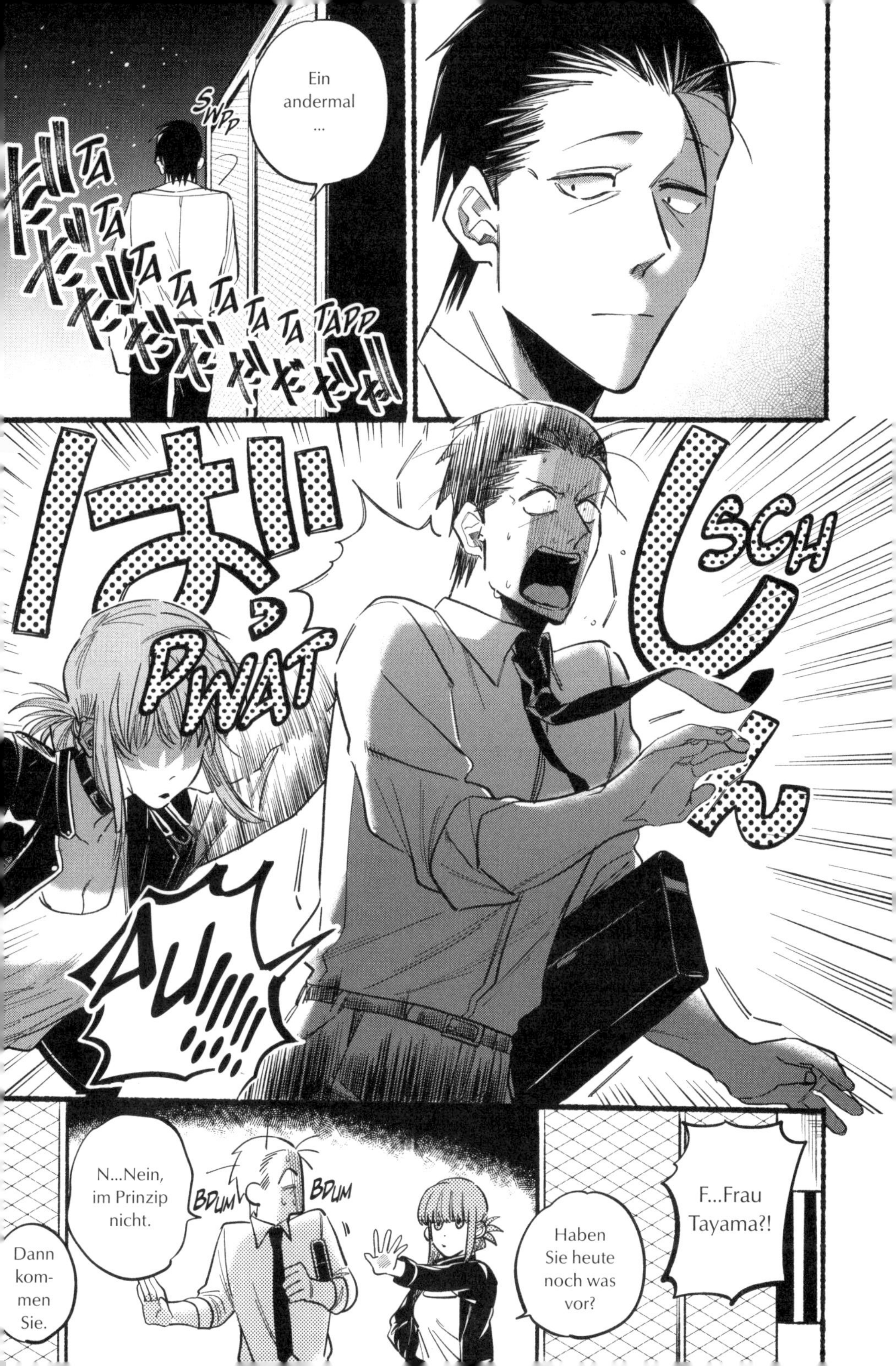

Ein andermal ...
SWPP
TA TA TA TA TA TA TA TAPP
SCH
PWAT
AU!!!!!!
F...Frau Tayama?!
Haben Sie heute noch was vor?
BDUM BDUM
N...Nein, im Prinzip nicht.
Dann kom-men Sie.

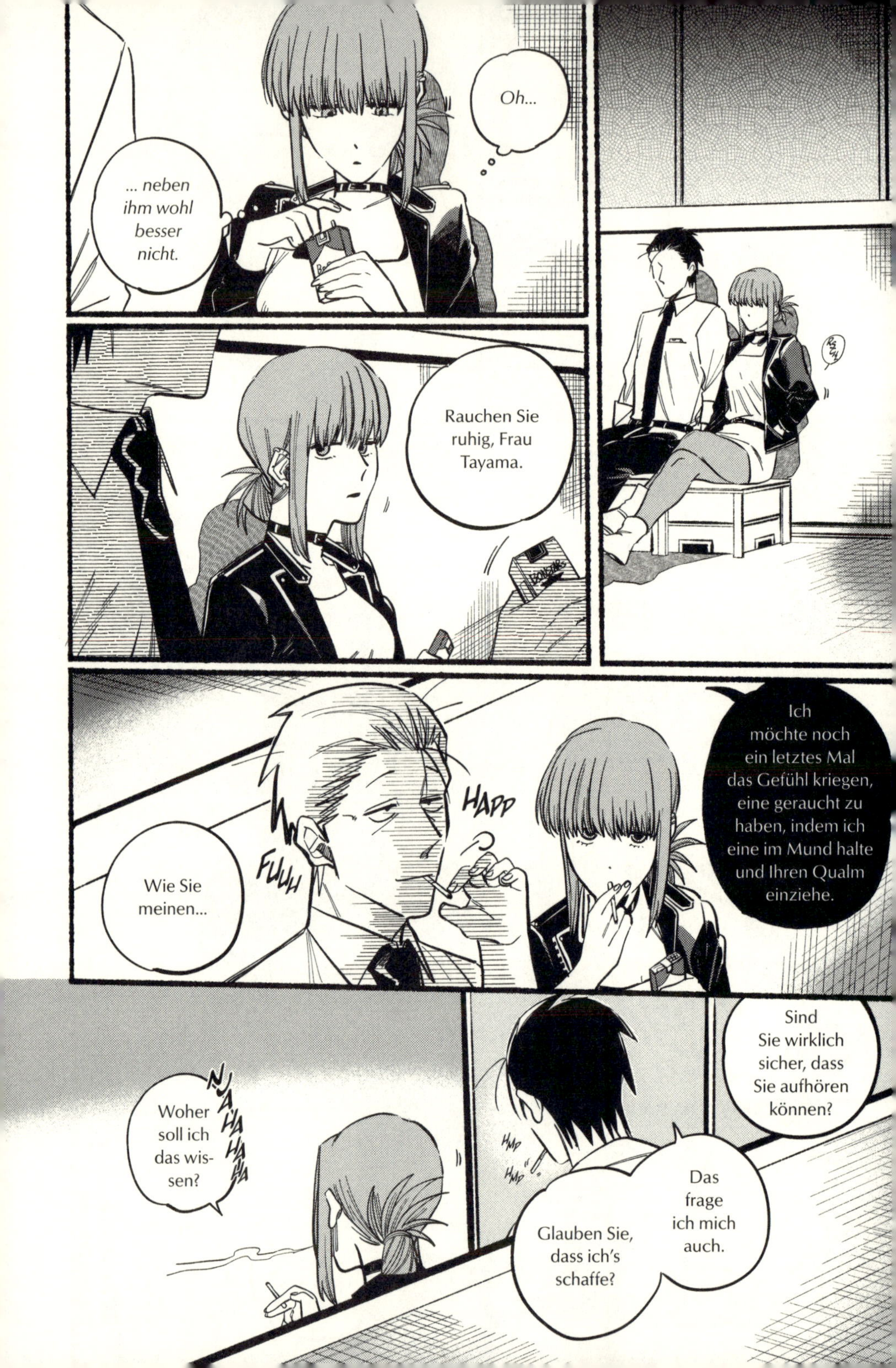
Oh...
... neben ihm wohl besser nicht.
Rauchen Sie ruhig, Frau Tayama.
Ich möchte noch ein letztes Mal das Gefühl kriegen, eine geraucht zu haben, indem ich eine im Mund halte und Ihren Qualm einziehe.
HAPP
FUUH
Wie Sie meinen...
Sind Sie wirklich sicher, dass Sie aufhören können?
Das frage ich mich auch.
Glauben Sie, dass ich's schaffe?
Woher soll ich das wissen?
NAHAHAHA

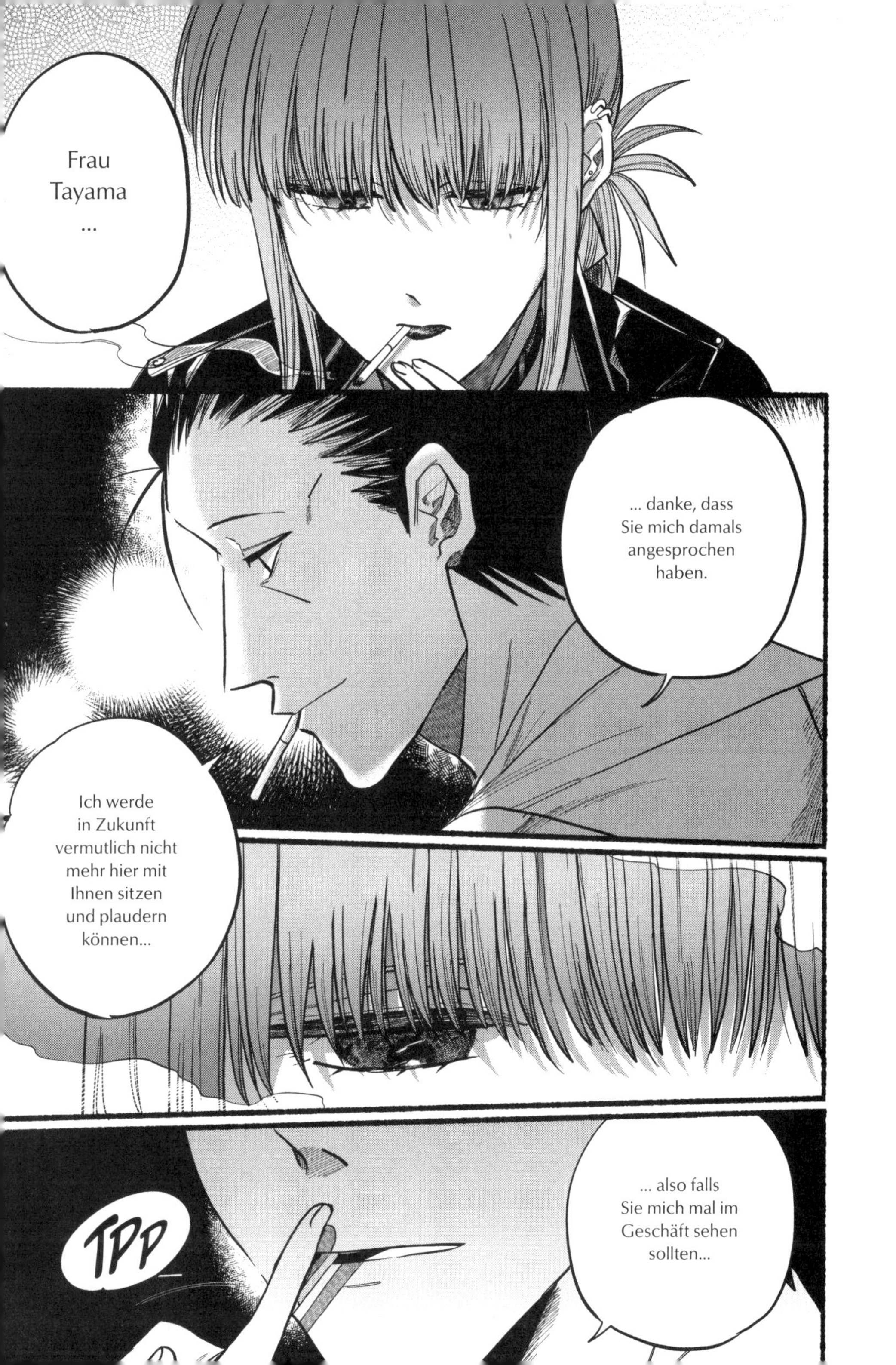
Frau Tayama ...
... danke, dass Sie mich damals angesprochen haben.
Ich werde in Zukunft vermutlich nicht mehr hier mit Ihnen sitzen und plaudern können...
... also falls Sie mich mal im Geschäft sehen sollten...
TPP

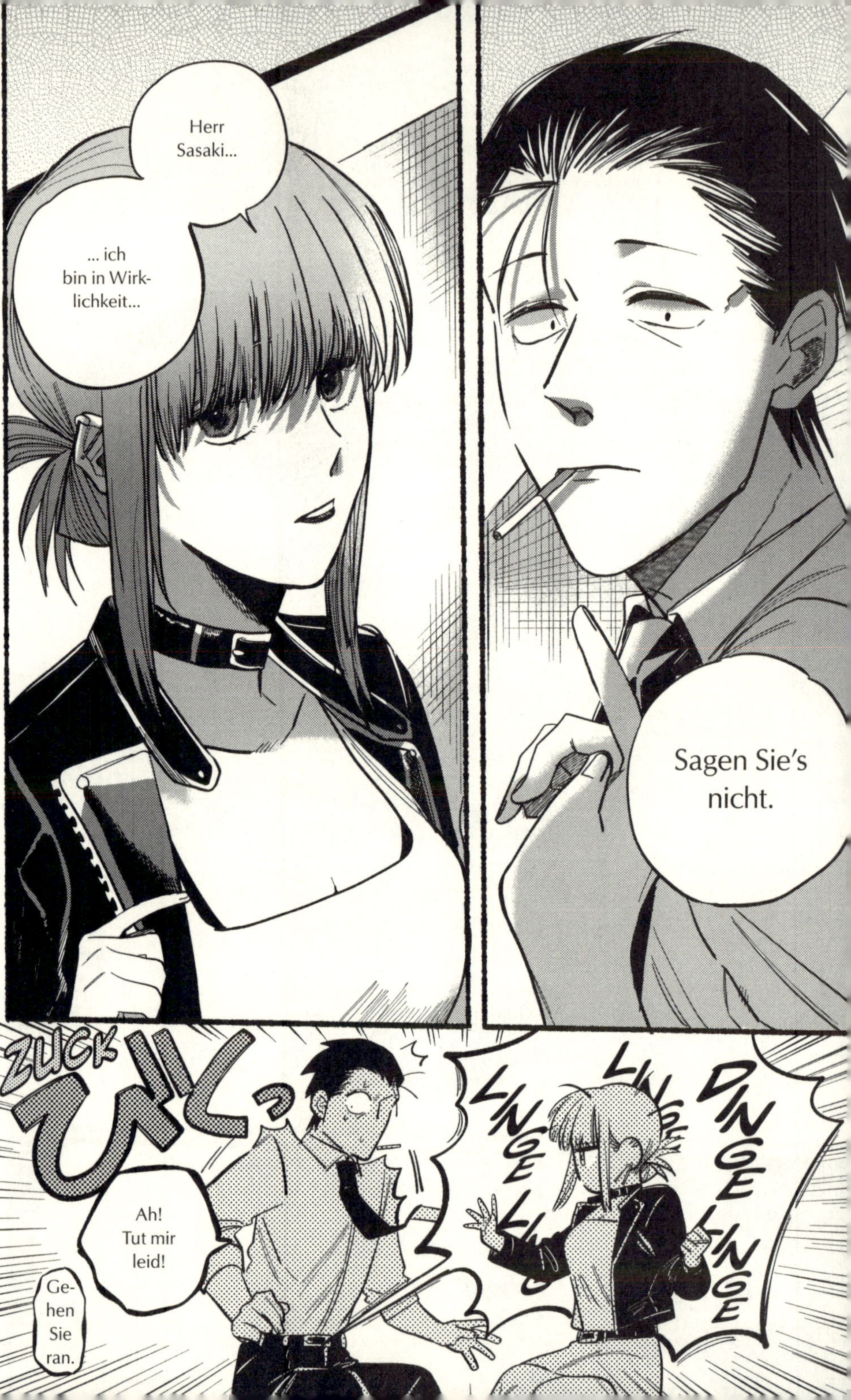
Herr Sasaki...
... ich bin in Wirklichkeit...
Sagen Sie's nicht.
DINGE LINGE LINGE
LINGE LINGE
ZUCK
Ah! Tut mir leid!
Gehen Sie ran.

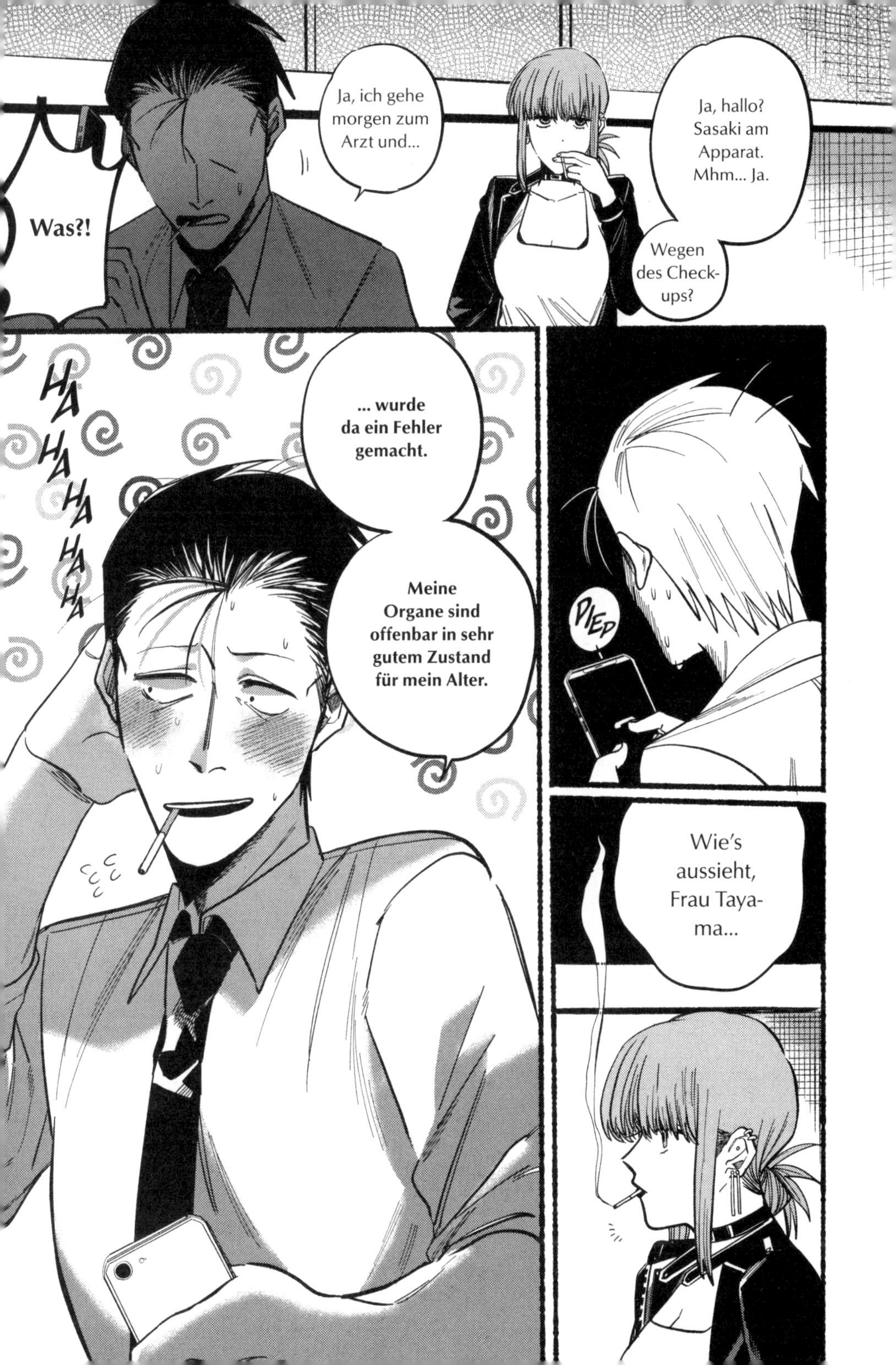
Ja, hallo? Sasaki am Apparat. Mhm... Ja.
Wegen des Check-ups?
Ja, ich gehe morgen zum Arzt und...
Was?!
... wurde da ein Fehler gemacht.
Meine Organe sind offenbar in sehr gutem Zustand für mein Alter.
HAHAHAHAHA
PIEP
Wie's aussieht, Frau Tayama...

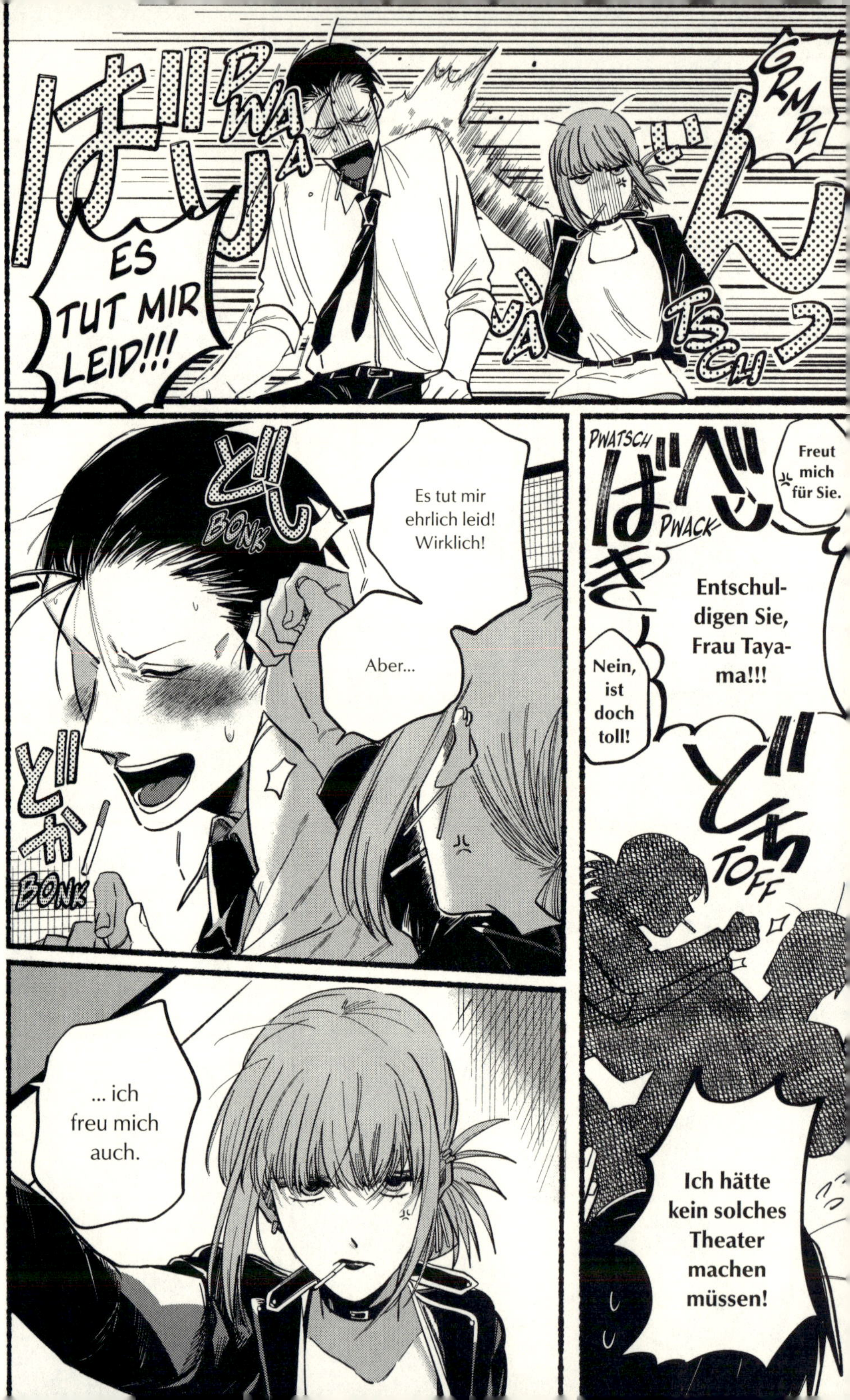

GRMPF
TSCHU
ES TUT MIR LEID!!!
PWATSCH
PWACK
Freut mich für Sie.
Entschul-digen Sie, Frau Taya-ma!!!
Nein, ist doch toll!
TOFF
Ich hätte kein solches Theater machen müssen!
Es tut mir ehrlich leid! Wirklich!
Aber...
BONK
BONK
... ich freu mich auch.

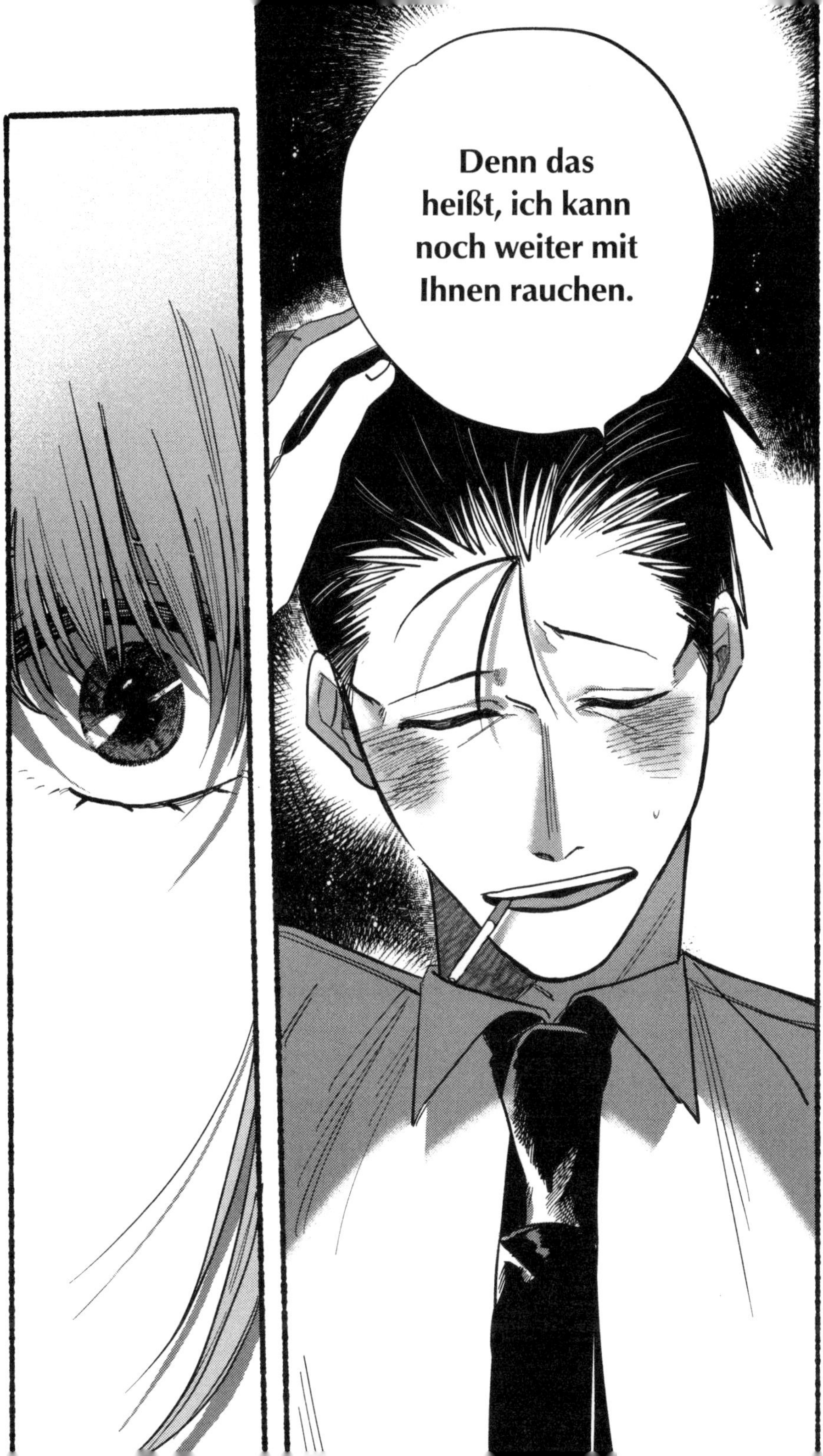
Denn das heißt, ich kann noch weiter mit Ihnen rauchen.

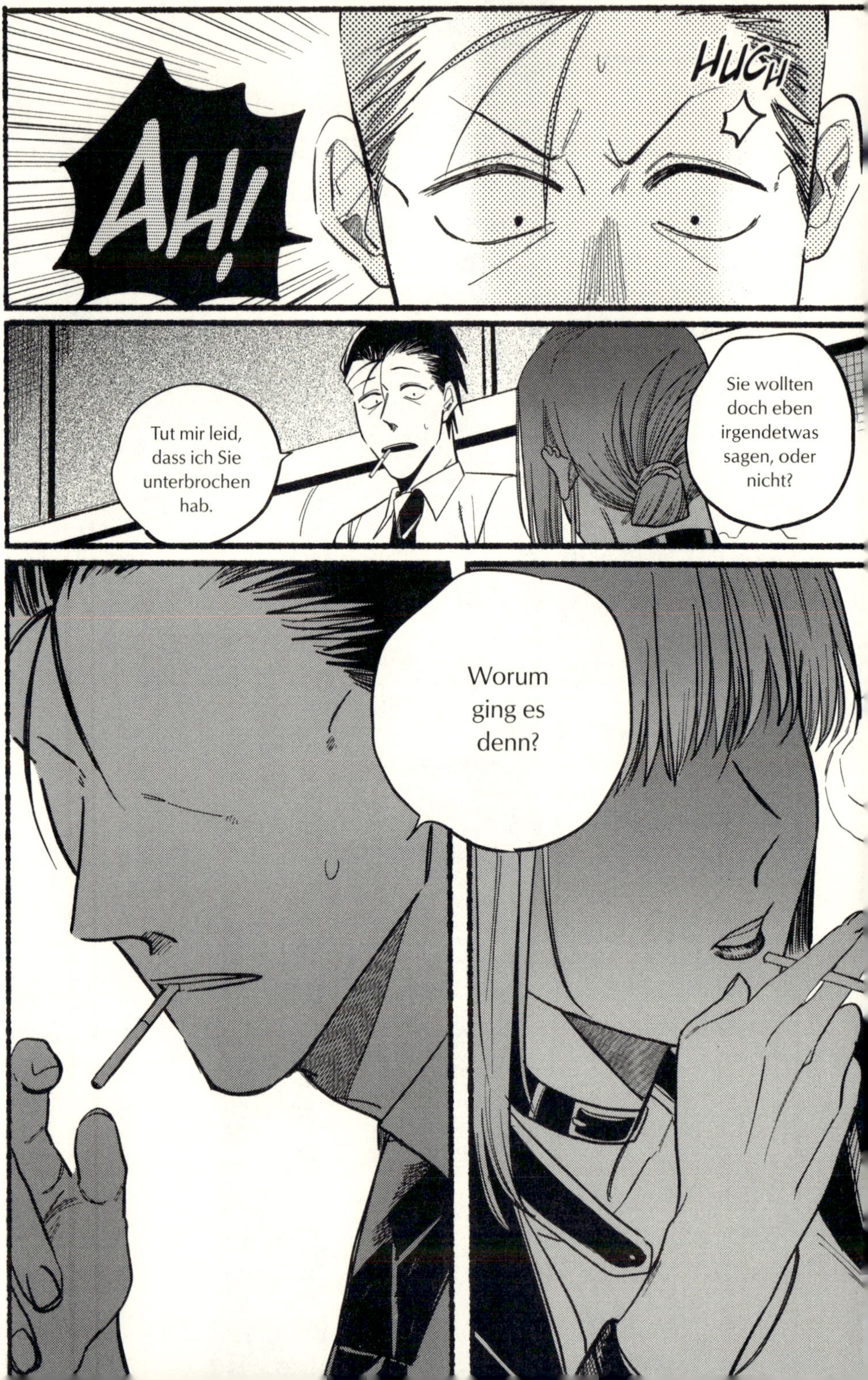

HUCH
AH!
Sie wollten doch eben irgendetwas sagen, oder nicht?
Tut mir leid, dass ich Sie unterbrochen hab.
Worum ging es denn?

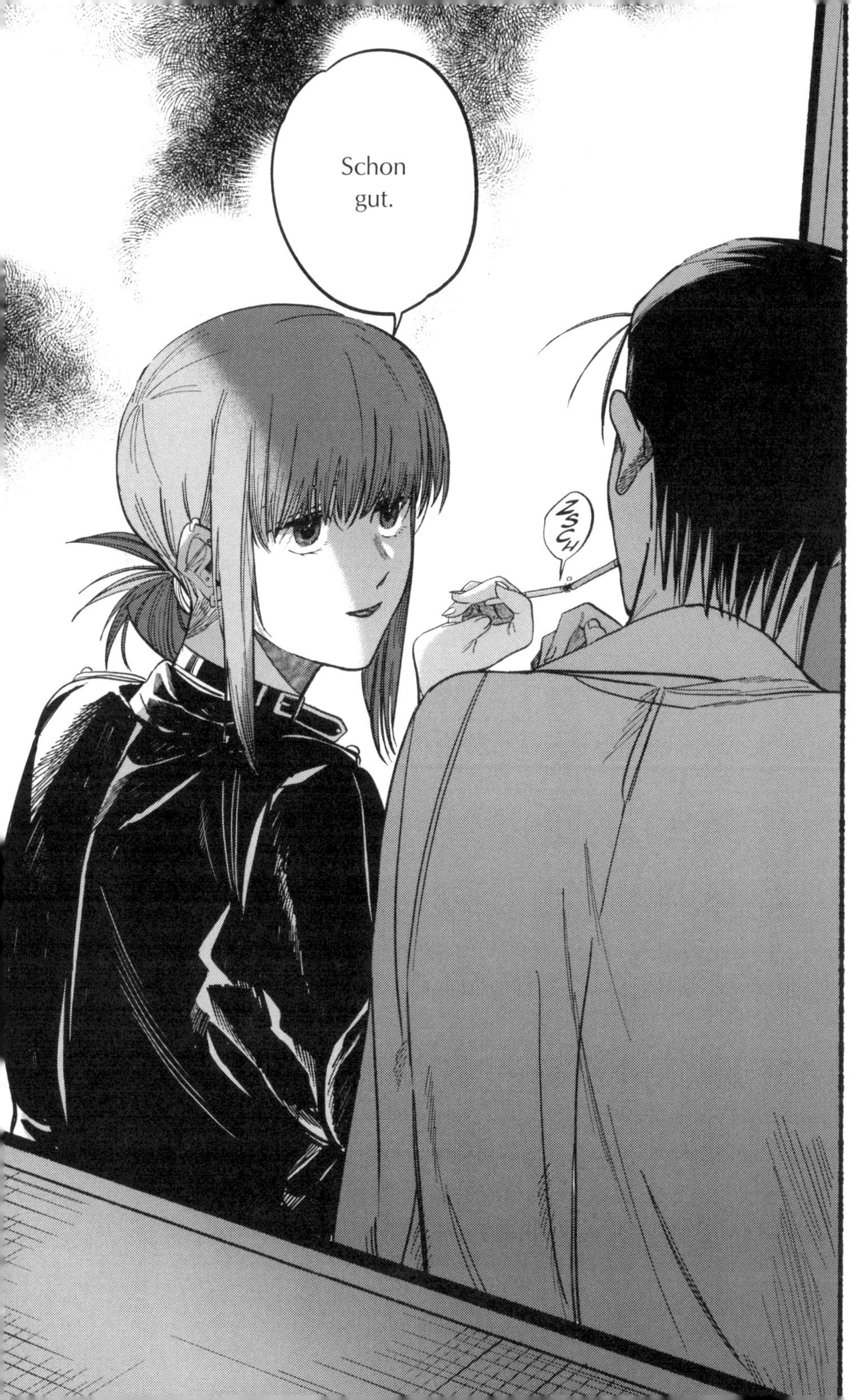
Schon gut.
ZSCH

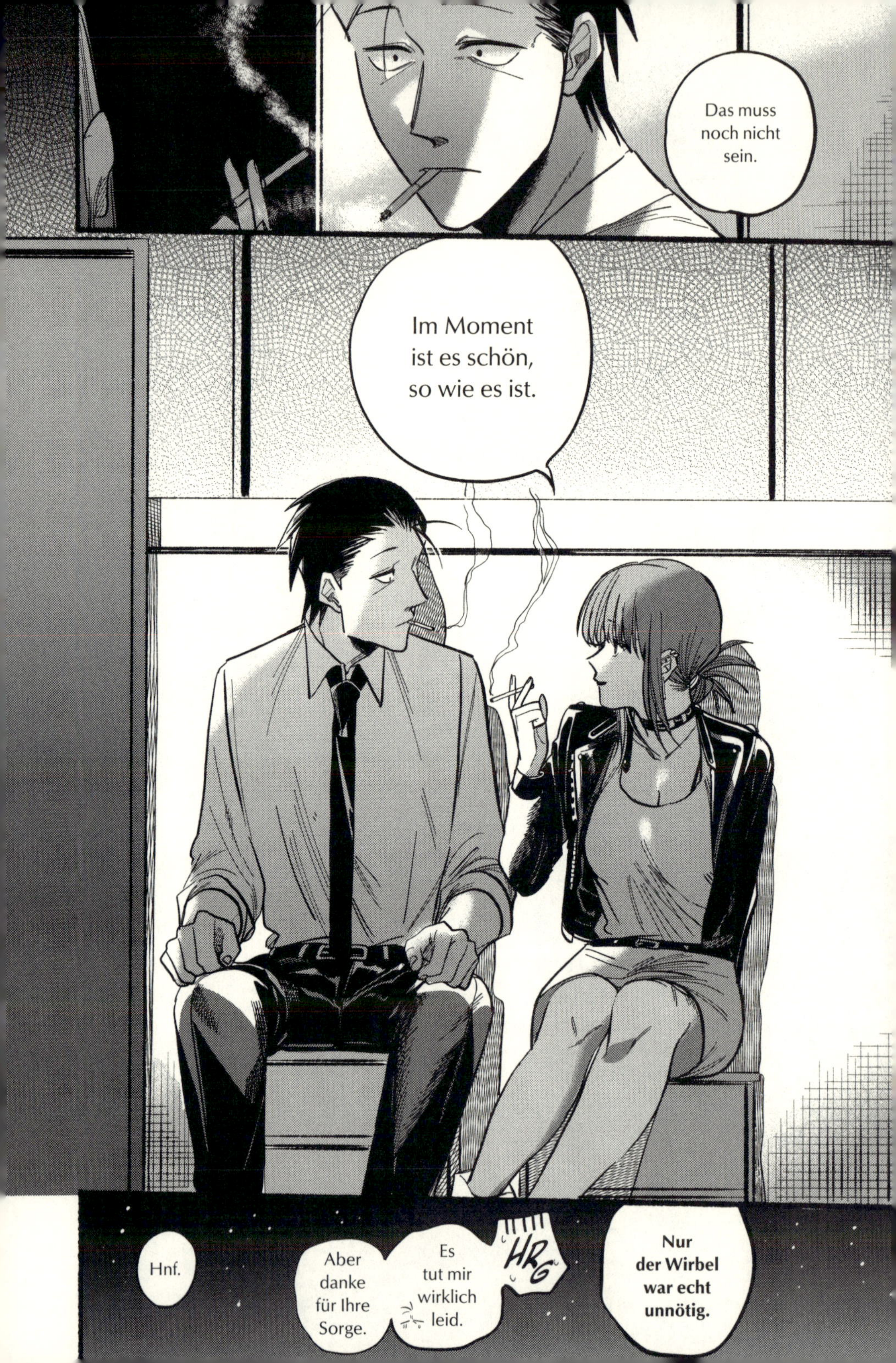
Das muss noch nicht sein.
Im Moment ist es schön, so wie es ist.
Nur der Wirbel war echt unnötig.
HRG
Es tut mir wirklich leid.
Aber danke für Ihre Sorge.
Hnf.

Super S

Bonus Nach der 15. Zigarette

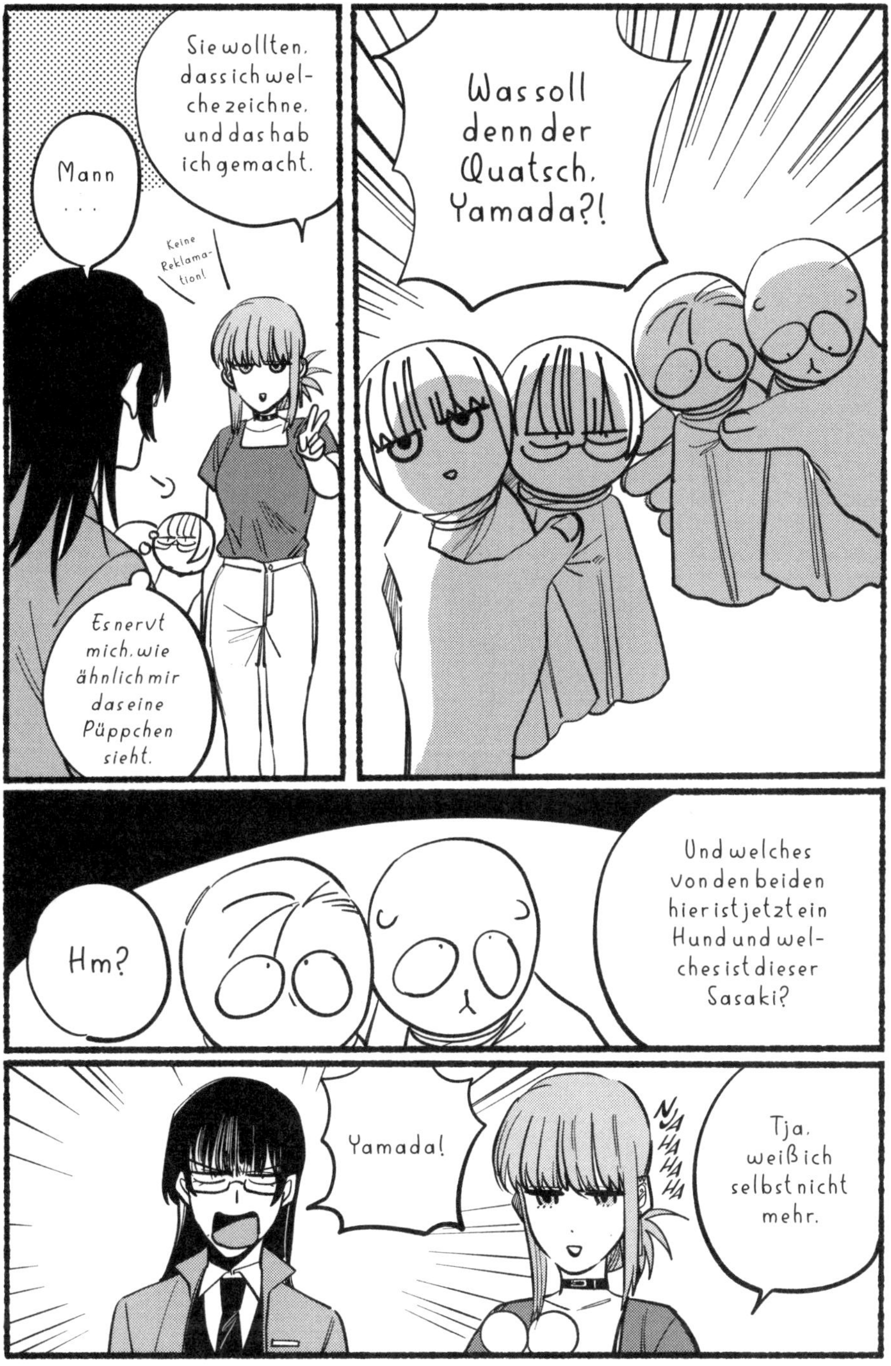

Super S

Bonus Nach der 16. Zigarette

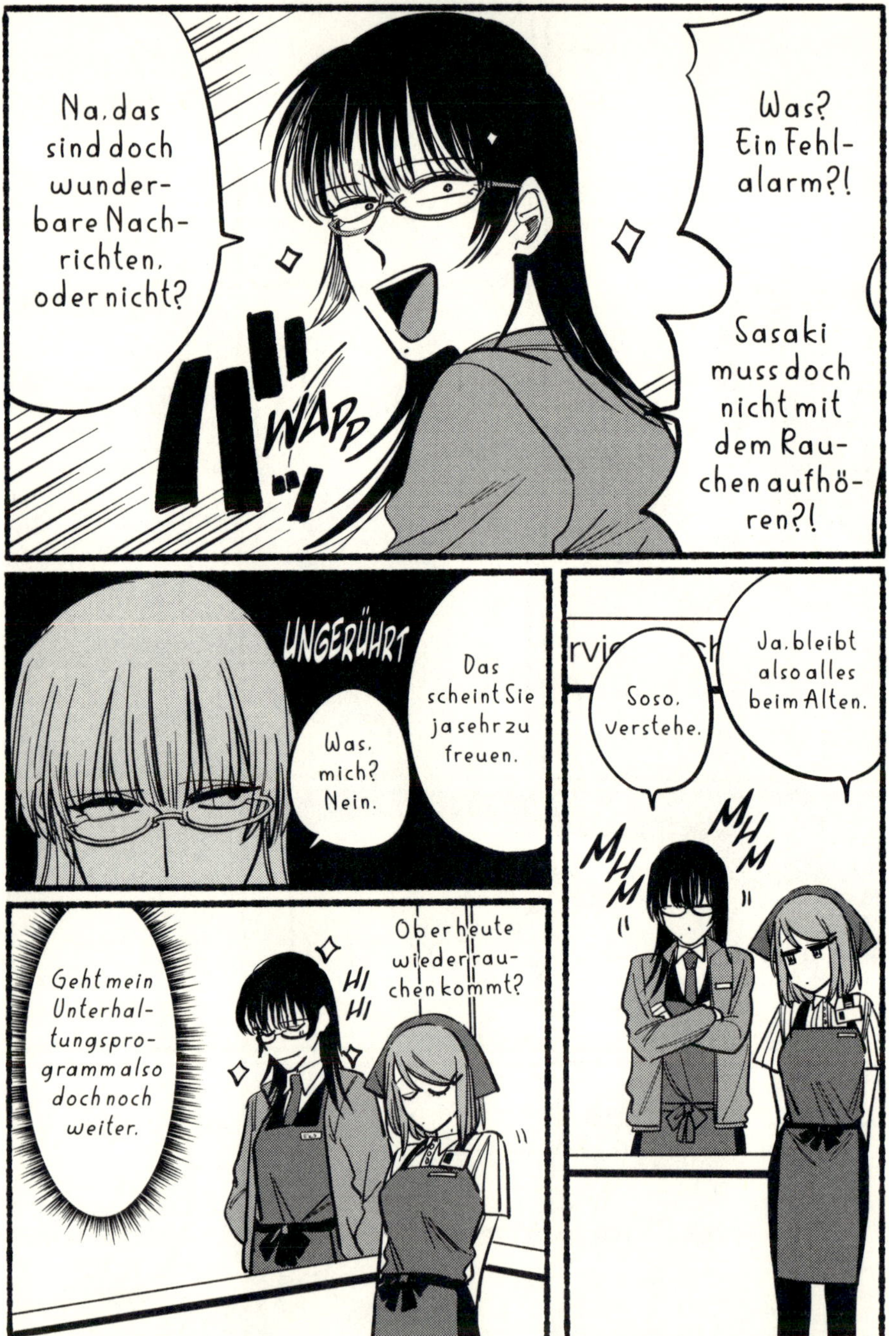

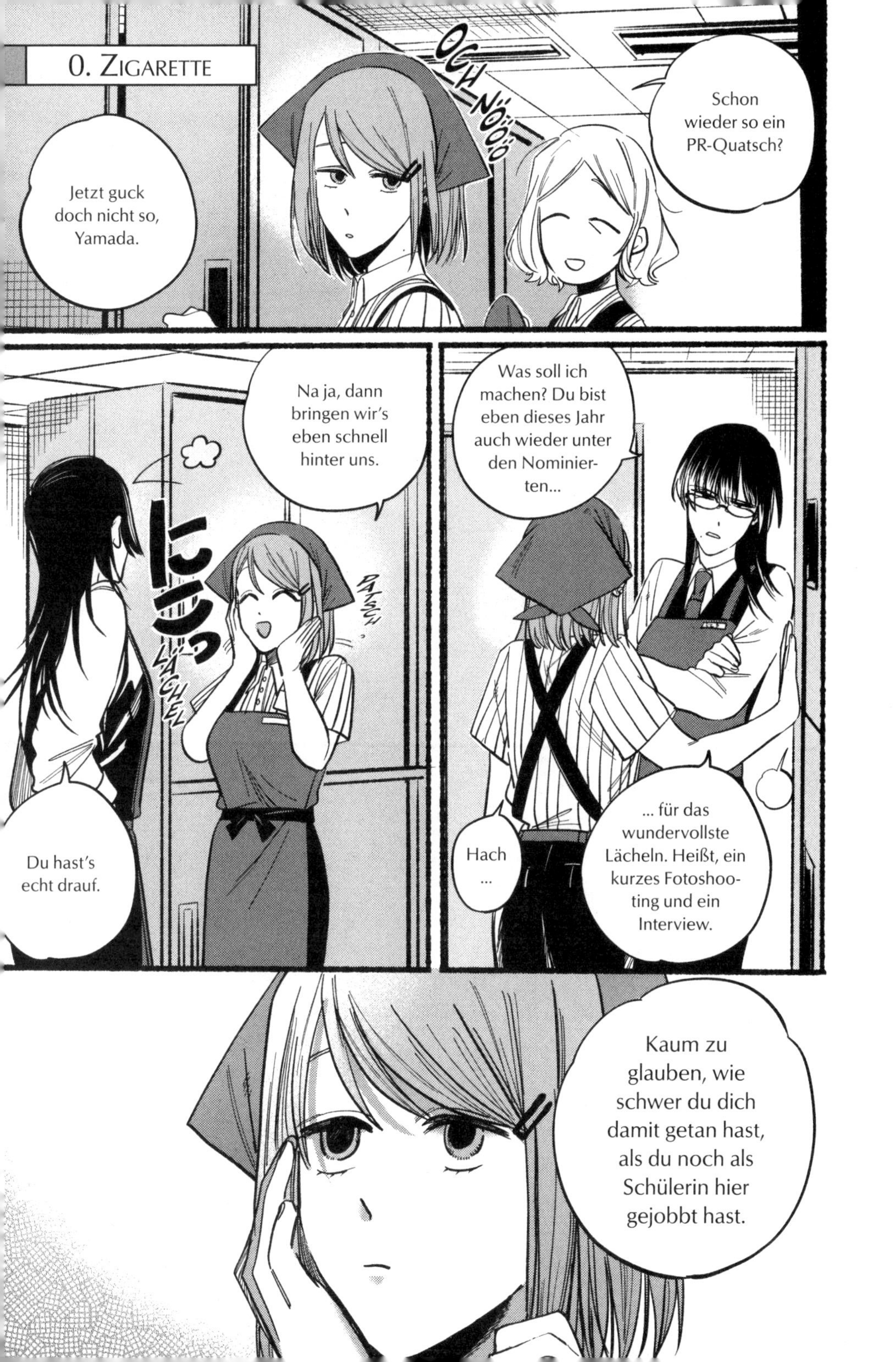
0. Zigarette
Schon wieder so ein PR-Quatsch?
OCH NÖÖÖ
Jetzt guck doch nicht so, Yamada.
Was soll ich machen? Du bist eben dieses Jahr auch wieder unter den Nominier-ten...
... für das wundervollste Lächeln. Heißt, ein kurzes Fotoshoo-ting und ein Interview.
Hach ...
Na ja, dann bringen wir's eben schnell hinter uns.
PATSCH
にこっ
LÄCHEL
Du hast's echt drauf.
Kaum zu glauben, wie schwer du dich damit getan hast, als du noch als Schülerin hier gejobbt hast.

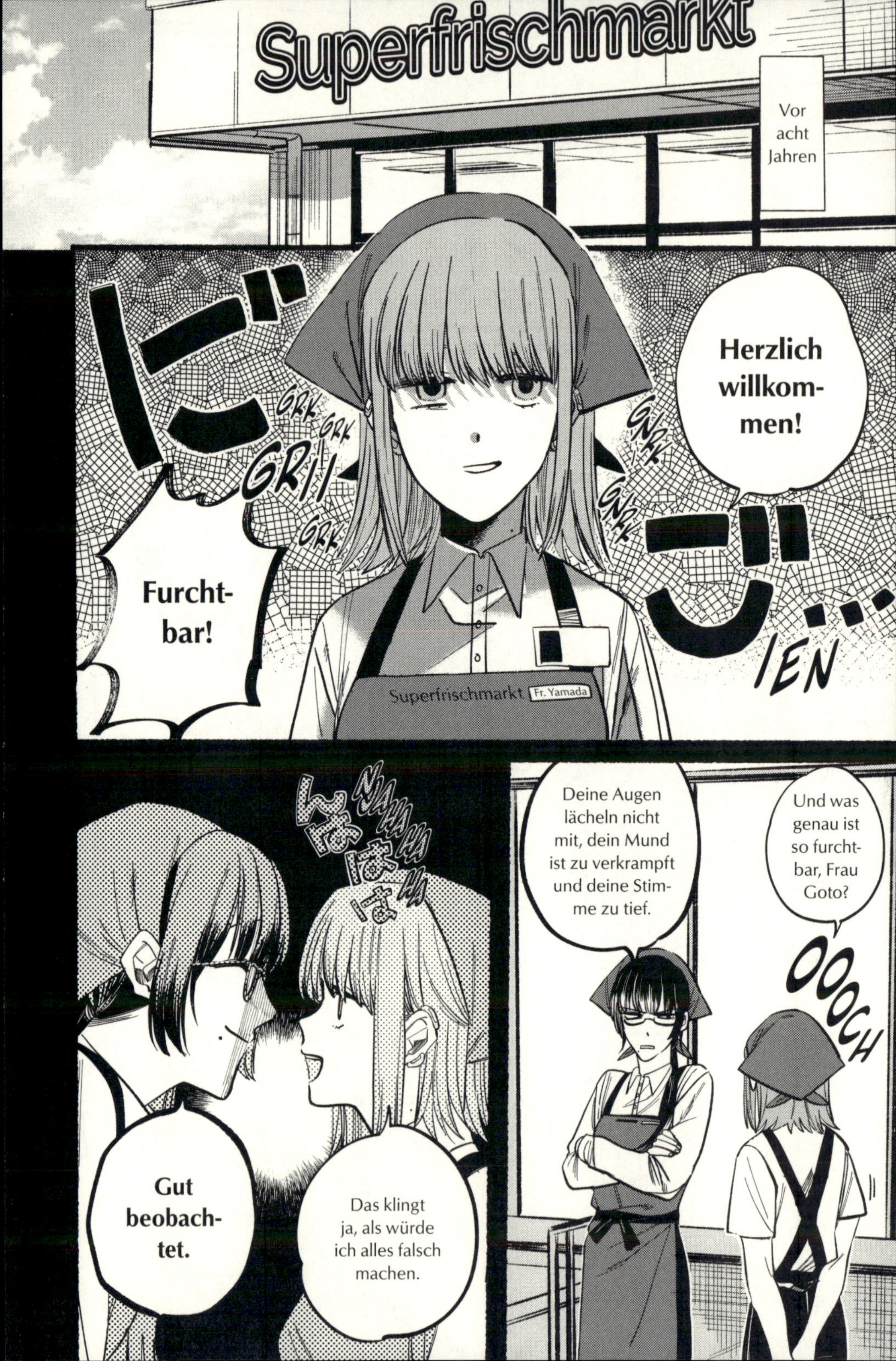
Superfrischmarkt
Vor acht Jahren
Herzlich willkommen!
GNRK GNRK
...IEN
Superfrischmarkt Fr. Yamada
GRK GRK GRII GRK
Furchtbar!
Und was genau ist so furchtbar, Frau Goto?
OOOCH
Deine Augen lächeln nicht mit, dein Mund ist zu verkrampft und deine Stimme zu tief.
HAHAHAHA
Das klingt ja, als würde ich alles falsch machen.
Gut beobachtet.

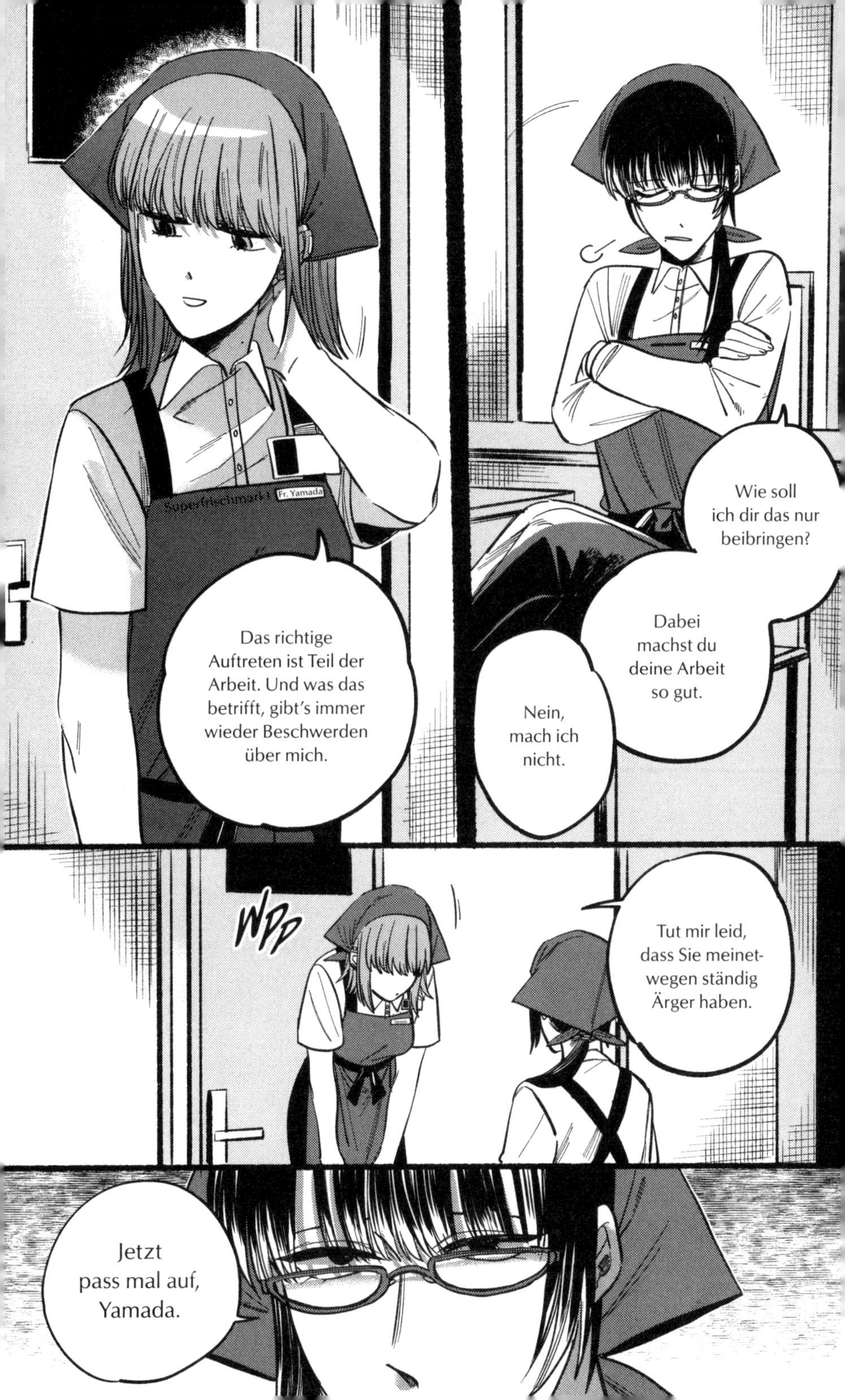
Wie soll ich dir das nur beibringen?
Dabei machst du deine Arbeit so gut.
Nein, mach ich nicht.
Fr. Yamada
Das richtige Auftreten ist Teil der Arbeit. Und was das betrifft, gibt's immer wieder Beschwerden über mich.
Tut mir leid, dass Sie meinet-wegen ständig Ärger haben.
Jetzt pass mal auf, Yamada.

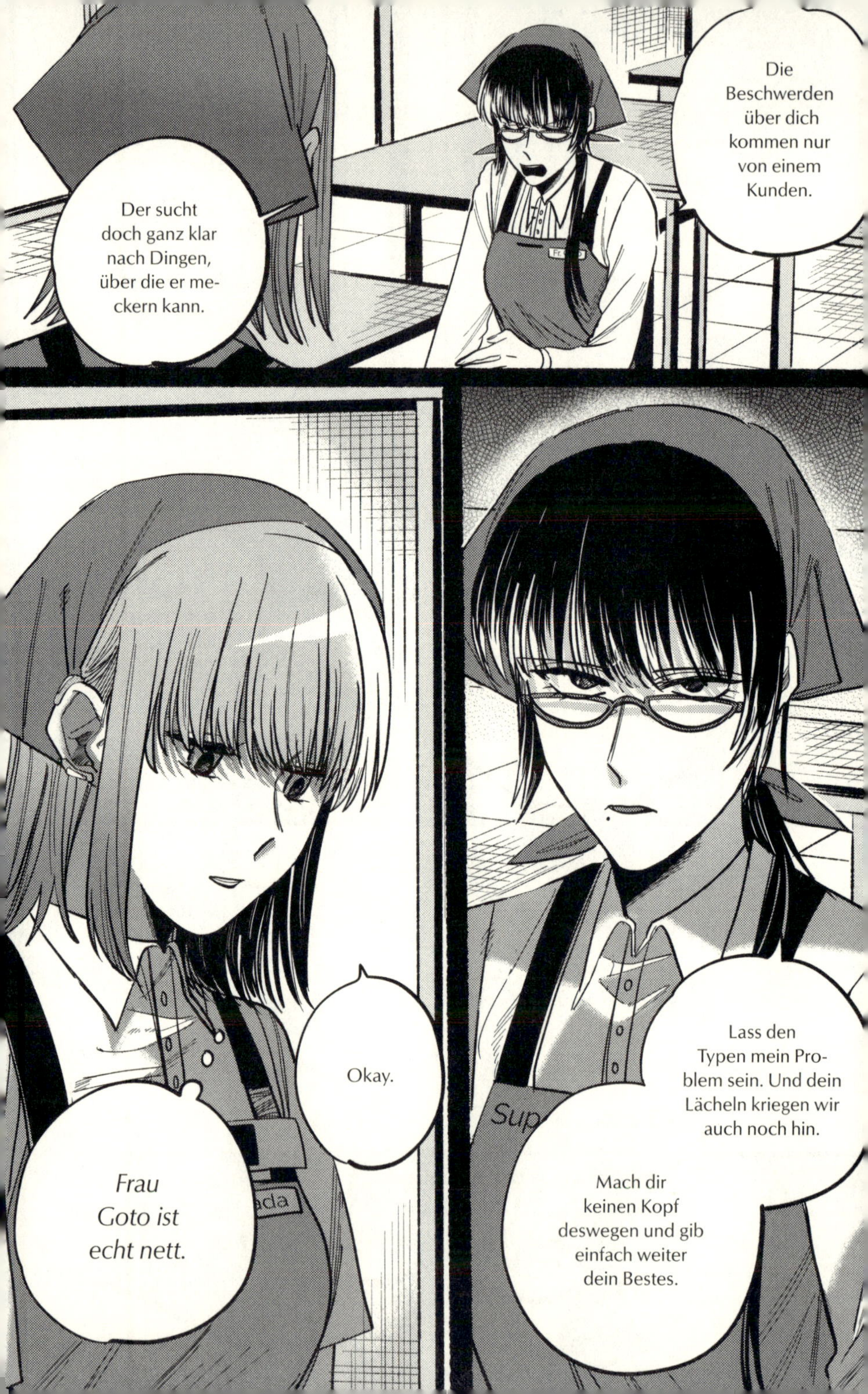
Die Beschwerden über dich kommen nur von einem Kunden.
Der sucht doch ganz klar nach Dingen, über die er meckern kann.
Lass den Typen mein Problem sein. Und dein Lächeln kriegen wir auch noch hin.
Mach dir keinen Kopf deswegen und gib einfach weiter dein Bestes.
Okay.
Frau Goto ist echt nett.

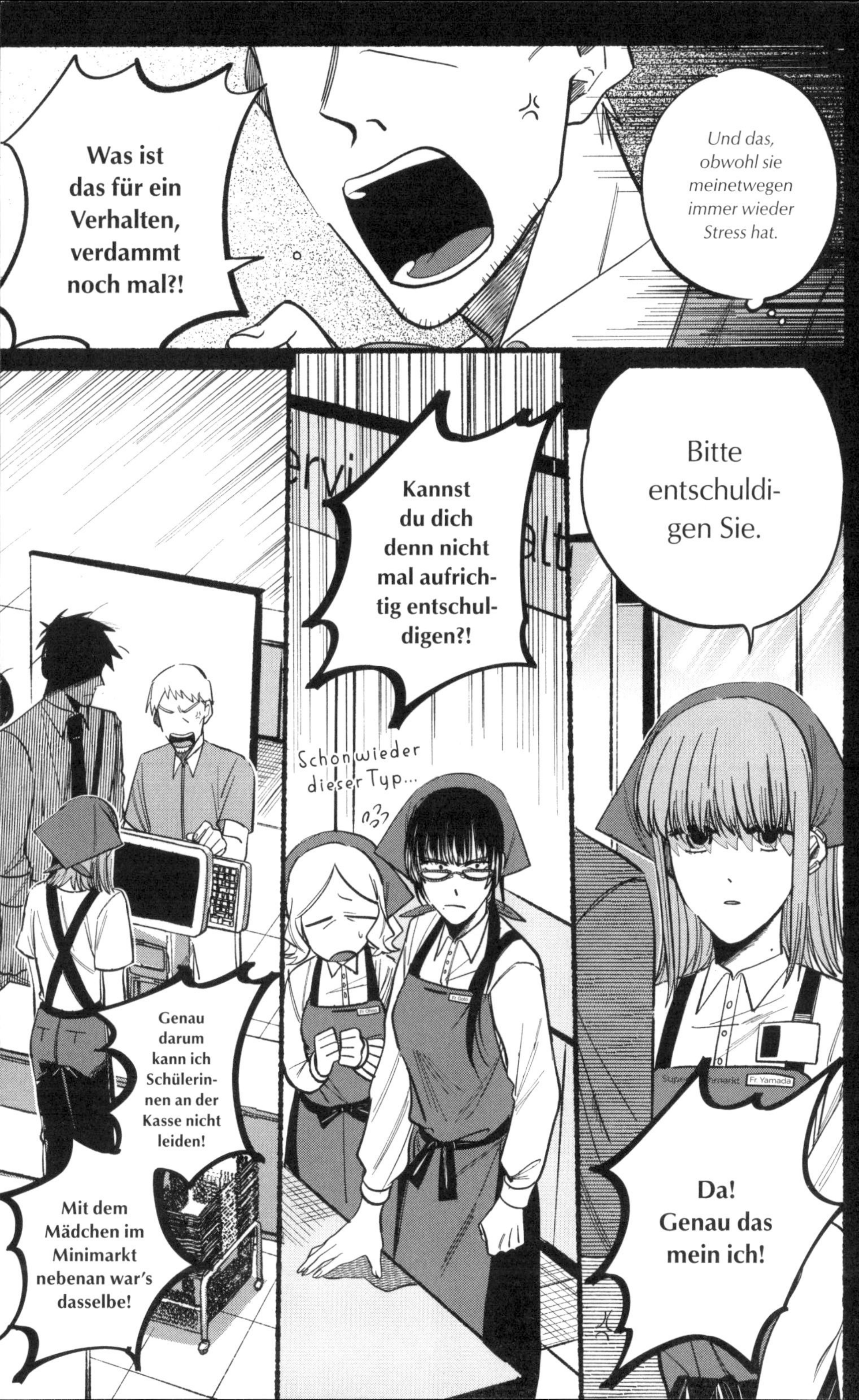
Und das, obwohl sie meinetwegen immer wieder Stress hat.
Was ist das für ein Verhalten, verdammt noch mal?!
Bitte entschuldigen Sie.
Da! Genau das mein ich!
Fr. Yamada
Kannst du dich denn nicht mal aufrichtig entschuldigen?!
Schon wieder dieser Typ…
Genau darum kann ich Schülerinnen an der Kasse nicht leiden!
Mit dem Mädchen im Minimarkt nebenan war's dasselbe!

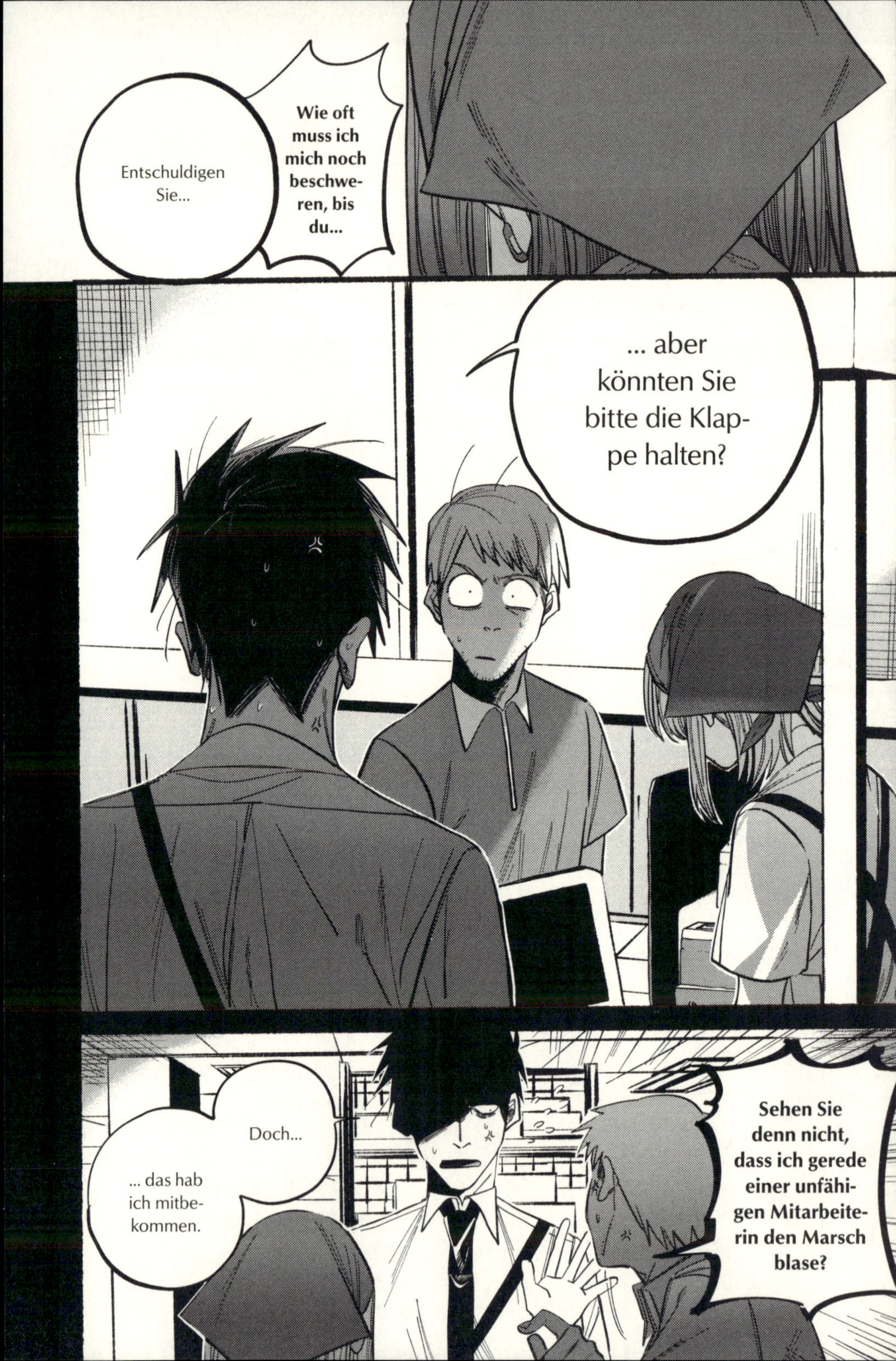
Wie oft muss ich mich noch beschweren, bis du...
Entschuldigen Sie...
... aber könnten Sie bitte die Klappe halten?
Sehen Sie denn nicht, dass ich gerede einer unfähigen Mitarbeiterin den Marsch blase?
Doch...
... das hab ich mitbekommen.

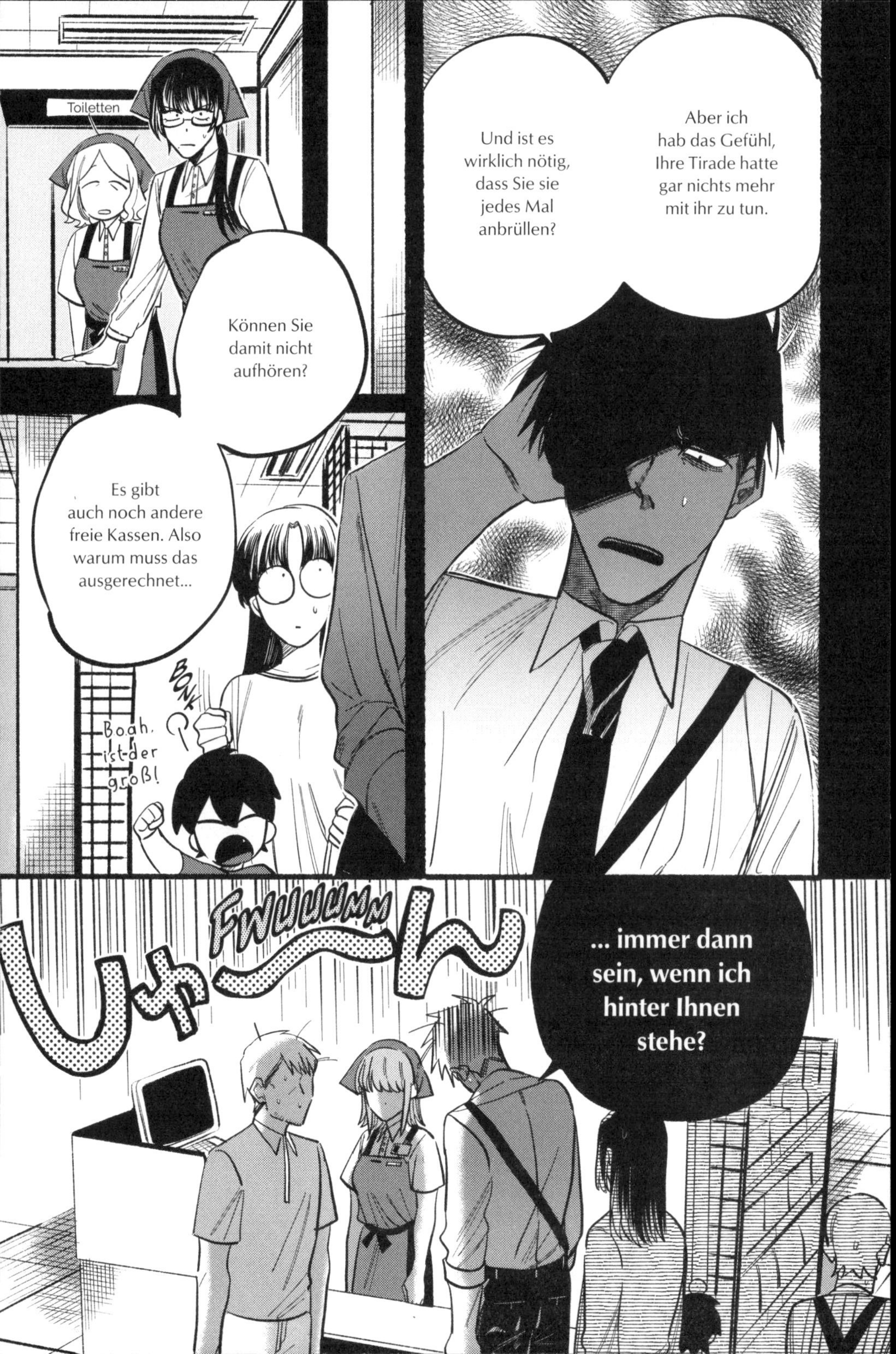
Aber ich hab das Gefühl, Ihre Tirade hatte gar nichts mehr mit ihr zu tun.
Und ist es wirklich nötig, dass Sie sie jedes Mal anbrüllen?
Toiletten
Können Sie damit nicht aufhören?
Es gibt auch noch andere freie Kassen. Also warum muss das ausgerechnet...
BONK
Boah, ist der groß!
... immer dann sein, wenn ich hinter Ihnen stehe?
FWUUUMM

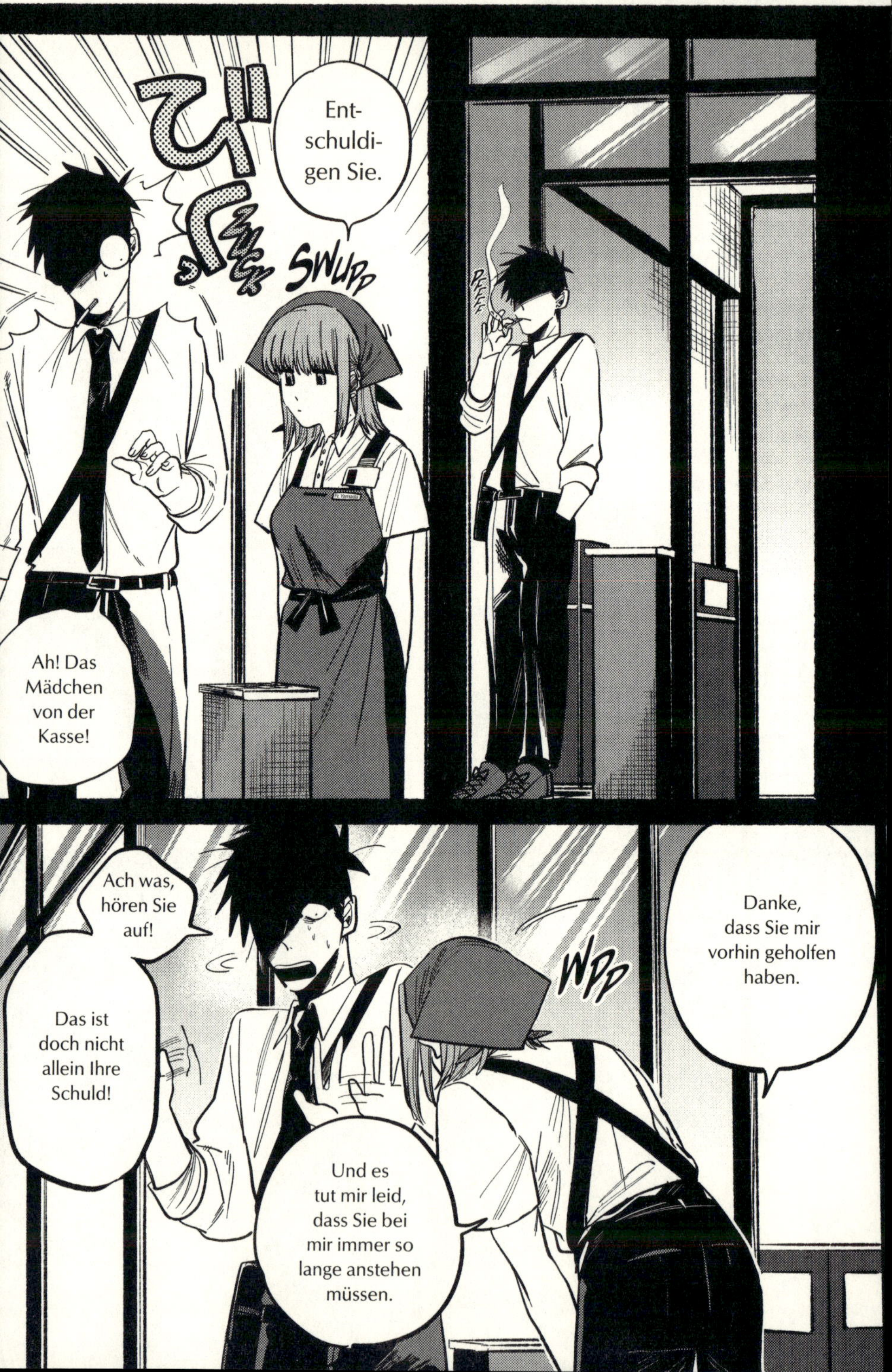
Ent-
schuldi-
gen Sie.
SWUPP
Ah! Das Mädchen von der Kasse!
Danke, dass Sie mir vorhin geholfen haben.
WPP
Ach was, hören Sie auf!
Das ist doch nicht allein Ihre Schuld!
Und es tut mir leid, dass Sie bei mir immer so lange anstehen müssen.

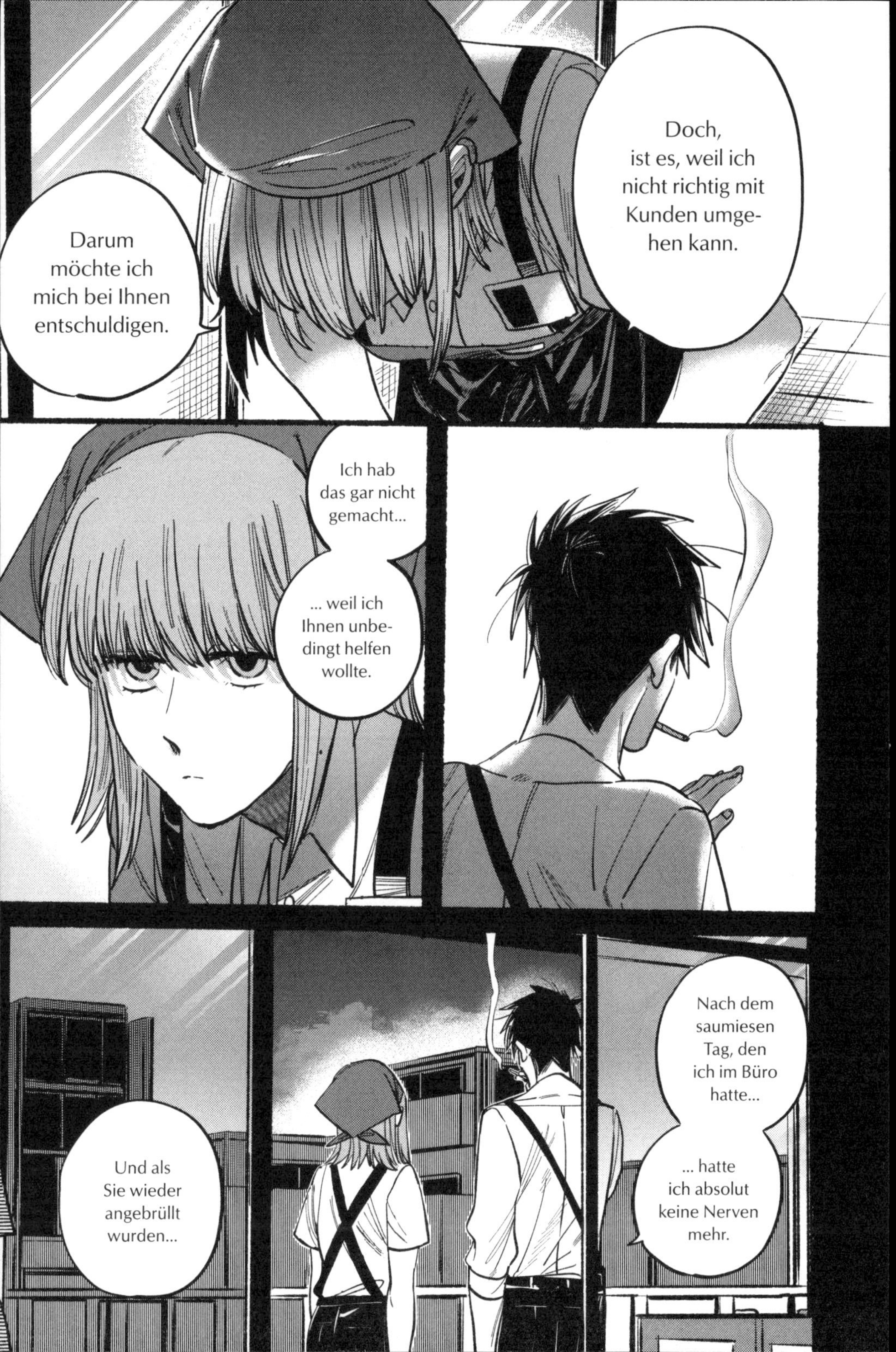
Doch, ist es, weil ich nicht richtig mit Kunden umgehen kann.
Darum möchte ich mich bei Ihnen entschuldigen.
Ich hab das gar nicht gemacht...
... weil ich Ihnen unbedingt helfen wollte.
Nach dem saumiesen Tag, den ich im Büro hatte...
... hatte ich absolut keine Nerven mehr.
Und als Sie wieder angebrüllt wurden...

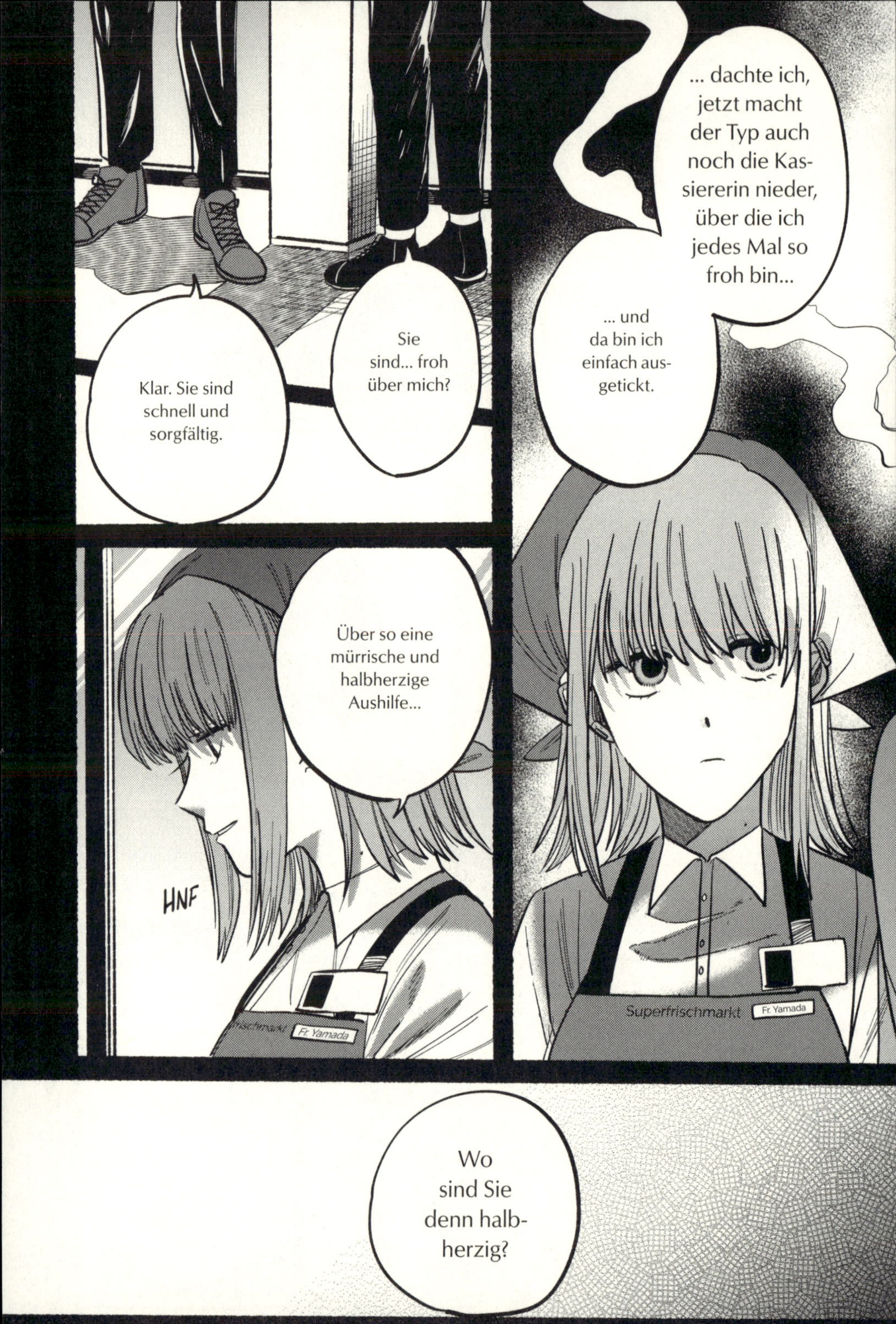
... dachte ich, jetzt macht der Typ auch noch die Kassiererin nieder, über die ich jedes Mal so froh bin...
... und da bin ich einfach ausgetickt.
Sie sind... froh über mich?
Klar. Sie sind schnell und sorgfältig.
Superfrischmarkt
Fr. Yamada
Über so eine mürrische und halbherzige Aushilfe...
HNF
Fr. Yamada
Wo sind Sie denn halbherzig?

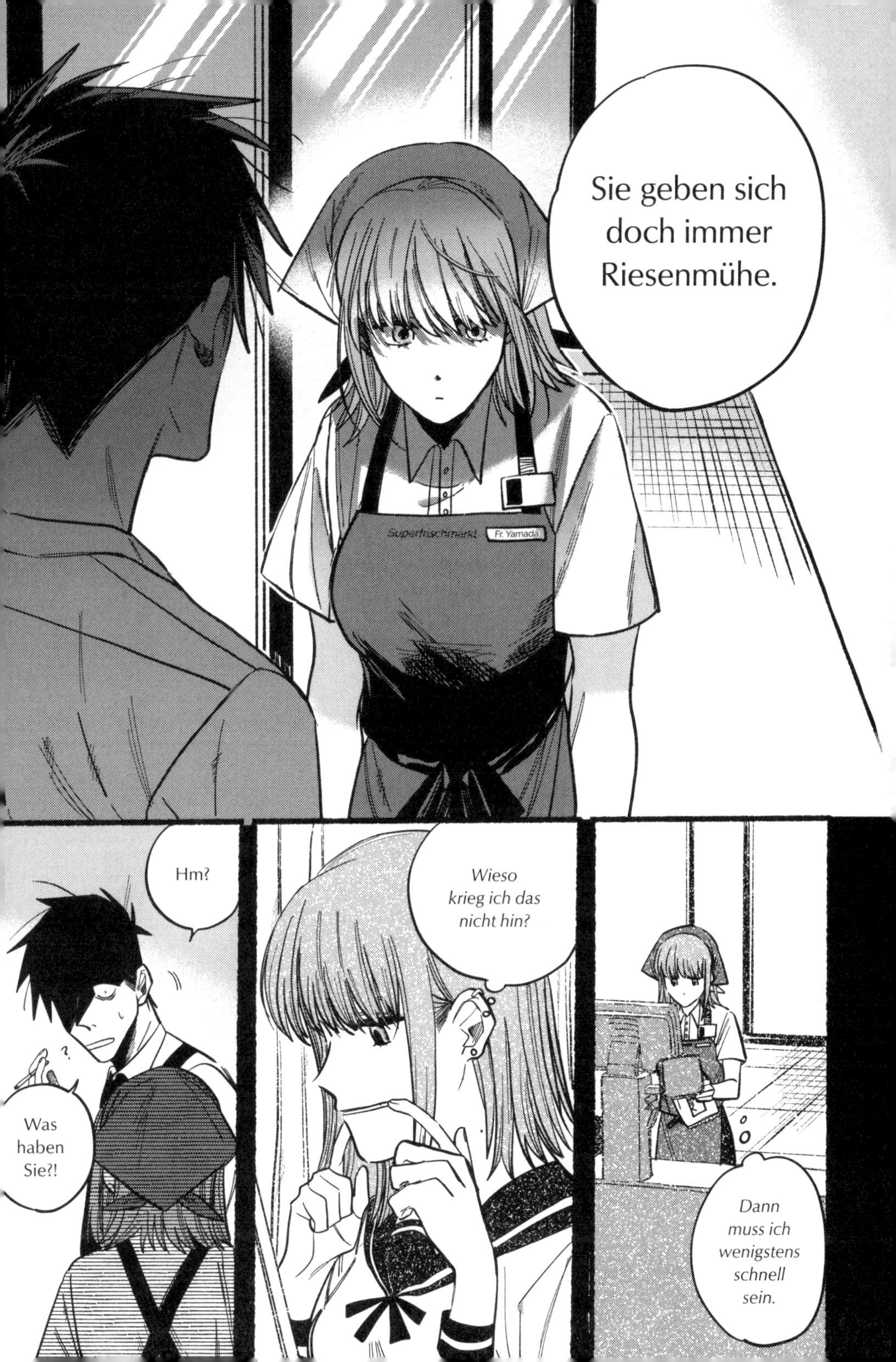
Sie geben sich doch immer Riesenmühe.
Superfischmarkt
Fr. Yamada
Dann muss ich wenigstens schnell sein.
Wieso krieg ich das nicht hin?
Hm?
Was haben Sie?!

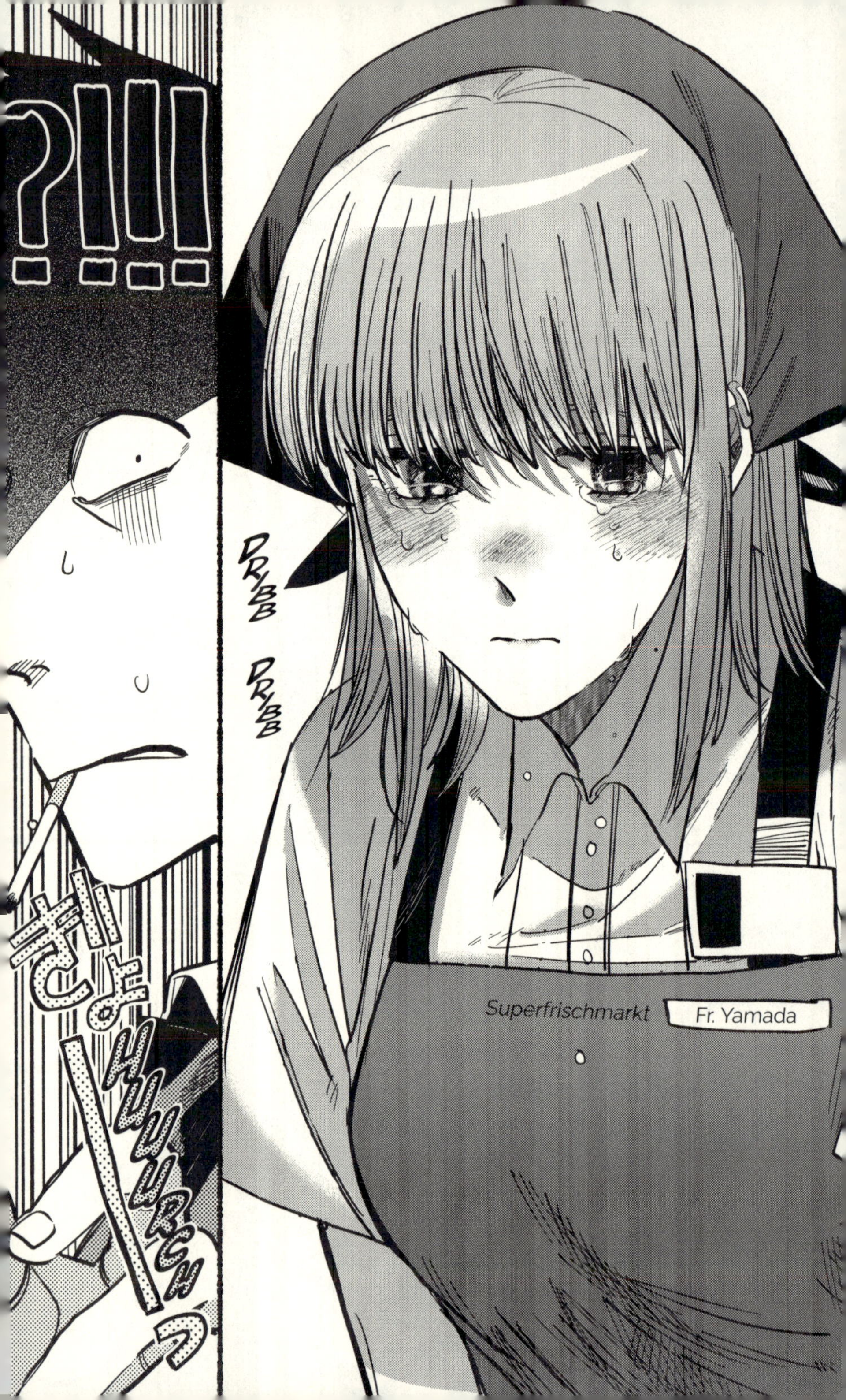
?!!!
DRYBB DRYBB
Superfrischmarkt
Fr. Yamada
HUURGH

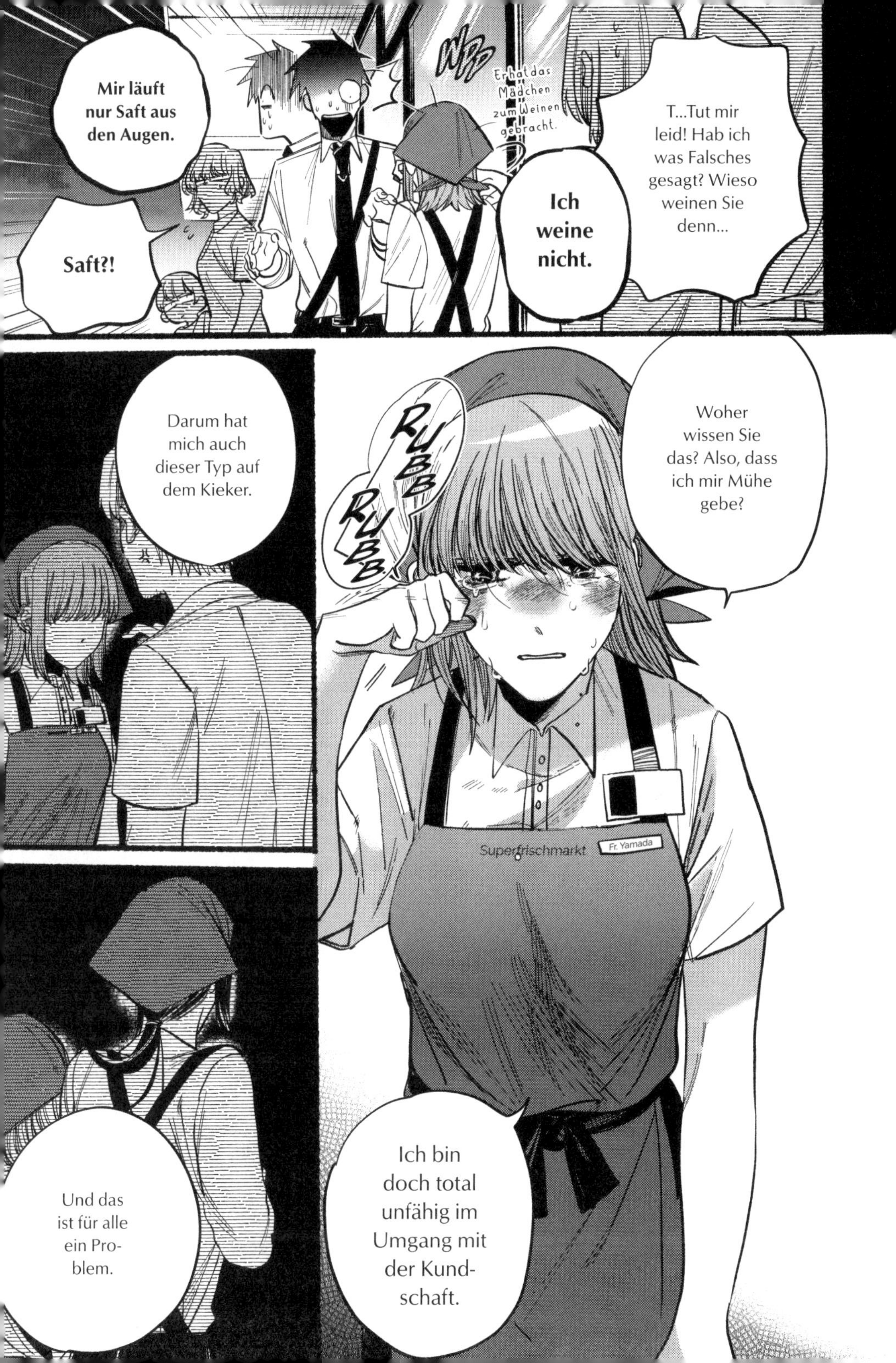
T...Tut mir leid! Hab ich was Falsches gesagt? Wieso weinen Sie denn...
Ich weine nicht.
Er hat das Mädchen zum Weinen gebracht.
Mir läuft nur Saft aus den Augen.
Saft?!
Woher wissen Sie das? Also, dass ich mir Mühe gebe?
RUBB RUBB
Superfrischmarkt
Fr. Yamada
Darum hat mich auch dieser Typ auf dem Kieker.
Ich bin doch total unfähig im Umgang mit der Kundschaft.
Und das ist für alle ein Problem.

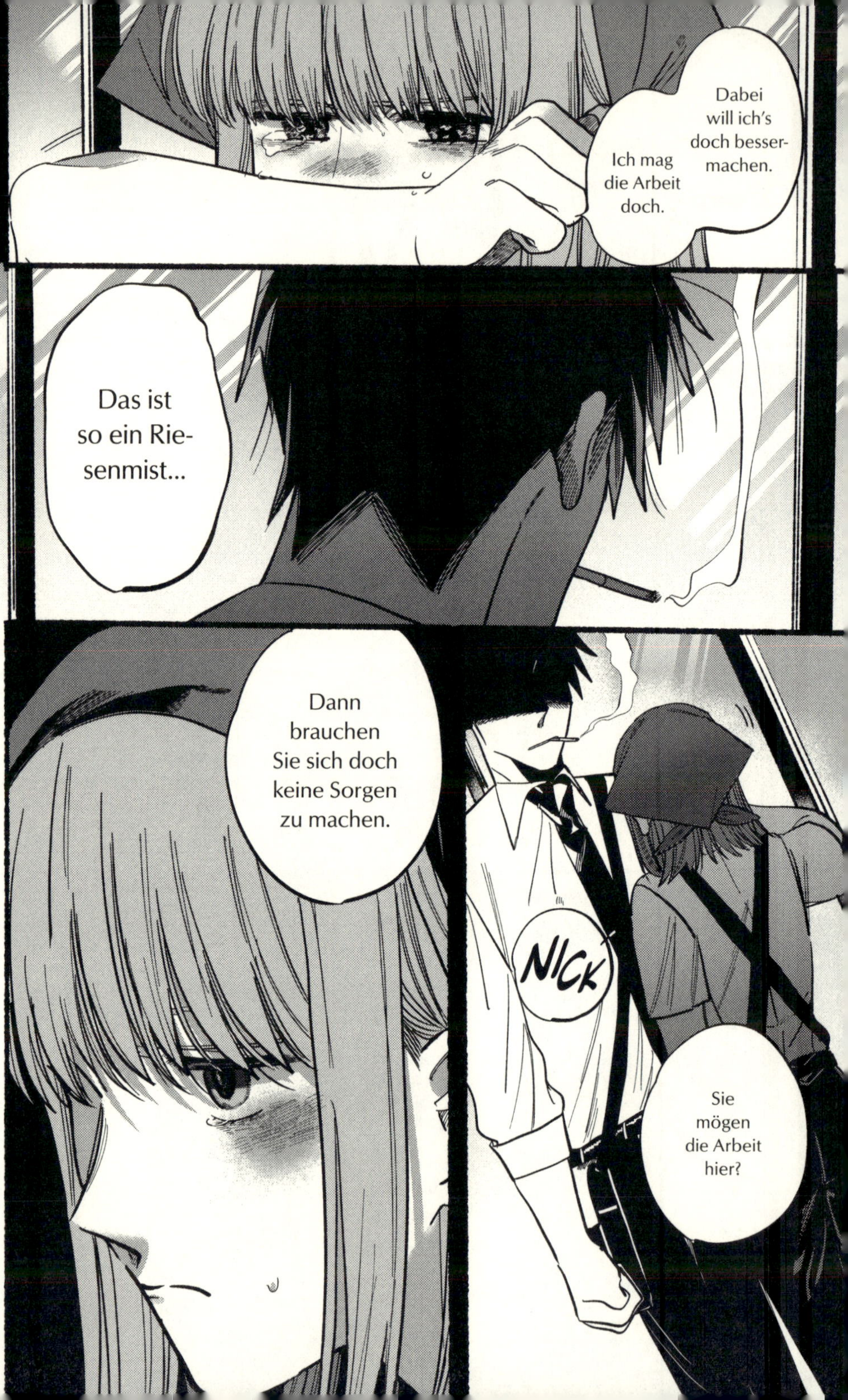
Dabei will ich's doch bessermachen.
Ich mag die Arbeit doch.
Das ist so ein Riesenmist...
NICK
Sie mögen die Arbeit hier?
Dann brauchen Sie sich doch keine Sorgen zu machen.

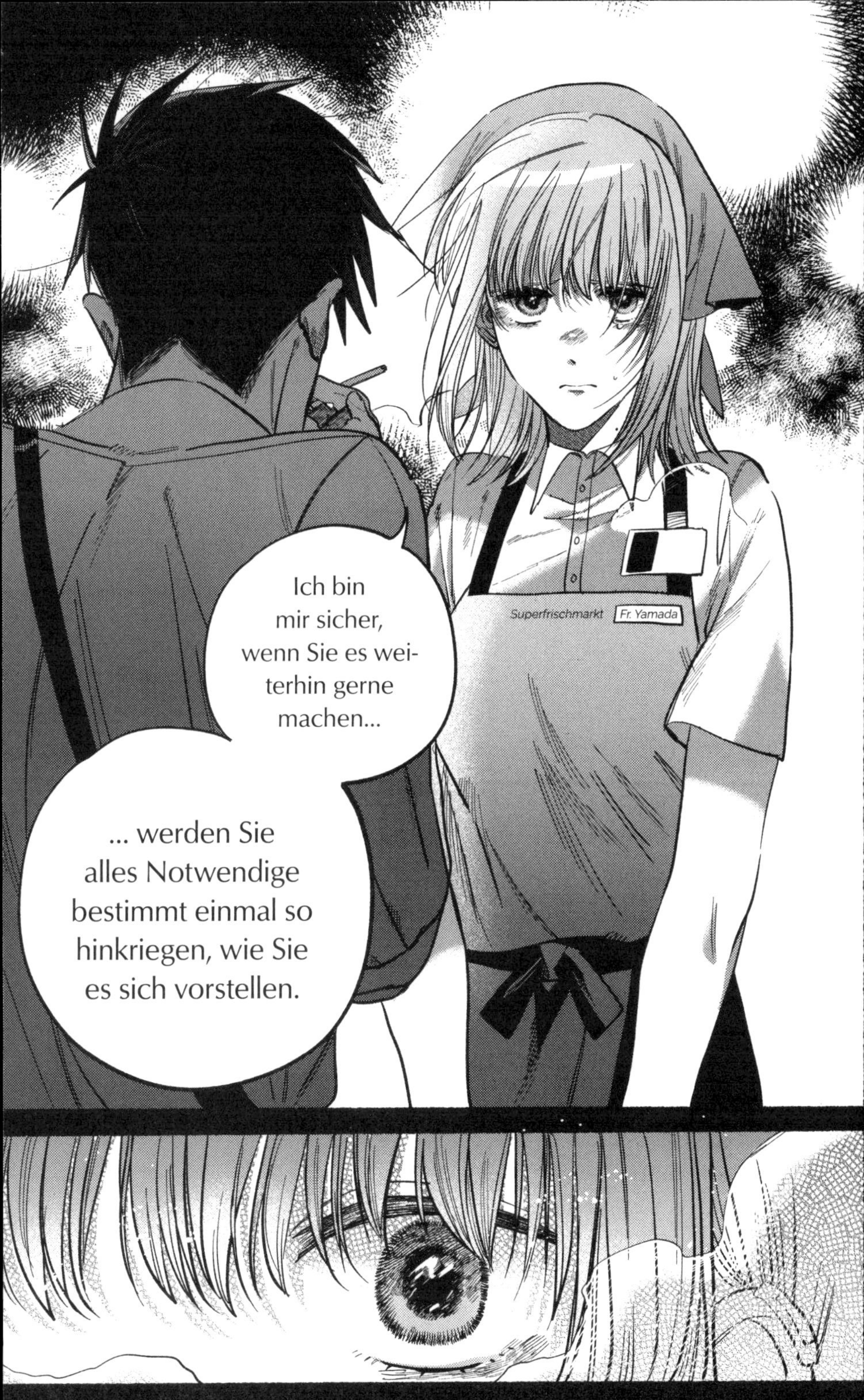
Ich bin mir sicher, wenn Sie es weiterhin gerne machen...
... werden Sie alles Notwendige bestimmt einmal so hinkriegen, wie Sie es sich vorstellen.
Superfrischmarkt
Fr. Yamada

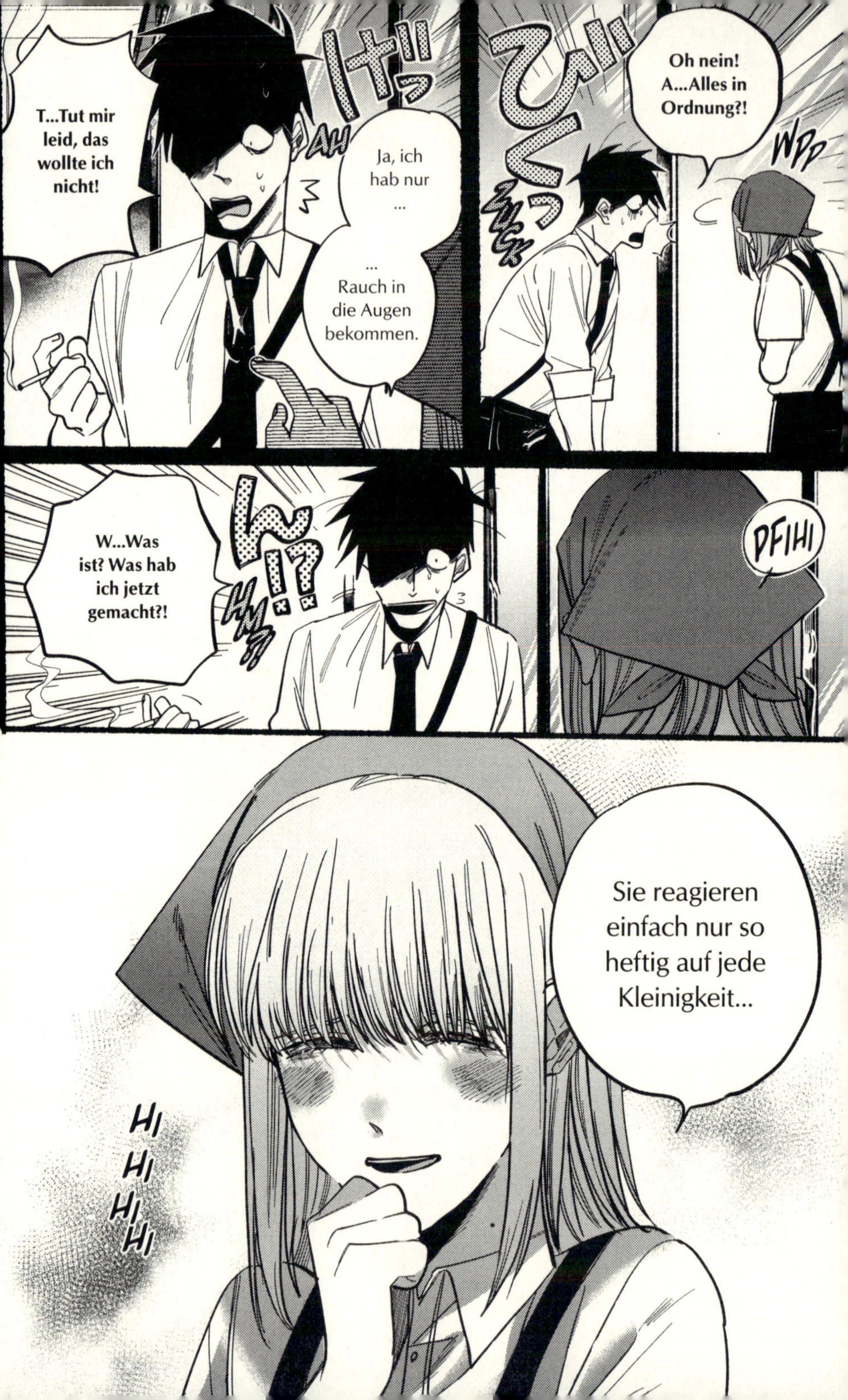
Oh nein! A...Alles in Ordnung?!
WPP
Ja, ich hab nur ...
... Rauch in die Augen bekommen.
AH
T...Tut mir leid, das wollte ich nicht!
PFIHI
W...Was ist? Was hab ich jetzt gemacht?!
Sie reagieren einfach nur so heftig auf jede Kleinigkeit...
HI HI HI HI

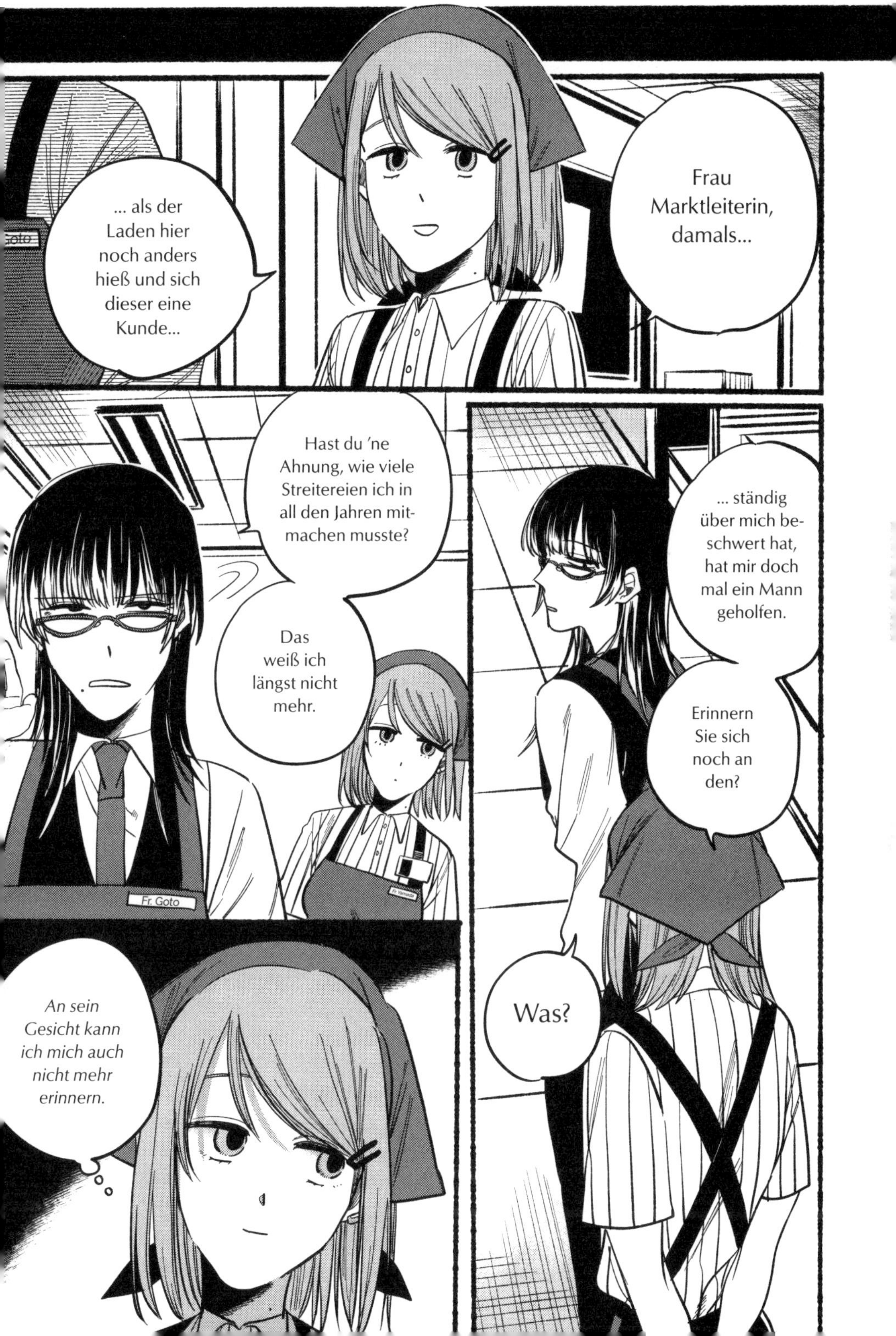
Frau Marktleiterin, damals...
... als der Laden hier noch anders hieß und sich dieser eine Kunde...
... ständig über mich beschwert hat, hat mir doch mal ein Mann geholfen.
Erinnern Sie sich noch an den?
Was?
Hast du 'ne Ahnung, wie viele Streitereien ich in all den Jahren mitmachen musste?
Das weiß ich längst nicht mehr.
Fr. Goto
An sein Gesicht kann ich mich auch nicht mehr erinnern.

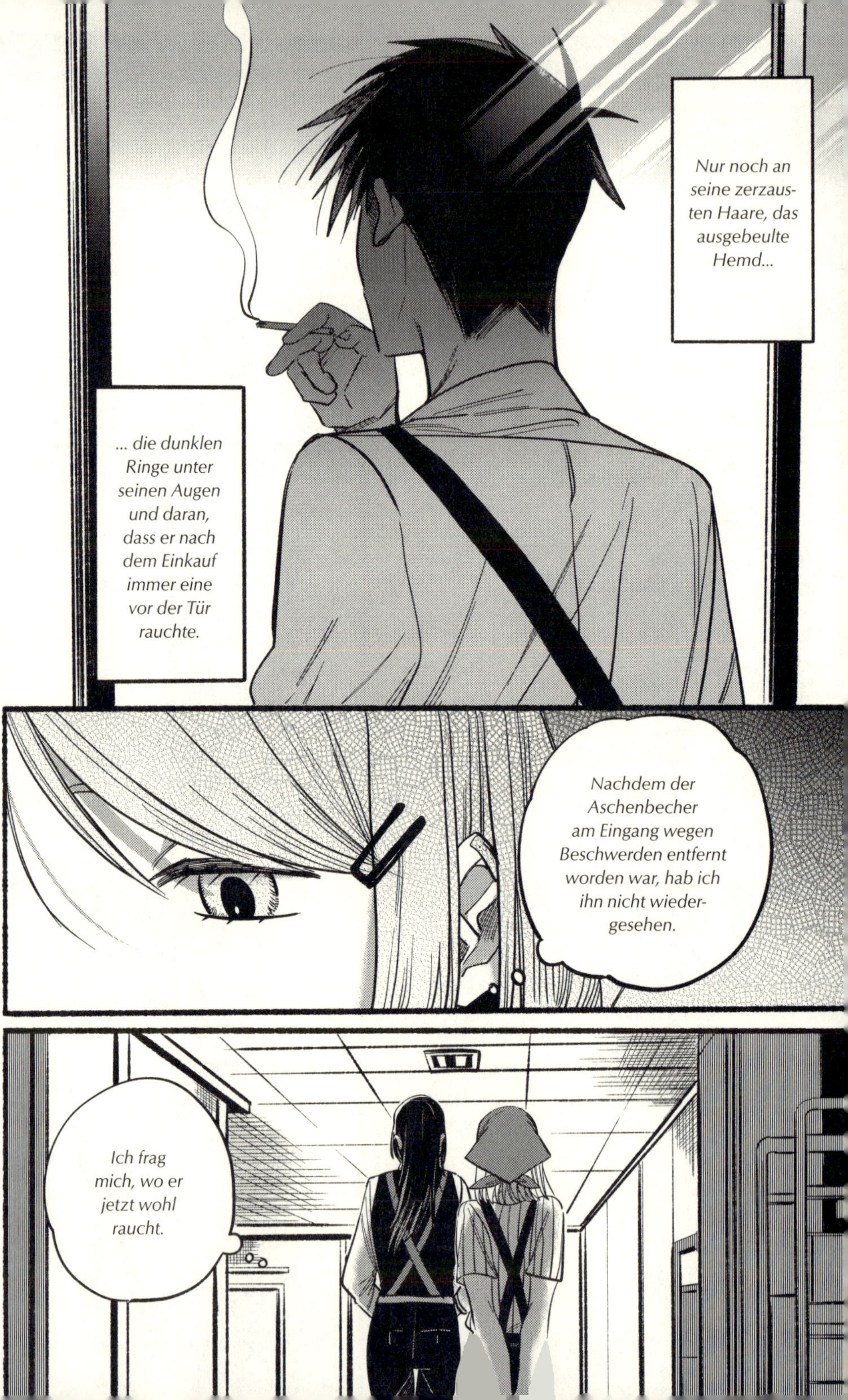

Smoking Behind the Supermarket 1 – Ende

Vielen Dank, dass ihr den ersten Band von »Smoking Behind the Supermarket« gekauft habt. Hier ist Jinushi.
Rauchen in fiktionalen Werken hat für mich etwas Cooles, von dem ich mich schon immer angezogen fühlte, darum freue ich mich sehr, dass ich jetzt eine Geschichte, in der das Rauchen eine zentrale Rolle spielt, zeichnen darf und diese auch noch als Taschenbuch erscheint.
Und ich bin mir übrigens hundertprozentig sicher, dass Schwingtüren im Supermarkt beim Öffnen »Buaff« machen.
Ich kann es kaum erwarten, dass mein Manga, den ich bisher regelmäßig auf Twitter veröffentlicht habe, nun in Papierform erscheinen wird, denn es gibt nicht Schöneres, als seinen Manga gedruckt in den Händen zu halten. Die einzelnen Kapitel werden dann auch etwas mehr Seiten haben, also freut Euch schon mal drauf, wie sich die Story dann entwickelt.
Danke auch an alle, die meinen Manga jetzt erst in Taschenbuchform kennengelernt haben.
Ein ganz großes Dankeschön an die Redaktion des Monthly Big Gangan, meinen veranwortlichen Redakteur Herrn Nagano, an den Designer des Taschenbuch-Covers Herrn Nakamura und an Euch alle für die viele Unterstützung. Ohne Euch hätte es dieses Buch niemals gegeben.
Seid gespannt, wie es weitergeht.

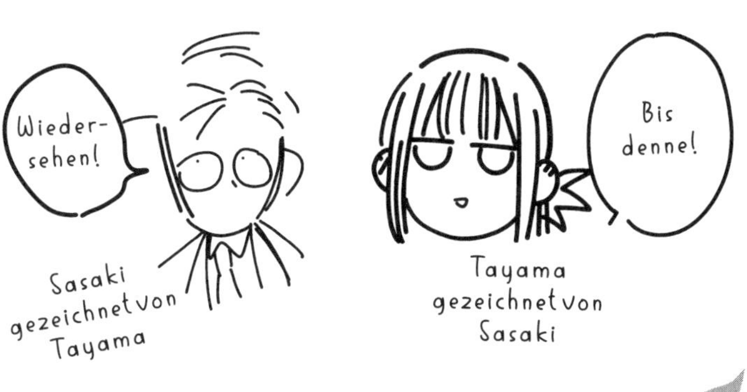

INUJUN / SAHO TENAMACHI

Someday I'll Fall Asleep

EIN WETTLAUF MIT DEM TOD!

Hotaru Morino ist schon lange heimlich in ihren Klassenkameraden Ren Otaka verliebt. Während eines Schulausflugs gerät ihr Bus in einen Unfall. Als Hotaru aufwacht, steht ein in Schwarz gekleideter Mann vor ihr. Es ist der Seelenführer Kuro, der ihr offenbart, dass sie tot ist. Außerdem erfährt Hotaru von ihm, dass sie nicht in Frieden werde ruhen können, wenn sie nicht innerhalb von 49 Tagen drei Versäumnisse behebt, die sie noch an die Welt binden. Eines davon ist, Ren ihre geheimen Gefühle zu gestehen…

Liebevoll gezeichnetes Mystery-Szenario, das als Real-TV-Serie verfilmt wurde!

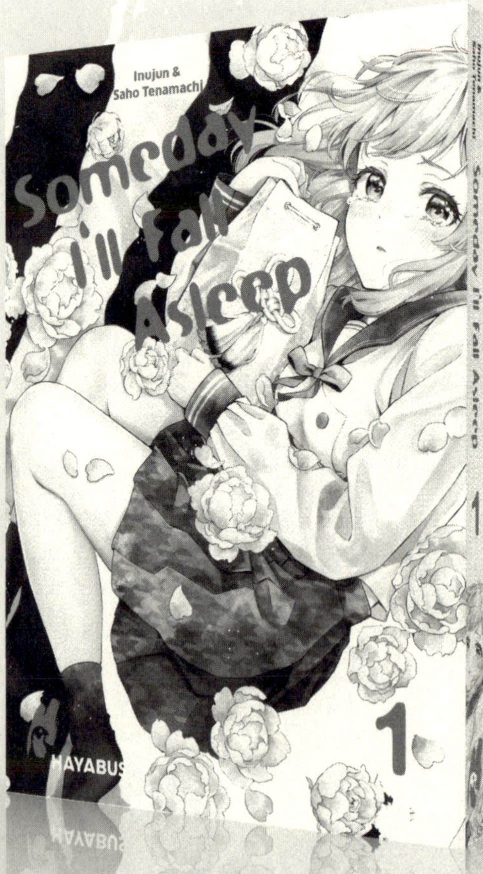

Mystery • ab 14 Jahren
Paperback • schwarz-weiß/farbig
ca. 242 Seiten • 12,5 x 18 cm

HAYABUSA

www.hayabusa-manga.de

hayabusa_manga HayabusaTweets

AKIRA NITTA

Love and Fortune

KANN DIESE LIEBE FUNKTIONIEREN?

Wako ist 31 und hat sich ihr Leben ganz anders vorgestellt. Ihr Traumprinz ist nie gekommen, also lebt sie in einer emotionslosen Zweckbeziehung mit Fuuta. Ihr fehlt der Mut, etwas an ihrem Leben zu ändern - bis eines Tages Yumeaki in ihr Leben tritt. Über ihre gemeinsame Leidenschaft für Filme finden die beiden zueinander und verlieben sich Hals über Kopf. Doch es gibt ein Problem: einen gewaltigen Altersunterschied zwischen den beiden, denn Yumeaki geht noch auf die Highschool...

Provokant, dramatisch und emotional fordernd – dieser besondere Manga wurde auch als Real-Serie verfilmt und ist auf Netflix zu sehen!

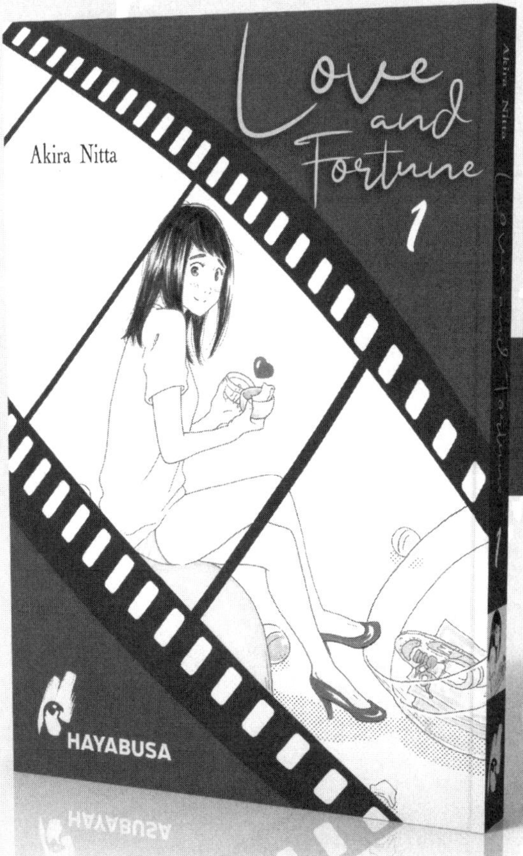

BAND 1
MIT WUNDERSCHÖNEM
LESEZEICHEN –
nur in der
Erstauflage!

Romance • ab 16 Jahren
Großtaschenbuch • schwarz-weiß/farbig
ca. 198 Seiten • 12,5 x 18 cm

HAYABUSA
www.hayabusa-manga.de

hayabusa_manga   HayabusaTweets

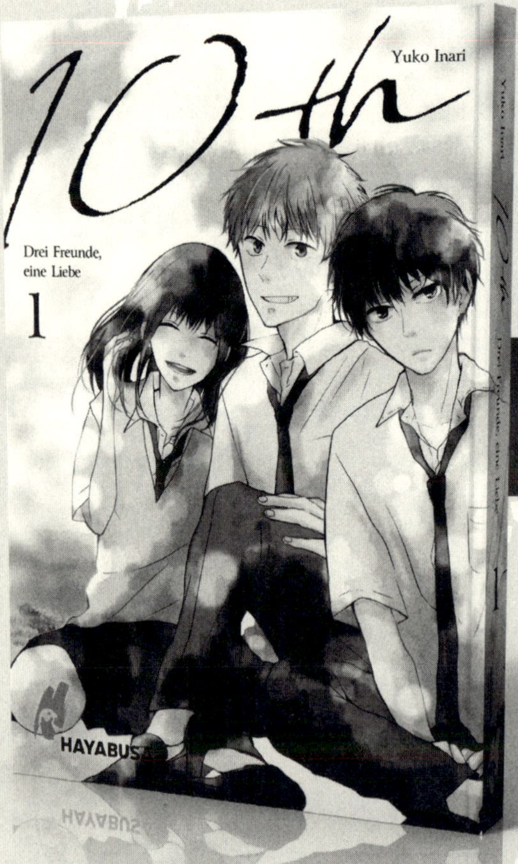
10th
Yuko Inari
Drei Freunde, eine Liebe
1
HAYABUSA

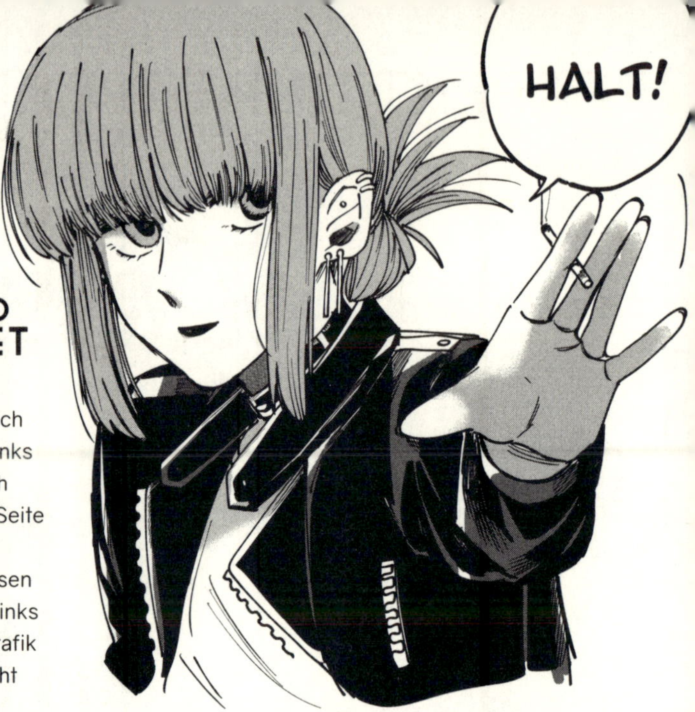

SMOKING BEHIND THE SUPERMARKET

ist eine japanische Serie, die originalgetreu von »hinten« nach »vorne« und von rechts nach links gelesen wird! Schlagt das Buch also »hinten« auf und blättert Seite für Seite nach »vorne« weiter! Auch die Bilder und Sprechblasen werden von rechts oben nach links unten gelesen, wie es in der Grafik gezeigt wird! Hayabusa wünscht gute Unterhaltung!

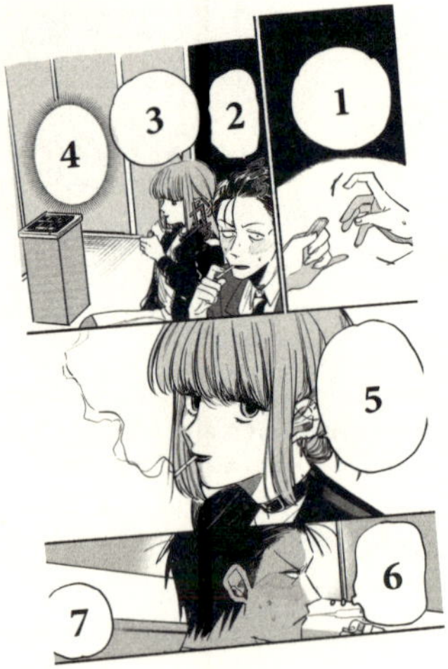

HAYABUSA
2023 Carlsen Verlag GmbH
Völckersstraße 14-20, 22765 Hamburg
Aus dem Japanischen von Martin Bachernegg
SUPER NO URA DE YANI SUU FUTARI vol. 1

First published in Japan in 2022 by SQUARE ENIX CO., LTD.
German translation rights arranged with SQUARE ENIX CO., LTD. and Carlsen Verlag GmbH through Tuttle-Mori Agency, Inc.
Covergestaltung: Sonnenfisch Production – Laura Bartels
Redaktion: Marisa Gregoric
Herstellung: Lena Voigt

Bei Fragen zum Produkt: carlsen.de/kontakt
ISBN: 978-3-551-62407-9